insel taschenbuch

1000

Deutsche Gedichte

und ihre Interpretationen

1000 Deutsche Gedichte und ihre Interpretationen

Herausgegeben
von Marcel Reich-Ranicki

Zehnter Band

13.10.96

Von Sarah Kirsch bis heute

Insel Verlag

Erste Auflage 1994

Quellenhinweise am Schluß des Bandes
Druck: Freiburger Graphische Betriebe, Freiburg
Printed in Germany

Von Sarah Kirsch
bis heute

INHALT

REINER KUNZE
BITTGEDANKE,
DIR ZU FÜSSEN

Stirb früher als ich, um ein weniges
früher

Damit nicht du
den weg zum haus
allein zurückgehn mußt

GABRIELE WOHMANN
FROMMER WUNSCH

Ehe ich die Zeitungsseite mit den Todesanzeigen umschlage, prüfe ich, ob einem der Verfasser die pure Annoncierung seines Toten nicht genügt hat. Bisher habe ich noch jedesmal weltliche Trostversuche untauglich gefunden und – um die Ewigkeit selber – weit hinterher allem, womit Bibelzitate Zuversicht spenden: den Lebenden für die Gestorbenen. Bis ich neulich diesen Fund machte, rechts oben in der Anzeige, Reiner Kunzes »Bittgedanke«. Hier ist eine Liebesgeschichte verdichtet und dem Tod konfrontiert. Ich suchte nach der längst weggelegten Zeitungsseite und schnitt die Anzeige aus: ein kurzes Gedicht mit langer Wirkung.
Wie in einem Film macht eine Szene als Standbild halt. Ich sehe jemanden, der, von einem Begräbnis zurückkehrend, die Witwe beobachtet. Die Aura ihres Verwaistseins erleuchtet ihn: So soll seine Frau nicht eines Tages »den weg zum haus / allein zurückgehn« müssen. Beide sind dem Tristan-und-Isolde-Stadium entwachsen, ihre Zusammengehörigkeit ist erlaubt, ihre Liebe ist fortgeschritten, der Gedanke an die Vergänglichkeit hat sich eingeschlichen. Sie haben den Liebeszustand der Fürsorglichkeit erreicht. Der Tod, ihrer oder seiner, wird nun immer mitbedacht. Keiner von beiden überschätzt sich, wenn er seinen Tod für die schmerzlichste Zumutung an den andern hält. Es geht nicht um ein Endlosband der Höhepunkte, sondern um das Existenzsystem.

»Stirb früher«: Was für eine, auf den ersten Blick, tabuverletzende Bitte. Ungeheuerliche Liebesumsicht, denke ich aber sofort, denn hier will jemand den geliebten Menschen schützen. Traditionell verkünden wir und erkennen auch gar nicht den Denkfehler: Ich will vor dir sterben! Kunze hat genauer nachgedacht, und deshalb ändert er die pathetische Reihenfolge gänzlich unpathetisch. Denn »laß mich früher sterben«, die herkömmliche Bitte, offenbart den Wunsch, sich vor Seelenqual und, alltäglich betrachtet, Unbequemlichkeit zu drücken.
Kunze hebt den Weg nach Haus aus dem Leidsyndrom, das anschaulicher nicht wiederzugeben wäre. Ich betrachte das ältere Paar. Ihr Zusammenleben ist Glücksfall und Strapaze zugleich. Sie müssen leider Angst umeinander haben. Iß genug! Zieh dich warm an! Hast du auch deine Medikamente nicht vergessen? Paß an der Kreuzung auf! Und geh nicht zu spät ins Bett! Klingt nicht alles ständig nach: Lebe länger? Und es ist auch so gemeint, heißt aber nicht: Überlebe mich. Gleichwohl ist »stirb früher« eine völlig neue Epiphanie. Konzentriertes, vorausempfindendes Mitleid.
Wer tot ist, macht Erfahrungen, die wir nicht kennen; ich will unterstellen: Er ist erlöst. (Diese Hoffnung läßt mir das Gedicht.) Wer weiterlebt, ist das ganz und gar nicht. Hinterbliebene erklären, die erste Zeit nach dem Tod des Partners sei weniger schlimm gewesen als die Ruhe nach den Scherereien mit Formalitäten. Ich kann mir das sowenig vorstellen wie Kunze, der mich hier lehrt, am Beispiel Tod alles Gewohnte umgekehrt zu denken. Tat mir denn nicht, bevor ich diesen wahrhaft frommen Wunsch kannte, doch am meisten der Tote leid? Diesen Kaffee jetzt kann er nicht mehr trinken. Er kann nicht mehr mit

nach X fahren, er verpaßt diese Nachricht, etwas, worauf er sich gefreut hat, entgeht ihm, dieser Artikel hätte ihn interessiert. Lauter lebensanhängliche Gedanken aus lauter Todesangst. Nun setzt aber der mit der Liebesbitte voraus, der Tod sei weniger zu fürchten als das Leben. »Stirb früher«, empfiehlt Kunze so sanft, als gehe es um den harmlosesten aller Zusprüche. Schlaf vor mir ein, ich warte so lang, beruhigt der Mann seine Frau, die Angst hat vor seinem Schnarchen.

REINER KUNZE
DAS KLEINE AUTO

Seufzer gibt's die
absplittern von der seele

So
seufzte die mutter

Fremd wie die welt eines tiefseefischs
ist das bücherschreiben des sohnes

Auf einer radiowelle
kommt sein name geschwommen

Doch:
was bringt das ein

Andre söhne holen ihre eltern ab
im auto

WERNER ROSS
LYRIK GEHT ZU FUSS

Goethe hat gelehrt, daß das Gedicht der Gelegenheit entstammt, nicht noch so achtbaren Ideen. Darum läßt sich Dichten nicht als Beruf ausüben (ich bin versucht hinzuzusetzen: oder, noch schlimmer, als Berufung), so wenig wie Angeln, wo auch der Fisch erst anbeißen muß, also die Gelegenheit schafft.

Reiner Kunzes Gedicht macht dies ganz deutlich: Ohne die wirkliche Enttäuschung der Mutter über den ungeratenen, nämlich Lyrik schreibenden Sohn wäre das Gedicht nicht zustande gekommen. Die beiden anderen Gedichte der Trilogie »Das kleine Auto« ergänzen die Konstellation: »Sieben jahre warten / Sieben jahre den schatz mehren / Sieben jahre befürchten müssen, die eltern / könnten es nicht mehr erleben«, heißt das eine, und das andere, das an die karge Existenz der Mutter erinnert, schließt: »Was blieb übrig als einen sohn / zu gebären / und zu hoffen, daß er alle / bedingungen erfüllt.«

Eine andere Vorbedingung der alten Dichtungslehre ist, daß sich ein Affekt, Freude oder Schmerz, im Gedicht verkörpert und durch das Gedicht fortpflanzt, daß es rührt, bewegt, erschüttert. Das Thema dieses Gedichts ist nicht der Schmerz der Mutter, sondern das Leid des Sohnes über den Schmerz der Mutter. Oder doch: auch und gerade der Schmerz der Mutter. Mit einer Maxime über den Schmerz beginnt ja das Gedicht: Seufzer gibt es sehr verschiedener Art, manche fallen bloß so, belanglos, von den

Lippen. Der Seufzer der Mutter splittert von der Seele ab, von der Tiefzone der Lebensschmerzen. Dem »So« des folgenden Satzes wird ein ganzer Vers überlassen wie nachher dem »Doch«. Das Unverständnis der Mutter ist nicht kurz und verkümmert, ach, daß Genies solche Mütter haben, sondern umgekehrt: Sie erleidet die wahre Trauer, dem Nah- und Nurmenschlichen entfremdet ist der Sohn, der Tiefseefisch. Daß sein Name auf der Radiowelle geschwommen kommt, ist eine kleine Annäherung, eine Garantie, daß es ihn gibt, aber doch: was bringt das ein?
Diese andere Welt der Leute, die es zu etwas bringen, denen ihr Beruf etwas bringt, stellt Gemeinsamkeit her: Das Auto, hierzulande gern verteufelt, ist ja doch auch ein Gemeinschaftsvehikel, ein buntbewimpelter Nachen, und auch – in der einfachen Welt der Eltern – das Signal für die Nachbarn: Der unsere hat's geschafft. Was immer auch heißt: wir haben es in ihm geschafft.
Der Schmerz des Sohnes ist vielleicht nicht der geringere, aber der gestaltete: in einem scheinbar dahingesprochenen, aber tatsächlich so exakt wie ein Sonett gebauten Gedicht. Er wirkt um so eindringlicher, als ihm zum Ausdruck nicht einmal ein Adjektiv, eine Interjektion gegönnt ist.
Reiner Kunze lebt und schreibt in der DDR. Er hat Schwierigkeiten, aber nicht die Absicht überzusiedeln. Sein letzter Gedichtband heißt »Zimmerlautstärke«. Im Titel drückt sich die Art seiner Begabung aus: nicht laut werden, auftrumpfen, sondern den kleinen Anlässen in einer stillen Sprache gehorchen, welche Eindringlichkeit aus der Sache und aus der Kürze gewinnt. Daß er nicht verwöhnt, nur geduldet wird, ist gewiß eine der Voraussetzungen seiner lyrischen Tonsicherheit. Ich fürchte, daß

unter unseren bundesdeutschen Verhältnissen dieses Gedicht zum Beispiel gar nicht hätte entstehen können. Der erfolgreiche Autor Kunze hätte seine Eltern längst im Auto abgeholt.

REINER KUNZE
ERSTE LIEBE

Sprechen mit dem Fahrer
während der Fahrt verboten!
Der Stadtdirektor

Herr Fahrer, Herr Fahrer,
wohin fährt Ihr Bus?

Wohin meine Arme ihn lenken
und Gas ihm gibt mein Fuß.

Herr Fahrer, Herr Fahrer,
lenkt ihn hinaus aus der Stadt!

Ich will aus der Stadt ihn lenken,
weil sie viel Schatten hat.

Herr Fahrer, Herr Fahrer,
der Schatten ist es nicht.

Dann sind es die vielen Menschen
mit dem fremden Gesicht.

Herr Fahrer, Herr Fahrer,
die eine ist es nur.

Die eine, mein Junge, die Feine,
die mit dem andern fuhr?

Herr Fahrer, Herr Fahrer,
wohin bringt mich Ihr Bus?

Er fährt im Kreis das Herzeleid,
das man ertragen muß.

GERTRUD FUSSENEGGER
DER RÜCKSPIEGEL IST NICHT BLIND

Jede Zeit hat ihre Kinderverse: Im Dreißigjährigen Krieg sang man vom schlimmen Christian und vom Pommerland, das abgebrannt. Im bürgerlich gezähmten Neunzehnten von den »wilden Beinchen Hampelchen und Strampelchen«, die sich erfrechten, in Sumpf und Lacken zu patschen. Unser Jahrhundert hat's mit der Mobilität und »fährt mit dem Schnellzug nach Addis Abeba / und wäscht dort dem Negus die Füße mit Fewa«.

Manche dieser Gebilde sind unsterblich, wie die Auszählverse von Müllers Kuh oder der spannenlange Hansel, obwohl es weithin keinen Müller mehr gibt, der noch eine Kuh hält, und auch pflaumenschüttelnde Kinder eher zu Raritäten geworden sind.

Nun hat uns Reiner Kunze ein Buch mit »Gedichten für Kinder« beschert. Der poetische Titel »Wohin der Schlaf sich schlafen legt ...« könnte auf eine Wendung zurückgehen, die aus Kindermund stammt, denn sie macht mit echt kindlicher Logik den Umstand dingfest, daß Schlaf und Schläfer zu unterscheiden sind: Was tut der Schlaf (mit mir), wenn ich schlafen muß? Muß nicht auch er einmal – wie ich allabendlich – kapitulieren, zu Bett gehen, verschwinden?

Nun aber das Gedicht: »Erste Liebe«. »Herr Fahrer, Herr Fahrer / wohin fährt der Bus?« Als ich das las, dachte ich: Erlkönig. Freilich reitet da kein Vater durch Nacht und Wind; ein Omnibusschaffner dreht seine Touren, einer, mit dem zu sprechen verboten ist. Nach der Vorschrift des Stadtdirektors hat er nichts zu sein als ein Teil der rollenden Apparatur, ein Stück Mechanik. Allerdings: So leicht ist es nicht, den Mann zur Sache zu reduzieren. Obwohl er stumm und wie angebunden hinter seinem Lenkrad sitzen muß, weiß er Bescheid. Sein Rückspiegel ist nicht blind. Er kennt seine Fahrgäste, wie sie kommen und gehen, die Alten, die Jungen. Er liest in den Mienen, er deutet sich Blicke; er ist ein Menschenkenner.

Da hat sich ein Junge von seinen Kameraden abgesondert und neben den Schaffnersitz gestellt. Hinten lärmen die anderen; er, der eine, schweigt, nicht nur, weil es diese Vorschrift gibt, sondern auch, weil, was er zu sagen hätte, nicht laut gesagt werden kann. Sein Schweigen ist beredt, es ist schwer von Kummer. In dem jungen ratlosen Gesicht steht die Sinnfrage: »Wohin fährt Ihr Bus?« Wohin sind wir unterwegs?

Der Schaffner antwortet, ebenfalls wortlos, aus seiner Sicht: Aus dem Schatten der Stadt ins Lichtere der Vorstadt, aus dem Gedränge der »vielen Menschen mit dem fremden Gesicht« dorthin, wo du aussteigen wirst, dort wird dir wohler sein. Aber dem Jungen setzt weder die düstere Stadt noch das Gedränge dort zu. Endlich erfolgt, vielleicht in einem wortlosen Seufzer, das Geständnis: »die eine ist es«, nur die eine. Auch darüber weiß der Schaffner schon Bescheid. Sein Rückspiegel hat es ihm verraten. »Die eine, mein Junge, die Feine, / die mit dem anderen fuhr?« So ist es: Erste Liebe. Erster herzdurchbohrender Schmerz. Aus ihm formt sich der bange anklägerische Ausruf: »wohin bringt mich Ihr Bus?«, wohin rollt und schwankt diese Welt, die ich nicht mehr verstehe? Ja, wohin? Der Schaffner, lebenserfahren und selbst vom Leben gegerbt, zuckt die Achsel. Auch er hat einmal solche Fragen gestellt, auch er hat einmal gedacht, das Unerträgliche nicht ertragen zu können. Jetzt fährt er »im Kreis das Herzeleid, / das man ertragen muß«. Eine kleine Ballade, ein Gedicht der nicht gesagten Worte. Es ist das vorletzte in dem Buch. Der Autor entläßt seine kindlichen Leser ins Erwachsenwerden.

REINER KUNZE
ERSTER BRIEF DER TAMARA A.

Geschrieben habe dir
Tamara A., vierzehn jahre alt, bald
mitglied des Komsomol

In ihrer stadt, schreibe sie, stehen
vier denkmäler: Lenin
                                Tschapajew
                                Kirow
                                Kuibyschew

Schade, daß sie nichts erzähle
von sich

Sie erzählt
von sich, tochter

HANS MAYER
VOLLSTÄNDIGER LEBENSLAUF

Dieses Gedicht ist ein Brief über einen Brief. Das erste Schreiben stammt von der Tamara A. Sie schrieb an die Tochter dessen, der hier im Poem zu einer »Tochter« spricht. Dann sprach die Adressatin über das Schreiben der Unbekannten mit dem Vater. Er antwortet mit einem Brief, der ein Gedicht ist.

Ein erster Brief der Tamara A. Ihm folgten offenbar später, nach dem Gespräch zwischen Vater und Tochter, noch weitere. Wie es zu dem Brief der Unbekannten aus der Sowjetunion an das deutsche Mädchen kommen konnte? Das ist unschwer zu rekonstruieren. Die vierzehnjährige Tamara ist Mitglied der sowjetischen Organisation junger Pioniere. Sie war offenbar bei allen Aufgaben »immer bereit«, wie das Losungswort lautet. Nun darf sie hoffen, in den kommunistischen Jugendverband, den Komsomol, aufgenommen zu werden. Die Losung des Jugendverbandes aber heißt »Freundschaft«: mit all denen natürlich, die eines Geistes sind, einer Gesinnung und einer Organisation. Ihnen hat man in die Ferne dann Freundschaftsbriefe zu schreiben. Von Pionier zu Pionier. Die Tochter im östlichen Deutschland ist wohl im Alter der Tamara A. Sie dürfte Mitglied sein im Verband der Ernst-Thälmann-Pioniere. Da tauscht man Briefe aus mit den anderen Organisierten irgendwo in Polen oder Bulgarien oder irgendwo an der Wolga.

Tamara A. nämlich wohnt irgendwo im Bereich der gro-

ßen Wolgaschleife. Daher das Denkmal für Kuibyschew, den 1935 gestorbenen Mitarbeiter Stalins. Nach ihm wurde die Stadt Samara an der Wolga benannt. Im Bezirk Kuibyschew gibt es auch eine Stadt Tschapajewsk, benannt nach dem bolschewistischen Helden des Bürgerkrieges. Die Denkmäler für Tschapajew und Kuibyschew, neben den obligaten für Lenin und Kirow, situieren den Wohnort der Tamara A. Zugleich auch ihren Lebenslauf.
Das mag dem vierzehnjährigen deutschen Mädchen noch nicht klargeworden sein. Sie beklagt sich beim Vater, daß das russische Kind nicht von sich erzähle. Der Vater jedoch kennt sich aus. Was hat Tamara A. von sich berichtet? Daß sie Pionier ist und wohl ein guter. Als solcher verschickt sie Freundschaftsbriefe. Sie wird sicher als Komsomolzin aufgenommen werden. Das bedeutet, wenn nichts dazwischenkommt, sichere Anwartschaft auf einen Platz in der Partei der Bolschewiki. Die vier Denkmäler für Lenin, Kirow (den Stalin, nach Chruschtschows Aussage, ermorden ließ), für Tschapajew und Kuibyschew erfüllen die Schreiberin ersichtlich mit Stolz. Da wird nichts angezweifelt. Kuibyschew wird neben Lenin genannt, denn er hat ein Denkmal wie jener.
Dieser »Erste Brief der Tamara A.« enthält einen vollständigen Lebenslauf: den vergangenen wie den zukünftigen. Alles ist vorgezeichnet und alles verläuft planvoll. Was sonst noch hätte sie berichten sollen, diese kleine Tamara A.
Dies ist ein Gedicht in der Sklavensprache. Ein genauer Leser der Lyrik von Brecht hat es geschrieben. Auch Reiner Kunze arbeitet mit dem dialektischen Kunstmittel einer Auslassung, die vom Leser verstanden und insgeheim ergänzt werden kann.

Die weiße Stelle des Nichtgesagten und doch Gesagten findet sich zwischen der dritten und der vierten Versgruppe. Wie kann der Vater die Behauptung wagen, jene Tamara A. habe »von sich erzählt«? Der geschulte Leser irgendwo in Thüringen oder Mecklenburg kann mühelos ergänzen. Auch er kennt sich aus: wie der Dichter. Auch er kann den Lebenslauf der Tamara A. beurteilen und voraussehen. Zustimmend oder traurig? Das kommt darauf an.

REINER KUNZE
FAHRSCHÜLER FÜR LASTKRAFTWAGEN

Ich spiele es das
dreipedalige klavier ihn den
dreitonnenflügel sie die
sechsregistrige orgel (jeder
ein solist an der kreuzung
    der's kann, noch
lächelt der dirigent)

Ich spiele, leicht
blaß (nicht
leichenblaß frau, noch
verreckt nur der motor)

Der doch der
sich nicht findet in simplem
    vierviertelتakt kann
unter die räder geraten
mit seinen gedanken

Ein requiem üb ich für sie und
werde gelobt für
richtiges einordnen

HANS MAIER
VERSTUMMENDE MUSIK

Es tuckert, dröhnt und lärmt ganz schön in diesem Stück aus dem stillen Gedichtband »zimmerlautstärke«. Fast martialisch wirkt der Auftritt des Fahrschülers am Steuer seines Lastkraftwagens. Freilich, so munter und aufgekratzt, wie er daherredet, ist der Mann gar nicht; er macht sich nur Mut. In Wahrheit hat er Angst. Wie jeder Novize im Straßenverkehr zieht er den Kopf ein, blinzelt nach dem Fahrlehrer und denkt an seine Frau, leicht blaß, wie man bei dieser Gelegenheit erfährt. Und seine Kraftsprüche (»noch verreckt nur der motor«) können kaum verbergen, daß er alle Kraft zusammennehmen muß, um das Riesending mit den ungewohnten Abmessungen sicher vor der Keuzung zu postieren. Zum Glück gelingt es.
So weit diese ganz gewöhnliche Geschichte – aber weil der Mann am Steuer irgendwann Klavier oder Orgel spielen gelernt hat, redet er in der Fahrerkabine seines Lasters plötzlich nicht von Gaspedal, Kupplung und Gängen, sondern von einem dreipedaligen Klavier, einem Dreitonnenflügel, einer sechsregistrigen Orgel. Schier üppig entfalten sich die musikalischen Bilder, während die Fahrschülersituation nur mit sparsamen Markierungen angedeutet wird (»kreuzung«, »räder«, »motor«, »einordnen«).
Ein gebildeter Lastwagenfahrer? Bilddraperien um Pleuelstangen und Dieselmotoren? Nichts weniger als das. Denn von Anfang an verschränkt der Autor zwei Bild- und

Sprachwelten, eine technische und eine künstlerische, so konsequent miteinander, daß der Gedanke an bewußtes Verkleiden und Ästhetisieren gar nicht aufkommen kann. Der Fahrschüler verkleidet sich nicht als Klavierspieler – er spielt wirklich auf den Pedalen seiner verschiedenen Instrumente.

Freilich, ganz geht die Rechnung nicht auf; und daß sie nicht aufgeht, darin liegt die leise, nachdrückliche Pointe des Stückes. Es beginnt spielend, spielerisch, mit Lärm und Lustigkeit, ein richtiges Probierstück an drei Instrumenten; dann wird die Sache rasch ernster; die Peripetie liegt in der stockend vorgebrachten Zeile »der doch der sich nicht findet« mit dem hart warnenden, »unter die räder geraten«; und am Ende steht das richtige Einordnen – das Requiem für die Gedanken, in dem Lärm und Technikfröhlichkeit ebenso verstummen wie die spielerische Musik am Anfang.

Reiner Kunze hat im Gespräch oft darauf hingewiesen, daß Worte wie »lenken«, »umlenken«, »ablenken«, »einordnen« beim Publikum eines sozialistischen Landes – in einer rundum gelenkten Welt also – andere, sensiblere Resonanzen hervorrufen als im wortverzehrenden, berührungsstumpfen Westen. Daher beruht die große Wirkung des lyrischen Wortes in solchen Ländern gerade auf der unscheinbaren, fast tonlosen Präsenz im privaten und intimen Bereich (»zimmerlautstärke«).

So bleibt zwar der munter dahinrollende Dreitonnenflügel schneller als erwartet vor der Kreuzung stehen – wohleingeordnet, nachdem sich sein Fahrer der gefährlichen Fracht schweifender Gedanken entledigt hat. Aber der Leser darf sich vorstellen, daß es mit der Einordnung in technische und politische Rationalitäten doch nicht sein

Bewenden hat: neue Fahrschüler könnten kommen, die im Lastkraftwagen die Orgel entdecken, und neue Leser, die das Gedicht von vorn zu lesen beginnen. Beide könnten erfahren, daß ein Lastkraftwagen nicht immer ein Lastkraftwagen sein muß; und beide könnten in Reiner Kunzes Lyrik etwas entdecken, was zu entdecken bleibt: die Freiheit des Bildes in einer von Zwängen beherrschten Welt.

REINER KUNZE
HALLSTATT MIT SCHWARZEM STIFT

Halb hängend am gestein halb
ins Wasser gepfählt

Todüber todunter

Vom fels der abschlägt erzählt
das beinhaus

Im türstock steigt der see auf
und die seelen der ertrunkenen
wohnen über der schwelle

Der bach reißt mauer und mensch
und bleibt im recht, das
beugt

GERTRUD FUSSENEGGER
MIT GENAUEM STIFT

Wir haben hier einen Fall konkreter Ortsbeschreibung, der Ort ist genannt, Hallstatt, Mehrdeutigkeit ist ausgeschlossen. Der Dichter hat ihn genau vermessen, diesen eigenartigen Uferstreifen zwischen Berg und See, malerische Idylle für den, der ihn als Postkartenlandschaft genießt, unbequem-anspruchsvoll für den, der sich als Bewohner auf ihn einläßt. Der Raum ist eng, der Winter hart, der Sonnenbogen kurz, immer tost der Wasserfall von dem »fels der abschlägt«.
So lebt man da »todüber todunter«, denn von oben droht Absturz des brüchigen Gesteins, unten dunkelt der See, der fjordartig tiefe, kalte Salzkammergutsee mitten in einer von Erosion gestrählten Landschaft, die sich seit Jahrhunderttausenden in Lawinenstrichen, Muren und Felsstürzen in die eiszeitlich geschürfte Wasserrinne entleert, ohne sie doch ausfüllen zu können. Da klebt dann Hallstatt am Steilhang, die schmalen Gäßchen und getreppelten Wege mit den kleinen, manchmal puppenhaft kleinen Häusern; neben der Kirche das Beinhaus, in das die Toten jeweils schon nach wenigen Jahren aus dem viel zu engen und überfüllten Friedhof evakuiert werden müssen.
Und doch liegen nicht alle da in dem kleinen Geviert, »halb hängend am gestein«, denn viele der Hallstätter Toten sind unten im See geblieben, in diesem See, der die winzigen Fenster füllt, »im türstock aufsteigt«, ein tiefgelagerter Spiegel, der »die seelen der ertrunkenen« zu den

Wohnungen der Noch-Lebenden heraufhaucht. Alles atmet Drohung und Unerbittlichkeit, von reißender Schwerkraft dominiert, da kommt kein menschlicher Anspruch auf, da ist kein Recht auf Glück und jedes Recht gebeugt.

Ja, so ist Hallstatt, mit dem schwarzen Stift der Melancholie gezeichnet. (Es könnte sein, daß man es auch einmal anders sähe, laubgrün, silbergrau, wolkenblau.) Aber die Zeichnung könnte kaum genauer sein.

Die topographische Rasterung durchstößt Reiner Kunze freilich erst in einem anderen Gedicht: »Auf den schädel einer salinenarbeiterfrau«. Da heißt es: »Hallstatt, beinhaus/ Ausgeschwemmt/ der salzstock in ihr/ Wie oft wohl fehlte/ zum salz das Brot.« Diese Zeilen ergänzen das erste Gedicht, sie erweitern es in die historische und deshalb auch menschliche Dimension, erinnern an graue Vorzeit, Hallstatt-La Tène, erste Besiedlungsphase dieses Raumes, und an den uralten Salzbergbau droben hinter dem Rudolfsturm, der die Gegend berühmt gemacht und die hier Ansässigen beschäftigt hat, unter wieviel Mühsal und Not.

Hier findet der Dichter das großartige Bild, daß Salz den Körper des Menschen füllt, Salz, das heißt Bitternis. Da klingen Metaphern an wie »Salz der Tränen« und »zur Salzsäule erstarrt«, die Salinenarbeiterfrau wird damit zum Sinnbild der Leiden. »Wie oft wohl fehlte/ zum salz das brot« bei gebeugtem »recht« in dieser Landschaft »todüber todunter«: ein Stück Menschheitsgeschichte, abgelesen von einem Totenschädel.

REINER KUNZE
LITERATURARCHIV IN M.

Unterkellert bis zum Styx

An die wand gelehnt
ein ruder: Charon
liest

Ob er, ehe er den toten übersetzt,
einsicht nähme in das manuskript …

Nicht noch die nicht gedruckten irrtümer, sagt er

Die lieder liest er
des Orpheus

Er trage sie bei sich seit damals

Wie die liebe, so das lied, sagt er. Das aber sei's
weshalb den tod
keines mehr wendet

Eurydike würde nicht folgen, sagt er

Sagt's
beim ruder an der wand

Und warum lese er des Orpheus lieder hier?

Ein ort der schatten sei's
mit dem licht der oberwelt.

GERTRUD FUSSENEGGER
SCHATTENWELT MIT OBERLICHT

»Literaturarchiv in M.« kann selbstverständlich nichts anderes heißen als Literaturarchiv in Marbach, Marbach am Neckar, eine eindeutige Adresse, und das Gedicht setzt auch gleich mit handfest topografischem Tatbestand ein: »Unterkellert ...« Richtig! Unterkellert ist das Archivgebäude, mehrere Stockwerke tief, so vermied man einen störenden Hochbau und konnte die Hanglage nutzen. So geht es abwärts von Magazin zu Magazin, alle vollgestopft mit archiviertem Material, Büchern, Briefen, Manuskripten, vielleicht auch Mikrofilmen: eine unabsehbare Masse literarischer Hervorbringungen, die alle irgendwann einmal von irgend jemandem durchleuchtet, bearbeitet und dem Schicksal des Vergessenwerdens entrissen werden sollen. Den Dichter, der in diese Unterwelt hinabsteigt, weht ein Schaudern an; er glaubt zu fühlen, daß diese Masse nicht mehr auflichtbar, dem Heute und Morgen nicht mehr aktualisierbar ist. Er fühlt sich selbst schon beinah als Toter, für ihn fließt hier der »Styx«.
Mit diesem Bild stößt der Text in einer jähen Wendung ins Mythische vor, und in diesem Bild ist auch schon fast das ganze Gedicht enthalten. Denn zum Fluß, der nach dem Glauben der Alten das Reich der Lebenden vom Hades schied, gehört Charon, der Fährmann, der die Abgeschiedenen überzusetzen und ihnen Lethe, den Trunk des Vergessens zu reichen hatte. Für gewöhnlich stellen wir uns Charon in Tätigkeit vor, seinen Nachen führend, sein Ru-

der schwingend. Hier aber ist Charon müßig. Er hat sein Ruder an die Wand gelehnt, steht dabei – und liest. Ein schönes Bild, in dem sich die Stille geistiger Versenkung darstellt. Was aber mag dieser Charon lesen?

Er liest immer dasselbe. »Die lieder liest er / des Orpheus«; das Manuskript, das ihm der tote Dichter schüchtern hinhält, weist er mürrisch zurück. In unlängst Geschriebenem vermutet er nichts als schwächliche Irrtümer. Charon verachtet die Gegenwart, ihre Weise zu lieben, ihre Weise zu singen. Hier ist Reiner Kunzes Gedicht eine (fast schon zu geläufig, wenn auch sublim formulierte) Klage über die fehlende Lebensmacht unserer Zeit.

Dann aber, in den letzten drei Zeilen, öffnet sich eine neue Dimension. Auf die Frage, warum Charon gerade hier des Orpheus Lieder lese, antwortet der Unterirdische mit unnachahmlicher Kürze und Tiefgründigkeit: »Ein ort der schatten« ist's »mit dem licht der oberwelt«. So kennzeichnet Kunze Ort und Art geistiger Begegnung, geistiger Arbeit, ja, von Dichtung überhaupt. Dichtung ist für Kunze der Bereich, der dem grellen Tagesschein entrückt ist und damit dessen Unruhe, dessen Betriebsamkeit, doch wohl auch dessen Vergänglichkeit.

Immerhin bedarf auch diese Zone des »lichts der oberwelt«. Hier ist das Ahnungsvermögen des Lesers aufgerufen; ihm bleibt es überlassen, sich diese »oberwelt« zu deuten und damit zu entgrenzen, möglicherweise bis ins Numinose.

REINER KUNZE
TAGEBUCHBLATT 74

(für Karl Corino)

1
Das waldsein könnte stattfinden
mit mir

(Nicht mehr bedroht sein
von allen äxten

Eine wasserader
unter den wurzeln)

2
Ich aber will nicht einstimmen
müssen

(Lieber immer neue äste treiben
zu wehren der axt

Lieber die wünschelruten der wurzeln
wieder und wieder verzweigen)

VOLKER HAGE
GEGEN VERLOCKUNGEN

Ein einfaches Gedicht. Die zwei Anfangszeilen, die beim ersten Lesen Verwirrung stiften könnten, erschließen sich nach Kenntnis der übrigen. Ein Gedicht für jene, denen es nicht leichtfällt, sich gegen Widerstände durchzusetzen, die aber zur Anpassung nicht (nicht mehr oder noch nicht) bereit sind. Kämpfernaturen hingegen, denen Verweigerung und Protest nicht Mühe, sondern Spaß bereiten, dürften diese Verse nur ein Lächeln kosten.

Es ist ein Gedicht, das Mut macht. Gemeint ist nicht Gratismut, nicht das laute Wort, das auf der Welle der Übereinkunft schwimmt. Gemeint ist Mut zum Risiko: der Wille, vor Hindernissen nicht zu kapitulieren, die Bedrohung der eigenen Person einzukalkulieren, unter Umständen sogar den Verlust scheinbarer Freunde, der Heimat oder der ökonomischen Existenz auf sich zu nehmen. Die Axt, die im Gedicht den Baum bedroht: sie steht für jene Werkzeuge, mit denen Menschen, die sich querlegen, entwurzelt, und das heißt vernichtet werden können.

Vom Kampf spricht das Gedicht in seinem zweiten Teil. Die Absicht, neue Aste zu treiben, ist der Wunsch, zum Widerstand fähig zu werden und für diesen Widerstand immer wieder einen Ausdruck zu finden – mag dieser Ausdruckswille auch hilflos sein. Hilflos, wie es möglicherweise der Versuch der Wurzeln ist, sich »wieder und wieder« zu verzweigen, das heißt: Fuß zu fassen durch Weitertreiben. Wünsche und Hoffnungen sind angesprochen.

Sie, »die wünschelruten«, stecken tief (in der Erde, im Menschen), sie lassen sich nicht kappen.
Doch dies ist kein heroisches Gedicht. Auch wenn es heißt: »Ich aber will nicht einstimmen / müssen«. Der zweite Teil des Gedichts ist ja eine Antwort auf den ersten. Und dieser erste Teil zieht das Gedicht völlig aus der Gefahrenzone von Durchhalteparolen. Kunzes Verse gestehen dort nämlich ein, wie gefährdet der Schwache, der Freundliche, der Verbindliche ist. Erst dieses Eingeständnis macht das Gedicht wahr.
Seine erste Hälfte beschwört die Versuchung zur Anpassung, zur Konformität, zum Opportunismus. Sie verweist auf die Verlockungen des Mitmachens, des Mitschwimmens, des Einverstandenseins. Aus ihr spricht der Wunsch, nicht länger bedroht zu sein »von allen äxten«, von Angriffen, von Widerspruch und Schuldspruch, von Einsamkeit und Entwurzelung. »Eine wasserader / unter den wurzeln« – so einfach drückt sich hier die Sehnsucht nach Sicherheit der Existenz aus, nach Versorgung und Entfaltung.
Und jetzt erst wird der Anfang klar: die wichtigste Zeile. Das Ich des Gedichts benennt darin sein Anfälligkeit. In diesem Eingeständnis der eigenen Schwäche und Verführbarkeit liegt die Stärke des Gedichts. So verstanden, bedeutet »waldsein« das Unterkriechen im Mehrheitswillen oder – schlimmer noch – in dem der tonangebenden, der normbildenden, der herrschenden Gruppe. »Das waldsein könnte stattfinden / mit mir« – es könnte! Das Gedicht aber hat eine andere Reihenfolge. Der zweite Teil stößt den ersten um.
Reiner Kunze hat durch seine Biographie bewiesen, daß dies keine leeren Worte für ihn sind. Er kam aus der DDR

erst in die Bundesrepublik, nachdem er jahrelang Angriffe und Anfeindungen ertragen hatte. Doch macht es sich mit diesem Gedicht leicht, wer darin allein Zustände in der DDR beschrieben wähnt. Anpassung und Leisetreterei werden nicht nur dort gefordert und gefördert. Um ein Beispiel gefragt, läßt sich eine scheinbare Bagatelle nennen. Sie trug sich in Hamburg zu. Dort wurde einem Fahrer der U-Bahn nahegelegt, während des Dienstes seine Ansteckplakette »Atomkraft? Nein danke!« abzunehmen. Er weigerte sich, obgleich er mit seiner Entlassung rechnen mußte, die dann auch ausgesprochen wurde (inzwischen von einem Arbeitsgericht zurückgewiesen). Die Aufforderung zum Nachgeben, die Verlockung zum »Waldsein« lauern in jedem Alltag.

RAINER KIRSCH
DIE DIALEKTIK

Juni 1987

Zupackend tändeln, tändelnd fassen: Lassen
Durch Tun, und kein Tun lassen – ist,
Klagreich Zuhandene, da du mich küßt,
Unwirklich denn, was wir zart fingernd passen
In schmalste Spalte zwischen Augenblicken,
So daß sich der Sekunden Strecke beult
Und sich, mäandernd, ernst zu Schlingen knäult,
In die wir uns umfangen heiter schicken?
»Des Bleibens ist kein Ort.« »Wir sind der aber.«
»Er geht mit uns.« »So tauch den Blick derweil.«
»Das Licht schmilzt hin.« »Sein wir die Kandelaber.«
»Tod spaltet die.« »Ja, stumpfen wir sein Beil.«
»So sehr, sagst du, gefalln dir meine Brüste?«
»Ich sagte es, wenn ich zu reden wüßte.«

HARALD HARTUNG
ER WEISS ZU REDEN

Ist dies nun ein Liebesgedicht an die Dialektik oder ein dialektisches Liebesgedicht? In jedem Fall scheint der Sprechende ein merkwürdig umständlicher, skrupulöser Liebhaber zu sein – dazu noch besitzstolz und unhöflich. Denn welcher Kavalier nennt die Geliebte eine »klagreich Zuhandene«, das soll wohl heißen: eine Frau, die immer verfügbar ist und sich ständig beklagt?
Vielleicht ist es aber nur gebremste Liebesenergie, die sich so aggressiv wie unentschieden gibt. Da formuliert der Liebende die schönsten Maximen, was zu tun und zu lassen sei. Doch anstatt nun auszuführen, was er sich vorgesetzt hat, und zupackend zu tändeln oder tändelnd zuzugreifen, scheint er von des Gedankens Blässe angekränkelt und verstrickt sich in einen merkwürdig mäandernden Satz, der nur zu gut zu seinem Schwanken paßt. Doch Vorsicht: Die Ungeschicklichkeit hat Methode. Sie zieht listig die Schlinge zu einer rhetorischen Frage, die auf die bare Zustimmung aus ist.
Wer so fragt, hat Zweifel oder will sie beschwichtigen. Aber woran zweifelt er? Doch nicht an der Geliebten. Sie ist »zuhanden« und küßt ihn, was will er mehr? Er möchte, daß sie ihn von der Angst befreit, all die schönen, der Zeit abgelisteten Liebesaugenblicke könnten unwirklich und hinfällig sein. Sie soll ihm sagen, daß der Versuch nicht vergebens war, der Zeit eine andere, eine mäandernde, verschlungene Gestalt zu geben, die das Vergehen

hinauszögert. Wie bescheiden man geworden ist. Denn alle Lust will nun nicht mehr »Ewigkeit«, sondern bloß jene Nische in der ernsten Zeit, in die man sich heiter schickt. Doch die Zeit läßt nicht mit sich handeln. Über dem Satz unseres Freundes ist sie weitergegangen. Auch die Gedichtzeit: Acht von den vierzehn Zeilen des Sonetts sind verbraucht. Ist die Überredung geglückt?

Die Frau bescheidet ihn abschlägig, aber so sibyllinisch, daß das Gespräch weitergehen, ja eigentlich erst beginnen kann. Endlich, im Dialog, ist er der Lage gewachsen. Er nimmt die Frau beim Wort und bleibt keinem ihrer illusionslos scheinenden Sätze die Antwort schuldig. Dreimal verweist sie auf Vergänglichkeit und Tod. Dreimal setzt er die Liebe der Liebenden dagegen. Und die Frau, aufs schönste und willkommenste in die Enge getrieben, gibt selbst das sinnlichste Argument: »So sehr, sagst du, gefalln dir meine Brüste?«

Jetzt, im letztmöglichen Moment, in der Schlußzeile des Sonetts, darf er zustimmen. Aber das einfache aufatmende Ja genügt nicht. Zu sehr hat er sich im Reden und Spekulieren verfangen. Nur noch die Kapitulation kann helfen, das Eingeständnis: »Ich sagte es, wenn ich zu reden wüßte.« Und merkwürdig. Nun, da er sein Unvermögen gesteht, hat er Sprache – die Sprache der Liebe. Versagen schlägt um in Gelingen.

Also ist Dialektik im Spiel, das zum guten Ende führte. Auch so etwas wie freundliche Nötigung. Sei es durch die Bescheide der Frau. Sei es durch die ablaufende Uhr des Sonetts. Zu lang hat unser Freund philosophisch getändelt. Schließlich hat er's doch gepackt. Wo er nicht reden konnte, tat es der Dichter für ihn – und für die Liebenden überhaupt.

Rainer Kirsch, aus Sachsen, hat Petrarca, wie er selbst sagt, »nördlich versetzt«. Das meint auch: aus dem Idealistischen ins Materialistische. Liebe gilt ihm als »oberste Bewegungsweise der Materie«. Das schließt – wie man sieht – Poesie nicht aus. Der Dichter verneigt sich, außer vor Petrarca, auch vor Rilke und Brecht. Den Reim »aber/ Kandelaber« versteht er als Reverenz vor Rilkes berühmtem Sonett über den »Archaischen Torso Apollos«. Und der Dialog der Liebenden erinnert an Brechts wunderbare Verse von den Kranichen und der Liebe, die den Liebenden ein Halt scheint.

RAINER KIRSCH
SONETT

Und als die siebente Stunde Frühe schlug
Erwachten wir sehr blaß in ihrem Bette.
Ich fragte, ob ich sie genügend hätte.
Sie sagte: nein. Und wie ich sah, mit Fug –

Genug, sprach sie, ists nie. Selbst sieben Male
(Ich will nicht lügen, fünf, doch gut für sie)
Sind nichts, wenn sie vorbei sind, d. h. fast nie
Mehr als Erinnerung, und was soll die: male

Den Mund mir mit den Lippen rot, und laß
Die Sonn (sie sagte: Tags Stern) mir am Bauch
Allein nicht, sie könnt friern, ich denke, Rauch
Geraucht,wird kalt,wir sind nicht Rauch: nur daß

Du mich jetzt faßt, beweists, komm laß uns wippen.
Da fing mirs an. Sie hat geschickte Lippen.

PETER MAIWALD
IN GUTER GESELLSCHAFT

Als ich von meinem Vorhaben, der Frankfurter Anthologie von Rainer Kirschs Sonett Bescheid zu geben, den Dichter Martin Opitz unterrichtete, befand der, dies sei ja schon wieder ein »klincgeticht«, erbot sich aber dennoch, mich in den Salon am Main zu begleiten »wiewol es mir nicht gefallen wil«.

Derart ermutigt, wenn auch zweischneidig, begab ich mich zum angegebenen Ort und erwartete nichts mehr als das lasche Abwinken der Jüngeren, von denen ich wußte, daß sie mit Sonetten soviel am Hut haben wie die modernen Mafiosi mit der Hühnerfeder des Räuberhauptmanns. Allein die Älteren hatten sich in respektabler Menge zur Begutachtung eingefunden. Ich verteilte rasch den Text und sparte nicht mit Hinweisen auf die Herausforderung des alten Themas (Vergänglichkeit! Vergänglichkeit!), lobte die spielerische Ausführung und die egomane Behandlung und erinnerte, daß wir mit erotischen Bildern derzeit nicht eben reich bedacht seien. Man bat um Ruhe. Man wollte sich, völlig unzeitgemäß, vom Gedicht belehren lassen und nicht umgekehrt. Nur Schiller und Hölderlin verzogen sich in eine Ecke. Sie hatten nie etwas mit Sonetten zu tun gehabt und wollten es auch dabei bleiben lassen.

Schließlich brach es aus Johann Heinrich Voß heraus. »Grillenhafte Reimkünstelei« schrie er, »galante Schellentracht, altfränkischer Klingelschuh«, und wir konnten schon froh sein, daß er nicht noch mehr Schaum vor den Mund brachte. »Na und«, schrie der dicke Franz Werfel zurück, »im Deutschen müssen sich die Sachen reimen«, erntete aber nur schallendes Gelächter von allen, die sich reimlos ausgewiesen hatten. Und inmitten des Lärms skandierte Alfred Lichtenstein, als sei die Kenntnis der Klassiker Kirschs einziges Vergehen, unentwegt fünfhebige Jamben auf die Tischplatte: »Wer trillert nun die imitierte Flöte: Verlogner Shakespeare und erborgter Goethe.« Der wiederum, offensichtlich geniert, murmelte etwas wie: die Sache sei »aus ganzem Holze«. Im übrigen verrate das Vorliegende ein großes Herz, zu dem auch die Liebe zur strengen Form gehöre, beides geeignet, selbst ein Sonett – »Das Allerstarrste«! rief Voß, Goethe imitierend, dazwischen – mit Feuer aufzuschmelzen. Wenn dies auch nicht mit der von ihm gewohnten Kraft, sondern mit der Sparflamme der Lakonik geschehe, so sei dies einzig dem Energiegeiz, der zur Zeit des Autors herrsche, zuzuschreiben.

Nun hielt es auch August Wilhelm Schlegel nicht länger – das Präsidium des Sonettenkränzchens war ihm vorbehalten, wenn auch nicht unumstritten, aber von den Jüngeren wollte keiner, selbst Törne, Endler und Mickel nicht; Brecht hatte vormals schon mürrisch abgewinkt – und Schlegel erhob sich von seinem Sitz und begann seine gezählten Erbsen abwechselnd in die eine oder die andere Waagschale zu werfen. Zwar habe der Autor unziemlich gegen ziemlich alle Regeln verstoßen, die er, Schlegel, für die Herstellung von Sonetten aufgestellt habe – so in der Sorglosigkeit des Reims, so beim geradezu lausbübischen Hang zu Enjambements (an dieser Stelle begann Rilke vornehm zu lachen), und es sei »ganz bestimmt fehlerhaft,

Partikeln, die gar nicht für sich allein bestehen können, zu Reimwörtern zu wählen« –, aber es sei doch unverkennbar, daß durch die Kunstfertigkeit des Autors sein Thema (Lob der Gegenwart oder: Was man hat, hat man!) »aus den Regionen der schwebenden Empfindung in das Gebiet des entschiedenen Gedankens gezogen wird«.
Daraufhin ließen es die Dichter gut sein und gingen zusammen auseinander. Mir und Opitz blieb das Weinhaus, wobei mir Opitz nach dem fünften Glas versprach, sich das Sonett noch einmal anzusehen. Aber man weiß ja nie, was man von Dichterworten halten kann.

RAINER KIRSCH
STERBELAGER PREUSSISCH

Merkbare Sätze, hör ich, sind vonnöten.
So daß, wenn du schon ahnst, daß du bald kippst,
Du immerhin vor Schluß die Zeichen übst,
Die andern ohne dich an Auskunft böten,
Was die, träg lallend, eignen Blicks nicht finden:
Der Stumpfsinn ihre Brunst. So aber bleibt
Was Stachelndes, das sie zum Blinzeln treibt:
Die Mücken, doch noch, tanzen um die Linden,
Mittage wehn, Handwerker kaufen Schnaps,
Systeme blühn und reifen zum Kollaps,
In ferner Landschaft schießt man sich um Reis,
Der Tod hebt an im Mund, sein Farb ist weiß;
Und schneller drehn sich in der Welt die Dinge,
Um die es, ginge es um noch was, ginge.

KARL MICKEL
DER ZITIERBARE KERN

Das Sonett dankt seine Existenz zwei Anregungen, und es enthält vier Gedichte, die einander durchdringen. Hier die Anregungen:

Erstens: Der Titel deutet auf Christian Ewald von Kleist. Kleist hatte einem Kameraden aus seinem Kreis dringlichst geraten, Sex statt Waffenruhm zu erstreben, aber der Rat war adressiert an den Toten; die außerordentliche Elegie »An Hrn. Rittmeister Adler« ist Nekrolog. Wie Adler 1746 bei Landshut endete Kleist 1759 bei Kunersdorf. Mit dreizehn *starken Kontusionen* führte er sein Bataillon zum Angriff, die vierzehnte Wunde warf ihn vom Pferd. Während des Verblutens philosophierte er stoisch. Das »Sterbelager preußisch« ist der Ort zwischen Wissen und Tun; wir können ihn auch Stalingrad nennen.

Zweitens: Vor wenigen Jahren wurde Kirsch gebeten, er möchte Petrarca-Kanzonen übertragen. Seither steht ihm petrarkistisches Denken zu Gebote. Wilhelm Heinse hat schlüssig bestimmt, was Petrarkismus sei: Wollust und Metaphysik, zu reinster Form amalgamiert. Oder, poetologisch gesagt: der unmittelbar sinnlichen Großstruktur werde mindestens eine autonome symbolische Evolution eingefabelt. Das Verfahren säkularisiert die hochscholastische Bibelexegese: die Interpretation der Mehrfachbedeutungen gleicher Wortlaute.

Das erste Gedicht im Sonett fragt, ob ein Testament oder letztes Wort sinnvoll und möglich sei. *Merkbare Sätze,*

hör ich, sind vonnöten. Was spräche für sie? *Die andern ohne dich an Auskunft böten, / Was die, träg lallend, eignen Blicks nicht finden:* Weitergabe des Wissens also.
So aber bleibt / Was Stachelndes, das sie zum Blinzeln treibt: Blinzeln ist visuell, was Lallen akustisch ist. Danach setzt Gedankenflucht ein; Allerweltsfloskeln bilden ihr fragmentarisches Mosaik. *Mücken/Schnaps/Reis.* Derart faseln die Lebenden auch, der Sterbende lallt und blinzelt wie sie.
Das zweite Gedicht im Sonett stellt das Sterben von innen vor. *So daß, wenn du schon ahnst, daß du bald kippst, / Du immerhin vor Schluß die Zeichen übst:* das Bewußtsein ist helle; der Moriturus ist privilegiert zu Segen oder Fluch; aber der Geist verliert die Schärfe, ehe er die Formel gepackt hat. Rudimentäre Bilder spuken. *Mücken/Linden/Mittage/Handwerker/Schnaps.* Die Sinne wirren: *Der Tod hebt an im Mund, sein Farb ist weiß.* Schmecken und Sehen fallen in eins. *Und schneller drehn sich in der Welt die Dinge:* das schwindende Subjekt registriert den letzten Eindruck.
Das dritte Gedicht im Sonett erörtert eschatologisch, inwiefern etwa der geargwöhnte Tod der Gattung im individuellen Sterben trösten könne? Tatsächlich haben ja hundertfünfzig Jahre Industrie die Biosphäre an den Rand des Kollapses gepowert. *Und schneller drehn sich in der Welt die Dinge, / Um die es, ginge es um noch was, ginge.* Der Ort zwischen Wissen und Tun ist allgemein geworden: Gemeinplatz. *Die Mücken, doch noch. /.../ In ferner Landschaft.* Meine Sinne trüben mich nicht, der Strudel existiert objektiv, die Welt schlingt sich. *Systeme* (Plural!) *blühn und reifen zum Kollaps.* Sie mästen die Todeslust.
Das vierte Gedicht im Sonett prüft sich selbst. *Merkbare*

Sätze, hör ich, sind vonnöten. /.../ Um die es, ginge es um noch was, ginge. Die Interjektion *hör ich* scheint Brecht geschuldet, jedoch Kirsch hört Kirsch. Andernorts hatte er dargetan, das gute Gedicht berge einen zitierbaren Kern; dieser sei Qualitätskriterium. Der atemraubende Zug von Vers 1 zu Vers 14 erfüllt es formell, indem er es verbal verneint. Klare Form widersteht dem Nichts, zugleich spricht sie den Bann über nichtswürdiges Dichten. Wir können nun die Verse 2 bis 13 lesen als einen polemisch-parodistischen Themenkatalog modischer Poesie.

WULF KIRSTEN
GOTTFRIED SILBERMANN

hof- und landorgelbauer im generalbaßzeitalter,
meißnischer daedalo.
geboren zu Kleinbobritzsch, erdnah und himmelweit,
zu füßen Frauensteins als wäldner.
kein bild, kein grab blieb nach.
ein menschenalter stur und still
am flußlauf der Bobritzsch, der Mulde
orgeln gepflanzt.
Sächsisch-Sibirien verakkordiert.
der rauhen köhlerlandschaft
blies er seinen atem ein.
sorgsam gesetzt
jeder registerknopf und jede pulpete.
zinnblätter ausgehämmert.
den baß gekröpft und akkurat gelötet.
mensuren berechnet, windfragen geklärt,
nicht gewohnt, zu sparen
das seinige und seinen fleiß.
mit haarzirkel, zinnschere und fausthobel,
mit schrägmaß, stimmdistel und windprobe hantiert
werk- und wundertätig an werken für die dauer.
nie stand die arbeit still.
sich keiner mühe überhoben,
die letzte silberne posaune angeblasen,
gestimmt und intoniert.
gestorben an bleigicht, erdnah und himmelweit.

ein meister aus Sachsen, still und stur.
vollkommner Silbermann,
kein bild, kein grab blieb nach.
eine orgellandschaft gestiftet.

GERHARD SCHULZ
SÄCHSISCHER HIMMELSFLUG

Nicht Poesie war es, was mich zuerst zu diesen Versen hinzog, sondern Erinnerung. Ich habe jahrelang in einer Stadt gelebt, der Gottfried Silbermann eine seiner reichsten, schönsten Orgeln gebaut hat, und die »rauhe köhlerlandschaft« am Fuße des Erzgebirges bis hinauf nach Frauenstein mit seiner alten Burgruine ist mir gut vertraut. Viel von der Musik des »generalbaßzeitalters« habe ich auf der Orgel des Freiberger Doms gehört, gespielt »zur Ehre Gottes und zulässiger Ergötzung des Gemüths«, wie Bach es selbst verlangt hat für die auf dem Generalbaß als dem »vollkommensten Fundament der Musik« errichteten Klänge. Gottfried Silbermann wurde zwei Jahre vor Bach geboren und starb drei Jahre nach ihm.
Zusammen mit seinem Bruder Andreas und seinem Neffen Johann Andreas gilt er als wichtigstes Mitglied der Familie: die erzgebirgischen Silbermanns verkörpern die hohe Schule des Orgelbaus im achtzehnten Jahrhundert. »Sächsisch-Sibirien verakkordiert«, das haben sie gewiß, aber auch weit über dieses Sachsen hinaus gewirkt. Zu ihren Haupt- und Meisterwerken in Freiberg und Dresden gesellen sich mächtige Orgeln im Straßburger Münster, in Basel oder der Abtei St. Blasien. Kraft und Gravität hat man ihren Arbeiten bescheinigt, zugleich die abgeklärte Reife und die Weichheit des Orgelklangs.
Für gefühlvolle Rückschau auf eigene Erinnerungen ist Kirstens Gedicht allerdings nicht das rechte Instrument.

Dazu gibt es sich von Anfang an zu spröde, ja rauh wie die Landschaft selbst, von der es spricht. Von allen Wörtern, die ein lyrischer Vers beherbergen kann, scheint »Kleinbobritzsch« das störrischste, untauglichste. Aber auch die Wörter aus der Technik des Orgelbaus stehen solcher scheinbaren Poesielosigkeit nicht nach. Pulpete, Mensuren, Haarzirkel, Zinnschere, Fausthobel, Schrägmaß, Stimmdistel, die Windprobe und die Windfragen, deren Klärung erst den guten Klang möglich machen – das alles ist Wissensstoff, nicht leicht zu eruieren und vorstellbar zu machen, wenn man sich nicht zufällig im Orgelbau auskennt.

Daß der Autor Bescheid weiß, zeigen die Verben, die von der Anwendung dieser Dinge sprechen, also das Hämmern, Kröpfen, Löten und Hantieren, das in der Werkstatt dieses Gedichts vor sich geht. Mögen aber diese Wörter im einzelnen schwierig sein – in ihrer Gesamtheit und Kompaktheit produzieren sie eine eigentümliche Musik. Abgegriffenem, abgenutztem Ausdruck, diesem Erbfeind aller guten Literatur, wird hier auf eine höchst sachliche Weise aus dem Wege gegangen, indem von nichts als konkreter Arbeit in einer genau erfaßten vergangenen Zeit und einem ebenso genau bestimmten geographischen Raum gesprochen wird.

Der eigentliche Reiz und letztlich wohl der Gedanke dieser Verse liegt in der Tat darin, daß aus dem Produkt der Arbeit, aus dem gehämmerten und geformten Metall Musik entsteht. »Erdnah und himmelweit« ist die bündige Formel am Anfang und Ende des Gedichts. Die eine Sphäre ist faßbar und beschreibbar, die andere aber liegt weit entfernt von solcher Konkretheit, jenseits von Raum und Zeit im Freien und Unendlichen. Es bezeichnet den ganzen fruchtbaren Widerspruch der geist-leiblichen Existenz des Menschen, daß er nur in diese andere Sphäre gelangen kann, wenn er nicht den Boden unter den Füßen verliert. Dädalus war in griechischer Sage der Baumeister und Erfinder, der seinem Sohne Ikarus die Flügel baute, mit denen dieser dann zu hoch hinaus wollte.

Von Enge und Weite, von menschlicher Doppelexistenz – »erdnah und himmelweit« – und von dem Medium Kunst zu Verständnis und Vollzug dieser Doppelheit spricht also dieses Gedicht. Am Ende steht neben dem Tod an »bleigicht«, der Gliederlähmung durch die stete Vergiftung mit dem Metall, die »letzte silberne posaune«, die, gut gestimmt und intoniert, zur Erhebung aufruft.

Kirsten hat seine Heimat, die »erde bei Meißen« – so heißt der Gedichtband, für den er 1987 den Peter-Huchel-Preis erhielt –, in Verse eingeführt, aber er ist gewiß kein Heimatkünstler. Das verbindet ihn mit dem Orgelbauer Gottfried Silbermann aus Kleinbobritzsch.

WULF KIRSTEN
GRABSCHRIFT FÜR MEINEN GROSSVATER

Gustav Moritz Leberecht Kirsten
(1873-1907)

ein handwerksbursche aus Sachsen
unterwegs nach Berlin
mit zwei talern im hosenbund.
gegenläufig der frost,
eben noch laubscherer,
der wird seiner habhaft,
legt sich ins mittel,
fährt mit der rauhbank
waldkundig unter den sternorten
im winterdunkel hin,
heftet dem schläfer die mürben sohlen
fest an den Walterschen forst
vor Teltow in der Mark,
maßregelt leib und leben
unterm bettelmantel,
nimmt noch zu Protokoll das stiefelmaß,
ruht jäh auf einer silbe,
erwartet so die sprachfindung
des amtsvorstehers von Groß-Beeren.

HEINZ PIONTEK
DER GROSSVATER EINES DICHTERS

Wulf Kirsten (geboren 1934 in Klipphausen, Kreis Meißen) gehört in der DDR zu den begabtesten Lyrikern der mittleren Generation, also zu Reiner Kunze, Sarah Kirsch, Volker Braun, hat aber später als diese angefangen zu veröffentlichen. Die Bundesrepublik muß ihn erst noch entdecken.

Die »grabschrift« Kirstens gilt seinem Großvater, der nur 34 Jahre alt wurde. Wenn wir das Gedicht für bare Münze nehmen – und das sollten wir, meine ich –, dann ist der Großvater des Autors ein Handwerksbursche aus Sachsen gewesen, der sich eines Tages »mit zwei talern im hosenbund« auf den Weg nach Berlin gemacht hat, dort aber nicht angekommen ist. Warum nicht? Nun, vermutlich ist er zu spät im Jahr aufgebrochen, in den dunklen Winter geraten und dann an seinem Gegenspieler, dem Frost, gescheitert.

Der Frost tritt buchstäblich ins Bild. Keineswegs als das leutselige »Väterchen Frost«, also als Weihnachtsmann, sondern als eine Gestalt von schneidender Kälte. Bei Kirsten hat diese Naturerscheinung etwas Magisches, kein Wort über Celsiusgrade, leibhaftig sieht man den »laubscherer« vor sich: nun Widerpart eines armen Schluckers, der, »auf der Walz«, nicht genug zu essen hat und mit den Zähnen klappert.

Der Frost als Täter. Er wird tätlich. Deswegen charakterisiert ihn der Schreiber des Gedichts mit Tätigkeitswörtern. Ungebräuchliche, ja, geraunte Wendungen kommen zustande: der Frost packt den Burschen, »wird seiner habhaft, / legt sich ins mittel, / fährt mit der Rauhbank / waldkundig unter den sternorten / im winterdunkel hin ... / maßregelt leib und leben«. Gerade, daß das Gedicht nicht »ausgeschrieben« ist, einiges im Dunkeln bleibt, kommt ihm zugute.

Denn was hier vorgeht, läuft schließlich auf den Tod durch Entbehrung und Erschöpfung hinaus. Es ist von Halluzinationen begleitet. Mitten »im Walterschen forst / vor Teltow in der Mark« kann der Mann nicht weiter, bleibt er im Schnee stecken. Was nützt ihm sein »Bettelmantel«? Er schläft ein und erfriert. Eine Weile sieht man noch die Stapfen seiner Stiefel und das Bündel Kleider im Schnee. Der Frost kommentiert seinen Sieg einsilbig: »Tot!« Welche Wörter aber wird man von Amts wegen benutzen, um den Fall zu den Akten legen zu können?

Kirsten hat die düstere Geschichte in einem hellen Ton erzählt. Keine Larmoyanz. Keine große Klage. Der Enkel kann den Großvater nicht mehr gekannt haben, lang liegt die Sache zurück, fast schon ein Märchen. So schlägt Kirsten also diesen hellen Märchenton an, der zwar manches dunkel läßt, aber das Sterben des armen Mannes für nicht weniger beschreibenswert hält als das des reichen. Ganz zart ist die Ironie, eigentlich spüren wir sie erst am Schluß, wo deutlich wird, daß das Epitaph auf einen Handwerksburschen zugleich auch eines auf den Großvater eines Dichters ist. Denn Sprache hat das letzte Wort.

Gibt es angemessene Worte für das Sterben, den Tod? Mit Sicherheit ist es nicht die Amtssprache, die uns die

»Letzten Dinge« ins Bewußtsein rufen dann. Aber vielleicht ein Gedicht, das die Fragen offen läßt? Vielleicht dieses hier?

WULF KIRSTEN
WÜSTGEFALLENER JÜDISCHER FRIEDHOF IN MÄHREN

wer auch sollt noch verharren
vor den ausgedörrten steinen
zur lichtzeit in andacht
außer der erdrebe, der vogelwolke,
die ein windstoß aufhebt
und davonbläst wie spreu?

wo grab um grab überwuchs
das schnellebige jahrhundert,
findest du nicht tür mehr noch tor,
bruchstücke von steinmetzarbeiten
im gras, zerschmetterte vokabeln
unter thuja und wilder kirsche.

das los ist uns gefallen aufs lieblichste.
wohin rollte der in honig getauchte apfel?
wer spricht den lichtsegen nach?
alle nach euch wie vieh ausgetrieben
und wohin?
auf der triumphstraße der barbaren?

der säemann säet das wort
in die verwölkten abendweiten,
und seine wahrheit

so weit die wolken gehen.
komm, o komm, gestirnte messiaszeit!
der wind säet unkraut.

neben dem grabstein Rosa Knöpflmachers
stehn hochkant an eine zypresse gelehnt
zwei sarglange schiebböcke.
im speichenkranz, bis zu den holmen hinauf
rankt ein profanes grün.
die abgüsse ortsabständiger stimmen:
kürbisblütengelb.

der sabbat wird wie eine braut empfangen.

ECKART KLESSMANN
IN MEMORIAM ROSA KNÖPFLMACHER

Ein Friedhof ist eher ein Ort der Lebenden denn der Toten. Er ist ein *Memento mori*, eine Stätte des Gedenkens, der Trauer, der verlassenen oder verlorenen Liebe. Wer an einem Grab verweilt, erinnert sich der Toten, als sie noch lebten und mit uns umgingen. Wenn aber die Lebenden nicht mehr da sind, der Toten zu gedenken, dann haben wir die Toten wirklich aus dem Leben ausgestrichen.
Viele jüdische Friedhöfe sind »wüstgefallen«, das meint: der Verwüstung anheimgefallen zwischen 1933 und 1945, als nicht nur die Lebenden, sondern auch die Toten geschändet wurden. Nicht immer mußte man die Gevierte gewaltsam planieren; es genügte, die Hinterbliebenen in den Tod zu schicken. Und mit der physischen Vernichtung ging einher das Verlöschen von Brauchtum, von Tradition.
Denn »der in honig getauchte apfel«, jüdische Sitte an Neujahr, um dem neuen Jahr Süßigkeit zu verheißen – ja, wohin ist er gerollt? Und »wer spricht den lichtsegen nach«, wenn niemand übriggeblieben ist, den Sabbat fromm zu begehen? Wir sollten uns erinnern, daß die Pflege der Tradition, daß die Geborgenheit im Glauben und frommes Bewahren die Wurzeln gewesen sind, aus denen die Juden in den Jahrhunderten ihrer tagtäglichen Gefährdung die Kraft gewonnen haben: Kraft, zu überleben, Kraft, geistig zu überdauern in einer Welt, die sie schmähte, verhöhnte, haßte und schließlich mordete. Und

daß ihre unendliche Leidensfähigkeit – von den Pogromen des Mittelalters bis zu den Gaskammern – nicht zu begreifen ist, wenn man von der Kraft des Glaubens nichts weiß. Das Kreuz, von dem es heißt, es sei den Christen auferlegt, wurde von den Christen nur zu oft den Juden auferlegt.

Als Wulf Kirsten 1974 den wüsten, verwüsteten, wüstgefallenen Friedhof im mährischen Loschitz (Losiče) besuchte, rankten dort Kürbisse in der Einöde. Im Gedicht aber, ein Jahr später entstanden, assoziiert das »kürbisblütengelb« jene Farbe, mit der Juden schon im Mittelalter optisch gebrandmarkt wurden, und auch der »Judenstern« der grausamsten Verfolger trug jenes Gelb, das keiner vergessen wird, der es mit eigenen Augen auf der dunklen Kleidung der Gezeichneten, der Todgeweihten gesehen hat.

Der Schlußvers erinnert an eine Stelle in den »Hebräischen Melodien« von Heinrich Heine mit dem Titel »Prinzessin Sabbat«: »Komm, Geliebter, deiner harret / Schon die Braut ...« Das Begrüßungslied für die Braut Sabbat wurde und wird freitags abends in der Synagoge gesungen. Das war und ist Realität, Realität wie die Schiebböcke für die Särge, die verlassenen, Realität, die auch Rosa Knöpflmacher heißen konnte, die hier ins Grab gelegt wurde, während man die Spätergeborenen durch den Schornstein schickte. Niemand hat Rosa Knöpflmachers Gedächtnis behütet, deren Name nur noch im Vers verwahrt bleibt. Der Dichter »säet das wort«.

Ein Friedhof kann wüstfallen, ein Glaube nicht, solange es Menschen gibt, die in ihm beten, solange es Menschen gibt, die noch gedenken und nicht wollen, daß Gras über die Geschichte wächst.

JOHANNES KÜHN
ZEITUNG AM KAFFEETISCH

Riesenschmetterling in der Hand,
meine Zeitung,
damit fliege ich weit. In die Gegenden auch,
welche häßlich sind
von Kriegsleichen,
und zum Schornstein,
von dem der Putzer fiel,
und das Blut wischte Ruß von den Kleidern.

Riesenschmetterling in der Hand,
meine Zeitung,
damit fliege ich weit. Zum Hochzeitsbett
einer Königin,
wir haben sie noch in Europa,
und in einen Saal komm ich,
wo man Titel verteilt.

Viel, viel weiter als Australien
flieg ich am Kaffeetisch,
Riesenschmetterling in der Hand,
meine Zeitung.

LUDWIG HARIG
AUF SCHMETTERLINGSFLÜGELN

Es gibt Gedichte, die mich zur Besinnung bringen, und solche, die mich die Besinnung verlieren lassen; Gedichte, bei denen ich zu mir selbst komme, und Gedichte, die mich emporheben und ins Weite entführen, so daß ich für eine Weile außer mir und für die Welt verloren bin. Ein solches Gedicht ist Johannes Kühns Zeitungsgedicht, ein schlichtes und doch tiefgreifendes Gedicht mit dem Charme aller Gedichte, die auf Flügeln kommen und sanft wieder entschweben.

»Riesenschmetterling in der Hand, meine Zeitung«: dreimal taucht das Bild auf, und zweimal fügt der Dichter hinzu: »Damit fliege ich weit.« Was ist das für ein Bild, von dem ich im Moment der Lektüre verzaubert bin, doch schon nach Augenblicken des Nachsinnens in Zweifel geraten könnte, es sei ein unzutreffendes Bild, wenn nicht diese Verwandlung in luftigster Weise, in spielerischer Flüchtigkeit geschehen wäre. Kaum Zeitung gewesen, ist sie schon Schmetterling geworden; in der Formulierung des Dichters hat sich die Metamorphose schon ereignet, bevor ich mich fragen kann: »Wer hält einen Schmetterling in der Hand und fliegt zugleich damit auf?«

Bei diesem Bild bleibt es. Dieses Bild genügt, die Phantasie zu erregen. Das Bild trägt weit. Denn nun hat die Vorstellungskraft Flügel bekommen, das Spintisieren bewegt sich mit Schwingen. Die Zeitung, zum Schmetterling geworden, fliegt auf und nimmt Dichter und Leser mit in die

Ferne, wo die Sensationen geschehen, zu den Orten seiner Wünsche und Ängste. Zeitung lesend verharrt er nicht mehr am Kaffeetisch, klebt nicht auf dem Teppich der Realität, wenn die Phantasie Boden unter die Füße kriegt und die Tatsachen sich auf Flügel schwingen. Nur der Kaffeetisch steht noch an seinem Platz, er allein bewegt sich nicht.

Alle Dichter sind Märchenerzähler, sie fliegen gern, und sie ergötzen sich am Fliegen: Auf dem Wasserdampf reitet der Daumerling, im fliegenden Koffer sitzt der Kaufmannssohn. Was bei Andersen die dänischen Schwäne und die ägyptischen Störche sind, ist bei Johannes Kühn der Schmetterling. Die Schmetterlingsflügel, auf denen er reist, erschließen ihm die ganze Welt. Der Falz, der den Leib suggeriert, ist ein unbedeutendes Nichts, geschrumpft auf eine ätherische Linie, die keine Körperlichkeit besitzt. Nur die Blätter, als Flügel ausgebildet, haben Ausdehnung und feste Gestalt. Auf ihnen sind sogar die Weltgeschehnisse in skurrilen Hieroglyphen aufgezeichnet; aus dem bunten Liniengeflecht erschließt sich das Alphabet der Sensationen.

Johannes Kühn, ein Mittfünfziger, aus dem saarländischen Dorf Hasborn stammend, in dem er heute noch lebt, schreibt längst nicht mehr. Er konnte nicht leben in der rauhen Luft der Verhältnisse, fühlt sich von den Menschen gekränkt, von der Gesellschaft mißachtet, und so sitzt er in seinem Elternhaus, krank an Leib und Seele, und schweigt. Dorfpoeten hat man die Dichter seiner Art mit Vorliebe, aber auch mit Spott genannt. Sie sind kaum aus dem Dorf, nicht über die Nachbarschaft, geschweige denn aus dem Land hinausgekommen. Sie haben die Welt im Kopf. Johannes Kühn genügt die tägliche Lektüre der Zeitung, um sich vom Dorfpoeten zum Weltbürger aufzuschwingen. Seine Saarbrücker Zeitung ist als Schmetterling nicht nur das Flügel-, das Schwingentragende als solches; die geflügelten Wörter, die beschwingten Geschichten holt er sich als Neuigkeiten an den Kaffeetisch.

Das gibt ihm eine Idee von Freiheit ein. Die Zeitung ist keine Eintagsfliege, als was sie landläufig gilt; sie ist ein Schmetterling, der noch übers Jahr die Gedanken lenkt und die Träume bringt. »Leben ist nicht genug«, sagt der Schmetterling in Andersens Märchen, »Sonnenschein, Freiheit und eine kleine Blume muß man haben.«

RICHARD LEISING
DER SIEG

Das ist der Sieg: Lautsprecher! Organ, machtvolles
Sprich uns über die Zeiten. Keine Wolke im Stadion
Ideale Bedingungen; diese Weiten, diese Höhen, viele
Im Faltenwurf des Rekords. Die Kugeln sind alle
Gestoßen, die Geher gekommen, einige Springer noch
Werden beworfen mit Speeren vom andern Ende des Felds
Worauf die Welt blickt. Wie ist die Zeit? Bestzeit
Ist ausgerufen ausdrücklich, auf drehenden Tafeln
Lichte Ergebnisse, die wie Schalmeien blitzen
In ein herrliches Publikum. Wir zählen eins zwei
Drei Podeste, aufs höchste klettert der Sieg, belaubt
Und ernsthaft; einige Kämpfe dauern noch an, Abend
Trifft schräg die Traversen. Ungültiger Sprung dort!
Zu den tiefern Podesten starten frisch die Niederlagen
Mit Blumen Mädchen tanzen über die Tartanbahn quer
Durch den Einlauf im Marathon, Herren in sportlichem
Anzug verhängen Medaillen. Erfrischungen, Andenken
Abzeichen, Gesundheit und Vaterland; mit schwerem Kranz
Dreht ein Läufer die ehrende Runde. Wer Sieger ist
Dessen Hymne wird gespielt und Fahne gehisst.

KARL MICKEL
BESTZEIT, ENDZEIT

Richard Leising ist 57 Jahre alt. Als Dramaturg in Magdeburg und DDR-Berlin war er ein entschiedener Anwalt der Bühnen-Dichter gewesen; nun ist er in den Vorruhestand versetzt worden. In der Gewißheit, daß er jederzeit makellose Verse schreiben könne, schrieb er äußerst selten, publizierte kaum und hielt so manche Widerwärtigkeit sich vom Leibe. Sein Gedicht-Werk umfaßt 76 Seiten; er ist ein eschatologischer Autor. Eschatologie heißt: die Lehre von der Endzeit und den Letzten Dingen.
Leising schreibt nicht Gedichte: er schreibt immer das Gedicht. Sobald die letzte Hand angelegt ist, entläßt es seinen Urheber, da es Widerruf nicht zu fürchten hat. Verstummte der Autor, hätte er seiner Pflicht genügt, kein Stachel bliebe. Das Dictum ist autoritativ.
Nicht jeder Vorwurf taugt. Das Material muß lange prozessiert und sich das Urteil letzter Instanz verdient haben; der eschatologische Dichter vollstreckt es, indem er es formuliert. Sein Reich beginnt dort, wo der Weltstoff selber poetisch geworden, nämlich zum Beschluß gekommen ist.
Die modernen Olympischen Spiele, wie die klassischen, stellen mehr dar, als sie vorstellen. Was vor zweieinhalb Jahrtausenden das Dasein eines gemeinsamen Heiligtums benachbarter Stämme, also deren zusammentreffende Interessen bekundete, repräsentiert heute die Allgegenwart

der sogenannten Medien. Insofern deuten die Spiele symbolisch auf ein Übergreifend-Ganzes.
Aber auch das interne Geschehen der Wettkämpfe ist bereits zeichenhaft; Goethe nennt derlei: bedeutend. Der Kannibalismus ward gemildert zum Menschenopfer; der Ritualmord wich dem Gladiatorengefecht, welches den Kombattanten die Überlebenschance öffnete; die pöbelhafte Arena nobilitierte sich zum ritterlichen Turnierplatz, wo streitsüchtige Elite exklusive Fairneß einübte; die gestumpfte Waffe und der Feind in Gestalt der Sportkameraden möblieren unsere zeitgenössischen Anlagen; die Atavismen lauern. Ein und dieselbe Disziplin kann ihren Sinn wandeln; Tennis war noch vor fünfzig Jahren Herrensport (sentimentalisches Mittelalter), der Ball war weiß. Der gelbe Ball heute meint das *missile*; höchstspezialisierte Professionelle dirigieren ihn/es mit mikrochirurgischer Präzision. Leising erkennt das Stadion als das, was es, vor aller Augen ungesehen, ist: Nachbild des Weltrunds.
Die metrische Gestalt des Gedichts ist unregelmäßig, jedoch so geformt, daß sie den idealen Hexameter (Vers 6) bruchlos integriert. (Der Fachmann weiß, wie ungern reguläre Metren offenen Strukturen sich einfügen.) Der Versbau nimmt derart, sehr zart und fest, Kontakt mit den drei klassischen poetischen Bildern des Weltkreises: Achills Schild, Homers Gottes-Werk, faßt ihn naiv; der Schild des Aeneas, Vergils Auftrags-Werk, reflektiert das Bild des Vor-Bildes; Reinekes Toiletten-Artikel, Goethes Blend-Werk, denunziert den ideologischen Dünkel. Im Spiegel erscheint das Konterfei des Betrachters; es dünkt ihn Welt, und der pseudoheroische Rahmen umschnörkelt seine Eitelkeit.

Wie ist die Zeit? Bestzeit / Ist ausgerufen ausdrücklich; daneben aber steht geschrieben: *Abend / Trifft schräg die Traversen*, und: *Die Kugeln sind alle / Gestoßen, die Geher gekommen.* Die Wörter, bei der Sache genommen, kollidieren und sprechen aus: die Nichtigkeit der Sache. Bestzeit heißt Endzeit. *Lichte Ergebnisse, die wie Schalmeien blitzen / In ein herrliches Publikum:* Alles ist eitel.

Der *Sieg* schließt mit einem Couplet, welches buchhalterisch nüchtern piano die Summe zieht. *Wer Sieger ist / Dessen Hymne wird gespielt und Fahne gehisst.* Leising schrieb das Gedicht 1971; der DDR-Sport-Kult hat es provoziert. Die Verse, nach zwanzig Jahren, stehen unbeschadet.

HEINZ CZECHOWSKI
EWALD CHRISTIAN VON KLEIST

Ohne Hoffnung, daß der Frühling wiederkehre,
Sah er sich im Märzfeld noch im Schnee,
Spürend in den Schultern seine Schwere,
War er eingekreist vom Tode jäh.
Und er wußte: jetzt wird nichts mehr bleiben,
Wie das Eis, das schmilzt auf schmalem Bach,
Wie die Apfelblüten, die im Mai drauf treiben –
Und so ritt er sich aus Träumen wach.
Wie im Wind sie ihre Säbel schliffen –
Pulverschwaden trieben um ihn her –,
Fühlte er es plötzlich: abgegriffen
Wie sein Lederzeug war auch sein Leben: leer.
Der bei Landshut fiel und die Erkenntnis
In ihm weitertrieb, wie er es ja erkannt,
War sehr nah, doch blieb ihm kein Verständnis
In der blutlos-leeren, abgetrennten Hand.
Jetzt zum Sterben war er spät geboren,
Die Signale überm weiten Feld
Waren nicht die späte Huld der Horen.
Klirrend brach sein Blick und kalt die Welt.

PETER MAIWALD
DICHTERGEDICHT

Wenn Dichter sich poetisch über Dichter äußern, findet sich Lob häufiger als Tadel. Das hat weniger damit zu tun, daß eine Nachtigall keiner anderen ein Auge aushackt, sondern mehr damit, daß eine Nachtigall sich gern in einer anderen erkennt. Daraus entstehen lyrische Doppelkopfspiele, Dichtergedichte, in denen eine verkappte Form des Ich-Gedichts zu sehen ist.

Der poetische Bruder, den sich Heinz Czechowski zum Gedicht gewählt hat, Ewald Christian von Kleist, ist heutigen Lesern weitgehend unbekannt. Thomas Mann hat über ihn unnachsichtig gerichtet – »... ich kenne ihn nicht, und man braucht ihn nicht zu kennen« –, und Conradys umfangreiches »Deutsches Gedichtbuch« enthält kein Gedicht dieses Autors und Vorfahren des berühmteren Heinrich von Kleist. Man muß schon eine ältere Literaturgeschichte, etwa die von Robert König von 1879, zu Rate ziehen, um mehr über Czechowskis Vorbild zu erfahren. Das Gedicht selbst geizt mit historischen Auskünften.

Dann erhalten wir von Kleist das Bild eines von Pflicht und Neigung, Wirklichkeit und Ideal zerrissenen Menschen, eines Feingeists unter Grobianen, eines Dichters unter Soldaten, eines Melancholikers, der, Widerspruch in sich selbst, zugleich ein zupackender Kerl war. Kleist, 1715 in Zeblin geboren, hatte in Königsberg das Studium der Rechte abgeschlossen, mußte aber statt der erhofften zivilen eine militärische Laufbahn einschlagen. Er hat es darin zum Major gebracht, aber es scheint, daß er sich, trotz aller soldatischen Anerkennung, lieber unter Dichtern aufgehalten hat. Mit Lessing und Wieland, Gleim, Bodmer und Breitinger war er befreundet und wurde von ihnen zum Schreiben ermutigt und belobigt. Sein Ende, das Czechowskis Gedicht zum Vorwurf nimmt, erzählt die Chronik so: »Als er an der Spitze seines Bataillons eine feindliche Batterie stürmte, wurde er an der rechten Hand verwundet, sofort nahm er den Degen in die Linke und setzte seinen Sturmlauf fort, da zerschmetterte ihm eine Kartätschenkugel das rechte Bein und warf ihn zu Boden. So schwer verwundet, wurde er von Kosaken all seiner Kleider beraubt und in einen Sumpf geworfen.« Erst am nächsten Tage aufgefunden, ist Kleist seinen Verletzungen sechs Tage später, am 24. August 1759, in einem Lazarett erlegen.

Czechowskis Gedicht versagt sich dem Heldentum und dem Heldenton der Chronik. Seine Sympathieerklärung ist leise und gilt der Haltung eines Mannes, der sich und seinen Soldatenstand als unzeitgemäß empfand, der in Natur und Landleben Gegenbilder zu Gesellschaft, Krieg und Gesellschaftskrieg sah und der sich mit dieser Haltung auf verlorenem Posten fühlte und wissend in den Untergang ging. Und es ist, je nach Geschichtsverständnis, nicht ohne Tragik oder Ironie, daß ein Dichter und Bürger im ehemaligen Arbeiter- und Bauernstaat sich mit einem Bürger und Dichter der Feudalzeit im Lebensgefühl und in der Außenseiterrolle zutiefst verwandt fühlte.

Als »Rückwendungen« und »Suche nach Ursprüngen« hat Czechowski einmal seine Gedichte bezeichnet und hinzugefügt: »Dieses Ahnungerhalten ist durchaus etwas polemischer Natur.« Das kann man wohl sagen, wenn man an Kleists »Grablied« denkt, das den melancholischen Trost hat: *Du wirst nicht sehn, daß ein Tyrann / Die Ferse freigebornem Volk / Hochmütig in den Nacken setzt ...*

HEINZ CZECHOWSKI
NOTIZ FÜR U. B.

Versehen
Mit guten Ratschlägen
Geh ich im Kreis.

Keiner spricht
Wie ihm der Schnabel
Gewachsen ist:
Kahler Nominalismus!

Ja.
Auch die Abfallberge,
Die Autowracks,
Der alte bärtige Mann,
Der vor sich hinspricht, die Uhr
Ohne Zeiger.

Die Welt ist verändert,
Aber das Leben
Läßt sich nicht korrigieren.

GÜNTER KUNERT
EINES JENER SIGNALE

Dieses Gedicht des DDR-Autors Heinz Czechowski, der 1935 in Dresden geboren wurde, ist für den Gedichtband, dem es entstammt, eigentlich nicht typisch, und ich habe es aus anderen Gründen gewählt. Der Gedichtband »Schafe und Sterne« – Czechowskis dritter in rund vierzehn Jahren – ist insgesamt eher für eine Haltung bezeichnend, die einer großen Anzahl von Lyrikern in der DDR eigentümlich ist, weil sich in ihr die Bewältigung ihrer Herkunft manifestiert; eine ambivalente Evokation der Provinz, der Kleinstädte, Dörfer (man ist zu sagen versucht: Weiler), jedenfalls einer eng begrenzten Landschaft.
Dieses Gedicht hier ist jedoch typisch in anderer Hinsicht: nämlich für die permanente innere Verfassung des Lyrikers, eine Mischung aus seelischer Notwehr, Polemik, Betrübnis, Verzweiflung, Hoffnung, Einsicht, Resignation. Jenseits vom gedichtauslösenden Anlaß (eine nichtige Diskussionsbemerkung jenes unwichtigen U. B.) konstituiert sich erst das Gedicht: durch Sprachwerdung dauernder eigener Grunderfahrung: daß zum Beispiel die Versorgung mit »guten Ratschlägen« – eine überhaupt nur noch in Gänsefüßchen denkbare Formel – den Zirkel, der den Dichter respektive Leser-Stellvertreter umfängt, nicht durchbrechen hilft, ihn vielmehr begründet. Darin zeigt sich, simpel, wie sie immer ist, eine Lebenserfahrung, historisch nicht fixierbar, sowenig wie das Leben eben fixierbar ist.

Schlußfolgernd aus dem zweiten Vers, meinen wir, daß die »guten Ratschläge« vermutlich von der Scholastik erteilt wurden, deren Begriffe innerhalb ihres eigenen Systems eine Bedeutung, außerhalb desselben aber keine Realität besitzen. Hier tritt ans Licht des Gedichtes das alte Leiden an der Diskrepanz zwischen Schein und Sein, verschärft durch ein modernes Phänomen: das neue Leiden an der fungierenden Sprache, die nichts enthält und alles ersetzt. Äußere Wirklichkeit, keine terminologisch vorgetäuschte, erscheint in der dritten Strophe. Bis zu diesem Gedichtpunkt hat sich, was man etwas lax das »lyrische Ich« nennt, selbst und seinen unsichtbaren Widerpart reflektiert, nun weitet sich die Szenerie und bezieht die Umwelt, die Welt mit ein, als (scheinbar) periphere Realität, gar als Gegen-Realität, weil sie Vereitelung, Nutzlosigkeit, Sinnverlust spiegelt, womit sie jedoch zum Gleichnis wird, das sich von der letzten, fast sprichwortartigen Strophe her verstehen ließe. (Ich wähle den Konjunktiv, um das Subjektive dieser Interpretation kenntlich zu machen.)

Durch vorhergehende Aufzählung überflüssig gewordener oder zerstörter Dinge, wie Abfall und Autowracks, bekommt die Konklusion ihr negatives Vorzeichen, welches wiederum Positives einschließt. Das zerstörerische Moment der Veränderung ist betont und steht damit polemisch gegen blinde, undialektische Affirmation: Veränderung heißt auch Vernichtung, und das ist eine, selten so knapp und eindringlich durch das Gedicht vollzogene Erkenntnis. Die der These folgende Antithese: »Aber das Leben / Läßt sich nicht korrigieren« bestätigt die obige Deutung, weil der Satz meint: es ist nicht anzupassen. In dieser Antithese von der Korrekturunfähigkeit versteckt

sich dann letztlich der geheime Optimismus des Gedichts, das seine Hoffnung auf die Kraft und Dynamik des Lebens selber setzt.
Zerstörung und Vernichtung (und auch das ist eine erst späte Erfahrung) sind keine ausschließlichen Kennzeichen des Krieges mehr: »Ihr Friede zerstört, was ihr Krieg übriggelassen hat.« Falls wir gewillt sind, die Brechtsche Formulierung, um sie zu erhalten, auszuweiten auf Natur, Empfindungsfähigkeit, Lebensgenuß, Mitmenschlichkeit, Hoffnung, Zukunft, Utopie, Traum – dann ist das kleine Gedicht Czechowskis eines von jenen winzigen Signalen, die die Völker immer zu überhören pflegen.

ROLF HAUFS
BAUM UND HIMMEL

Das Glück stellt sich wohl selten ein
Was man so sieht das reicht so hin
Um nicht verrückt zu werden
Man müßte Baum und Himmel sein

Ich weiß das eine schließt das andre aus
Was Himmel ist wird niemals grün
Und wem genügt das auch
Man möchte endlich aus dem Elend raus

Vielleicht hat man zuviel versprochen
Wer prüft das heute wohl schon nach
Wir fingen an und dachten nichts dabei
Wir hatten ziemlich harte Knochen

Allmählich ging das Glück kaputt
Und mancher ist gleich mitgegangen
Wir andern folgen wohl bald nach
Nicht Baum nicht Himmel nur noch Schutt

GERT UEDING
IM WIRKLICHEN DAS MÖGLICHE

Mit einer gewissen Genugtuung sagt man, es sei schon dafür gesorgt, daß die Bäume nicht in den Himmel wachsen. Das Sprichwort richtet sich gegen Selbstüberhebung und Anmaßung, doch der vermeintliche Realismus, der daraus spricht, besteht aus Spießerressentiment, aus der Prätention der Niedrigkeit, die alles zu sich in den Staub ziehen möchte, und aus dem Neid gegen das Leben, wie es sein könnte.

Die Tragik in dieser Alltagserfahrung, vom Sprichwort fatalistisch zugedeckt, macht Rolf Haufs zum eigentlichen Thema seines Gedichts. Die Wünsche schießen weit über die graue Wirklichkeit und deren kleines Glück hinaus, der Traum vom besseren Leben, von Erfüllung und Freude, wird mit jugendlichem Überschwang zum Lebensziel. Doch dann melden sich die unmittelbaren Bedürfnisse, man möchte aus dem Elend raus, fängt tatkräftig an, ohne viel zu überlegen, und dabei kommt nun das Gegenteil des gewünschten Zustandes heraus, das Glück wird immer weniger, die Arbeit frißt die Menschen auf. Zurück bleibt ein ausgebrannter Fall und die Einsicht, daß Baum und Himmel ewig getrennt bleiben, niemals identisch werden.

Das Gedicht bringt eine ganz offenkundige Erfahrung zum Ausdruck, doch auf durchaus vertrackte Weise. Es beginnt mit einer beiläufig-üblichen Alltagsrede (»Das Glück stellt sich wohl selten ein ...«), die sich resignativ ausbreitet, doch dann jäh unterbrochen wird durch ein verwegenes Wunschbild: »Man müßte Baum und Himmel sein«. Aus dieser Wechselrede von Gleichnis und Alltagserfahrung besteht nun das Gedicht, und sie kehrt auf verschiedenen Ebenen wieder, in der Wendung vom Allgemeinen zum Besonderen, vom unspezifischen Man zum konkreten Ich oder Wir, in der Antithese von Glück und Elend. Der Schlußvers bringt die Gegensätze zusammen, treibt sie im Mißton auf die Spitze.

Das kleine Gedicht faßt eine verzweiflungsvolle Erfahrung, die Erinnerung daran und den schmerzhaften Prozeß der Selbsterkenntnis in eins. Das Erleben des alltäglichen Elends provoziert den inbrünstigen Wunsch nach Veränderung und lenkt den Blick auf die eigene Vergangenheit, das einmal gewesene Glück und wie es verschwand. Die Erinnerung führt auf gefährliche Pfade; noch gelingt es zunächst, alles Angsterregende zu bagatellisieren (»Vielleicht hat man ...«), doch dann wird die Einsicht unausweichlich, Schuld und Schuldige werden namhaft gemacht: Gedankenlosigkeit, Härte, Gleichgültigkeit haben das Glück zerstört und dem alltäglichen Elend Raum geschaffen.

Rolf Haufs hat ein detektorisches Gedicht geschrieben, und siehe: Nicht die Seltenheit des Glücks an sich, nicht die existentielle, unaufhebbare Trennung der Sphären, auch nicht die prinzipielle Fatalität des menschlichen Lebens, sondern die Individuen, die Klagenden und die Beklagten, sind verantwortlich für ihre Glücklosigkeit. Alles andere sind bequeme Ausreden, die keiner Prüfung standhalten.

Entgegen dem ersten Eindruck bleibt das Gedicht nicht bei dieser heute immer noch anstößigen Erkenntnis stehen. Es benennt nicht nur eine allgemeine Erfahrung und geht ihr bis ans bittere Ende nach, sondern bringt sie in Bild und Gleichnis – aber nicht bloß, wie alle Poesie es ganz natürlich tut, sondern als Aufgabe des Lebens selber. Denn eben im bildlosen Alltag »ging das Glück kaputt«. Die Bäume müssen in den Himmel wachsen, und wenn es uns nicht mehr gelingt, unser Alltagsleben im bedeutsamen Bilde zu sehen, im Gewöhnlichen das andere, im Wirklichen das Mögliche zu erblicken, und wir den »Zauberstab der Analogie« (Novalis) verloren haben, der das Getrennte vereinigt, dann werden wir glücklos sein und öde unser Leben: »Nicht Baum nicht Himmel nur noch Schutt«.

ROLF HAUFS
DAS HÄLT WER AUS

Das hält wer aus. Das Lügen
Her von Ost nach West und hin nach Ost.
Rechtfertigungen aller Kriege. Tote viel
In farbiger Umgebung. Danach
Die Kunst.

Das hält wer aus. Das
Kommstdunicht dann Holichdich.
Halt ein. Lauf weg. Die
Predigt mach dir selbst und glaub
Sie nicht.

Das hält wer aus. Das
Blei im Hirn den Schwamm
Im Auge. Wir wecken jetzt
Die Zeugen auf. Vielleicht
Sie reden.

GÜNTER KUNERT
DER VERBORGENE ZEUGE DER ZEIT

Obgleich als Behauptung formuliert, handelt es sich bei dem Titel des Gedichts und dem jeweils jede Strophe einleitenden Satz um die bange Frage: Wer hält das aus?! Nämlich das, was anfangs unmetaphorisch, dann jedoch bildhaft benannt wird, ohne daß sich deswegen ein Bruch ergäbe: den stechenden Widerspruch, den wir erleben, in dem wir leben. Den täglichen Ohren- und Augen-»schmaus«, der einem auf allen Ebenen eingetrichtert wird und an dessen Giftigkeit nicht zu krepieren von einer abgehärteten Konstitution zeugt.

Die Vermittlung der Welt durch ihre Medien findet sich solchermaßen in der ersten Strophe nackt und direkt thematisiert – wie es überhaupt ein Kennzeichen (und Vorzug) der Gedichte von Haufs ist, über ihre Vielschichtigkeit und ihren Bedeutungsreichtum durch sprachliche Einfachheit (soll man sagen:) hinwegzutäuschen? Charakteristisch für seine Schreibweise ist das »Understatement«. Als fürchte er ständig, einen umfassenden Gedanken als solchen zu erkennen zu geben: zum Beispiel das Verhältnis von Kunst und Wirklichkeit, oder Kunst und Wirklichkeitswiderschein, in den nahezu kargen Sätzen der ersten Strophe, wo es nach der Aufzählung bekannter Trostlosigkeiten heißt: »Danach die Kunst«. Drastischer und lakonischer ist die oft zwielichtige, eben »affirmative« Rolle der Kunst weiß Gott nicht zeigbar. Nach jeder historischen Enttäuschung, nach der immer wiederkehren-

den einmaligen Erfahrung: Kunst, auf fatale Weise versöhnend.
Doch trotz unserer Einsicht können wir diesen Widerspruch, den wir selber produzieren, an dem wir leiden, durch den wir existieren (und nicht nur materiell), nicht aufheben, sondern nur reflektieren: wie die zweite Strophe die Angst zwischen Fremdbestimmtsein und Eigenwollen, zwischen Einhalten und Wegrennen, zwischen eigener Überzeugung und ihrer unausweichlichen Relativierung. Denn die beschriebene Position, zwar als jedermanns denkbar, hier aus dem betroffenen Bewußtsein des Intellektuellen gezeichnet, ist die unserer Ambivalenz, unter deren Naturgesetzlichkeit die Versuche, im Tun, auch im literarischen, noch einen Zweck zu entdecken, fragwürdig wurden. »Die Predigt mach dir selbst« – weil jede öffentliche längst alle Überzeugungskraft verlor; so wird Zielsuche zum privaten Unternehmen und das Ergebnis unglaubhaft.
Doch noch über die Gefangenschaft im gemütlichen Schrecken und in intellektueller Gebrochenheit hinaus geht die bereits biologisch gewordene oder werdende: Das »Blei im Hirn«, Symbol mühsamer Denkarbeit, bewirkt außerdem heute Assoziationen wie: den tödlichen Schuß; wie »aktuelle Beeinträchtigung durch Schadstoffe«. Auch der »Schwamm im Auge« verdeckt es nicht nur beißend, er durchwuchert es ebenso und zersetzt den lebendigen Blick bis zum Absterben: Alles Stufungen gestörter oder aufhörender Anteilnahme an der Umwelt. Auf jeden Fall Signale, die uns ahnen lassen, jene Zeugen, die, was für Lebende ungewöhnlich wäre, erst geweckt werden müßten, um vielleicht zu reden, seien Tote, vordem auf ihre Weise an den genannten Umständen beteiligt, und von de-

nen wir annehmen, daß sie diese eben nicht ausgehalten haben. So oder so.

Aber, und damit schließt das Gedicht sich unterhalb seiner Wörtlichkeit zum Kreis zusammen, ob sie aussagen werden, ist so unsicher wie in den vorhergehenden Strophen das Verhältnis von Realität oder Realitätsabbild zur Kunst, wie das von Selbstgewißheit und Selbstzweifel. Doch auch wenn die Zeugen schweigen sollten, es ist bereits alles gesagt und die Spekulation auf ihr mögliches Reden nur noch rhetorisch. Einer hat für sie stellvertretend ihre Rolle übernommen, obwohl er seine Zeugenschaft sorgfältig verbirgt und sein Ich aus dem Gedicht heraushält, das doch so und nicht anders keiner sonst geschrieben haben könnte als er.

ROLF HAUFS
DREI STROPHEN

Mein Leben ist in Stücke ich will
auch keine Ruh
ihr könnt zu Ende stechen
ich werde mich nicht rächen
was immer ich jetzt tu

Die Taten sind begangen ich will
auch keinen Trost
schreibt sie an alle Wände
und richtet eure Hände
auf mich den traf das Los

Die Fäden sind gerissen ich will
daß immerhin
noch einmal jemand käme
und mich verändert nähme
daß *du* es wärst gäb Sinn

ELISABETH BORCHERS
WENN ALLES VORBEI IST

Inmitten vieler einander zugehöriger Gedichte eines Gedichtbuchs findet sich eines, das ausweicht: es schmückt sich mit Verzicht, mit Reim und Rhythmus eines Liedes. Nur dieses. Sonderbar. Sonderbar auch, daß es auf so unauffällige, so stille, geradezu lautlose Weise geschieht, als habe es das Gedicht darauf abgesehen, überhört und überlesen zu werden. Kaum aber hat man es – wie zufällig – wahrgenommen (das weiße unter den schwarzen Schafen), nimmt man es wieder und wieder auf. Was sich bescheiden hält, ist mehr.
Um glaubwürdig zu gestehen: *Mein Leben ist in Stücke*, bedarf es nicht nur eines in Stücke geratenen Lebens, auch der Annahme dieser Tatsache und der Fähigkeit, sich abzufinden. Wer dermaßen erkannt und sich abgefunden hat mit allem, was geräuschvoll zu Bruch und in Scherben gegangen ist – jenseits von Schuldzuweisung und Mitleidsforderung, von Klage- und Hoffnungskunst –, der bedarf der Schonung nicht mehr, die ein Kranker oder Rekonvaleszent braucht. Diejenigen, die zugeschlagen haben, dürfen weitermachen, das Ende hat längst stattgefunden, und nichts mehr ist reparabel. Sie dürfen *zu Ende stechen:* sie haben nichts zu befürchten. Er wird gelassen bleiben. Die Zeit des Widerstands oder des Rachegelüsts oder des Wunschs, getröstet zu werden – das alles ist vorbei.
Auch *Die Taten sind begangen*. Die eigenen und die der anderen: sie sollen kundgetan werden, damit jeder sie

erfahre, an alle Wände seien sie geschrieben, als öffentlich zu machende Hinterlassenschaft. Mit dem Finger darf auf ihn gewiesen werden, nein, schlimmer noch: die Hände (die zu Ende stechen) dürfen es sein, damit jeder erfahre, wie es dazu kam: *den traf das Los*. Der Zufall hat sich der Sache Leben angenommen, das Los, das blindlings trifft, hat entschieden, *Die Fäden sind gerissen*.

Und ein drittes Mal: *ich will*. Zweimal schon hätte es schrill und schnell und aufbegehrend tönen können und war doch nur Abglanz, Reminiszenz. Beim dritten Mal *ich will* aber scheint sich das Tempo zu beschleunigen, durch den Anflug einer denkbaren Möglichkeit, gerettet zu werden. Rettung, wo alles längst zu Ende ging? Wer aber bist *du*, dem dieses gelänge? – *daß du es wärst gäb Sinn*. Ein Mensch der nächsten oder der einmal gewesenen nächsten Nähe? Daß er zurückkäme, die durch Leid bewirkte Veränderung erkenne, zu einem Neubeginn?

Oder sollte dieses klein, doch kursiv geschriebene *du* ein Glaubensbekenntnis sein? Eine Paraphrase auf das »Wer so stirbt, der stirbt wohl«, die letzte Zeile des Kirchenliedes »O Haupt voll Blut und Wunden«? Das Lied, das sich des die Sonne verfinsternden menschlichen Elends annimmt. Wären die »Drei Strophen« ein dreimaliges Kreuz und die Rede des einen der Schächer am Kreuz?

»... gedenke an mich, wenn du in dein Reich kommst!«

daß du es wärst gäb Sinn. Sollte dies der wahre Grund der Strophen sein, müßten wir von vorn beginnen. Oder jeder für sich.

ROLF HAUFS
JEDEN TAG

Fällt hin der Mann. Steht auf
Kriegt Fresse voll. Ein Fotograf macht Geld
Mit seinem Blut. Bescheid weiß man
In vieler Welt: weit weg das Sterben
Hier der Duft Jasmin. Die Juniorgel
Wiegt in Schlaf die Neugeborenen
Laß. Laß. Es müßte sonst
Etwas geschehen.

FRIEDRICH CHRISTIAN DELIUS
TÜCKISCHE STILLE

Acht schlichte Zeilen, ein Augenblick des Nachdenkens über die zum Überdruß bekannten täglichen Nachrichten. Wenige Sätze, die sich sperren gegen das, was wir als objektive Informationen und als Politik zu verbuchen gewohnt sind. Gebrochene Zeilen, deren stille Dynamik durch die Titelzeile gesteigert wird, die unsichtbar vor jeder folgenden Zeile steht: *Jeden Tag*. Auf die Umstände des skizzierten Ereignisses, eine Tötung mit den üblichen Mitteln, kommt es weniger an als darauf, daß es sich in ähnlicher Weise täglich wiederholt.

Zwischen *Sterben* und *Hier* ist das Gedicht geteilt in zwei Blöcke, zwei Welten. Die ersten vier Zeilen weisen auf das ferne Ereignis. In denkbarer Kürze wird die übliche Spirale der Gewalt samt ihrer medialen Verwertung umrissen: da fällt einer, kann nicht entkommen, liegt in seinem Blut, sterbend – und schon beobachtet, erfaßt vom Fotografen. Nur dessen Anwesenheit deutet auf Krieg oder eine soziale Auseinandersetzung, denn zu gewöhnlichen Morden werden keine Fotografen geschickt. Das Opfer, *der Mann ... mit seinem Blut*, der Gefallene, Geschlagene, Getötete, wird weiter verwertet, katalogisiert, gezählt, abgehakt von denen, die Bescheid wissen oder Bescheid zu wissen meinen über Täter und Opfer *in vieler Welt*.

Die letzten Zeilen umreißen das *Hier*, die weniger gefährliche Welt, einen Garten im Juni, ein Neugeborenes in der

Nähe. *Hier* stößt das ferne Opfer vielleicht das Gewissen an – oder auch nicht. Was kommt an gegen die *Juniorgel?* Der Schlaf der Neugeborenen darf nicht gestört werden. Die Anrede, die heftige Bitte *Laß. Laß* ist das einzige Signal der Unruhe, ein Hinweis auf die gedankliche Verbindung zwischen *weit weg* und *Hier*, gleichzeitig ein Hinweis auf zwei oder mehr Menschen, denen das Zeitungsfoto zum Thema wird. Der oder die Angesprochene will irgend etwas tun, um die Verbindung zwischen dem, was das Foto meldet, und dem *Duft Jasmin* erträglicher zu machen, eine Geste, ein Einspruch.

Dann der Schlußsatz *Es müßte sonst / Etwas geschehen,* wie die anderen Sätze als Enjambement gebaut. Auch dies Zeilenende schließt nicht mit einem Punkt. Darum verliert der Satz einiges von seinem resignativen Klang. In dem Konjunktiv und dem punktlosen, offenen Schluß finde ich die eigentliche Provokation des Gedichts; es müßte wirklich etwas geschehen, mit einer Geste, die nur das Gewissen beruhigt, ist es nicht getan.

Rolf Haufs benennt den Widerspruch, in dem sich mitfühlende, »gute« Menschen befinden, die keine Zyniker sein wollen. Er deutet an, daß dieser Widerspruch zwischen fernem Elend und nahem Glück oder Unversehrtheit nicht gelöst werden kann, sondern auf die oder andere Weise auszuhalten ist. Das Gedicht, ja die Kunst zehrt von diesem Widerspruch. Ganz nebenbei wird hier auf den alten Streit angespielt, der die Debatten zur Ästhetik seit der Antike ebenso belebt wie in bekannte Sackgassen geführt hat: wie reagiert die Kunst auf den Jammer der Welt?

Das kleine Gedicht gibt auf bescheidene Weise Antwort. Es versöhnt nicht mit diesem Widerspruch, es reißt ihn weiter auf. Es überfällt nicht mit versteckten moralischen

Appellen. Anders als die Meinungslyrik, die den Ruf des politischen Gedichts ziemlich ruiniert hat, zeichnet sich Haufs' Gedicht gerade dadurch aus, daß weder ein konkreter Anlaß genannt noch eine Meinung verkündet wird. Es bleibt auf kunstvolle Weise offen, ein politisches Gedicht ohne politische Aussage, aber voll tückischer Stille und Unruhe. Ein Zeitgedicht, das zu allen Brennpunkten paßt: Sarajevo oder Sivas, Solingen, Somalia und zur Schlägerei an der Ecke. Die Bilder stören, die Gestörten behelfen sich mit der Formel vom »unfaßbaren« Geschehen. Aber dieses Gedicht faßt es, die Irritation ist nicht mehr rückgängig zu machen, der Boden schwankt, *jeden Tag*.

ROLF HAUFS
PEPPINO PORTIERE

Er erfand Blätter, die er
Mit einem Strohbesen vom Kies-
Weg fegte.

Er hatte eine Mütze.
Er hatte eine Tasche.
Er hatte ein Fahrrad.

Gegen Mittag bestellte er
Die Sonne, damit er
Im Schatten sitzen konnte.

Er gab Ratschläge.
Er sprach mit seinen Hühnern.
Er telefonierte in alle Welt.

Um Alter und Weisheit wett-
Eiferte er mit einem
Eukalyptusbaum.

PETER RÜHMKORF
DER PORTIER UND DIE POESIE

Um es vorwegzunehmen, ich stehe dem Gedicht nicht gänzlich unbefangen gegenüber, ich kenne den Beschriebenen. Der Herr Peppino war einige Jahrzehnte lang der Türhüter jener deutschen Künstlerherberge in Rom, die als »Deutsche Akademie Villa Massimo« firmiert, und ich wage zu bezweifeln, ob das einprägsame Faktotum jemals ernsthaft, das heißt als durch sich selbst bemerkenswertes Individuum zur Kenntnis genommen wurde.

Auf jeden Fall unterscheidet es die poetische von der bloß passantischen Wahrnehmungsweise, daß diese für einen nützlichen Grüßaugust nimmt, was sich in jener vielleicht als eine geheimnisvolle Existenz malt. Das Gedicht von Rolf Haufs hat es denn auch darauf angelegt, die beiläufige Erscheinung zum Anlaß von Verwunderung zu nehmen. Mit exakt flaumleichter Hand werden einige charakteristische Verhaltensmerkmale des ruhmlos Verblichenen vorgeführt, wobei sich die scheinbar unscheinbaren Genreszenen plötzlich als bedeutungsvolle Äußerungen eines merkwürdigen Geheimlebens entpuppen.

Bereits die Eingangsstrophe zieht ziemlich unvermutete Analogien zwischen den Geschäftsobliegenheiten eines Portiers und dem Tätigkeitsbereich von Poeten oder Artisten oder – bitte! – Tausendkünstlern; denn wenn uns jemand ohne großen Umschweif als Erfinder von Blättern vorgestellt wird, erscheint er uns doch augenblicklich als einer der unsern, als ein Verfertiger von Sinnentäuschungen nämlich, ein Mensch, der planvoll Illusionen in die Welt setzt. Daran ändert auch nichts, daß sich der schöne Schein bei genauerem Hinsehn als schlau inszenierte Notwendigkeit enthüllt. Was ein Strohwisch von Hexenbesen hier so demonstrativ zusammenkehrt, sind ja nichts anderes als Schutzbehauptungen und, letztlich, Daseinsrechtfertigungen.

Da das geschilderte Subjekt weder über eigene Produktionsmittel verfügt (sein geringer Besitz läßt sich an drei Fingern herzählen, und das Gedicht tut es), noch auf seine Unabdinglichkeit in wichtigen Produktionsprozessen verweisen kann, klammert es sich an seinen Besen wie an einen Zauberstab, und – siehe da! der Wunsch bewirkt das Wunder – hinter der bloßen Pantomime von Tätigkeit schimmert so etwas auf wie eine Aureole von Lebenszweck und Alltagsnutzen.

Nun geht es dem Gedicht freilich nicht bloß darum, zu zeigen, wie sich einer in einem Land der chronischen Unterbeschäftigung hinter Scheinhandlungen verbirgt und vielleicht verbergen muß. Was zur Disposition steht, ist vielmehr eine Lebenshaltung oder auch Glückseligkeitsauffassung, die unter dem Namen *Dolcefarniente* zunehmend in Mißkredit gerät und die sich ständig vor dem höchsten Zeitideal eines leistungsbetonten Selbstverbraucherdaseins zu verteidigen hat.

Um reuelos in Ruhestellung verharren zu können, bedarf es der beschwörenden Zitation von wahrhaft höheren Mächten, zum Beispiel der Sonne, die zwar gewiß nicht auf Anruf erscheint, die aber dennoch täglich kommt wie bestellt und auf die man sich jederzeit hinausreden kann. Sie liefert dem süßen Müßigsein ganz natürliche und unwiderlegbare Argumente. Sie breitet aber auch den schönen Schatten hin, in dem sich, was man eine idyllische Lebenseinstellung nennt, erst richtig entfalten kann.

Spätestens an dieser Stelle wird nun allerdings auch der Grund der Wahlverwandtschaft zwischen dem lyrischen Idylliker und seinem Modell offenbar. Ähnlich wie sich die Poesie, von allen möglichen und unmöglichen Seiten her auf ihre Brauchbarkeit befragt und im Hinblick auf Wirkungsmöglichkeiten und Erfolgsaussichten ausgehorcht, immer wieder zur Entschuldigung ihres unschuldsvollen Daseins veranlaßt sieht und dennoch nicht viel mehr als schönen Schein zu ihrer Legitimation vorbringen kann, sehr ähnlich sieht sich auch das Harmonie-Ideal der Selbstgenügsamkeit ständig zur Camouflage seines Wesens gedrängt.

Daß es das eigentlich gar nicht nötig hätte, wer glaubt es ihm aber außer dem Poeten? Und wer bestätigt wieder diesem eine Existenzberechtigung abseits vom Wettkampf der Verwertungskräfte? So sehen wir denn den einen Nichtsnutz den anderen, den Dichter nämlich den Türhüter und Tausendkünstler wie eine höhere Inkarnation seiner selbst vor sich herschieben, eine Person, die die Sprache der Vögel versteht, gleichwohl Drähte in alle Welt unterhält und füglich wohl auch Ratschläge erteilen kann.

Welche Ratschläge und was für Lehren? Sagen wir es in Übereinstimmung mit der Abschlußstrophe so: dem betriebsamen Eifer der Welt gelassen zu entsagen und vielleicht in einem – auf Tugendbelege und Wachstumsideologien nicht angewiesenen – Eukalyptusbaum ein Beispiel zu sehen. Nebenbei, ich kenne den eigensinnigen Baum, und wer ihn passieren wollte, hatte sich höflich zu verneigen.

SARAH KIRSCH
AM WALFJORD

Die Schafe am Walfjord sahen
Wie meine Moorschafe aus
Überlebenkünstlerinnen und Künstler
Und als der Eiswind die Vliese kämmte
Die Tiere über die Klippen des
Felsjochs sprangen bis an den
Flutsaum geschah es daß ich ihre
Sprache verstand: Der Sommer ist
Kurz der Sommer ist
Schön wenn wir im Schafspelz
Spazierengehn. Darnach
heulten sie daß mir das
Herze rotierte. Hast du was
Neues gehört? fragte ich meinen
Ausgeblichenen Übersetzer der jedenfalls
Nichts von meiner verborgenen
Bösartigkeit ahnte er warn
Hübscher einäugiger König tippte
Auf seinen Taschencomputer sagte:
Noch einen Winter dann gibt es
Bier für Islands furchtlose
Söhne! Ähnliches sprachen die
Bauern als sie die
Schafe und Schäfchen im Lenz
Ausschwärmen ließen. Die letzten

Kehren niemals zurück sondern werden
Von Trollen als lebende Öfen in
Unterirdische Kammern gestellt.

HANNE F. JURITZ
AUCH TROLLE WOLLEN ES WARM HABEN

In einer völlig fremden Umgebung benehme ich mich wie ein Kind. Aufmerksam abwartend suche ich nach Vertrautem, Vergleichbarem zumindest. Ich stehe zwischen dem Erfahrenen und dem Erfahrbaren im Niemandsland – bis der Erfahrungsdrang die Erwartungshaltung, den Zustand, der einem Schockzustand gleicht, beendet.
Vermutlich ist es Sarah Kirsch ähnlich ergangen, als sie in die gigantische Küstenwelt Islands kam. Beim Anblick der Schafe am Walfjord wollte sie augenblicklich bei ihren Moorschafen sein, aber nun war sie hier der bizarren Schönheit des Nordens ausgesetzt. Da gab es Unheimliches zu bestaunen, Gewaltiges, Sagenhaftes. Da mußten, damit es vertrauter wurde, Vergleiche her, Besitzanspruch auch. Das Wort »mein« wurde gebieterisch den fremden Tieren am Felsjoch entgegengesetzt. Die Rückversicherung der heimischen Tiere war nötig, um der Sehnsucht nach Hause Herr zu werden. Der Sommer ist kurz und schön. Nach der Idylle das Elend. Das spöttisch provozierende, Erhabenheit suggerierende »Darnach« stellte das »rotierende Herze« schon wieder in Frage. Schließlich heulen Schafe nicht, sie blöken, wie jedermann weiß, aber ihr »Heulen« leistete dem Heimweh der Autorin Vorschub, es war das Heulen der Schafsfreundin selbst über den eisigen Sommer am Nordmeer – fern von mitteleuropäischer Informationsflut.
»Hast du was Neues gehört?« fragte sie ihren »ausge-

blichenen« Übersetzer – was ausgeblichen ist, wird niemals mehr Farbe annehmen, ausgeblichen ist bleicher als blaß. Einäugig war dieser fahle »König« obendrein, auf einem Auge blind, beantwortete er sämtliche Fragen mit dem Taschencomputer, der als Neuigkeit immerhin den Winter als Zeiteinheit zu bieten hat.

»Noch einen Winter« steht für ein Weilchen. So lange wird es dauern, bis der Bedarf an Bier »für Islands furchtlose Söhne« gedeckt ist – und so ein Weilchen ist tröstlich überschaubar, ein Winter eben, ein Dauertrost, eine dauernde Hoffnung wie die Hoffnung der Bauern in jedem Frühling, daß den Schafen übers Jahr nichts zustoßen möge. Nur ist der Winter die längste Jahreszeit hier, wo auch die Trolle es warm haben möchten. So müssen ihnen die kleinsten, die verlorenen Schäfchen als lebende Öfen in verborgenen Kammern dienen.

Schafe sind in ihrer Genügsamkeit bewundernswerte »Überlebenskünstlerinnen und Künstler«, die den Unbilden trotzen. Und in ihr Fell ist die Autorin geschlüpft, denn sie versteht ihre Sprache. Aber Schafe sind alles andere als bösartig. Sie sind im Gegenteil völlig wehrlos jeder Bösartigkeit ausgesetzt. Womöglich ist sie, die Autorin, wenn sie von ihrer »verborgenen Bösartigkeit« spricht, augenzwinkernd als Wölfin in den Schafspelz gekrochen?

Mich beeindrucken die Kontraste in diesem Gedicht. Das muß ein mächtiger Fjord sein, ein riesiges zerklüftetes Becken, wo sich die Wale einfinden, die Kolosse der Meere, und wo sich die Schäfchen wie Winzlinge über die Klippen bewegen, »spazierengehn«, wie es die Autorin nennt, obwohl ihnen der Eiswind durch die Vliese fährt und der Sommer zum Heulen kurz ist. Die nordische Saga ist hier zu Hause, Naturgewalten werden zum ehrfurchtgebietenden Spuk, hier leben die Trolle, die Geister und des Königs von Thule furchtlose Erben, die freilich mit Taschencomputern hantieren. Mir scheint, als versichere sich die Autorin neuzeitlicher Requisiten, um nicht befürchten zu müssen, in ein Märchen gefallen zu sein.

SARAH KIRSCH
BEI DEN STIEFMÜTTERCHEN

Bei den weißen Stiefmütterchen
im Park wie ers mir auftrug
stehe ich unter der Weide
ungekämmte Alte blattlos
siehst du sagt sie er kommt nicht

Ach sage ich er hat sich den Fuß gebrochen
eine Gräte verschluckt, eine Straße
wurde plötzlich verlegt oder
er kann seiner Frau nicht entkommen
viele Dinge hindern uns Menschen

Die Weide wiegt sich und knarrt
kann auch sein er ist schon tot
sah blaß aus als er dich untern Mantel küßte
kann sein Weide kann sein
so wollen wir hoffen er liebt mich nicht mehr

ULLA HAHN
NACH VORNE LEBEN

Wie kein anderes hielt mich dieses Gedicht von Sarah Kirsch fest, seit ich es Mitte der siebziger Jahre zum ersten Mal las. Ich verstand es nicht, genauer, ich begriff die letzte Zeile nicht. Das mußte doch heißen: so wollen wir hoffen, er liebt mich noch. Jahrelang blieb mir der Sinn dieses »nicht mehr« verschlossen, erst seit kurzem glaube ich, das ganze Gedicht zu verstehen.

Ohne Mühe erschließen sich die ersten Zeilen. In knappen Bildern erzählen sie von einer Frau, die im Park auf ihren Geliebten wartet. Nichts wird verrätselt, aber alles geht wie verhext. Der Mann kommt nicht, dafür verwandelt sich die Weide zum Weib, mißgünstig, alt: »Siehst du er kommt nicht.« Aber die Frau nimmt den Abwesenden in Schutz, beschwört alle möglichen und unmöglichen Hindernisse und muß doch schließlich diesen harten Brocken Wirklichkeit herauswürgen, sei er auch noch so salopp verpackt zwischen gebrochene Füße, Gräten, verlegte Straßen: »er kann seiner Frau nicht entkommen«. Ironisch, philosophisch-abgeklärt sucht der nächste Satz den Ernst des vorangegangenen zurückzunehmen. Vergeblich.

Wir kennen nun den Tatbestand und wissen um die Traurigkeit, die er unaufhaltsam mit sich bringt für alle, die in Mitleidenschaft gezogen sind. Niemand glaubt, daß er »schon tot« ist, wie die Weide, die die heimliche Liebe schon lange kennt, stichelt, das wäre zu einfach, ganz wie im Märchen. Die Wirklichkeit ist trivialer, dafür weniger dramatisch: er wird seiner Frau die Einkaufstüten nach Hause tragen, weiße Stiefmütterchen pflanzen, eine Weide fällen.

Kann sein, kann sein. Alles mögliche kann sein. Weil das Erwünschte nicht wirklich sein kann.

Und nun hofft die Frau, die so einsam ist, daß sie gemeinsame Sprache spricht mit einem Weidenweib, »er liebt mich nicht mehr«. Hofft das gerade Gegenteil von dem, was alle Liebe begehrt: Gegenliebe. Will die Frau diese nicht? Oh, doch, sonst hätte sie ihn nicht, »wie ers mir auftrug«, ein ums andere Mal erwartet. Aber sie will diese Liebe nicht um jeden Preis. Lieber gibt sie den Geliebten frei, als daß ihm Böses widerführe, alles Ungemach, das in der zweiten Strophe aufgezählt wird.

Wer so selbstlos lieben kann, muß sehr selbstbewußt sein. Die Frau vermag den Geliebten loszulassen, weil sie sich an sich selber halten kann. Freiwillig ist sie zu ihm gekommen, freiwillig kann sie ihn freisprechen und sich. Sie muß sich nicht an einen Geliebten klammern, dem »die Straße verlegt« ist.

Die Frau unter der Trauerweide steht auf eigenen Füßen, sie steht allein, aber ohne Angst, allein zu bestehen. Ehe die Weide zum dritten Mal knarrt, hat die Frau den Bann gebrochen, ist auf und davon.

Traurig und trotzig ist dieses Gedicht, wie so viele von Sarah Kirsch. »Man muß nach vorne leben und nicht nach rückwärts«, hat sie in einem Interview gesagt. Mit ihrem Gedicht »Bei den weißen Stiefmütterchen« bin ich ein Stück vorwärtsgekommen.

SARAH KIRSCH
DIE LUFT RIECHT SCHON NACH SCHNEE

Die Luft riecht schon nach Schnee, mein Geliebter
Trägt langes Haar, ach der Winter, der Winter der uns
Eng zusammenwirft steht vor der Tür, kommt
Mit dem Windhundgespann. Eisblumen
Streut er ans Fenster, die Kohlen glühen im Herd, und
Du Schönster Schneeweißer legst mir deinen Kopf in den
Schoß
Ich sage das ist
Der Schlitten der nicht mehr hält, Schnee fällt uns
Mitten ins Herz, er glüht
Auf den Aschekübeln im Hof Darling flüstert die Amsel

HORST BIENEK
LIEBE UND SCHNEE

Es heißt, es werden wieder Liebesgedichte geschrieben, man findet neuerdings sogar Versbücher, die mutig das Wort Liebe im Titel tragen; ja, und es erscheinen Anthologien, die ungeniert »Liebesgedichte aus unserer Zeit« versammeln. Doch ich glaube, das alles täuscht. Wahrhaftige Gedichte der Liebe werden kaum noch verfaßt – und schon gar nicht von Männern. Die Handvoll überzeugender Liebesgedichte, die in den letzten zehn, zwanzig Jahren in deutscher Sprache geschrieben wurde, stammt von Frauen, von Marie Luise Kaschnitz, von Ingeborg Bachmann, von Rose Ausländer, von Sarah Kirsch.

Genau besehen, ist das nebenstehende Gedicht ein Gedicht des Abschieds von der Liebe, auch wenn im Titel und in der gleichlautenden ersten Zeile eine Erwartung verkündet wird. Es spricht von der Zeit der schönen Täuschung. Denn wenn die Luft nach Schnee riecht, ist der Sommer vergangen, die hohe Zeit der Liebe, der Begierden, der Ekstasen, wie es einst aus den alten Versen klang.

Doch trotzig und gegen das Überlieferte wird hier dafür der kommende Winter reklamiert, ach, der Winter – ohne einen Seufzer geht das nicht ab. Der schöne Parlandoton, der die Sprache so geschmeidig macht, die Wörter fluten läßt, er kann uns über das Verhängnis, das in der Luft liegt, nicht hinwegtäuschen, oder höchstens nur so lange, wie die Zeit der Wörter reicht. Beschwörend wird dieser

Winter angerufen, er soll die Liebenden zusammenführen, sie zusammenwerfen, er soll die Gemeinsamkeit enger, die Liebe größer, gewaltiger machen.
Die Autorin scheut sich nicht, in den Bildern und Metaphern der Kindheit zu träumen: die Eisblumen am Fenster, die glühenden Kohlen im Herd und das Windhundgespann, lautlos, vor der Tür. Es ist die Sehnsucht nach Geborgenheit, die uns im Märchenton von »Schönster Schneeweißer«, von der Zeitlosigkeit der Gefühle erzählen will – doch dahinter lauert das Ende, die Einsamkeit, die Kälte.
In einer eindringlich schönen Geste bettet die Frau den Kopf des Geliebten in ihren Schoß, zärtlich, und weiß doch, daß es keinen Aufschub gibt, daß in ekstatischen Augenblicken der Liebe die Luft schon nach Schnee, nach Kälte riecht und in der Hitze der Leiber sich bereits der Frost des Abschieds ankündigt. Der Schnee fällt mitten ins Herz. Ein Wort bleibt, vielleicht; dahingeworfen: Darling. Ganz äußerlich, banal. Und auch das ist bald Asche, wird in den Kübeln fortgetragen wie jeglicher Müll.
Ein Gedicht der Halluzination, das mit Hitze beginnt und in Vereisung endet. Liebe und Schnee. Ein Schlitten, der mit allen Sehnsüchten und Träumen vorbeifährt.
Doch tröstlich: das Gedicht redet nicht vom Tod. Am Schluß flüstert die Amsel. Vom nächsten Sommer, von der nächsten Liebe? Der Geliebte trägt langes Haar. Sulamith ist allein.

SARAH KIRSCH
EINÄUGIG

Wie Ölbäume schimmern die Weiden
Blaugrün und zitternd, die Pappeln
Ahmen Zypressen nach (dunkler
Dunkler! Vertieft eure Schatten!). Der Wind
Übt Fall und Flug seines Bruders Mistral

HARALD WEINRICH
LANGSAM GELESEN

Die neuere Poesie hat für gewöhnlich mit der Landschaft (außer der »Stadtlandschaft«) nicht viel im Sinn, und von Bäumen zu reden ist seit Brecht schon gar nicht erlaubt. Auch Vergleiche, zumal solche mit »wie«, gelten bei vielen zeitgenössischen Autoren als unmodern. Sarah Kirsch hat sich nicht angestrengt, ihr Gedicht nach den neuesten Regeln der Modernität zu schreiben. Nur die Form der Verse, auffällig durch die Stellung der Satzsubjekte an der hinteren Versgrenze, läßt das Gedicht als modernes Gedicht erkennen. Man kann sagen, daß dieses Formmerkmal, von dem viele neuere Lyriker Gebrauch gemacht haben, ein prosodischer Ausgleich für den in der Neuzeit abhanden gekommenen Reim ist.

Das Gedicht »Einäugig« beruht auf einem dreifachen Vergleich. Weiden werden mit Ölbäumen, Pappeln mit Zypressen und der nicht näher bezeichnete Wind wird mit dem Mistral verglichen. Die Weiden, Pappeln und der Wind sind Elemente einer Landschaft, die nördlichen Lesern vertraut ist. Sie bilden die Basis des Vergleichs. Von dieser Basis aus soll sich die Phantasie des Lesers nach den Anweisungen des Vergleichs entfernen, um sich in eine andere Landschaft zu begeben, die durch Ölbäume, Zypressen und den Mistral als südliche, mediterrane, provenzalische Landschaft gekennzeichnet ist. Das Gedicht ist also insgesamt ein Landschaftsgedicht, jedoch sehen wir eine doppelte Landschaft vor uns.

Die erste Zeile hat die einfache Form eines Wie-Vergleichs. Indes: die ferne Landschaft (»Ölbäume«), zu der der Vergleich hinführt, ist an erster Stelle genannt, so daß der Leser, wenn er die Anweisung des Vergleichs ausführen will, sein Verständnis einen Augenblick in der Schwebe halten muß, bis die Vergleichsbasis (»Weiden«) genannt ist. Die gemeinsame Eigenschaft beider Vergleichsglieder (das »tertium commune«) liegt im Verb »schimmern«. Die Adjektive »blaugrün« und »zitternd«, die ohne Flexionsmerkmale am Anfang des zweiten Verses stehen, könnten von der Grammatik her auch den beiden zuerst genannten Bäumen zugeordnet werden; von der Bedeutung her müssen sie aber auf die (Zitter-)Pappeln und die dunklen Zypressen bezogen werden. Daß die Autorin nach diesen Adjektiven entgegen den Regeln der deutschen Grammatik auf eine Inversion des Subjekts verzichtet, ist eine »poetische Freiheit«.
Die zweite Stufe des Vergleichs, die nun einsetzt, ist dynamischer als die erste Stufe; das ausdrückliche »wie« ist jetzt verschwunden und in das Verb »nachahmen« hineingezogen. Die Pappeln scheinen sich selber Mühe zu geben, zu beweisen, daß sie mit Zypressen vergleichbar sind. Es muß ihnen wohl ziemlich schwerfallen, denn die Autorin, die wir uns als parteiliche Beobachterin dieses Landschaftsspiels vorstellen dürfen, hilft mit gutem Rat nach, ruft der Natur mithelfend zu.
Auch der Wind strengt sich an, daß der Vergleich gut zustande kommt, er »übt« Fall und Flug. Denn der Mistral, so wissen die Wetterkundigen, ist ein Fallwind, und darin gleicht ihm nicht jeder schlichte nördliche Wind. Aber es wird ihm schon gelingen, darf der Leser hoffen, denn der Mistral ist der Bruder dieses Windes. Hier kommt zum

Schluß ein freundlich-franziskanischer Ton in das Gedicht. Immerhin heißt auch der Band, in dem dieses Gedicht steht, »Rückenwind«.

Als das Gedicht entstand, im Jahre 1976, erhielt Sarah Kirsch, zusammen mit Ernst Meister, den Petrarca-Preis. Er wurde auf dem Mount Ventoux, den Petrarca als erster bestiegen hatte, verliehen. Dieser Berg liegt in der Provence. Nach dieser Preisverleihung ist das Gedicht »Einäugig« in der DDR, wo Sarah Kirsch damals noch lebte, geschrieben worden. Zwischen der einen und der anderen Landschaft liegen also Staatsgrenzen, die für viele Menschen unüberwindbar sind. Nur die Phantasie ist frei, diese Grenzen zu überspringen. So ist dieses nord-südliche Landschaftsgedicht gleichzeitig ein politisches Gedicht.

SARAH KIRSCH
EINE SCHLEHE IM MUND
KOMME ICH ÜBERS FELD

Eine Schlehe im Mund komme ich übers Feld
sie rollt auf der Zunge stößt Zähne an wenn ich geh
mein Kopf eine Schelle klappert und macht
einen traurigen Mund
                                        meiner mit einer Schlehe
deiner Sand schon und Kieselstein
ich drüber du drunter
Ebereschen blutrot samtrot liegts auf dem Weg
Drosseln freßt freßt
den Herbst lang euch Vogelfett an

2.9.66

REINER KUNZE
POESIE

Ihr Kopf ist eine Schelle, die nur sie selbst hört, und sie schüttelt ihn. Über wen, worüber? Und warum macht sie einen traurigen Mund? In ihm rollt auf der Zunge eine schwarzblaue Beere. *Sein* Mund dagegen ist »Sand schon und Kieselstein ...« Wer ist *er*? Richtiger: Wer *war* er? Einer, dessen Mund schon Sand und Kieselstein ist, muß vor langer Zeit gestorben sein. Und warum entsinnt sie sich seines *Mundes*? Kann sie seine Küsse nicht vergessen? Warum aber ist dann ihr Kopf mit der Schlehe im Mund eine Narrenschelle? »... ich drüber du drunter«. Kein Zweifel – die Rede ist vom Geliebten. Aber der Ton ist eher triumphal, und so spricht man nicht von einem Toten. Der Geliebte ist nicht gestorben. Nur für sie ist er's. Ihre Liebe ist tot.
Sie schüttelt den Kopf über sich selbst. Sie war eine Närrin. Sie hatte geglaubt, ohne ihn werde das Leben nicht weitergehen, und auch er hatte wohl geglaubt, das Leben werde ohne ihn nicht weitergehn für sie. Er war wohl allzu sehr davon überzeugt gewesen, daß das Drüber ihm, das Drunter ihr zustehe. Bis es drunter und drüber gegangen war. Nun geht sie drüber hin und redet sich ein, darüber hinweg zu sein. Sand sei sein Mund schon und Kieselstein. Doch sie ist eine Närrin und weiß, daß sie's ist: Ihr Kopf ist eine Schelle. »Ebereschen blutrot samtrot liegts auf dem Weg«. Ihre Seele liegt bloß, und ihr graut vor der Zeit, die nun kommen wird. Ihr graut vor der Einsamkeit, vor der Kälte.

»Drosseln freßt freßt / den Herbst lang euch Vogelfett an«. Ihr bleibt nichts anderes, als auf der Zunge die Schlehe zu rollen. Als Schelle sorgt ihr Kopf dafür, daß sie ihn nicht verliert.

Die alte, uralte Geschichte vom Liebesleid – keine dürfte öfter erzählt worden sein als diese –, und Sarah Kirsch erzählt sie, wie sie noch nie erzählt worden sein dürfte. Einen Kirschkern hat jeder schon im Mund gehabt, im Kopf aber nicht den Einfall, dieser sei nun eine Schelle. Und der Einfall ist nur das eine. Das andere ist, nicht mehr zu brauchen als dieses eine poetische Bild, um die ungezählte Male erzählte Geschichte unvergeßlich neu zu erzählen.

Und so zu erzählen, daß jeder eine etwas andere Geschichte erzählt bekommt – die, für die er geschaffen ist. Das Bild hält bereit, was jeder für seine Geschichte braucht. Das, was das eigene Gedicht der Dichterin erzählt, weiß vielleicht nur sie selbst. Falls nicht auch sie es erst zu einem Teil weiß. Und das ist Poesie.

SARAH KIRSCH
ERDREICH

Nachrichten aus dem Leben der Raupen
Der Kuckuck stottert und die gebackenen Beete
Zerreißen sich wenn ich Gießkannen schleppe
Die mir überantworteten Gewächse verlausten Gemüse
Hilflos betrachte, als ich vor Jahren
In meines Vaters Garten ging
Gab es die siebfachen Plagen
Höllisches Ungeziefer nicht und der Boden
Tat noch das Seine, der hier
Ist ein Aussteiger niederträchtig und faul
Ihn muß man bitten den Dung
Vorn und Hinten einblasen sonst bringt er
Nicht maln Pfifferling vor was müssen die Menschen
Das Erdreich beleidigt haben, mir erscheint
Siebenundzwanzig Rosenstöcke zu retten
Ein versprengter Engel den gelben Kanister
Über die stockfleckigen Flügel geschnallt
Der himmlische Daumen im Gummihandschuh
Senkt das Ventil und es riecht
Für Stunden nach bitteren Mandeln.

HERMANN LENZ
VERWANDELTE GARTENARBEIT

Nach einer Reise in die DDR erzählte mir eine Kollegin bannenden Blicks von ihrer Begegnung mit Sarah Kirsch und nannte deren Gedichte phänomenal. Ein junger Schriftsteller, der mit mehreren ostdeutschen Literaturkennern befreundet war, widersprach und ließ mich wissen, er habe zu denen da drüben gesagt, was die mache, sei der reine Eskapismus.

Das war 1971, wenn mir recht ist. Ich kannte damals kein Gedicht von Sarah Kirsch. Inzwischen sind mir ihre Verse so nahe wie die von Annette von Droste-Hülshoff, weil sich bei ihr Alltägliches in einen großen Zusammenhang einfügt.

Mich freut's, wenn ich neben dem Erstaunlichen etwas Augenzwinkerndes entdecke wie hier in »Erdreich«, wo jeder Vers mit präzisen Beobachtungen gefüllt ist und eine starke Empfindung alles durchleuchtet. Dabei wird nur von der Gartenarbeit erzählt.

Unter »Nachrichten aus dem Leben der Raupen« stelle ich mir das Stadium der Verpuppung vor, in dem die Raupe starr wird oder am dünnen weißen Faden hängt. Daß der Kuckuck »stottert«, verrät, wie froh Sarah Kirsch ist, daß auch der mal nervös wird. Und sie ist der ausgedörrten Erde und den Pflanzen nah, als verflüchtige sie sich zwischen ihnen und leide mit ihnen am Verlaustsein. Der Boden tut ihr weh, als wär's ihr Leib, und sie weiß, warum er nicht mehr das Seine tun will. Wie ein »Aussteiger, nieder-

trächtig und faul« läßt er sich von seiner Geliebten aufpäppeln.
So wird, was im Garten geschieht, mit der eigenen Erfahrung durchtränkt, und der Boden verwandelt sich für sie in einen Erschlafften, der ihr leid tut und dem sie vorn und hinten was reinschieben muß, damit er wieder hochkommt. Das Saloppe in diesen Versen (»sonst bringt der nicht maln Pfifferling vor«) kräftigt das Rhythmische des Gedichts. Nach dem habhaften Dung-Vergleich wird der Vers mit der schmerzhaften Überlegung durchtränkt: »... was müssen die Menschen / Das Erdreich beleidigt haben«.
Die poetische Verwandlungskraft läßt alles Kreatürliche erneuert hervorsteigen. Beständig wechseln die Bilder und legen neue Empfindungsschichten bloß. Der gelbe Kanister mit der Lösung, die das »höllische Ungeziefer« bekämpft, gehört zum »versprengten Engel mit stockfleckigen Flügeln«. Der vertreibt die »siebfachen Plagen« der Gewächse, die Sarah Kirsch auf der Haut spürt und den Leser in ihre Haut verzaubert.
Die stockfleckigen Flügel des versprengten Engels aber werden wohl an den fleckigen Gärtnerkittel eines Freundes von Sarah Kirsch erinnern, dem sie dankbar ist, weil er im Gummihandschuh die nach bitteren Mandeln riechende Lösung versprüht, damit die Gewächse gesunden; wobei der Geruch nach bitteren Mandeln daran erinnert, daß die heilende Flüssigkeit ein Insektengift ist.
So wird nichts verharmlost und aus Erfahrungen, die jeder kennt, der im Garten arbeitet, das Gedicht zusammengefügt. »Die gebackenen Beete zerreißen sich, wenn ich Gießkannen schleppe« erinnert an die hitzetrockene Erde, die zertreten wird; denn durch solche kaum merkbaren

Bedeutungsverschiebungen und Widersprüche wird das, was jeder kennt und was nichts Besonderes ist, zu etwas Besonderem.

SARAH KIRSCH
IM JUNI

Gott mit uns! Der Herr Pastor
Sah Rübezahl ähnlich und fuhr wie der Teufel.
Überholte die vornehmsten Wagen, indem er
Sich an die Stoßstangen hängte und wild übersprang.
Weißen Haares glaubte ich die Stadt zu erreichen, da begann
Die Gegend lieblich zu werden; manche Allee
Aus Linden Kastanien, ein und der andere Weiher
Zeigten sich her; die blaue Chaussee
Ward ein buckliges hüpfendes Schlänglein.
Wie leicht mir der Mut war. Ich grüßte ein schönes
Zweifarbnes Pferd auf der Weide, mein Kind
Zählte an fünfhundert Bäume. Der Pastor
Sagte, was glauben bedeutet, so fuhrn wir
Hin auf die Insel, wo Caspar David
Einst in die Kreide gestiegen war. In grüner
Dann blauer Farbe lag nun das Meer
Mit Muscheln und zitterndem See-Stern zu Füßen.
Ich saß auf einem Wegstein und sah
Die dunkle, die weggleitende Sonne, dich
Auf der anderen Seite der Welt. Ich schlief
Und fror die ganze Nacht. Der Pastor aus Dranske
Las in der Schrift von Jakob und Rahel.

ROLF SCHNEIDER
ZWISCHEN AUFGANG UND UNTERGANG

Jemand reist mit seinem Kind ans Meer; es ist nichts Außergewöhnliches. Straßen werden benutzt, Bäume gehen vorbei, ein weidendes Pferd gerät ins Bild, schließlich das Ziel: zweifarbenes Wasser, Sonnenuntergang, Muscheln, ein Seestern. Es ist nichts Außergewöhnliches? Am Steuer des Wagens sitzt ein geschwindigkeitsbesessener Pfarrer, langhaarig, langbärtig; beim Rasen meditiert er über sein ureigenes Geschäft, den Glauben. Der Zielort ist Dranske. Das liegt am nordwestlichen Rand der Insel Rügen, und die Insel Rügen liegt weit östlich der Darßer Schwelle, wo das Ostsee-Wasser ausgesüßt ist und keinen Seestern mehr leben läßt.
Die Verfasserin, als sie mit Vornamen noch Ingrid hieß, war eine Studentin der Biologie. Sie wird sich gerade in diesem ihrem Fach keine unbedachten Freiheiten einräumen. Der »zitternde See-Stern« ist freilich auch kein maritimer Stachelhäuter, sondern, ausgewiesen schon durch die Schreibweise, ein optisches Zeichen und ein metaphorisches Zeichen außerdem: es will Verheißung, Verzükkung, Unerreichbarkeit assoziieren, auf dem Untergrund von ozeanischer Kälte. Und die Sonne, Urheberin solcher Reflexe und Reflexionen, wandelt sich alsbald in ein menschliches Du: »auf der anderen Seite der Welt«.
Dieses Gedicht erzählt in Wahrheit von Liebe, von Trennung, von Sehnsüchten. Der beschriebene Ortswechsel ist gleichermaßen Suche und Flucht. Die Erinnerung an Cas-

par David Friedrich soll nicht bloß denen, die den Ort Dranske auf Landkarten nicht finden, die Orientierung erleichtern; es wird auch an ein bestimmtes Bild erinnert, das manieristischste dieses Malers, es zeigt ihn gemeinsam mit seiner Braut. Stubbenkammer, Ort dieser Verlobten, befindet sich auf der Dranske genau gegenüberliegenden Seite der Insel Rügen. Die ist nun Osten gegenüber jenem Westen, wo das Du und die Sonne entgleiten. Dem Verlöbnis des romantischen Malers antwortet die Gedichtzeile einer, die eine ganze Nacht hindurch frierend liegt. Dem aber antwortet die Erinnerung an Rahel und Jakob, an die rührendste Liebesgeschichte des Alten Testaments. Sie handelt von Sehnsüchten und von Trennung. Sie endet glücklich. Aber die Bibel ist ein Mythos und weit fort von der Gegenwart.

»Im Juni« stammt aus dem Bande »Rückenwind« der Sarah Kirsch. Es steht in der zweiten Abteilung des Bandes, die fast durchweg Liebeslyrik enthält: verstellte und unverstellte, Strophen der Glückseligkeit, des Verlustes, der Trauer, angesiedelt in Topographien, die können auch städtisch sein oder auch mediterran. Vorspruch ist dieser Zweizeiler: »Freundbruder aus Wolfsland wir wollen / Unsere Blicke anzünden an etwas glauben«.

Dazu ist »Im Juni« fast schon wieder der Abgesang. Glauben wird zu einem Thema, das ein Pfarrer beim Autofahren abhandelt, womit wohl auch gemeint ist: vorübergehend und endlich wie jegliche Fahrt.

Zwei Seiten vor diesem Gedicht steht eines, das heißt »Ende Mai«, und schon die Titel korrespondieren miteinander. »Ende Mai« schließt mit diesen Versen: »Wenn mein Leib / Meine nicht berechenbare Seele sich aus den Stäben / Der Längen- und Breitengrade endlich befreit hat.«

Glauben ist eine Dimension der irdischen Liebe, auch jener himmlischen, die Religion heißt; es ist eine Dimension jeder menschlichen Entscheidung. Glauben, wer wüßte es denn nicht, kann genährt und beschworen und gestärkt werden; man kann ihn auch zerstören, er kann vergehen. Zwischen Aufgang und Untergang der Sonne, das sind Osten und Westen, liegen die Stäbe der Meridiane: unsichtbar oder aus Stahl und Beton.
Sarah Kirsch hat sich aus ihnen befreit, einen Augenblick lang. Sie hat sich in andere begeben. Vielleicht holen Kälte und Traurigkeit sie dort nicht mehr ein.

SARAH KIRSCH
KLOSTERRUINE DSHWARI

Die braunen Mönche gehn im Gänsemarsch
Sie sind sehr alt, nur ihre Stimmen
Sind kunstvoll auf ein Band gebracht
Sie psalmodiern, ein Knopfdruck macht sie stille.

Da harren sie, die Füße starr erhoben
Bis ihren Mund der Bauer wiedersingen läßt
Die Hände in die Ärmel eingeschoben
Gehn sie der Schwalbe durch das achte Nest.

Bis Abend kommt, die Zeit des Weins
Sie schlafen in der vollen Spule
Der Abt auf seinem hohen Stuhle
Zählt die Kopeken in die Höhlung eines Steins.

EBERHARD LÄMMERT
STIMMENZAUBER

Wer sich nicht täuschen läßt beim Lesen und sie nicht ziehen sieht, die Reihe kahler Köpfe über braunen Kutten, und hört, wie unter ihrer Litanei Sandalen ab und an den Boden schleifen, den lassen die zwölf Verse nicht ein in ihre kleine Geschichte. Wer wiederum nicht stutzt und nachliest, was es mit »Band« und »Knopfdruck« auf sich hat, wenn alte Mönche ihren Gebetsgang tun, der hat kaum die Chance, noch zu erfahren, was hier vor sich geht.

Die alten Mönche singen längst nicht mehr, und leicht wäre es, lakonisch zu berichten, daß nun ein Tonband seine Dienste tut, wenn ein Besucher sie zitieren will. So hat die Technik einmal mehr dem Umgang von Menschen miteinander seine Unmittelbarkeit genommen und am Ende einen Flecken Erde entseelt, an dem bis dahin sogar Gott, auch in der Sowjetunion, noch seine Stundengebete hatte und dazwischen seine Ruhe.

Die DDR-Autorin Sarah Kirsch, Jahrgang 1935, schrieb ein Gegenwartsgedicht, das mit der List der Poesie erzählt, wie wenig diese alte Rechnung stimmt. Die List besteht, nicht anders übrigens als die List der Vernunft im besten Falle, darin, daß die Poesie in der Geschichte vom Kloster Dshwari selber ruht und ihr nicht erst aufgesetzt ist.

Der erste Vers macht einen Zug von Mönchen gegenwärtig, doch schon der zweite springt, als wäre nichts natürlicher, um zu der Nachricht, es gebe nur noch ihre präparierten Stimmen; zwischenhinein psalmodieren sie. Vorstellungen und die Vorrichtungen, sie zu erzeugen, werden in diesen vier Versen gleich indikativisch vorgeführt: die Illusion wird so erzeugt, wie sie jedem Besucher angeboten wird, um ihn anderes und mehr von diesem Ort wissen zu lassen, als das stumme Gemäuer ihm noch sagen kann.

Was anders machen eigentlich – heute wie je – Gedichte, wenn sie etwas taugen? Sie sind eine der menschlichen Vorkehrungen, um Vorstellungen so deutlich gegenwärtig zu machen wie Gegebenheiten, mithin einer unserer Kunstgriffe, mehr Leben einzufangen als das bloß vorfindliche.

Doch Vorsicht, wenn die Vorstellungen ihr Eigenleben beginnen! Da stehen die konservierten Mönche nun auf Abruf und sehr unbequem, bis einer da ist, der sie singen macht. Sarah Kirsch erlaubt ihren Versen den Übergang zum vollen Reimklang in dem Augenblick, in dem die künstliche Vorkehrung ganz durchschaubar wird. Wer es nun genauer weiß, der kann nicht nur die Mönche nach ihrer Regel weiterziehen sehen, sondern auch belächeln, wie ein Lautsprecher im Gebälk ihnen alle Erdenschwere nimmt und sie durch Schwalbenlöcher schlüpfen läßt.

Die letzte Strophe läßt das Spiel mit den frommen Stimmen gewesen sein; doch ist von seinem Nutzen nun die Rede, und da umarmen die Reime sich am innigsten. Der Abt, der die Spenden eines Tages bedächtig einstreicht, mag mit den Seinen der Verdiener sein – doch ist womöglich auch er selbst »auf seinem hohen Stuhle« nur ein heraufbeschworenes Bild, und andere verdienen nun an der

Macht, die auch vergangene Frömmigkeit noch über die Gemüter hat.

Von Mallarmé stammt die Einsicht, daß zwischen den alten Praktiken und der in der Poesie wirksamen Zauberei eine geheime Verwandtschaft bestehe. Der »Zauberspruch« von Sarah Kirsch praktiziert sie unbefangen. Er gibt Rätsel auf, löst sie und läßt doch das meiste offen. Doch zeigt er auch, wovon die Künste leben: Ein bißchen Zauberwerk, um anderen den Sinn zu trüben oder auch zu weiten, ist heute so begehrt wie in den Zeiten, als die Technik erst die Bambusflöte hervorgebracht hatte.

In diesem kleinen Gedicht, das nicht von Weltbegebenheiten handelt und nicht vom Labyrinth der eigenen Brust, läßt sich lesen, daß Poesie nicht nur in Büchern, sondern auch im Leben ziemlich unverwüstlich ihren Sitz hat, jedenfalls in Dshwari.

SARAH KIRSCH
NACHRICHT AUS LESBOS

Ich weiche ab und kann mich den Gesetzen
Die hierorts walten länger nicht ergeben:
Durch einen Zufall oder starren Regen
Trat Wandlung ein in meinen grauen Zellen
Ich kann nicht wie die Schwestern wollen leben.

Nicht liebe ich das Nichts das bei uns herrscht
Ich sah den Ast gehalten mich zu halten
An anderes Geschlecht ich lieb hinfort
Die runden Wangen nicht wie ehegestern
Nachts ruht ein Bärtiger auf meinem Bett.

Und wenn die Schwestern erst entdecken werden
Daß ich leibhaft bin der Taten meines Nachbilds
Täterin und ich nicht meine Schranke
Muß Feuer mich verzehren und verberg ichs
Verrät mich bald die Plumpheit meines Leibs.

HEINZ POLITZER
VERHOHLENE LEIDENSCHAFT ALS POLITISCHE METAPHER

Genossen unserer Zeitläufte werden nicht umhin können, zu den drei ersten Wörtern dieses Gedichts das Wort »Parteilinie« zu assoziieren. Politische Links- oder Rechtsabweichungen haben sich in den monolithischen Gesellschaften der Moderne für die Abweichenden als ebenso schicksalsträchtig erwiesen wie für die Berichterstatterin die Hinwendung vom weiblichen zum männlichen Geschlecht.

Der Grundkonflikt, mit dem sich diese konfrontiert sieht, liegt in der inneren Widersprüchlichkeit ihrer Erfahrung. Den Wechsel von Frauen- zu Männerliebe verteidigt sie als intellektuelles Abenteuer, das sich in den »grauen Zellen« ihres Gehirns vollzogen hat, als einen Willensakt, als Willkür im eigentlichen Verstande.

Von Seele oder Gefühl ist zunächst nicht die Rede. In der Inversion »wollen leben«, den beiden letzten Wörtern der ersten Strophe, führt nicht das Leben, sondern das Wollen, obgleich das Leben das einzige Reimwort des Gedichtes bildet. Es reimt mit dem »nicht ergeben«, das den »hierorts« (welches Amtsdeutsch!) waltenden Gesetzen gilt. Bewußt zweideutig wird die Phrase von den »grauen Zellen« ihres Hirns hingesetzt; sie verweist unterschwellig auf den Kerker, in dem sich die Schreiberin unter ihren »Schwestern« schon lange gefühlt haben mag. Diese aber, die »Schwestern«, die zweimal im Innern der Verse auftre-

ten, verschränken sich in einer Art von ausgedehntem Binnenreim mit dem »ehegestern« am Ende der vorletzten Zeile in der zweiten Strophe. Zumindest andeutungsweise gehören die Schwestern schon der Vergangenheit an.
Der »Bärtige«, der all dieses Wandels Anlaß war, bleibt anonym; er hat nichts zu melden; lediglich der unbestimmte Artikel »ein« ist ihm gegönnt. Nur sie, die Frau, ist leibhaft; leibhaft in einem Ausmaß, das den sonst kühlen und ebenmäßigen Fluß der Verse in den Zeilen »Daß ich leibhaft bin der Taten meines Nachbilds / Täterin« unterbricht, eine Stockung erzeugt und den Vers selbst stolpern läßt. Der »Bärtige« ist dazu verurteilt, ein schattenhaftes »Nachbild« zu bleiben, dessen Tat, die Umarmung, die Abgewichene allein unternommen zu haben behauptet.
Sie allein übernimmt auch die Verantwortung für die Folgen der Tat, die sie über sich herabgerufen hat. Das »muß« in »Muß Feuer mich verzehren« hat normativen Charakter: Noch immer untersteht sie den Gesetzen, denen sie mit vollem Wissen und Willen zuwidergehandelt hat, und nennt noch jene, die die Fackel an den Scheiterhaufen legt, »Schwester«. Daß sie jedoch mit einem Kinde schwanger geht, will besagen, daß sie sich ebenso wissentlich wie willentlich einem anderen Gesetz unterstellt hat, dem Gesetz der Natur.
»Durch einen Zufall oder starren Regen« ist die Wandlung ausgelöst worden, die Entscheidung eingetreten. Wieder verrät jedoch die Zweideutigkeit ihrer Sprache das Unbewußte der Frau: »Ich sah den Ast gehalten mich zu halten.« Der Ast ist ein anthropologisches Sexualsymbol und steht für das primäre männliche Geschlechtsmerkmal, wie die Bezeichnung des Mannes als »Bärtiger« für das sekundäre steht.

»Ich [bin] nicht meine Schranke.« Intellektuelle Entscheidungen sind ihrer Natur nach selten schrankenlos, Gefühle sind es oft. Hier bricht die Berichterstatterin das Schweigen, unter dem sie ihre Leidenschaft verborgen hat. Die Schrankenlose ist mitgenommen. Die politische Metapher, der hochbewußte Bruch eines Gemeinschaftsprinzips, das aber, so gesteht's die Übeltäterin, wider die Natur geht, und, wie die Welt nun einmal beschaffen ist, nicht ausschließlich *ihre* Natur, tritt zurück hinter diesem unwillkürlichen Bekenntnis zu einem Umschwung des Gefühls, das die Abgewichene buchstäblich bis zum letzten Wort ihres Gedichtes wahrzunehmen sich nicht gestattet. Von diesem Widerspruch, diesem Konflikt, will das ganze Gebilde zum Bersten gespannt erscheinen, wie eine Saite.

SARAH KIRSCH
REISEZEHRUNG

Ich mußte eine Menge Zaubersprüche lernen
Mit großer Kühnheit im preußischen Wald
Pentagramme kritzeln das kleine Land
Bei Nacht und Nebel verlassen die Könige auch
Und wieder frei sein.
Die grauen Feldjäger die fleißigen Flurhüter
Hatten das Nachsehn. So halten sie mir
Heute und morgen den Schlagbaum geschlossen.

Ich gedenke nicht am Heimweh zu sterben.
Unauslöschlich hab ich die Bilder im Kopf
Die hellen die dunklen. Ich kann in Palermo sitzen
Und doch durch Mecklenburgs Felder gehn
Auf gelben Stoppeln schwenkt mir der Bauer den Hut.
Die Schwalben stürzen und steigen vorm Fenster
Vertraute Schatten, sie finden mich
Wo ich auch bin und ohne Verzweiflung.

GERHARD SCHULZ
OHNE HEIMWEH

Gedanken über die Dauer des Exils? Inzwischen sind es andere Zeiten als die des Emigranten Brecht, da man öfter die Länder als die Schuhe wechselte und an der Grenze auf den Tag der Rückkehr wartete. Jetzt sind mitten durch das Land und die eine Stadt Mauern gezogen, deren Existenz nicht vom Stehen oder Fallen eines einzelnen Regimes abhängt. Ein Schauplatz für das Machtspiel der Weltgeschichte ist aus dem Lande geworden, so daß mit den alten Kategorien von Heimat und Fremde, Exil und Heimkehr wenig anzufangen ist.

Sarah Kirschs Verse bilden das letzte von acht Gedichten des kleinen Zyklus »Reisezehrung« aus dem Jahre 1982. Jemand fährt über die Transitstraße nach oder von Berlin, von West nach West, wie es in der kuriosen politischen Geographie unserer Tage heißen muß, aber es ist eine Fahrt durch märkische Landschaft, in der man einstmals zu Hause war. Literaturlandschaft ist es mit dem Landsitz des Herrn Ribbeck zu Ribbeck von Fontanes Gnaden oder dem Wiepersdorf der Bettine. Märchenlandschaft auch, denn »wir sollen den Weg nicht verlassen, keine Blumen abpflücken, den müden Wanderer im Wagen nicht aufnehmen, sonst schnappt uns der Wolf«. So steht es im ersten der acht Gedichte. Nur wird der Jäger nicht kommen als Befreier, um dem Wolf den Bauch aufzuschneiden: die grauen Feldjäger sind fleißige Flurhüter im preußischen Walde.

Da ist also ein Mensch – eine Frau, ein Mann, Sarah Kirsch, irgendwer – davongegangen aus diesem Land bei Nacht und Nebel, um frei zu sein, unter anderem von der Not, Zaubersprüche zu lernen und zu schreiben, geheime Zeichen, um Wahres zu sagen. »Zaubersprüche« hieß ein Gedichtband Sarah Kirschs von 1973, als sie noch im kleinen Lande lebte. Daß ihre Verse auch später Zaubersprüche geblieben sind, Verse, die verzaubern durch die Kraft ihrer Bilder und entzaubern durch die Klarheit ihrer Gedanken, ist eine andere Sache. Der Weg hinaus jedenfalls ist ein Weg ohne Rückkehr geworden. Aber keine Rührseligkeit kommt auf über Heimat und Heimweh. Rom sei nicht mehr in Rom, sondern nur dort, wo er selbst sich befinde, sagt der Feldherr Sertorius in einer Tragödie von Corneille. Es ist eine Erfahrung, die ihm in diesem Jahrhundert Tausende bestätigen werden wie denn auch dieses Gedicht.
In der äußersten Kondensation von zwei Zeilen hat sich das Ich in ein starkes Bild der Erinnerung hineingemalt, sich in Beziehung setzend zu dieser fernen, verlorenen Wirklichkeit durch den Gruß des Bauern und durch die Schwalben, die Zeit und Raum durchbrechen, wie das Fenster zwei Sphären verbindet. Ein faksimiliertes Manuskriptblatt Sarah Kirschs verrät etwas von dem Mutationsprozeß zwischen diesem Ich und den Schwalben auf dem Wege zu den vertrauten Schatten: »antreffen, erfahren, finden, stoßen auf, entdecken, begegnen, ausfindig machen, ermitteln, auffinden, nicht entgehen« sind da notiert vor der endgültigen Fassung. So mühelos und selbstverständlich erscheint sie, als hätte sie nie anders lauten können, geht es doch darum, die Vögel zu nehmen als Bürgen für die Unverlierbarkeit des Erinnerten, ohne sie erstarren zu lassen im Gleichnis.

»Vertraute Schatten« einer vergangenen Welt, denn es gehört ebenfalls zu den Kuriositäten unserer Zeit, daß sich bei ihren politischen Konstellationen der Raum in die Zeit verwandelt, daß geographische Gegenwart zugleich persönliche Vergangenheit zu sein hat. »Vertraute Schatten«: das Gedicht bewahrt das Vergangene, es artikuliert Erinnerung, macht sie mitteilbar und damit teilbar.

Aber freilich ist alle Entfernung ein Schritt in der Zeit. Es ist freies Selbstbewußtsein in diesem Gedicht statt der Klage. »Zwischen Weimar und Palermo hab ich manche Veränderung gehabt«, schreibt Goethe in seiner *Italienischen Reise*. Auch wir sind andere geworden und sitzen in unserem Palermo ohne Verzweiflung, Schmerz und Ungeduld.

CHRISTOPH MECKEL
AN WEN AUCH IMMER ICH MICH WENDE

Mein Kriegsherr, mein Friedefürst,
mein großer Bruder, mein Goldkind,
        es spielt keine Rolle,
mein guter Stern, mein schlechter Stern,
        es spielt keine Rolle,
du machst mir was vor.

An wen auch immer ich mich wende,
wenn mich der Stiefel drückt, der goldene Stiefel,
der schwarze Stiefel, es spielt keine Rolle,
dein Laden hat immer geschlossen,
dein Diener hat immer Ausgang,
dein Telefon ist immer besetzt.

Wann kriege ich dich dran, wann reichst du mir
den kleinen Finger, den kleinsten nur,
wann zeigst du dein Gesicht, dein schönes Gesicht,
dein häßliches Gesicht, es spielt keine Rolle,
dein Gesicht?

Du bist sicher, daß ich dir nachlaufe,
du bist sicher, daß es nicht ohne dich geht,
das kann sich ändern.
Was wird dann aus dir, mein Kriegsherr, ohne
meinen Ruin, von dem du dich nährst,

was fängst du dann an, mein Hofnarr,
  es spielt keine Rolle,
mein großer Häuptling, mein Goldkind,
  es spielt keine Rolle,
ohne mich?

HARALD WEINRICH
ANRUFUNG EINES UNBEKANNTEN

Mit Schuberts Choral »Wohin soll ich mich wenden« im Ohr werden wir schon durch den Titel dieses Gedichtes geistlich eingestimmt. Auch der Friedefürst in der ersten Gedichtzeile hat geistlichen Klang; Friedefürst – in der sprachlichen Form an Luther anklingend – ist nach dem Propheten Isaias einer der biblischen Namen des verheißenen Messias. Im Kontext dieser Zeile kann dann auch der Kriegsherr als Herr der Heerscharen gelesen werden. So liegt es nun nahe, das ganze Gedicht als eine Gebetsanrufung aufzufassen, der unser Autor die besondere Form einer Litanei über die Namen Gottes gegeben hat. Daß dabei der Gottesname selbst nicht auftaucht, braucht den Leser nicht zu wundern. Es hat in der jüdisch-christlichen Theologie eine Tradition gegeben, in der es als sündhaft und vermessen galt, den Jahve-Namen als den »eigentlichen« Namen Gottes auszusprechen.

Wenn dies der geistliche Hintergrund unseres Gedichtes ist, so steht der Autor nicht als frommer Beter vor diesem Horizont.

Kein Schubertsches »Zu Dir, zu Dir, o Vater« kommt über seine Lippen. Aber auch kein titanisch-trotziges »Bedecke Deinen Himmel, Zeus« wie bei Goethe, von dessen Prometheus unser Autor jedoch das listige Argument behalten hat, daß die von Opfersteuern sich nährenden Götter elend darben müßten, »wären nicht Kinder und Bettler hoffnungsvolle Toren«.

So bleibt der Autor hin- und hergerissen zwischen Ehrung und Schmähung, zwischen Hörigkeit und Aufsässigkeit, dem Nietzsche der Dionysos-Dithyramben verwandt, der gleichfalls (in der Rolle der Ariadne) den »unnennbaren Gott« zornig einen Jäger, Dieb, Feind, Folterer, Henker-Gott und Narren schilt und dennoch ihn anfleht: »Nein! Komm zurück! Mit allen Deinen Martern!« Ganz anders als bei Nietzsche finden wir jedoch bei Meckel nicht mehr diesen quälend-gequälten, ekstatischen Klang, sondern statt dessen die forcierte Ohne-mich-Gleichgültigkeit (»es spielt keine Rolle«), wie man sie von der skeptischen Generation jener fünfziger Jahre kennt, in denen dieses Gedicht entstanden ist.

Es gehört jedoch zu den Vorzügen unseres Gedichtes, daß es auch ganz anders gelesen werden kann. Manche Bilder dieser Anrufungen – beispielsweise der goldene oder schwarze Stiefel, das schöne oder das häßliche Gesicht, das Goldkind – legen eher nahe, dieses Gedicht als ein Liebesgedicht zu lesen. Dann wäre Christoph Meckel, ähnlich wie in seinem letzten Gedichtband »Säure« (1979), ein moderner Troubadour, der sich in bildhafter Sprache an eine geliebte Frau »wendet«, deren Huld freilich keineswegs gewiß, vielmehr höchst zweifelhaft ist. Daß in den Anrufungen nur männliche Namen auftauchen, braucht uns wiederum nicht zu wundern: so haben sich auch die Troubadours schon ausgedrückt, um die »Herr«-schaft der besungenen Dame deutlicher zu bezeichnen. Und überhaupt ist der Geschlechtertausch ein beliebtes Reizmittel der erotischen Sprache. Aber in unserem Gedicht wirkt auch dieses Mittel nicht, die spröde Herrin neigt sich ihrem flehenden Vasallen nicht zu, so daß dieser es vielleicht einmal mit der List und einer versteckten Drohung versuchen wird: was ist denn diese Herrin ohne ihren Knecht?

Schließlich, wenn man Meckels unbarmherziges »Suchbild« seines Vaters (1980) gelesen hat, ist noch die Lesart zu erproben, in diesem frühen Gedicht die erste poetische Bannung einer zugleich lockenden und abweisenden Vaterfigur zu lesen, geschrieben zu einer Zeit, als dieser sich dem Sohn noch nicht in der entlarvenden Offenbarung seiner Kriegstagebücher gezeigt hatte. Da Christoph Meckel sich später die schwere Last auferlegt hat, das Bild seines Vaters nur noch durch äußerste Aufrichtigkeit zu ehren, muß dieses Bild einstmals große Macht über ihn gehabt haben. So haben wir vielleicht in unserem Gedicht das Vorzeichen eines Zeugnisses vor uns, von dem ich glaube, daß es in der deutschen Literatur bleiben wird.

CHRISTOPH MECKEL
ES WAR DER ATEM IM SCHNEE

Es war der Atem im Schnee und der Wein am Morgen
die Autopanne im Flußbett, der Fuchs im Gebirge
es war die Maus, die durchs Gras einen Scheitel zog
und es war das von Regenschauern triefende Haar.
Jetzt ist es das Reden über den Schnee und den Atem
den Fluß, den Wein, das Haar. Der Rest ist Gerede.
Und die Maus, das Gras, die Maus – was war mit der
Maus.

HARALD HARTUNG
DIE FRAGE NACH DER MAUS

Ein Titel, sagt Lessing, müsse kein Küchenzettel sein. Aber er stimuliert den Appetit. *Souterrain* – Titel des Lyrikbandes, in dem dieses Gedicht steht –, das läßt Untergründiges, vielleicht auch Abgründiges vermuten. Doch auch Ironie scheint im Spiel. Dichten selbst ist schon Verrat. Womöglich verzichten darum die Gedichte des Buches auf Überschriften. Zudem hängen sie alle miteinander zusammen: kurze Gedichte, aber lange Zeilen; einfache Strukturen, doch komplizierte Beziehungen. Apropos Beziehungen: Auch die älteste Thematik ist im Spiel, Liebe und ihre Vergänglichkeit. Namen kommen und gehen, Julia und ein gewisser Mr. Hopkins, Babylon und die Naumannstraße, auch sie sind Schall und Rauch. Und so kommt unser Gedicht ganz ohne sie aus.
Es beginnt mit Vergangenheit, Vergangensein, beginnt mit seiner einfachsten Formel: Es war. Und damit kein Märchen daraus wird, zählt es lauter Vergangenes auf und kommt so doch zu etwas wie einem Bestand, dessen man sich vergewissern kann. Was also war alles? Oder was alles gab es? Es beginnt sehr poetisch, und das könnte verführen. Atem, Schnee, Wein – aber das Leuchten der Bilder ist ohne Wärme. Sie wirken wie Zitate, poetische Versatzstücke. Wessen Atem war da im Schnee? Wer trank am Morgen den Wein – wenn er überhaupt getrunken wurde? Und selbst vom Abenteuer einer Flußdurchquerung – wie bereitwillig stellt man sich ein südliches, ausgedörrtes

Flußbett vor? – blieb nur die Panne, ein Versagen. Auch der Fuchs im Gebirge ist bloß Erinnerungsreflex.
Aber was ist mit der Maus? Auch sie war, auch sie hatte es gegeben. Doch wohl auf eine andere Weise: »es war die Maus, die durchs Gras einen Scheitel zog«. Wir stocken, müssen den Satz umdenken, möchten ihn ergänzen. So wie wir, mit Shakespeares Julia, ergänzen: »Es war die Nachtigall, und nicht die Lerche.« Auch Meckel ergänzt – so merken wir, indem wir weiter lesen –, aber nicht durch Verneinung, sondern durch Setzung, Hinzufügung: »und es war das von Regenschauern triefende Haar.« Plötzlich schießen die beiden Vorstellungen – das Doppelbild von Gras und Haar – zu einer Epiphanie zusammen.
»Die Seele des gewöhnlichsten Objekts«, erläutert James Joyce seinen Begriff von Epiphanie, »scheint uns zu strahlen.« Das Doppelbild leuchtet uns ein, ohne daß wir recht zu sagen wüßten, warum. Die Präzision und leise Komik der durchs Gras zirkelnden Maus paßt auf merkwürdige Weise zum Bild des von Regenschauern triefenden Haars: Pedanterie zur Auflösung.
Das »Jetzt« schneidet scharf und desillusionierend ein. Was ist vom erinnerten Bestand geblieben? Nichts als das Reden darüber. Und in diesem Reden reduziert er sich noch mehr, verschwindet der Fuchs, bleibt von der Autopanne nur der Fluß oder bloß das Wort »Fluß«. Aber was meint diese wegwerfende Wendung vom Gerede? Ist ihr Mut nicht gekauft, eine Abwehr aufkommenden Gefühls? Hinter ihr erscheint eine Beunruhigung, die der Redende zu verdrängen sucht. Aber schon ist das Verdrängte da, unruhig zwischen Maus und Gras und Maus hüpfend – die unabweisbare Frage: »was war mit der Maus.«
In der Tat, was war mit ihr? Aber der Fragende setzt kein

Fragezeichen: Weiß er die Antwort oder verzweifelt er an jeglicher Antwort? Die Maus hat etwas ausgelöst; es *war* die Maus, die in ihm aufrief, was ihn unruhig macht. Und das *Gras* kommt noch einmal in den Blick, nicht »das von Regenschauern triefende Haar«. An das Gesicht darunter mag er nicht rühren, Erinnerung würde schmerzen. Das treibt ihn um, das läßt ihn fragen. Aber er weiß eigentlich längst, wo Antwort zu holen wäre.

CHRISTOPH MECKEL
GEDICHT FÜR MEINEN VATER

Lebenslang
lebendig begraben
in einem grauen Grab Melancholie,
dort wirst du nicht verlangt, und bist allein
eingerichtet mit zerbrochenen Glocken
Sonnenblumen, Laub und nächtlichem Wind
dort gehst du umher, einen kleinen verklingenden
Donner hauchend in eine Flasche Wein
und hältst ein Lachen
vor dein zersprungenes Gesicht.

Der dir den Vers schreibt, besucht dich
in einer Nacht, da Tau und Nüsse fallen
aufsteigend aus Räumen voll Bläue, worin Gebirge
kommen und gehn, und meerentstiegenes
felsenspaltendes Licht verschwendend raucht in den
Himmel
und schenkt dir Strophen aus Salz, ein Lachen
teilend mit dir, und Schweigen
dein tägliches Grab.

Alleingelassen, träumst du gern
weltreisende Engel
die sich niederließen zur Nacht
im märzlichen Weinberg nahe deinem Haus;
der warme Wind weht Steine auf deinen Tisch

und zu der Zeit, da Tau und Nüsse fallen
besucht dich, der dir schreibt den Vers
Kirschwasser mit dir zu trinken
im Schwarzwälder Herbst.

Eine Hand voll
verwelklicher Verse hältst du
gegen den großen Untergang. Dein Herrgott
schlägt sein Wasser ab an deinem Sarg
er spuckt in dein Schweißtuch
und kennt deine Verse nicht.

Einmal
herab von den Hügeln
wird wandern der Kirschbaum, funkelnd
Einzug halten in dein verfinstertes Haus
und herabschnein Blüte Schneeglanz
auf dein im Schlaf noch ruheloses Gesicht,

einmal verklingen werden deine Strophen
im kirschenweißen Mittag, und der vergebliche
Vers, deine Marter
macht dich gelassen am Ende.

HILDE DOMIN
EINE BESONDERE TOTENKLAGE

Am 15. 7. 1969 hatte ich dies Gedicht von Christoph Meckel in der F.A.Z. gelesen und mir ausgeschnitten. Den Adressaten habe ich noch ein Jahr zuvor getroffen, bei einem Freiburger Colloquium. »Ich bin der Vater von Christoph Meckel«, hatte er sich vorgestellt. Davon, daß er selber schreibe, kein Wort. Kurz darauf brachte die »Zeit« ein Protestgedicht gegen das Morden in Biafra, von Meckel: dem *Vater* Meckel, was aber unbemerkt blieb, obwohl das Gedicht einiges Aufsehen erregte. Es war das einzige Biafra-Gedicht, neben Hunderten für Vietnam, und galt ohne weiteres als ein Meckel: Meckel-Christoph, natürlich. Derartige politische Gedichte sind ja fast anonym. Meckel hat meines Wissens keine produziert.

Diese Totenklage ist eine sehr besondere: Ein erfolgreicher und von vielen geliebten Autor beklagt seinen Vater, dem die Gabe des Worts versagt blieb. Ein solcher Sonderfall, wieso bewegt er uns, was ist das Exemplarische daran? Denn nur das exemplarische Gedicht hat die Kraft, den Leser anzurühren. Was nicht durch das Nadelöhr der Einzelerfahrung hindurchgeht ins Allgemeine, das bliebe privat und ginge nur den Betroffenen an. Hier spricht der Sohn, der erreicht hat, was dem Vater das ganze Leben nicht gelungen ist, und beide wußten es, beide haben darum Kummer gehabt.

Wie der Vater sich gefreut hat an der größeren Begabung des Sohnes, wenn auch vermutlich nicht ohne Traurigkeit, so identifiziert der Sohn sich zärtlich mit dem Mißlingen, das ihm selbst erspart blieb. Die Klage um den toten Vater ist der Schmerz um die lebenslängliche Vergeblichkeit, an der der Sohn teilnimmt, als würde die Bürde dadurch für den Toten leichter. Keine Spur von Rivalität, wenn es sie je gegeben hätte, nur liebende Identifizierung mit dem Scheitern des Gescheiterten. In diesem Akt der Selbstentäußerung, des Schmerzes über den nicht gelungenen Vers des andern, gelingen ihm – und dies Paradox ist noch dazu typisch für das Wesen der Poesie – einige seiner stärksten Verse überhaupt. »Strophen aus Salz.« (Kein Mißverständnis: diese Strophen »passieren« ihm nicht. Sprachbegabung *und* handwerkliches Können gehören zu diesem Gelingen, Emotion *und* Ratio, *beides.* Die »Geschenke« (Valéry) lassen sich nachträglich beim guten Gedicht nicht mehr herausfiltern aus dem Arbeitsprozeß.

Im Hineingehen in die Vergeblichkeit sind Meckel äußerste Demutsformeln geglückt, die an die des Mittelalters erinnern, wo sich einer im Boden an der Kirchentür begraben ließ, »damit alle gleich meine Knochen mit Füßen treten«. »Dein Herrgott«, sagt Christoph Meckel zu seinem Vater, »schlägt sein Wasser ab an deinem Sarg / er spuckt in dein Schweißtuch / und kennt deine Verse nicht.« Und der Sohn trinkt auf dem Grab (Schwarzwälder Kirschwasser), wie es die Menschen in der Antike taten und wie es, Meckel vermutlich unbekannt, noch heute manche Völker auf den Gräbern ihrer Familie tun.

Ein Vertrauensverhältnis zwischen den Generationen, wie das seines Altersgenossen Reiner Kunze (DDR) zu seiner Tochter, der Adressatin so vieler zärtlicher Gedichte. Es ist also möglich, auch heute und hier, wo die, »die Nase rümpfen, ehe sie sie schneuzen« (Lichtenbergs Definition

der Deutschen), lautstark den Ton angeben und wo Väter, die nicht ins Schienbein getreten werden, fast dankbar sein dürfen.
Dabei ist Meckel mitnichten ein unkritischer Autor: »In die menschenleere Menge sprech ich, ohnmächtig und mit dem Verlangen zu lieben: dich, mich und alle.« Der so spricht, wird nächstes Jahr [im Jahr 1975] vierzig.

CHRISTOPH MECKEL

Geerntet der Kirschbaum, der Juni zu Ende,
aber im Traum trug ich Kirschen zurück in die Bäume,
hängte sie zwischen die Blätter und rief:
Die Kirschenzeit ist gekommen, bring Körbe und Leitern
und flieg in den Kirschbaum zu mir, wir träumen nicht
lange!

GERT UEDING
DIE ZEIT ZURÜCKDREHEN

»Ich denk daran / Daß wir nutzlose Dinge liebten, wo immer wir waren«, heißen die Schlußverse eines anderen Gedichts aus dem Zyklus, den Christoph Meckel »Säure« überschrieben hat. Die Dinge spielen eine so wichtige Rolle darin, daß sie manchmal vor das eigentliche Ziel der Erinnerung, die verlorene Geliebte treten und es verdrängen. Auch der Einfall, den Kirschbaum gleich nach der Ernte wieder mit Früchten zu bestücken, im Raum also die natürliche Reihenfolge umzukehren wie einen Film, den man rückwärts laufen läßt, dieser Einfall verselbständigt sich, weitet sich aus zu der Allegorie des allgemeinen und allezeit populär gewesenen Wunsches, die Zeit zurückdrehen zu können. Der Bezug zur geliebten Frau, um deretwillen doch diese Verkehrung geschehen soll, geht dabei fast verloren.

Oder genauer: Er wird ersetzt durch die Beziehung zu den Dingen, und das ist möglich, weil diese Dinge eine sehr intensive Beziehung zu den beiden Liebenden hatten, die mit ihnen umgegangen sind. Die Suche nach der verlorenen Zeit kann die Dinge nicht entbehren. Proust hat eindringlich beschrieben, wie das gesamte Gebäude der Erinnerung in unscheinbaren Gegenständen gleichsam verschlossen ist, sich aber öffnet, wenn wir sie berühren, schmecken, riechen. Auch das in Tee aufgeweichte kleine Stück Madeleine dreht in einem einzigen Augenblick die Zeit zurück, vermittelt jenes unerhörte Glücksgefühl, das

aber schon wieder mit der Wehmut des Vergangenseins, die gleich nachher folgt, seltsam vermischt ist.
Für den Liebenden, der die Geliebte verloren hat, ist seine ganze verbliebene Welt angefüllt mit Gegenständen, an denen die Erinnerungen hängen, weil sie Teile eines glücklichen Stück Lebens waren. Ja er findet seine schmerzliche Wollust darin, sich ganz in den Anblick, die Empfindung solcher Dinge zu vertiefen, sie in der Einbildungskraft wieder zu ergänzen, also etwa zum »Gürtel ihres roten / Bademantels« (in einem anderen Gedicht) all die Figurierungen, die sich durch ihn einst verbinden oder auflösen ließen. Danach bleibt zwar nur wieder die Erfahrung »Anfangen zu leben mit nichts / und einem Gürtel«, aber auch sie hält auf Dauer den Erinnerungen nicht stand.
Der Traum von der wiedergekehrten Kirschenzeit ist natürlich auch ein erotischer Wunscherfüllungstraum. Unser Sprachgebrauch zeigt, daß die Kirsche, dem Kirschrot, der Kirschform oft eine erotische Bedeutung zukommt, daß jemandem nachsteigen eine Redensart ist, die ebenso einen sexuellen Sinn hat wie die alte Vorstellung, daß Mann und Frau gemeinsam die Früchte des Liebesbaums genießen. Aber das sind eher beiläufige Anspielungen, die den eigentlichen Zweck des Gedichts, die elegische Erinnerung und seine eigentümliche Wirkung nur verstärken. Der Bildakzent liegt doch auf dem jahreszeitlichen Wechsel von Werden und Vergehen, und er knüpft an eine Naturerfahrung an, der wir dauernd ausgesetzt sind und die schon immer sehr gemischte Empfindungen hervorgerufen hat, weil sie als Gleichnis des menschlichen Lebens, seines unabänderlichen Ablaufs, begriffen wurde.
Im Traum freilich ist auch das anders, läßt sich die Zeitenfolge umkehren, wird unerfüllt gebliebene Vergangenheit

zu Zukunft. Meckel hat hier nicht nur ein besonders schönes Liebesgedicht geschrieben, sondern auch eine treffende Metapher für die lyrische Gattung gefunden, die es vertritt. Wie die Liebe in ihren Relikten zuzeiten gleichsam über die Ränder der Vergangenheit in die gelebte Gegenwart tritt, so wird sie im Gedicht aufbewahrt und zu neuer Wirksamkeit freigesetzt. Es ruft verlorene Zeit zurück und bringt, der natürlichen Chronologie widersprechend, die unerfüllt gebliebene Liebe zur Nachwirkung und Nachreife.

Im Gedicht wird damit die Vergangenheit zur Zukunft, es korrigiert das abstrakte Nacheinander unserer Wirklichkeitserfahrung, demonstriert, daß nur Abgelebtes auch endgültig und unwiderruflich vergangen ist. Dieser Liebe, so lehrt es, steht eine solche Vergangenheit erst bevor, so unerschöpft ist sie geblieben, so ungelungen und fragmentarisch. Möglich allerdings, daß auch das nur ein Wunschtraum ist. Das Gedicht endet mit einer Warnung: auch die poetische Kirschenzeit währt nicht ewig, die ästhetische Erfüllung sprengt zwar unsere übliche zeitliche Erfahrungsweise, aber nur für den Augenblick, und danach müssen wir immer wieder aufs neue lernen, mit nichts und einem Gürtel zu leben.

CHRISTOPH MECKEL
SÜSSE PERSON

Süße Person,
faß deine Seele an und komm,
wir wollen morgen mit einer Bimmelbahn
hinausfahren an ein Meer
und Schneckenhäuser sammeln.

Sei nicht ängstlich, greif
nach dem reiselustigen Fisch im Wasser –
mit dem Tropfenüberschuß
des letzten Regens der Erde
wasche ich dir die Augen aus,
denn du hast kein Recht zu weinen,
bevor du nicht tot bist
und ein Stern dir sagt: Weine nun, Engel!

ROLF HAUFS
PRIVATES WIRD ALLGEMEIN

Als Christoph Meckel, Jahrgang 1935, dieses Gedicht schrieb, war er ein junger Mann von etwas mehr als zwanzig Jahren. Jene »süße Person« von damals, vor etwas weniger als zwanzig Jahren, will sich heute an die Geschichte dieses Gedichtes nicht erinnern. Das mag verständlich sein und zeigt, wie gefährlich genau ein Gedicht etwas zurückholen kann, weniger das, was man die Fakten nennen könnte – Datum, Kleidung, Haarschnitt, Stöckelschuhe, kurzer oder halblanger Rock –, mehr Atmosphärisches, Emotionales, das, was man vor Dr. Barnards chirurgischer Enthüllung mit dem Wort Herz meinte. Und dies schmerzt.

Daß es schmerzt, ist gut denkbar für jemanden, der gemeint war. Daß es noch schmerzt, spricht für die Qualität dieses Gedichtes, das auch andere, »uns Gedichteleser«, zu bewegen vermag. Hier wirkt ein Gedicht über eine sehr persönliche Widmung hinaus; es zeigt, wie sehr Privates, wie sehr Intimes sehr allgemein, sehr öffentlich werden kann, wenn Sprache nicht nur benutzt, sondern genutzt wird.

»Süße Person« war das sechste Gedicht in Meckels erstem, 1959 erschienenen Gedichtband »Nebelhörner«. Es scheint auch heute noch unvorstellbar, käme dieser Autor einmal auf eine Bestsellerliste oder auf einen anderen grünen, sagen wir Preiszweig. Möglich, daß der Dichter Meckel fünfzig Bücher schreiben und der Graphiker Me-

ckel zweitausend Blätter radieren muß, um wirklich zur Kenntnis genommen zu werden. (Der Band »Nebelhörner« ist nur dank der Entdeckerlust des Literarischen Verlags Helmut Braun wieder zu haben.)
Was an dem Gedicht »Süße Person« heute überrascht, ist, daß es frei ist von den damals üblichen Moden, und dies paradoxerweise trotz der in den fünfziger Jahren inflationär gebrauchten Metaphern Fisch und Meer. Die Schar der Benn-Nachahmer war gerade, noch kenntlich zwar, im Nebel entschwunden, das Heer der Brechtianer stand bereit.
Meckel hatte mehr gelesen: Arp und Bellman, die russischen Symbolisten, alle Expressionisten, die französische Moderne ganz sicherlich. Und wer konnte schon in frommer Zeit so säkular mit Wörtern wie Seele und Engel umgehen? Das Wort Engel taucht in späteren Gedichten Meckels noch oft auf, erhöht zu einem Meckelschen Fabelwesen, bis hin zu der Zeile: »Das Gedicht ist nicht der Ort, wo der Engel geschont wird.« Ein radikales Bekenntnis zur ernsten Sache der Poesie.
»Süße Person« ist ein Liebes-, ein Trost-, ein Überlebensgedicht, bestimmbar nur in ebendiesen immateriellen Breiten; darum keine Bimmelbahn, sondern *eine* Bimmelbahn, nicht *das* Meer, *ein* Meer. Und nur so konnte einer in diesem Regenland 1959 an den nun vorstellbaren »letzten Regen der Erde« denken. Und nur so konnte einer das Wort weinen an einen großen Einfall binden. Ein gutes Gedicht erlaubt alles. Dies ist ein gutes Gedicht. Muß man zum Schluß noch sagen, daß diese Verse einen jünglingshaften Charme besitzen?

KARL MICKEL
INFERNO XXXIV.

Für Kirsten

Gips-Smog in Weimar, Kirsten melancholisch:
Denn er obliegt dort deutscher Zeichengebung.

Und als die Wandrer zu der Stelle kamen
Die Dante nennt: der Hüfte größte Wölbung
Kletterten sie, an Haaren wie Gestrüpp
Sich klammernd, unter Keuchen aus dem Felsloch:
Aber Dante (ja, ich hatte Angst
Wer mich tadelt, denke, wo ich steckte!)
Eh er heraus war, setzte sich in eine
Schrunde und fragte: Wo ist das Eisfeld?
Warum hält Der den Kopf nach unten? und
Wie ging die Sonne so schnell von dem Abend
Zum Morgen über? – Noch im Arsch des Teufels
Will Dante, was er wahrnimmt, wissen.

RAINER KIRSCH
ZWIEFACHE HÖLLENERFAHRUNG

Die Welt, lehrt Hegel, bewege sich aus Widersprüchen; wahr oder nicht, Gedichte tun derlei bisweilen. *Inferno XXXIV. Für Kirsten* ist vierzehnzeilig und in Blankversen, beansprucht also die Würde eines Sonetts, für das die Regeln fordern, die Botschaft wachse aus der Spannung zwischen Anfang und Ende; der Leser findet aber zwei unverbundene Teile. Was macht er? Er mault, er stutzt, er gerät in Arbeitslaune; noch unwissend, hat er damit den Großablauf des Gedichts in der Seele.

Gips-Smog, die eröffnende Vokabel, scheint von unübertreffbarer Widerwärtigkeit: Sie läßt sich kaum aussprechen und malt atmosphärisch feinstverteilten, Schwefelatome enthaltenden Staub, der die Lungen zusetzt und, unlöslich, allenfalls mit Kratzeisen oder Hämmern zu entfernen geht. Quillt er aus einer Gipsfabrik? Nicht, wir befinden uns *in Weimar* – die Verwalter Goethes und Schillers sind offenbar erfolgreich dabei, den klassischen Marmor umweltgefährdend zu zerkleinern. Der Lyriker Wulf *Kirsten* (geboren 1934) wird darob *melancholisch,* doch liefert der Autor für die Melancholie einen weiteren Grund: *Denn er obliegt dort deutscher Zeichengebung.* Verlagslektor Kirsten hat Manuskripte, die vermutlich den Gips-Smog weglügen oder gar miterzeugen, nach Duden zu verbessern, dabei ballt er auf schlecht deutsche Weise die Faust in der Tasche und jammert.

Nun hält Mickel aus tiefstem sächsischen Gemüt Jammern

für der Bestimmung des Menschen zuwieder und insonderheit dem Dichten abträglich; was soll er dem Kollegen flüstern? »He, du, Jammerbold, Kopf hoch!« oder »Die Nation braucht dich!« oder »Erwachsensein is beautiful!«? All das, weiß jeder Erziehende, zieht nicht; der Autor greift in die klassische Trickkiste und erzählt ein Beispiel. Passend wäre ein weimarisches, doch sind dafür Kirstens Ohren zugesmogt; so, unter deutschen Dichtern, empfiehlt sich das Sehnsuchtsland Italien: Dante.

Der XXXIV. ist der letzte Höllengesang der »Divina Comedia« (dann kommen Fegefeuer und Paradies). Dante war bei Avignon eingestiegen und, von Vergil geleitet, dem Erdzentrum zu gewandert. Dort, Rumpf nordwärts, Füße südwärts, steckt in den gefrorenen Tränen aller Verdammten (dem *Eisfeld*) der einst vom Himmel gestürzte riesige Luzifer; da Gott Mathematiker ist, bildet die genaue Schwerkraft-Mitte, durch die allein *die Wandrer* wieder ans Licht können, welche Körperhöhlung? (Die Preisfrage der vierzehn Zeilen, ahnt der gewiefte Leser, heißt: Enthält das Universum Widerwärtigeres denn Gips-Smog? Es müßte, weil Gips die Gnade der Geruchlosigkeit hat, etwas infernalisch Stinkendes sein.)

Vorerst freilich doppeln die Verse 3 bis 6 nur die Weimar-Stimmung. Dreck hier wie da, die Erde, ob Kern, ob Oberfläche, ist die Hölle. Dann, plötzlich, springt das Metrum in den Trochäus: Die Mittelverse 7 und 8 werden als Drehzapfen des Gedichts kenntlich, sie sind ein einziges verlängertes *Aber*. Anders nämlich als Kirsten geht Dante, eben noch keuchend, unbeirrt dem Beruf nach – kaum daß er wieder (jambischen) Atem hat, *setzt* er sich, *fragt, warum* was wo und das Oberste zuunterst gekehrt ist, zeichnet auf für die Mit- und Nachwelt. Hoch merkwürdig, wie Mickel dem Trochäen-Einschub kontrasthalber reine Jamben folgen läßt (Vers 9), danach aber bei gleicher Silbenzahl eine metrische Herzrhythmus-Störung anrichtet, so daß das ganze Gebilde vibriert und wir mit Dante zittern. Erst die durch zwiefache Höllenerfahrung geläuterten Jamben der Schlußformel bringen das Gedicht zu sich, Ruhe schenkt es keine: Es sagt, was uns, sei es im nördsüdlichen oder westöstlichen *Arsch des Teufels*, zu tun aufgegeben bleibt, solange die Mitwelt bloß stinkt und wir gegen alle Hochrechnungen auf eine Nachwelt hoffen.

KARL MICKEL
MAISCHNEE

Sie sagte nichts, als ich ihr offen sagte:
»Es hängt von mir ab, wann ich wieder geh«
Ihr damit sagend, anstatt daß ich klagte
Wie gern ich sie besäh von Kopf bis Zeh.

Der Regen wärmte, als wir raschen Schrittes
Uns suchten einen Ort, daß dies gescheh.
Da sagte sie: »Nur dieses und kein Drittes:
Bis morgen oder bis zum ersten Schnee.«

Sie lag im weißen Laken und sie litt es.
Erst nach der ersten Frühe sprach sie: »Ach
Ich bin ein Haus mit siebenfachem Dach.«
Dann sahen wir: Es schneite.
        Sie bestritt es.

Ich merkte wohl: Es ist mit ihr was Bittres
Und war zum Gehen wiederum zu schwach.

PETER MAIWALD
LOB DER INKONSEQUENZ

Ein gutes Gedicht von der Liebe ist eines, das uns über die Unklarheit seines Gegenstandes im klaren läßt. Der Lyriker Karl Mickel, Jahrgang 1935, in der DDR lebend und schreibend, bei uns weniger bekannt, als uns guttut, hat, nicht nur in diesem Gedicht, einen gediegenen Sinn für das Nahrhafte der Liebe, den Widerspruch.

Die Begebenheit, die das Gedicht in Gang und Spannung setzt, ist gewöhnlich. Zwei, die nicht ohne Zuneigung sind, handeln die Bedingungen ihres Verhältnisses aus. Da die dargestellten Interessen und Vorstellungen sehr unterschiedlich sind, bewegt den Leser die Frage, wer wohl was durchsetzt und/oder welcher Kompromiß am Ende fault.

Mickel läßt uns nicht ohne Ironie an der Verhandlung teilnehmen. Die Darstellung der Personen geschieht mit historischer wie gegenwärtiger Distanz. Ihre Selbstdarstellung ist etwas einfältig und folgt darin älteren Vorschriften, wie sie etwa noch Schillers »Glocke« für das Verhalten von Männern und Frauen vorsieht. Hier wie dort findet üble Nachrede statt, haften an den Männern Ungestüm, Selbst-ist-der-Mann-Gebärden, Kraftmeierei, kleben an den Frauen die Etiketten Duldertum, Dauerwurst und Bindungssucht.

Der Dichter ist kein Richter. Er macht seinen Personen nicht den Prozeß. Er läßt sie sich selbst den Prozeß machen. So handelt das Gedicht vom Ungenügen der Lie-

benden und läßt es genug sein. Die Moral von der Geschichte ist eben die Geschichte.
Aber die Geschichte ist die einer Denunziation. Denunziert wird ein im Deutschen bis zur Furchtbarkeit sehr geehrter Begriff, die Konsequenz. Und ihre undialektische Handhabung. Denunziert wird ihr Harmoniebedürfnis, ihr ständiges Im-Einklang-sein-Wollen, ihre Widerspruchsfreiheit, letztlich ihr Unrealismus. An diese Erörterung privater Angelegenheiten lassen sich gut und unschwer tagespolitische, öffentliche anschließen.
Mickels Gedicht ist eine Warntafel. Es meldet starken Zweifel an, daß die, die immer stolz und konsequent handeln, sich und anderen guttun. Es räumt der als Schwäche und Opportunismus geltenden Inkonsequenz die Kraft zum Überleben ein. Und nicht nur: auch zum Erkennen der Wirklichkeit.
Grau, so konstatiert das Gedicht vergnügt, sind alle Theorien, Rollen und Selbststilisierungen und grün des Lebens Baum, jedenfalls solange sich daraus noch Bettstätten herstellen lassen. Das ist sehr tröstlich. Und klassische Kunst, die im Ansatz darin besteht, daß sie von den Menschen und ihren Möglichkeiten weiß.

ALBERT VON SCHIRNDING
BITTE UM HEIMSUCHUNG

Verschone mich verschone mich nicht
Unbarmherziger Immer verschont zu sein
Im Mutterdunkel hocken unbehelligt
Auf Schritte horchen die sich entfernen

Man zählte Ich habe ein Versteck gefunden
Die Lust des Suchens erlosch Das Spiel war aus
Man rief rief nicht mehr Ich wurde vergessen
unauffindbar hinter der Hecke im Park

Immer davonzukommen Sagen zu müssen vom Glück
unverwundet wie ein heiliges Tier
Dein Gnadenbrot schmeckt nach Verachtung
Laß mich in Unfrieden endlich Spür mich auf

WOLFDIETRICH RASCH
VERSTECKSPIEL

Wem der Anruf gilt, sagt das Gedicht nicht. Ist es Gott oder das Geschick? Eher ist das eigene Unbewußte gemeint, das die Schritte des Ich unvermerkt steuert, es vor Leid verschonen will und deshalb vor aller Beteiligung am Wirklichen. Ein vom bewußten Ich nicht lenkbarer »Unbarmherziger« herrscht in seiner Tiefenschicht, ein strikter Wille zur Rückkehr ins »Mutterdunkel«, wo das Ich »unbehelligt« bleibt, verborgen: Die suchenden Schritte entfernen sich wieder.

Mit der vierten Zeile ist das ausdrucksstarke Gleichnis vom Versteckspiel der Kinder schon angesprochen, das die zweite Strophe ausfüllt und von dem das ganze Gedicht lebt. Das Kind hat ein Versteck gefunden, während der Mitspieler zählt, es wartet, aber es wird nicht gefunden, die anderen geben die Suche auf: »Das Spiel war aus«.

Wie ungeduldig das Kind auf das ersehnte Rufen der Mitspieler wartet, verrät die Verdoppelung des dominierenden Verbs, für Albert von Schirnding auch sonst, schon in der ersten Zeile, ein einfaches Mittel, Dringlichkeit anzuzeigen: »Man rief rief nicht mehr Ich wurde vergessen«. Die Spieler konnten dieses Kind nicht finden, weil es allzu gut versteckt war (»Unauffindbar hinter der Hecke im Park«). Das Kind wollte sich möglichst gut verstecken, aber es wollte gleichzeitig nicht nur energisch gesucht, sondern schließlich auch gefunden werden. Es war enttäuscht, als man es vergaß.

Wie das Kind beim Versteckspiel verhält sich auch das erwachsene Ich. Es lebt in einer doppelten Angst: Es fürchtet betroffen und unabsehbarem Leiden ausgesetzt zu werden, das treibt es in ein sicheres Versteck. Aber ebenso stark ist seine Angst, dort in Vergessenheit zu verkommen, vom Lebensspiel ausgeschlossen zu sein: Das bewirkt ein ebenso heftiges Bedürfnis nach Beteiligung, Involviertsein, Heimsuchung. Eines aber schließt das andere aus.

Es geschieht selten, daß ein einzelnes Gedicht, wenn auch nur von einem Punkt aus, den inneren Zustand, unsere geistig-seelische Verfassung in einem bestimmten Zeitpunkt aufdeckt. Das ist Albert von Schirnding hier gelungen. Sein Gedicht erhellt die gegenwärtige Seelenlage so überklar wie ein Blitz die nächtliche Landschaft. Jene Doppelangst mag für einzelne immer möglich gewesen sein, aber heute ist sie eine bestimmende gemeinsame Grunderfahrung. Heute: also Ende der siebziger Jahre, in der Zeit, da – um sie mit harmlosen Markierungen zu fixieren – der Golf den Käfer von den Straßen verdrängt und Sadat nach Jerusalem fährt. In Drogen, Rausch, Musiklärm, in Anästhesien jeder Art suchen die Fliehenden Zuflucht, in der es dann keiner aushält.

Das dunkle Bewußtsein übermäßiger Gefahren weckt auch beim rigorosesten Aktivisten den Impuls zur Flucht ins Versteck, aber dort regt sich sofort der Wunsch, dem völligen Abseits, der Ausschaltung zu entgehen, beteiligt zu sein. Die Gleichzeitigkeit unvereinbarer Impulse bewirkt jene Lähmung, die wir gegenwärtig allenthalben spüren.

Die Bitte um Heimsuchung meint nicht das Eintreten einer Katastrophe, die alle Sicherungen durchschlägt, son-

dern verrät das Verlangen nach Mut und Fähigkeit, sich heimsuchen zu lassen, den immer drohenden Heimsuchungen nicht auszuweichen, dem Bannkreis der doppelten Angst zu entrinnen.
Es gilt, wieder zu sehen, daß Flucht und Sichstellen nicht gleichwertig und gleich wünschenswert sind, sondern daß »Unfrieden« besser ist als Scheinfrieden. Das Ich will das Leben nicht nur noch als Überleben, als bloßes »Davonzukommen« erfahren, dieses verächtliche »Gnadenbrot« nicht essen, sondern die in Narkosen überlisteten Schmerzen erleiden, aufgespürt werden wie das Kind in seinem Versteck.

WOLF BIERMANN
BALLADE VOM PREUSSISCHEN IKARUS

1.
Da, wo die Friedrichstraße sacht
Den Schritt über das Wasser macht
    da hängt über der Spree
Die Weidendammerbrücke. Schön
Kannst du da Preußens Adler sehn
    wenn ich am Geländer steh

    dann steht da der preußische Ikarus
    mit grauen Flügeln aus Eisenguß
        dem tun seine Arme so weh
    er fliegt nicht weg – er stürzt nicht ab
    macht keinen Wind – und macht nicht schlapp
        am Geländer über der Spree

2.
Der Stacheldraht wächst langsam ein
Tief in die Haut, in Brust und Bein
    ins Hirn, in graue Zelln
Umgürtet mit dem Drahtverband
Ist unser Land ein Inselland
    umbrandet von bleiernen Welln

    da steht der preußische Ikarus
    mit grauen Flügeln aus Eisenguß
        dem tun seine Arme so weh

er fliegt nicht weg – und stürzt nicht ab
macht keinen Wind – und macht nicht schlapp
am Geländer über der Spree

3.
Und wenn du wegwillst, mußt du gehn
Ich habe schon viele abhaun sehn
aus unserm halben Land
Ich halt mich fest hier, bis mich kalt
Dieser verhaßte Vogel krallt
und zerrt mich übern Rand

dann bin ich der peußische Ikarus
mit grauen Flügeln aus Eisenguß
dann tun mir die Arme so weh
dann flieg ich hoch – dann stürz ich ab
mach bißchen Wind – dann mach ich schlapp
am Geländer über der Spree

WALTER HINCK
PARTISAN ZWISCHEN DEN PARTEIEN

Warum nimmt die mythische Gestalt des Ikarus so viel mehr als die seines Vaters Daedalus unsere Einbildungskraft gefangen, warum der kühne, aber den väterlichen Rat mißachtende und abstürzende Sohn mehr als der Erfinder der künstlichen Flügel, dem das Experiment und damit die Flucht aus dem kretischen Labyrinth übers Meer gelingt?

Weil der Erfolgreiche zwar unsere Bewunderung, aber der Scheiternde unser Mitgefühl erregt? Weil uns das Unvollkommene mehr anrührt als das Perfekte? Weil wir uns – auch oder gerade in einer Zeit, da die Erde von einem dichten Flugnetz überzogen ist – mit der Unsicherheit unseres Daseins eher in Ikarus als in Daedalus wiedererkennen?

Wolf Biermann stellt in einem der »Vorworte« seines Lieder- und Gedichtbandes »Preußischer Ikarus« die Frage ähnlich, und die Ballade ist *seine* Antwort. Der Anlaß zur Entstehung der drei Strophen mag äußerlich sein, die Selbstidentifikation Biermanns mit Ikarus ist es nicht. Ein Freund, so berichtet er, hatte ein Foto geschossen, das ihn vor dem gußeisernen preußischen Adler zeigt, der auf der Weidendammer Brücke in Berlin das Ende des Staates Preußen überdauerte. Dieses Foto, auf der vorderen Einbandseite des Buches abgedruckt, erweckt für einen Augenblick den Eindruck, als wüchsen die herabhängenden Flügel des Adlers aus den Schultern Biermanns. Immerhin gab diese »halbalberne Szene« die Anregung zur Ballade.

Worin für Biermann die Entsprechung zur Situation des im Labyrinth gefangenen Ikarus besteht, bleibt nicht zweifelhaft: wie Kreta ist die DDR ein »Inselland«, freilich nicht von Meereswellen »umbrandet«, sondern »umgürtet« von Draht und Gewehrläufen. Das Eingezäuntsein ist zur zweiten Natur der Menschen geworden, der Stacheldraht schneidet tief in das Denken der Menschen ein. Darin wird eine Hinterlassenschaft jenes Geistes gesehen, für den hier der preußische Adler steht – eine Hinterlassenschaft, die auch Bertolt Brecht beobachtet hatte: »Gewohnheiten, noch immer«, überschrieb er eine seiner »Buckower Elegien«. Den Kommandoruf »Zum Essen!« kommentiert er: »Der preußische Adler / Den Jungen hackt er / Das Futter in die Mäulchen.«

Biermann ahnt, daß ihn der »verhaßte Vogel« irgendwann einmal in seine Krallen nimmt und zu einem zweiten Ikarus werden läßt. Der Schluß der Ballade ist Vorausschau auf den Absturz. Dieser Schluß aber las sich anders nach Biermanns Ausbürgerung aus der DDR im Jahre 1976. Von seiner »Furcht vor einem Absturz eines Tages« hatte er gesprochen. »Eines schlimmen Tages im Westen. Falls ich im Westen leben müßte, das wußte ich, würde ich nie wieder eine Zeile schreiben.« Diese Befürchtung erwies sich als unbegründet.

Obwohl exiliert, war der nach Hamburg Zurückgekehrte doch, mit einem Paradox Heinrich Bölls zu sprechen, »ein In-die-Heimat-Vertriebener«, und der Liedermacher dachte nicht daran, im Westen stumm zu bleiben. Im Gegenteil, er hat es mit seinen Interviews und seinen Songs und Balladen fertiggebracht, sich in alle Nesseln zu setzen. Der unverbesserliche Kommunist, Sohn eines in Auschwitz umgekommenen jüdischen Werftschlossers, ließ sich

von den Schmähungen und Drohungen der äußersten Rechten nicht einschüchtern und von keiner Gruppe der zerstrittenen Linken zur Galionsfigur machen. Er ist der Partisan zwischen den Linien der Parteien und ihrer Dogmen.
Für den Freiheitssänger Georg Herwegh fand Heinrich Heine, einer der literarischen Wahlväter Biermanns neben François Villon und Bertolt Brecht, das ironische Bild der »eisernen Lerche«, die »himmelhoch« sich schwingt, aber »die Erde aus dem Gesichte« verliert. Der Liedermacher Biermann, entschlossen, die Freiheit der individuellen Mündigkeit zu behaupten, behält als Ikarus die Erde im Auge – auch die Möglichkeit, abzustürzen, zu scheitern.

WOLF BIERMANN
ERMUTIGUNG

Peter Huchel gewidmet

Du, laß dich nicht verhärten
In dieser harten Zeit
Die all zu hart sind, brechen,
Die all zu spitz sind, stechen
und brechen ab sogleich

Du, laß dich nicht verbittern
In dieser bittren Zeit
Die Herrschenden erzittern
– sitzt du erst hinter Gittern –
Doch nicht vor deinem Leid

Du, laß dich nicht erschrecken
In dieser Schreckenszeit
Das wolln sie doch bezwecken
Daß wir die Waffen strecken
Schon vor dem großen Streit

Du, laß dich nicht verbrauchen
Gebrauche Deine Zeit
Du kannst nicht untertauchen
Du brauchst uns, und wir brauchen
Grad deine Heiterkeit

Wir wolln es nicht verschweigen
In dieser Schweigezeit
Das Grün bricht aus den Zweigen
Wir wolln das allen zeigen
Dann wissen sie Bescheid

BEATE PINKERNEIL
HEITERKEIT IM LEIDEN

Ein eher leises und kunstvoll einfaches Lied. Es entstammt der bleiernen Zeit der Unterdrückung und Verfolgung, als Biermanns großer Streit mit der Obrigkeit ernst geworden war. Durch generelles Auftritts- und Publikationsverbot in der DDR sollte der zum Staatsfeind erklärte Dichter zahnlos gemacht, sein aufrechter Gang krumm gebogen werden. Die Rechnung der Politbürokraten vom Dezember 1965 ging freilich gründlich schief. Statt sich ins verordnete Schweigen zurückzuziehen, ließ Biermann sich den Wind aus den Segeln kühler Vernunft und beharrlichen Widerstands nicht nehmen.

Sein Gedicht preist die Kunst des Lebens und Überlebens, die listige Kunst, »Heiterkeit ins Leiden« (Hölderlin) zu bringen, den Widerspruch von Verzweiflung und Hoffnung auszuhalten. »Die Herrschenden erzittern / – sitzt du erst hinter Gittern – / Doch nicht vor deinem Leid«, hält Biermann dem Lyriker und Freund Peter Huchel entgegen, dem er das Lied widmet. Seine nüchterne Feststellung gipfelt im emphatischen Zuruf: »Du kannst nicht untertauchen / Du brauchst uns, und wir brauchen / Grad deine Heiterkeit.« Ein eindringlicher Appell an den Leidensgenossen, sich nicht bequem in der eigenen Misere einzurichten; statt dessen der schleichenden Gefahr der Verhärtung und Bitterkeit, der Angst und Resignation trotzig zu widerstehen.

Das Gedicht spricht die leise Sprache subversiver Kunst.

Es ist ein Zeugnis entschlossener Solidarität mit dem gedemütigten und vereinsamten Weggenossen in Wilhelmshorst. Ihn hatten die SED-Funktionäre von seinem Posten als Chefredakteur der Zeitschrift »Sinn und Form« abserviert, weil er sein – auch international geachtetes – Literaturblatt nicht vor ihren ideologischen Propagandakarren hatte spannen lassen.

Wohl wissend, daß es immer genug Gründe gibt fürs eigene Zugrundegehen, ermutigt Biermann den Freund, nicht zuletzt, um sich selber Mut zu machen: »Wir wolln es nicht verschweigen / In dieser Schweigezeit / Das Grün bricht aus den Zweigen / Wir solln das allen zeigen / Dann wissen sie Bescheid.« Woher aber dieser Restposten fröhlicher Zuversicht und heiterer Gelassenheit mitten im verordneten Friedhofsfrieden? Nahe liegt, daß der gewiefte Dialektiker sich mit der Schlußstrophe an und gegen den großen Bruder Bert Brecht wendet. Denn dessen Lehrgedicht »Gegen Verführung« (dem Biermanns Gedichtzeilen in Versmaß, Reim und Rhythmus exakt korrespondieren) endet lapidar und trostlos; mit der entschiedenen Absage an das Prinzip Hoffnung: »Laßt euch nicht verführen / Zu Fron und Ausgezehr! / Was kann euch Angst noch rühren? / Ihr sterbt mit allen Tieren / Und es kommt nichts nachher.«

Daß Biermann sich freilich nicht über den Ernst seiner Lage fromm hinweglügt, zeigen seine beiden Gedichte »Kleine Ermutigung« und »Große Ermutigung«. Sie bilden den verzagt-fröhlichen Ausgangs- sowie bitteren Schlußpunkt für seine – trotz alledem – tröstliche Hauspostille an Huchel. »Müßte der Strauch nicht des Glücks / Verdorren, ja verdorren / Ohne des Leidens / Wolkenbrüche?«, heißt es dort. Und in der »Großen Ermutigung«

gesteht er illusionslos, »müde, hundemüde« zu sein: »Ach, mein Herz ist krank von all der / Politik und all dem Schlachten / Sag, wann haben diese Leiden / diese Leiden, diese Leiden / endlich mal ein Ende? / Wenn die neuen Leiden kommen / haben sie ein Ende.«
Das Lied aus den »leisen Würgejahren« ist ein heute aktuelles Lied. Macht es doch denen, die so leichtfertig wie selbstgerecht die tatsächlichen Leiden der zum Schweigen verurteilten Oppositionellen verharmlosen, deutlich, wieviel moralische und künstlerische Kraft (neben politischem Instinkt) notwendig waren, sich vom Diktat der Herrschenden weder die Zunge noch das Gehirn spalten zu lassen; weder das Brett vorm Kopf noch das Blatt vorm Mund zu akzeptieren; kurz, den aufrechten Gang nicht zu verlernen.

WOLF BIERMANN
KLEINES LIED VON DEN BLEIBENDEN WERTEN

1
Die großen Lügner, und was – na, was
Wird bleiben von denen?
Von denen wird bleiben
    daß wir ihnen geglaubt haben
Die großen Heuchler, und was – na, was
Wird bleiben von denen?
Von denen wird bleiben
    daß wir sie endlich durchschaut haben

2
Die großen Führer, und was – na, was
Wird bleiben von denen?
Von denen wird bleiben
    daß sie einfach gestürzt wurden
Und ihre Ewigen großen Zeiten – na, was
Wird bleiben von denen?
Von denen wird bleiben
    daß sie erheblich gekürzt wurden

3
Sie stopfen der Wahrheit das Maul mit Brot
Und was wird bleiben vom Brot?
Bleiben wird davon – na, was? –
    daß es gegessen wurde

Und dies zersungene Lied – na, was
Wird bleiben vom Lied?
Ewig bleiben wird davon
    daß es vergessen wurde

ULRICH GREINER
WAS BLEIBT

Das »kleine Lied«, obwohl ein altes Lied, ist ein sehr aktuelles Lied. Veröffentlicht wurde es 1972 in der Bundesrepublik, geschrieben wurde es in der DDR. Irgendwann werden wir unseren Kindern nicht mehr erklären können (und schon jetzt ist es schwer zu verstehen), weshalb das so war: daß es Schriftsteller gab, die in der einen Hälfte Deutschlands lebten und in der anderen publizierten. Wolf Biermann wurde aus dieser schizophrenen Situation durch einen Staatsakt befreit. Im November 1976, nachdem er ein Konzert in Köln gegeben hatte, erfuhr es der DDR-Bürger Biermann aus dem Autoradio: Das Visum, das ihm sein Staat, damals noch das Land seiner Hoffnung, erteilt hatte, war ein One-way-Ticket. Er wurde ausgebürgert und lebt seitdem in Hamburg.

Das »kleine Lied«, eines jener »Hetzlieder, Balladen, Gedichte« aus der Sammlung »Für meine Genossen«, erklärt ganz gut, weshalb die »Staats- und Parteiführung« ihn loswerden mußte. Soviel Witz und soviel Wahrheit, das konnte nicht gutgehen und geht auch heute nicht unbedingt gut. Deshalb ist es aktuell. Anders als manche nach dem 9. November 1989 erschienenen DDR-Texte, die uns einreden wollen, ihre Verfasser seien schon immer dissidentisch gesinnt gewesen, wurde dieser Text in einer Zeit veröffentlicht, in der abweichendes Denken und Schreiben nicht bloß einen Literaturstreit zur Folge hatte, sondern entweder Gefängnis oder Ausbürgerung.

Das »kleine Lied« ist simpel gebaut, und damit überlistet es den Leser. Die rhetorische Figur, die es sechsmal benutzt, verbindet zwei positive Behauptungen, die einander aufheben. Lügnern wurde geglaubt, Heuchler wurden durchschaut, Führer wurden gestürzt, große Zeiten wurden gekürzt, das Brot wurde gegessen, das Lied wurde vergessen. Das ist die eine Feststellung. Die andere: Gerade das wird bleiben. Es wird bleiben in den Köpfen und in den Herzen, es wird Folgen haben. Das ist eben nicht einfach weg. Die Führer und die Heuchler nicht und auch das Lied nicht. Das Lied wurde zwar vergessen, aber das Vergessen des Liedes bleibt. Die großen Zeiten wurden zwar gekürzt, aber es bleibt von ihnen, daß es eine Zeit gab, in der viele, und nicht bloß Biermann und nicht bloß die Intellektuellen der DDR, an die großen Zeiten geglaubt haben.

Das »kleine Lied«, obwohl es fast zwanzig Jahre alt ist, erzählt etwas von der Gegenwart. Den großen Lügnern, ob sie der SED angehörten oder dem PEN, wurde geglaubt. Das bleibt. Es bleibt so sehr, daß sie noch heute den Kredit, der ihnen damals eingeräumt wurde, in ein moralisches Debet ihrer Gegner ummünzen. Biermann wußte das nicht, als er das Lied schrieb. Aber die kleine Abweichung im Rhythmus, diese kaum auffällige Hinzufügung des Wörtleins »ewig« in den Zeilen »na, was / wird bleiben vom Lied? / Ewig bleiben wird davon ...«, verrät nicht nur jene Eitelkeit, die wir von Biermann kennen. Das Wort »ewig« korrespondiert mit den »ewigen großen Zeiten« und will sagen: Die Sehnsucht nach den großen Zeiten wird immer wieder aufbrechen (weil die Menschen es ohne Utopie schwer aushalten, weil die Wirklichkeit die Utopie als ihren Widerspruch hervorbringt), und es wird

neue Illusionen geben, neue Lügen, neue Führer. Und deshalb werden auch die banalen Wahrheiten dieses Liedes immer wieder vergessen werden. Das bleibt. Und auch das ist die ewige Wiederkunft des Gleichen.
Das »kleine Lied« ist ein Lied. Auf der Schallplatte »Warte nicht auf beßre Zeiten« (CBS 65753) hören wir Biermann und sein Harmonium. Mit dröhnendem Baß stellt er die Fragen, mit kleinlaut gequetschter Stimme gibt er die Antwort. Arrangement und Vortrag sind eine musikalische Meistertat. Aber wir müssen die Melodie nicht hören, müssen nur den Text lesen, um zu begreifen, daß Wolf Biermann nicht bloß ein Liedermacher und ein Showtalent ist, sondern auch ein großer Dichter.

WOLF BIERMANN
NACHRICHT

Noch findet er statt
der Sonnenaufgang
Die dunkle Nacht, noch
wird sie veranstaltet

Erstaunlich! Auch diese Früh fand ich mich wieder
am Leben. Erleichtert auch merkte ich auf den Atem
dicht neben mir: die Erde ist also noch immer bevölkert

Den Radiomeldungen über die neuesten Fortschritte
der kleineren Kriege kann ich beruhigt entnehmen:
Noch dauert an die Existenz der Gattung Mensch

Ausgerottet, lese ich in der Abendzeitung
hat sich heute noch nicht, was da alltäglich
nach Frieden schreit

Noch findet er statt
der Sonnenaufgang
Die dunkle Nacht, noch
wird sie veranstaltet

DIETER E. ZIMMER
VERANSTALTUNG DER NACHT

Seit er Anfang der sechziger Jahre zu schreiben begann, lebte Wolf Biermann sozusagen im Schutz der Gefahr, in die er sich begab. Präsent war er allein schon durch das um ihn von Staats wegen verhängte Schweigen: als der Dichter in Quarantäne, eine Symbolfigur des Widerstands, für seinen Staat um so ärgerlicher, als er ihm bei jeder Gelegenheit bescheinigte, die Anlage zu Großem zu besitzen, geschichtlich überhaupt das einzig Diskutable zu präsentieren. Und dann soviel Kleinlichkeit!
Seit sich dieser progressive Staat Ende 1976 der Irritation mit Namen Biermann entledigte, indem er ihn über die deutsche Grenze zur Reaktion verstieß, seit Biermanns listiger Zwangsexilierung besteht für ihn die Gefahr nicht fort, und mit ihr entfallen ist der Schutz. Von überallher ist plötzlich zu hören: Lakai des Klassenfeinds, plumper Reimeschmied, Clown der Bourgeoisie, miserabler Gitarrespieler, Großverdiener, Kabarettist, Illusionist. Den einen ist er zu links, den andern nicht links genug, den dritten nicht auf die rechte, die SED/DKP-Weise links, noch andere wittern einfach den Konkurrenten oder Störenfried und setzen ihn prophylaktisch herab. Ihnen allen kommt das Argument zupaß: Es sei mit seiner Begabung gar nicht so weit her, sein Renommee habe nur auf seiner konsequenten, dickköpfigen DDR-internen Résistance beruht.
Im Falle Biermann läßt sich hervorragend studieren, wie

imperativ die Kenntnis der Entstehungsbedingungen eines Werks seine Rezeption beeinflußt. Und damit meine ich nicht bloß, daß es einen Text erhellt, wenn man über seine Randbedingungen Bescheid weiß. Der Vorgang reicht tiefer. Unsere Achtung vor einem Kunstwerk beruht auf dem Bewußtsein, daß es gegen Widerstände entstanden ist; sie ist den Widerständen proportional. Dabei können die Widerstände verschiedenster Natur sein: komplizierte formale Schwierigkeiten, die besiegt wurden, eine dem Halbbewußten entrissene Daseinsdiagnose, der den normalerweise stummen Wörtern abgelauschte Hintersinn, und so weiter. Ein solcher Widerstand ist unter anderem schlicht die obrigkeitliche Mißbilligung. Er vor allem war es, den Biermann Zeile für Zeile besiegte. Seine DDR-Lieder haben jetzt notwendig ein Ende – ihre Fortführung wäre schlechterdings zu leicht. Biermann mit Mauer dazwischen ist ein anderer als Biermann ohne. Jetzt muß sich zeigen, daß er als Dichter auch unabhängig von diesem Widerstand besteht.

Das Gedicht »Nachricht« ist völlig DDR-unspezifisch. Es gibt meines Wissens keine Musik dazu (wo Biermann-Lieder vertont sind, kommentiert die Musik den Text, widerspricht ihm, verstärkt ihn, so daß er als solcher unfertig ist und nur mit Vorsicht beim Wort zu nehmen ist). Plumpe Propaganda wird in weitem Bogen umgangen; sie hätte vielleicht gereimt: Menschen auf der Erden / es muß Frieden werden! Das Gedicht gibt einfach etwas zu bedenken: daß unser morgendliches Erwachen gar nicht selbstverständlich ist. Daß das Vernichtungspotential abermals für einen Tag unschädlich blieb: »Erstaunlich!« Die große Beunruhigung, die sich hinter der kleinen Beruhigung auftut. Tag und Nacht (auch symbolisch zu verstehen) in ihrem Widerstreit bestimmen noch das Schicksal der Menschheit.

Biermann ist ein proteushafter Dichter der mannigfachen Tonfälle. Er kann patzig und feierlich sein, bänkelsängerhaft und hölderlinisch, angeberisch und hilflos, agitatorisch und ichversonnen. Mir scheint, in einem Gedicht wie »Nachricht« ist er am nächsten bei sich selber und damit am unabhängigsten von Geneigtheit oder Feindlichkeit der Umwelt. Der Sonnenaufgang ist nennbar, weil er »stattfindet«; die dunkle Nacht darf vorkommen, weil sie »veranstaltet« wird. Das Gedicht hält eine (Brecht abgeschaute) zeitgemäße Balance zwischen gehobenem Gesang und alltäglicher Nüchternheit. Es posiert nicht. Es macht keine krampfigen Kunstanstrengungen, noch überläßt es sich einem beliebigen Parlando. Ich meine, vor allem in diesem Tonfall liegt Biermanns Zukunft als Dichter.

CHRISTINE NÖSTLINGER
AUSZÄHLREIME

Einer ist reich
und einer ist arm,
einer erfriert
und einer hat's warm.

Einer stiehlt
und einer kauft,
einer schwimmt oben
und einer ersauft.

Einer springt
und einer hinkt,
einer fährt weg
und einer winkt.

Einer stinkt
und einer duftet,
einer ist faul
und einer schuftet.

Einer hat Hunger
und einer hat Brot,
einer lebt noch
und einer ist tot.

Einer hat's lustig
und einer hat Sorgen,
einer kann schenken
und einer muß borgen.

Zu den einen zählst du,
zu den andern zähl ich,
ich hab's lustig und warm,
also pfeif ich auf dich!

Ich bin lebendig
und faul und reich,
und ob du schon tot bist,
ist mir doch ganz gleich!

LUDWIG HARIG
VERWORFEN UND VERSTOSSEN

Das Märchen weiß, wer die Guten und wer die Schlechten sind, da gibt es kein Vertun, weder Zweifel noch Kompromisse. Was gut ist, bleibt erhalten zur besseren Verwendung, was schlecht ist, gerät unverzüglich zwischen die Reißzähne. Ja, das Schlechte wird zermahlen, zerstoßen, zerdrückt, es wird mit Haut und Haaren verschlungen, nicht mit Appetit, der es genießen ließe, sondern mit Freßlust, damit es vernichtet sei.
Ich erinnere mich, wie wir als Kinder ausgelesen haben und ausgelesen wurden: Wir standen im Kreis, Buben und Mädchen, einer ging innen rund, zeigte nacheinander auf jeden, sprach: »Ine mine mu und aus bist du!«, und die Ausgezählten stoben davon, waren Freiwild für den Fänger. Wenn der Auszähler aber den anderen Spruch gebrauchte und mit spitzer Stimme rief: »Ine mine mei und aus sind zwei!«, dann teilte sich der Kreis in Räuber und Gendarmen, in Trapper und Indianer, später dann in Deutsche und Franzosen. Beim Auszählen galt als goldene Regel: Jeder mußte ordentlich in der Reihe stehen, denn dem Außenseiter drohte Unheil, und schon am ersten Schultag beim Aufstellen hatten wir gelernt: »Weh dem, der aus der Reihe tanzt!«
Danach waren Hitlerjugendführer, Feldmeister und Unteroffiziere die Auszähler. Das Auszählen wurde subtiler, raffinierter: Es wurde abgezählt, durchgezählt, ausgezählt, die Willkür der Scheidung in zwei Gruppen mit

zweierlei Rechten, in die einen und die anderen, in Stehende und Liegende, in Angreifer und Verteidiger wurde wettgemacht, indem sich die Positionen tauschten und jeder jedes sein und tun mußte. Wer zu den Schlägern ausgezählt war, tat das von ihm Erwartete in gleicher lustvoller Intensität, wie er es schon als Kind getan hatte: grausam und erbarmungslos. Und wer zu den Geschlagenen gehörte, mußte erdulden, daß die Schläger gehörig zuschlugen: Das war das Spiel. Die Geschlagenen waren ausgezählt, ausgesondert, verworfen und verstoßen.

Dabei blieb es nicht. Das Auszählspiel fröhlicher Manöver ging in Schreckenskommandos über und wurde fort- und weitergespielt in den Aussonderungs- und Erschießungstrupps von Oradour und anderswo und schließlich in Dr. Mengeles Selektionen auf der Rampe von Auschwitz. Schon Jacob und Wilhelm Grimms »Deutsches Wörterbuch« beschreibt dieses Auszählen als ein Aussondern und Dezimieren, ein Verwerfen und Verstoßen.

All das kehrte in mein Gedächtnis zurück, als ich vor einigen Jahren Christine Nöstlingers beschwörendes Auszählgedicht in einer Anthologie mit dem Titel »Überall und neben dir« las. Es ist ein Gedicht für Kinder, die Ausgezählten sind die Armen und Schwachen, die Faulen und Gauner, die Schuldner und Sozialrentenempfänger. Christine Nöstlingers Reime sind aktuell geblieben, doch mit einem Male sprengt das Gedicht die Grenzen des Bereichs, für den es gemünzt ist, und gewinnt neue Dimensionen.

Es hat sich zwar nichts geändert seit der Kinderzeit, auch nicht Einstellung und Denkweise des Auszählers. Die Grausamkeit hat sich nicht in Milde, die Erbarmungslosigkeit nicht in Güte und Verständnis gewandelt. Nun, da wir erwachsen sind und vom Leben gelernt haben sollten, spielen wir das deutsch-deutsche Auszählspiel. Wir plappern den Politikern und den Moralaposteln unserer Gesellschaft nach, wir sagen: Hier und dort, hüben und drüben, doch wir meinen das Land, in dem Milch und Honig fließen, und das Land, in dem nur Dornen und Disteln gediehen sind.

Wir spielen das Auszählspiel der Gerechten und Ungerechten, denn hinter den politischen Appellen zu Wohlverhalten und Mitgefühl verbirgt sich die Unerbittlichkeit der Menschennatur und ihre pharisäische Selbstgerechtigkeit: Die einen sitzen schon zur Rechten Gottes, und die anderen müssen zur Hölle fahren.

KURT BARTSCH
ABRISS

Ich kenne jeden Stein hier, Häuser, Straßen
Dies Zimmer meine zweite Haut, ich kann nicht
Aus meiner Haut, verstehen Sie, ich will nicht
Mein Fleisch verfault hier schneller als woanders:
Das ist es, was mich hält. Lichtlose Räume
Die Keller leer, die Wohnungen verlassen:
Wenn ich hier sterbe, sterbe ich allein.
Woanders lebe ich allein. Es fragt sich,
Was besser ist. (In meinem Alter
Wächst keine zweite Haut!) Ich sage:
Das Möbelauto ist mein Leichenwagen.
Wenn sie mich holen, spring' ich aus dem Fenster.

GÜNTER KUNERT
RÜCKBLICK AUF UNSER VINETA

Keine Stadt ist derart gründlich versunken wie Berlin, weil nicht nur ihre städtebaulichen Charakteristika verschwanden – bis auf jene wenigen, nostalgisch renovierten Ecken, mittels derer der fatale Anschein historischer Kontinuität erweckt werden soll –, sondern auch die Eigenarten ihrer Einwohner: Berliner ist man heute durch amtliche Eintragung ins Geburtenregister, aber was bedeutet das schon oder noch? Wie immer wird erst im nachhinein der Verlust feststellbar: Das spezifisch Berlinische, Produkt der Symbiose einer historisch verspäteten Großstadt mit ihren Bürgern, hat sich heutzutage zu einem Nachgeschmack verflüchtigt, zu einem: Es war einmal, einem bitteren und melancholischen Eingedenken. Geblieben ist, auch für uns Nachgeborenen, das Gefühl, um die Stadt betrogen worden zu sein. Und der Versuch, sie wenigstens noch einmal im Geiste wiederherzustellen, treibt teils zum Kult lokalgeschichtlicher Relikte, teils literarische Blüten.
Kein jüngerer Autor in dem geteilten Ort, den nicht »sein« Berlin dazu veranlaßt hätte, es auf seine Weise inständig (und manchmal bloß sentimental) dichterisch zu bezeugen. Einer von ihnen und vermutlich der Berlinischte von allen ist Kurt Bartsch, Jahrgang 1937, in verschiedenen Berufen, selbst in dem des Leichenträgers, erfahren, ohne abgeschlossene Lehre (falls man nicht mit etwas Ironie seinen Ausschluß aus dem Schriftstellerverband im Sommer 79 darunter verstehen will), zu Hause in der Hauptstadt

der DDR, ist das lebende Exempel für eine Fixierung auf ein Phantom.

Was uns an diese einstige Metropole eines ehemaligen Reiches gebunden hat, ist in Wahrheit längst passé, falls es überhaupt je existiert hat. Ich hege den Verdacht, wir haben ein Berlin geliebt oder lieben es noch, das aus den Romanen Döblins und Georg Hermanns stammt, aus den Texten Tucholskys und Kästners, aus den Bildern Zilles und Balusscheks, aus den grandiosen und doch spätromantischen Beschreibungen von Walter Benjamin, Franz Hessel, Siegfried Kracauer: Unser Blick war von Anfang an, von unseren schriftstellerischen Anfängen an jedenfalls, getrübt oder, besser: selbstsuggestiv beeinflußt. Er glich dem Blick des Sympathisanten auf die ihm nahestehende Sache: Die Empfindungen erhöhten das Objekt, und das Objekt dankte es ihm, indem es seine Empfindungen intensivierte. So war auch im Zentrum deutscher Finsternis noch Glanz, dann ein langes Nachleuchten, von dem wir die Augen nicht wegwenden konnten – wie sonst wäre erklärlich, daß die Nachgeborenen noch eine Ahnung einstiger Faszination bewegt, selbst wenn diese Faszination auf Täuschung und Selbsttäuschung beruht?

So erweist sich Kurt Bartschs Gedicht über den Monolog eines selbstmordbereiten Abrißhausbewohners als eine offenkundige und verzweifelte Beschwörung der Stadt, das seine Identität verbergende Subjekt des Gedichts nicht zu verlassen, und als die Androhung eines radikalen Abschiedes, des endgültigen Abscheidens, falls der Zerstörung nicht Einhalt geboten wird. Unter diesem vorgeblich beiläufigen Schicksal einer Randexistenz, man kennt sie aus Zeitungsberichten, steckt die katastrophale Erfahrung eines Dichters mit dem so leichthin »Heimat« genannten Lebensbereich, der ihm wie eine Eisscholle unter den Füßen weggeschmolzen ist und an deren Resten er sich festzuhalten sucht. Eine Erfahrung, die, wie zu fürchten ist, kaum auf Dichter beschränkt sein dürfte.

KURT BARTSCH
DIE LEICHENWÄSCHERIN IST TOT

Die Leichenwäscherin ist tot
Wer wäscht denn jetzt die Leichen
Wer malt ihnen die Lippen rot
Die in der Frühe bleichen

Wer wäscht die Toten kämmt ihr Haar
Das ist durchaus vonnöten
Wer bricht ihnen die Finger gar
Daß sie noch einmal beten

Kein Mensch geht gern ins Leichenhaus
Bei keinem Wind und Wetter
Die Toten sehn so seltsam aus
Wie kalt und weiße Bretter

Wie Schnee der in der Sonne taut
Mit seltsam schwarzen Flecken
So kalt ihr Fleisch so gelb die Haut
Daß wir davor erschrecken

Die Leichenwäscherin ist tot
Wer wäscht denn jetzt die Leichen
Wer malt ihnen die Lippen rot
Die in der Frühe bleichen

Am Mittag geht ein lauer Wind
Wie soll das bloß noch enden
Wer wäscht wenn wir gestorben sind
Das Blut von unsern Händen.

PETER MAIWALD
REINIGUNGSZWÄNGE

Eine Moritat lesen und hören wir gerne, weil sie uns das geschätzte Vergnügen bereitet, nicht betroffen zu sein. Tränen und Rührung sind dabei keine Gegenargumente. Wir können nämlich schön sicher sein, daß die Nachricht, daß und wie es einen oder eine oder mehrere »erwischt« hat, uns angenehm signalisiert, daß wir noch einmal davongekommen sind. Uns macht die Moritat – moderner: die Unglücksnachricht – zufrieden wie jene sanktflorianische Heiterkeit, die uns gelegentlich bei Bränden, bei Leichenfeiern und beim Lesen der Zeitung befällt.
Nun hat es gerade Kurt Bartschs Moritat darauf angelegt, uns derart in unser Unglück – soziologisch: in unsere Todesriten – hineinzuziehen, daß wir uns vor uns nicht mehr drücken können und uns am Ende der Appetit auf uns ziemlich vergeht.
Wie schafft er das? Ganz listig, indem er uns ohne Umschweife die Vakanz einer Stelle meldet, die wir bis dato besetzt und in den guten Händen von Takt und Pietät unserer Zivilisation wähnten, nämlich unseren Umgang mit dem alltäglichen Tod und den alltäglichen Toten, ein Umgang, der mehr dem Umgehen ähnelt.
Wir bemerken bei der Lektüre: Leichenwäscher sind wir alle, ob aus Gedankenlosigkeit oder im Namen einer Geschäftsidee, ob aus Staatsräson oder im Namen eines Volkes oder einer Klasse, einer Rasse oder eines Geschlechts, ob aus Angst oder schlicht nur aus Selbstschutz vor dem

Wahnsinn, der uns unweigerlich befallen würde, nähmen wir die unendlichen sinnlosen Tode, deren wir an jedem Tag teilhaftig werden, und das nicht nur medial, ernst.
Es gehört zu den Lustbarkeiten unseres infantilen Lebens, den Tod zu verdrängen, wo immer es geht, ihn zu verharmlosen, wo er uns nahe kommt, und es ist nachgerade zur Kunst geworden, ihn zu verschönen und zu schminken, wie wir allabendlich aus unseren Kinos, Theatern und vor dem Fernseher wissen. Die Leichen in unseren Kellern sind natürlich immer die von anderen.
Wenn wir den Tod wahrnehmen, dann nur, wenn wir nicht anders können oder wenn er uns zur Aufwertung unserer Interessen, unserer Ziele, unserer Ideen, unserer Parteien, unseres Lebens und unserer Portemonnaies dient. Bewirtschaftung der Toten hat der Philosoph Peter Furth unseren Verkehr mit dem Tod genannt, ein böser Ausdruck für den Eindruck, eine Art Beerdigungsunternehmer ohne Gewerbeschein zu sein. Man braucht nur eine der landesüblichen Gedenkfeiern zu besuchen oder einen verordneten Volkstrauertag über sich ergehen lassen, um zu erfahren, wie wir unsere Toten abrichten. Dann dürfen sie mahnen (natürlich die anderen), dann dürfen sie erinnern (natürlich an das, was wir schon wissen), dann dürfen sie sprechen (natürlich unseren Text).
Man mag gegen das Gedicht einwenden, der Autor habe sich im Ton vergriffen, der Gegenstand sei zu ernst, als daß ihm mit moritatenhaften Mitteln, Holpersprache, klischierten Bildern, freiwillig-unfreiwilliger Sprachkomik beizukommen wäre. Auch entspräche die (wenn auch gespielte) Naivität nicht dem Bewußtseinsstand unseres Jahrhunderts. Aber was, wenn diese gespielte Naivität – gleich: vorgegebene Unschuld und eingebildetes Wissen –

der allgemeinen Unbeholfenheit vor dem Thema entspräche?
Das Gedicht ist so trostlos wie alle Kunst, die, unsere Art betrachtend, nichts besser weiß als Trauer. Das ist das Tröstliche. Das Untröstliche ist, daß wir bemerken, mit und ohne Leichenwäscherin, daß wir längst vom Fach sind. Blutbäder als Reinigungsverfahren und Unschuld als Waschmittel sind schließlich unsere Erfindungen. Besetzungsschwierigkeiten wird es mit uns nicht geben. Oder doch?

NICOLAS BORN
DAS ERSCHEINEN
EINES JEDEN IN DER MENGE

Ist es eine Wohltat allein zu sein
im Gelage der Gedanken ohne Augenzeugen
ohne das Auge des Entdeckers das sieht wie's
  schmeckt
ohne das geübte Ohr der Menge?
Was ist eine Tatsache wert die unteilbar ist
was ist ein Universum ohne dein Beben
ohne dein Erscheinen vor leeren Sitzreihen?

Die Menge geht auf der Erde
und nichts vergeht in der Menge
auf den Rücken summender Webstühle
erreichen wir den großen Widerspruch:
das Erscheinen eines jeden in der Menge

GÜNTER KUNERT
EINE ART MENSCHENNÄHE

Wenn man heute die Gedichte des mit dreiundvierzig Jahren viel zu früh verstorbenen Nicolas Born nachliest, kann man, wie der in diesem Gedicht apostrophierte »Entdekker«, erstaunliche Besonderheiten bemerken. Vor allem findet sich hier etwas, das aus der gegenwärtigen Dichtung verschwunden scheint: eine Grundströmung des Humanen, eine fast chiliastische utopische Erwartung, eine Hinneigung zum Menschen, die extrem selten geworden ist. Aus Borns Gedicht spricht ein Lebensgefühl, das nicht aus der Kühltruhe unserer enttäuschenden Erfahrungen mit der Gesellschaft stammt, sondern das mit einer unzweifelhaften Unschuld die »Menge« noch als Gemeinschaft empfindet. Wer Born gekannt hat, weiß, daß seine Haltung keine ideologisch motivierte Attitüde war wie bei vielen anderen Autoren in den sechziger und siebziger Jahren, die sich von ihrem selbstgezimmerten Sockel zu ihren Zeitgenossen hinabneigten, um ihnen eine unerwartete und fatale Umarmung zuteil werden zu lassen. Viele von Borns Texten hingegen, Rollengedichte, Porträts unterschiedlichster Leute, alle mit großem Verständnis und großer Sympathie geschrieben, belegen eine natürliche Art von innerer Menschennähe. Daher ist auch in diesem Gedicht die Absage an das introvertierte Ich, an die monadische Selbstbezogenheit keine gezielte Absicht. Alleinsein ist abzulehnen; es ist keine Wohltat, wie die Frageform der ersten vier Zeilen eindeutig impliziert. Und wenn zum ersten Male das Wort »Menge« auftaucht, dann sogleich in aufwertendem Sinne durch den Qualitätsbegriff des Geübtseins: Als handele es sich um ein Konzertpublikum.

Die Sehnsucht nach einem menschlicheren Miteinander ist überdeutlich. Was nicht gemeinsamer Besitz sein kann – wie das für vieles andere einstehende Symbol »Tatsache« –, erweist sich als wertlos. Ja, ohne Angerührtsein, ohne seelische oder physische Erregungsfähigkeit (doppeldeutiges »Beben«) bleibt die Welt, das »Universum« nichtig. Und selbst die leeren Sitzreihen erhalten erst eine Anwesenheitsberechtigung, sobald einer, der Dichter selber, vor ihnen erscheint.

Die letzte Strophe bedeutet eine Steigerung von den vorangegangenen Individualumständen zu einer Verallgemeinerung, der ein großer, fast prophetischer Gestus eigen ist: »Die Menge geht auf der Erde / und nichts vergeht in der Menge« – obwohl Bewegung durch Gehen sichtbar wird, liegt die Betonung auf Bewahrung. Es klingt wie das Versprechen von Ewigkeit und ungeschmälerter Dauer: Nichts vergeht, solange die Menschheit besteht. Und zugleich wird mittels einer geschickten Wortkombination diese Menschheit ihrer sozialökonomischen Daseinsweise verkoppelt: »Auf den Rücken summender Webstühle« nämlich geht es vorwärts und voran, also durch Technik und Industrie. Aber wo wir da hingekommen, wartet nicht das Konsumparadies auf uns oder die klassenlose Gesellschaft, sondern nichts anderes als ein Widerspruch, freilich einer von jenen, die Marx zufolge Voraussetzungen aller Entwicklung sind.

Wozu Friedrich Engels in seiner theoretischen Schrift »Anteil der Arbeit an der Menschwerdung des Affen«

viele Seiten benötigte, das erreicht der Dichter mit ein paar Zeilen. Die Industriezivilisation schafft erst die Menge, und zugleich auch – und darin besteht der große Widerspruch – ruft sie überhaupt erst das Individuum in Mengen auf den Plan. Ein Widerspruch, der nicht zu lösen ist, der vielmehr die Widersprüchlichkeit solcher Existenzweise ins Blickfeld rückt und anerkennt. Dergestalt eröffnet ein kleines Gedicht eine weitläufige historische Perspektive, ohne ein einziges Mal das Wort »Geschichte« zu gebrauchen.

NICOLAS BORN
DIES HAUS

in dem wir wohnen
wird hinter uns abgerissen

Wir liefern die Schlüssel ab
beim Verwalter
so ist es

Es sind
ein paar Dialoge geschrieben
die andere sprechen

Die Bücher
machen das größte Kopfzerbrechen

Für die paar Tage bitte
keine Blumen mehr
nichts mehr einkaufen

Vier Stockwerke
das ist die Höhe

Wenn es soweit ist
muß alles sehr schnell gehen

GÜNTER KUNERT
IM HAUSE DES LEBENS

Dieses Gedicht, das wir hier lesen und das wir, bevor wir die Seite umblättern, schon wieder vergessen haben, ist gleichwohl ein exemplarisches Gedicht. Mit einer wissenschaftsartigen Metapher ausgedrückt: Es enthält ein Grundelement, das ihm sein spezifisches Gewicht verleiht. Dieses Grundelement mag im Zeitalter verlorengegangener ästhetischer Maßstäbe als eines der letzten unbezweifelten Kriterien »echter« Lyrik dienen: Es ist die Gleichnishaftigkeit. Was der Lyriker uns da über einen ganz offenkundig unfreiwilligen Wohnungswechsel mitteilt, ist, entgegen seiner Umgangssprachlichkeit, eben doch mehr als nur eine Mitteilung in einer besonderen, optisch bestimmten Schreibweise.
Geringfügige Veränderungen, die wie unbeabsichtigte Verstöße gegen die sprachliche Logik aussehen, schaffen Irritation. Schon der Anfang klingt bedrohlich, allein weil die gewohnte Kausalität aufgegeben ist. Denn das Haus wird ja nicht abgerissen, nachdem man es (normalerweise) verlassen hat, sondern man wohnt noch darin, und der Abriß vollzieht sich sozusagen hinter unserem Rücken, also auf unangekündigte, heimtückische Art.
Und wie wir gar die Schlüssel abliefern! Nämlich mit einem resignierenden, die Endgültigkeit und »ewige Wiederkehr« des Vorganges markierenden »So ist es« – das zeichnet mit diesen drei Wörtchen die Kapitulation und die Aufgabe jeglicher Hoffnung nach, noch einmal irgend-

wann später im umfassenden Sinne *behaust* zu sein. Und wer eigentlich hat die Dialoge geschrieben, welche von anderen gesprochen werden, da wir, das »Wir« des Gedichts, anscheinend verstummt sind? Mit der Wendung: »Es sind ein paar Dialoge geschrieben...« weist das Gedicht-Subjekt wie der dahinter residierende Autor für diese Dialoge jede Urheberschaft zurück. Wer aber ist dann deren Verfasser? Die Darstellung der Dialogentstehung als eines neutralen Geschehens hebt letzteres in den Bereich von Naturereignissen. Als seien diese Dialoge vom Himmel gefallen, inhaltslos vermutlich, nur zum nichtigen Zweck steter Wiederholung geschaffen. Als Kontrast zu ihrer Banalität bieten sich die Bücher an und verlocken zu einem Aphorismus, geschaffen aus der realen Erfahrung des umziehenden Bibliotheksbesitzers und dennoch darüber hinausgehend: diese vierte Strophe. Weil auch das »Kopfzerbrechen« doppelsinnig erscheint: Einmal als Witz und zugleich als Signal, liest man es erneut von den anschließenden Überlegungen her.

Warum keine Blumen mehr? Für welche paar Tage nicht mehr? Was steckt dahinter, daß einzukaufen nicht mehr lohnt? Handelt es sich um einen Auszug ohne neues Wohnziel? Nach dem Einkaufsverzicht wirkt der Scherz, daß vier Stockwerke die Höhe seien, gar nicht mehr komisch – noch dazu, daß es sehr schnell gehen muß, wenn es soweit ist, was unabweislich suizidäre Assoziationen hervorruft, verbunden mit zweierlei Verstehensmöglichkeiten: einer aktiven und einer passiven. Und zwar daß einerseits Schnelligkeit wünschenswert wäre, »wenn es soweit ist«, und daß andererseits so etwas wie nachdenklicher Trost über das beruhigend rasche Tempo die Reflexion grundiert.

Ohne es als Symbol überstrapazieren zu wollen, rückt das Gedicht seinen Gegenstand, »dies Haus«, in die Nähe dessen, was man früher in ungebrochener Naivität das »Haus des Lebens« nannte. Freilich sei eingestanden, daß der viel zu frühe Tod des Dichters – er wäre vor wenigen Tagen fünfzig Jahre alt geworden – nicht ohne Einfluß auf meine Lesart geblieben ist; das Gedicht hat für mich im nachhinein eine zusätzliche Bedeutsamkeit bekommen, die vielleicht ursprünglich gar nicht darin angelegt ist. Aber wie in den Naturwissenschaften die Komplementär-Theorie davon ausgeht, daß der Untersuchende und das Untersuchungsobjekt nicht säuberlich voneinander getrennt sind und aufeinander einwirken, so wenig ist Objektivität beim Interpretieren von Gedichten möglich: Zum Glück für die Lyrik.

NICOLAS BORN

Es ist Sonntag
die Mädchen kräuseln sich und Wolken
ziehen durch die Wohnungen –
wir sitzen auf hohen Balkonen.
Heute lohnt es sich
nicht einzuschlafen
das Licht geht langsam über in etwas
Bläuliches
das sich still auf die Köpfe legt
hier und da fällt einer
zusehends ab
die anderen nehmen sich
zusammen.
Diese Dunkelheit mitten im Grünen
dieses Tun und Stillsitzen dieses alles ist
der Beweis für etwas anderes

HADAYATULLAH HÜBSCH
DIE AHNUNG VON EINER ANDEREN WELT

Manchmal, vor dem Einschlafen, habe ich das Gefühl, am nächsten Tag ist Sonntag. Am nächsten Morgen kommt dann aber doch wie üblich der Briefträger, und die Nachrichten der Tageszeitung berichten nicht von Mädchen in weißen Kleidern, deren Rüschen sich kräuseln. Solch ein Sonntagsgedicht ist dieser Text von Nicolas Born; es spielt kaum eine Rolle, ob es wirklich Sonntag ist, Hauptsache, wir bekommen mit, wie anders die Luft riecht, manchmal. Man hat dann die Wattewolken gern, die uns einhüllen in unseren Wohnungen und ab und zu einen erfrischenden Schauer entlassen.
Natürlich spielt dieses Gedicht zu Hause, obgleich man nicht weiß, wo das nun eigentlich ist. Wir ahnen ja nur die nächste Dimension; die luftigen Blicke hinunter, hinunter auf Straßen und Land, halten uns wach. Ich mag diese geheimnisvollen Stunden, denen Born auf der Spur ist, ich mag seine Traumwelt von morgen, die wir, ohne schlaflos zu sein, in diesen Zeilen wiederfinden. Es ist die gelebte, geliebte Vorstellung von den anderen Welten in uns und außer uns, die den Weg zeigen zum Paradies. Borns Gedicht indes umrahmt es nur mit seinen bunten Blumen-Versen, die sich in unser Herz ranken wollen, um uns die Realität vergessen zu machen.
Es ist eine Stimmung zu spüren, irgendwo wird es einen Mond geben, ab und zu eine vor sich hin nickende Straßenlaterne – blaue Montage, die uns den Wochenanfang

nicht erleiden lassen, auch wenn hie und da der Schmerz durchschimmert und manch einer nicht weiter weiß vor lauter duftenden Gemütsregungen. Wer sich zusammen nimmt, wird wieder ganz. Keine panische Krankheit befällt ihn. Wir sind die einen und die anderen, wir locken die Vogelrufe in unsere Wohnungen, und nun wird es Abend, ja Nacht schon. Um uns herum nur hohe, grünende Bäume und Pflanzen, es kann Mitternacht werden und darüber hinaus, es ist ja ein Sonnentag.

Wir tun etwas, sehen uns das Wetter an, schauen hinein in unsere Gefühle, nie zuvor verspürte, kaum geahnte; die Andere Wirklichkeit nimmt uns gefangen, sie beweist sich in der strahlenden Dunkelheit, nicht von oben herab, sondern allen einsichtig; den mit Grazie Sitzenden, den Hellhörigen, den weiter Sehenden den Beweis liefernd: Du bist in den Zeilen dieses Gedichtes, kein Amoklauf kann das verhindern. Du bist Gefangener des Neuen Lebens und gibst keinem die Chance umzukehren, den Tag rückgängig zu machen, etwa doch einzuschlafen oder abzubauen, nicht mehr da für die anderen, die genau wissen, daß ein solcher Sonntag nur der Anfang ist für die Andere Welt.

Das Gedicht geht weiter, es hört nicht mit der letzten Zeile auf, dort fängt seine Lebendigkeit erst an, deswegen kann es auch keine Überschrift haben; sie würde dem Gedicht den Schein des Gewollten, ja Verkrampften liefern. Das Gedicht kommt aus heiterem Himmel.

Ich gehe mit Born, weil er mich an seinen feinfühligen Zeilen teilhaben läßt, weil er nicht aufhört zu sagen, daß wir auch morgen noch anwesend sein können. Es mag Regen kommen oder Hagel, wir haben gesehen und erinnern uns, daß die Zeichen, die wir empfingen, Wirklichkeit und nicht etwa Einbildung waren. Wir werden aufgefordert, den Neuen Menschen in uns entstehen zu lassen. Wir werden die geflüsterte Nachricht von der Anderen Welt in uns aufnehmen und das Warten lernen.

NICOLAS BORN
HORROR, DIENSTAG

Die ruhenden
flüchtig überteerten Straßenbahnschienen –
wieder ein Warten auf alte Zeiten
wie Rückkehr zum Handschriftlichen

Plötzlicher Regen, es ist Nachmittag
nur wenig Licht gesammelt in Gesichtern
nieselnde Gräue, die Felder nah
dunkle Wassergräben, Bäume stehen tief

Nasser Kragen nasse Lippen
Kind mit nassen Zöpfen führt alten Mann

Zementsilos neben dem Abstellgleis
Vogelschwärme Banner sinken
Verkäuferin winkt durch die Glaswand ab

Neuer Stadtrand flackert auf um sechs
ich denke an fern ausgesetzte »Insel des Gehirns«

Baukräne, zementhelle Öde
Blick in die aufsteigende Welt
die nun doch nicht überlebt hat

JÜRGEN THEOBALDY
DIE ZUKUNFT DES HORRORS

Ein Merkmal des Schreckens ist seine Plötzlichkeit. Alltäglich wird er in Ausnahmesituationen, die dann nicht mehr zum Alltag, doch zu dieser Welt gehören wie Vernichtungslager und Naturkatastrophen. Born setzt das englische »Horror« in den Bedeutungen, die es heute in der deutschen Umgangssprache hauptsächlich hat, als Abscheu oder Grausen. Das, wovor einen graust, ist immer da, auch wenn es sich nicht immer zeigt. Seine Gewöhnlichkeit macht das einzig Ungewöhnliche am »Dienstag« aus; er könnte ebenso Donnerstag heißen, worin das englische *doomsday* auch anklingt. Indem das Komma das Grausen vom fälligen Zeitpunkt trennt, hält es beides aufeinander bezogen. Und im Schrecken wird dann beides eins.

Es gehört zur Eigenart von Borns letzten Gedichten, daß die aufgebrochenen syntaktischen Bezüge die Wörter nicht zu sprachlichem Material verdünnen. Sie werden vom Bezug zur Sache, die sie nennen, nicht entlastet. So erweisen sie sich als belastbar und erhöhen sich doch nicht zum absoluten Einzelwort, aus dem womöglich das Sein selber spräche. Insofern sind diese Gedichte, unpolemisch gesagt, realistisch und tief. Sie drängen zum Fragment, haben den Charakter einer raschen Notiz. Ein Zuwachs an Kraft und Entschlossenheit macht sich in ihnen spürbar. »Alte Zeiten« kommen so wenig wieder, wie eine »Rückkehr zum Handschriftlichen« die Entwicklung von

Datenspeichern verhindert. Wörter wie »Regen« oder »Bäume« beleben keine welke Naturmetaphorik; sie laden sich mit Bedeutungen auf, die gesellschaftliche Katastrophen einschließen. Der tägliche Horror droht, in den plötzlich hereinbrechenden Schrecken umzukippen. Aus dem Zwielicht der randstädtischen, vom Regen überfallenen Landschaft schimmert die Vision einer vernichteten Welt.

Es fragt sich nun, ob man ohne Selbsttäuschung von solch einem Blick auf die Zukunft durchdrungen sein kann. Zumindest der Furcht vor dieser Zukunft hat sich Born in seinen letzten Jahren gestellt. Das ergab den knappen, gehetzten Gestus seines Gedichts, dieses Stenogramm der Zeilen. Die Bilder werden hastig eingesammelt. Im Skizzenhaften, scheinbar roh Formulierten der Verse zeigt sich ihr Einspruch gegen den ungestörten Ablauf von Geschichte und das reibungslose Funktionieren der Vereinzelten. Es ist eine Kunst, diesen Schein des Unfertigen, vorläufig Notierten, zu erzeugen, während die Debatten in den Fernsehstudios immer glatter werden. Das Gedicht kehrt sich gegen sich selbst und zerstört den Herrschaftsanspruch geschlossener, nobler Formen. Nur wer diese als Muster aus dem historischen Lehrbuch lyrischer Schreibweisen begreift, wird es deshalb formlos nennen.

Borns Gedicht hat seine Mitte, wenn sie auch durch die asymmetrische Aufteilung der Strophen undeutlich gemacht ist. Ich will das Bild vom Kind, das einen alten Mann führt, nicht als Symbol für das Verhältnis verschiedener Generationen strapazieren. Dafür ist es zu verwischt; es sagt auch nichts darüber aus, wohin die beiden gehen. Andererseits steht es im Zentrum zwischen der »nieselnden Gräue« und der »zementhellen Öde«. Diese etwas generalisierenden Wendungen sind wohl Versuche, zu Bildern vom Ganzen zu kommen. Solche Versuche müssen nach der Ästhetik des Gedichts notwendig Ansatz bleiben.

Mir wird deutlich, daß hier ein Ich »fern« sein möchte und das Denken als rettende »Insel« zitiert. Dort wäre das denkende Ich unbedingt und damit allem »ausgesetzt«: die Insel ist isoliert, syntaktisch, durch Anführungszeichen und in ihrer Wortbedeutung. Bleibt am Ende nur die Beschwörung? Die paradoxe Formulierung verbietet mir, den Schluß des Gedichts wörtlich zu nehmen. Er fordert als Echo den Widerspruch, nicht die Bekräftigung. Ich lese aus der letzten Zeile Borns winzige Hoffnung, er möge »nun doch nicht« recht behalten.

ROBERT GERNHARDT
DOPPELTE BEGEGNUNG
AM STRAND VON SPERLONGA

Die Sonne stand schon tief.
Der Strand war weit und leer.
Schräg ging mein Schatten vor mir her,
indes der deine lief.

Du warst mir unbekannt.
Ihr nähertet euch schnell.
Dein Schatten dunkel und du hell,
so kamt ihr übern Sand.

Sehr schön und ziemlich nackt
liefst du an mir vorbei.
Da warn die Schatten nicht mehr zwei,
sie deckten sich exakt.

Wir sahn euch lange nach.
Ihr drehtet euch nicht um.
Ihr lieft, du und dein Schatten, stumm,
von uns sprach einer: Ach.

WERNER ROSS
ACH SAGT ALLES

Einfacher geht es nicht, so scheint es zumindest. Vier Strophen zu je vier Versen, in jeder nur ein Reim. Lauter kurze Sätze, dreihebig, parataktisch, als ob Nebensätze und Enjambement noch nicht erfunden seien.

Doch ganz so einfach geht es nicht zu. Jeweils der dritte Vers ist um eine Hebung verlängert und wiederholt variierend wie einen Refrain das Wort »Schatten«. Die Einfachheit ist ein Trick. Sie ist das Ergebnis großer Kunstfertigkeit. Das Gedicht spielt ja am Ende des zwanzigsten Jahrhunderts, und wenn eine seiner Figuren »ziemlich nackt« auftritt, so gewiß nicht wegen des noch nahen Naturzustandes, sondern den Badesitten ebendieses Jahrhundertendes gehorchend. Die kurzen Sätze sind kein Urgestammel, sondern Telegrammstil, *cool*.

Von Gefühlen ist in diesem Gedicht durchaus die Rede. Nein, nicht die Rede. Das Direkte ist verpönt. Nur Handlung, die in Momentaufnahmen abläuft. Einer (»ich«) geht an der Küste zwischen Rom und Neapel am Spätnachmittag am Strand entlang. Eine (»du«) überholt ihn laufend. Er bemerkt, daß sie »sehr schön« ist. Aber schon entfernt sich die Läuferin wieder. Einen Augenblick lang allerdings sind zwar nicht die beiden Personen, aber ihre Schatten vereint. »Sie deckten sich exakt« ist sozusagen der wissenschaftliche Befund. Das Motiv war einmal, zu Lilli Marleens Zeiten, auf jedermanns Lippen: »Unsre beiden Schatten sahn wie einer aus«, und es ging weiter: »daß wir so lieb uns hatten, das sah man gleich daraus.« Davon hier nichts. Die Läuferin dreht sich nicht einmal um. Nichts ist gewesen.

Oder doch? Das Motiv ist nicht blind, sondern durch ein großes Vorbild in seiner Fruchtbarkeit bestätigt – in dem Baudelaire-Gedicht *A une passante*, »An eine, die vorüberging«. Da war die Situation großstädtisches Gedränge, das exakte Gegenteil des leeren Strandes, der Vorgang aber der gleiche: ein Blick, ein Blitz, dann »die Nacht«. Damals durfte man freilich noch alles sagen: »Dein Blick – er ließ mich jählings neu geboren werden.« Was damals passierte, ist nur durch den Rückgriff auf die Mythologie zureichend zu erklären. Wie nur eh und je, offenbart sich das Göttliche in der überwältigenden Schönheit. Es steigt, oder besser: es stürzt hernieder. Das heißt Epiphanie. Es ist der Gott mit dem Blitz, der *coup de foudre*, den die Deutschen verharmlosend »Liebe auf den ersten Blick« nennen.

Für derlei große Taten und Worte scheint es heute keinen Platz mehr zu geben. Vom strahlenden Licht bleiben nur noch die Schatten, welche die beiden Strandläufer in der späten Nachmittagssonne werfen. Nur noch eine dichterische Phantasie kann in der Verschmelzung der beiden Schatten mehr sehen als den optischen Zufall. Darum der Titel »Doppelte Begegnung«, die eine ein Nichts, die andere ein Liebesakt. Vier sind unterwegs, und »einer von uns«, der Nur-Mensch, sagt das »Ach«.

Ist das nicht zu viel, zu groß für dieses Strandgedicht? Ich denke, daß der listige Autor sich genial aus der Schlinge dieses Dilemmas gezogen hat, nämlich mit dem Wörtchen »ach«. Dieses Flickwort (»ach, würden Sie so gut sein ...«) wächst hier, am Schluß des Gedichts und an seiner Schlüsselstelle, gewaltig an, mündet in ein anderes Ach, das eine der großen Dichtungen der Weltliteratur lakonisch enden läßt. Ein Gott hat sich einer Sterblichen, einer treuen Gattin, liebend bemächtigt; am Ende verläßt er sie, und sie bleibt zurück, beseligt und zerschmettert. Der Dichter Heinrich von Kleist brauchte für seinen »Amphitryon« eine Schlußpointe, die den Doppelzustand der Gottgeliebten, ihren Glanz und ihr Elend, ausdrückte. Worte können nicht gleichzeitig Bedeutung und ihr Gegenteil wiedergeben. So blieb allein der Seufzer, und in der Tat deckt »Ach« sowohl den Schmerz wie das Entzücken. Das Bildungsgut hat der gewitzte Robert Gernhardt spitzbübisch versteckt, als der höchst ernsthafte Spaßmacher, der er ist.

Beckmesserisch ist anzumerken, daß »ach« mit kurzem a ein schlechter Reim auf »nach« mit langem a ist. Aber dem Turner, der den Spagat zwischen Lilli Marleen und Amphitryon wagte, sei dies ausdrücklich verziehen.

ROBERT GERNHARDT
EINE ANSICHTSKARTE. GRUSS AUS DEM WILDFREIGEHEGE MÖLLN

Groß ist das Reh, schau, doch traulich
Leert seine Schnauze des Freundlichen Tüte,
Knisternd. Oder das Wildschwein.

Schwärzliches Wildschwein! Sieh, wie es schnaufend umherwühlt,
Grimmig zerstampft es den Sand, seiner Jungen nicht achtend,
Kurzbeinigst. Oder der Damhirsch.

Schönhufiger Damhirsch! Wie länglich hängt ihm
Vom Rücken der Wedel. Aber rundlicher noch ist die Beere
Und eßbarer. Oh Möllner, ach, Tage im Freigehege!

DIETER E. ZIMMER
VON ODEN UND POSTKARTEN

Es gibt Leichteres, als das Witzige an einem Witz zu erklären; oder gar herauszufinden, warum der eine Witz besser als der andere ist. Könnte man sagen: dies Gedicht sei eine Satire oder eine Parodie auf ... – jeder wüßte, woran er mit ihm ist. Genau das aber läßt sich mit Robert Gernhardts Versen nicht machen.

Gernhardt schreibt seit sechzehn Jahren, vorwiegend für Satiremagazine. Einiges erschien auch in Büchern (*Besternte Ernte, Die Blusen des Böhmen, Wörtersee*). Seine Spezialität ist die Bedichtung von möglichst unscheinbaren Fotos. Satiren und Parodien, nämlich *auf* Bestimmtes, sind schon lange kaum noch dabei.

Wir sind dieser Art von Literatur gegenüber sonderbar hilflos. Da uns nichts Besseres einfällt, nennen wir das dann »Blödelei« oder »höheren Blödsinn« oder »Nonsens«. Dabei wissen wir, daß man das Gegenteil von blöde, nämlich ziemlich hell und behende sein muß, um dergleichen zu machen; und wir ahnen, daß der »Sinn« hier keineswegs suspendiert ist, auch wenn er sich gern in unseren Rücken schleicht und uns die Zunge herausstreckt. Da uns die approbierte Art fehlt, uns über diese Kunstsparte zu verständigen, fällt es uns auch schwer, Niveauunterschiede dingfest zu machen. Selbst noch das Etikett »Nonsens« wirft den albernsten Limerick mit einigen der sublimsten Passagen im »Ulysses« zusammen.

Zweck der Ansichtspostkarte ist die Rühmung von An-

sichten. Zweck der Ode ist die feierliche Verherrlichung. »Größe und Würde der ergriffenen Themen verlangen Gehobenheit der Sprache und als Bindung für die pathetische Aussage den festen metrischen Rahmen.« Also lautet die Ode: »Groß ist der Herr«, »Süß ist, fröhlicher Lenz, deiner Begeisterung Hauch«. Da bietet sich die Ode zur Übersetzung der Ansichtskarte in Lyrik geradezu an; und fast zwangsläufig hebt diese dann an: »Groß ist das Reh ...« Es ist keine alkäische, sapphische oder asklepiadeische Ode, sondern eine gernhardtsche, aber sie klingt mitsamt ihrer Adjektivseligkeit nicht weniger echt als Klopstocks Abwandlungen des antiken Odenmaßes.
Normalerweise betreiben Satiren *debunking*: Sie nehmen den Dingen ihr Pathos. Gernhardt (das ist der eine Witz) tut das Gegenteil: Er verpaßt einem nichtssagenden Gegenstand (hier also einer Ansichtskarte aus dem Wildpark Mölln) ein ungeahntes Pathos. Gegenstand und Tonfall passen partout nicht zusammen; also erwartet man, daß die Liaison sofort wieder zerbricht. Aber (das ist der zweite Witz) Gernhardt liest die Ansichtskarte tatsächlich Bildchen für Bildchen getreulich vor. Dabei macht sich der erhabene Tonfall selbständig. Er veredelt das Unscheinbare und (der dritte Witz) gibt, so wirksam ist die Legitimationskraft des erhabenen Maßes, auch um ein Haar noch dem rundheraus Lächerlichen den Anstrich von etwas irgendwie Bedeutungsvollen (daß am Hirsch ein länglicher Schwanz hängt, der nicht genießbar ist).
Aber all dies macht sich nun nicht etwa, oder höchstens milde und beiläufig, über die Stadt Mölln lustig oder über Tierparks oder Ansichtskarten oder Oden, und diese Tatsache ist selber ein weiterer Witz: Mit Vorliebe visiert Gernhardt einen Gegenstand der Satire an, trifft dann aber

ganz woandershin, und das wieder und wieder (eine dynamische Komik). Auch hier liegt der eigentliche Witz auf einer ganz anderen Ebene.

Schickte uns jemand eine solche Ansichtskarte, so gingen wir darüber vermutlich mit einem knappen, mitleidig-höhnischen Auflachen hinweg. Gernhardts Ode dehnt diesen Moment so, daß wir fragen können, was es da eigentlich zu lachen gibt. Was denn? Betrachtet man die Dinge durch eine bestimmte Brille, so scheint auf vielen ein Firnis von Wahnwitz zu liegen. Der kommt nicht aus den Dingen selbst, die meist einigermaßen unschuldig sind; er kommt aus der Art, wie wir darüber sprechen, wie wir sie interpretieren, wie wir sie rahmen. Wer keine Antenne für den Wahnwitz hat, der darin liegt, den Lieben daheim zum Zeichen, daß man in der Stadt Mölln ihrer gedenkt, ein Foto von Wildschweinen zu schicken, an dem ist das Gedicht verloren. Wer sich aber diesem Sinn wach erhält, also etwa der Leser von Flauberts Lexikon der Gemeinplätze, wird Gernhardt Dank wissen für seine Odendichtung.

ROBERT GERNHARDT
HERBSTLICHER BAUM
IN DER NEUHAUSSSTRASSE

Wie sehr bemerkenswert ist doch
ein dunkler Baum, durch den ein Wind geht,
wenn dieser Wind schön mild ist und
der große Baum scharf gegens Licht steht,
doch so, daß er am andern Rand
sich ganz und gar vereint dem Glänzen.
So also, links vom Licht begrenzt
und rechts so lichterfüllt, daß Grenzen
im Leuchten einfach weg sind und
ein Seufzer kommt aus meinem Mund.

JÖRG DREWS
NUR NICHT ZU LYRISCH WERDEN!

Meinen Sie, Frankfurt zum Beispiel sei eine tiefere Stadt, wo man Wunder und Weihen täglich als Inhalt hat? Nein, das meine ich nicht, und Robert Gernhardt, der sympathischerweise in dem weihelosen Frankfurt wohnt – wenn er nicht gerade in der Toskana weilt, deren Licht er aber für seine Malerei braucht –, meint das auch nicht. Der Mann ist nüchtern und operiert auch in seiner Lyrik nicht mit Wundern und Weihen, mit Epiphanien und Offenbarungen; er ist zu ironisch, zu dezent, auch zu ausgebufft, als daß er an das Ungebrochene, die tiefe Melancholie, den großen Haß, den wirklich bösen Witz, die schrille Pointe glauben könnte. Emotionen und poetische Effekte sind bei ihm diskreter, und selbst die sprachlichen Keßheiten, die er milde amüsiert und befremdet aus dem Jargon der (Frankfurter) Szene in seine Gedichte einbaut, serviert er gewissermaßen *gentlemanlike*, in seinem Gedichtband »Körper in Cafés« von 1987 noch mehr als in seinem früheren, ausgelasseneren »Wörtersee«.
Aber manchmal gibt es eben auch in Frankfurt kleine Überwältigungen und profane Erleuchtungen, und von einer solchen Überwältigung spricht dieses Gedicht. Erleuchtungen in der Neuhaußstraße können ja wohl nicht metaphysischer, sondern nur profaner Art sein, und deshalb hebt der Sprechende hier kaum die Stimme, der Ton wird nicht exaltiert, die Sprache findet sich gleichsam nur nach und nach aus der Prosa ein Stückchen in die Poesie

hinein; erst in den letzten beiden Zeilen finden wir einen Paarreim, sonst nur sozusagen verstreute Reime: Nur nicht zu lyrisch werden! Sehr gemessen, im Konversationston wird dem fast komisch untertreibenden Adjektiv »bemerkenswert« zur Verstärkung ein »sehr« beigegeben, und ganz wohlerzogen fein ist auch, wie das große Adjektiv »schön« herabgestimmt, als unachtsam-dahingeredete Qualifikation des Wortes »mild« fast versteckt wird. Die großen Worte, der hohe Ton werden vermieden, und siehe, es geht auch so.

Ohne Prunk und Feinsinn wird von einer Erleuchtung eines Baumes gesprochen, von einem Angerührtsein von Schönheit, das aber weder kunstphilosophisch noch religiös ausgedeutet wird. Das ginge übrigens ganz leicht; der Baum stünde dann dafür, daß irdische Gegenstände erst durch die Kunst wirklich Umriß bekommen und erst durch die Kunst deutlich wird, daß sie zugleich spirituellen Sphären angehören, und die religiöse Deutung dieses Moments der Wahrnehmung, daß ein irdischer Gegenstand – barock gesprochen – »durchleuchtigt« wird, ist zwar vermieden, aber ganz leise angetippt.

Denn der Ton des Gedichts mag sich auf der einen Seite Bertolt Brecht verdanken – am nächsten dem Gedicht steht wohl Brechts Gedicht »Die Liebenden« mit seinem eigentümlich wiegenden, alle Verszeilengrenzen überlaufenden Fortgang; auf der andern Seite aber ist das Glänzen, das die Grenzen der Gegenstände bei Gernhardt in ein so konturierendes wie verklärendes Licht taucht, jenes »Glänzen«, mit dem die »güldne Sonne« unseren Grenzen ein »herzerquickendes, liebliches Licht« bringt – wie es bei Paul Gerhardt in dessen Choral »Die güldne Sonne / voll Freud und Wonne ...« von 1666 heißt. Die Bewegung wird aber bei Gernhardt ganz zurückgenommen auf Körperliches und Diesseitiges; dieser Baum in der Neuhaußstraße hat nicht geistlich teil am Paradies, wo die Grenzen zum Himmlischen verschwinden. Oder soll es nur nicht so direkt gesagt werden, daß der Sprechende da doch eine Art von Epiphanie in besagter Neuhaußstraße erlebt hat? Kein Entzückensschrei folgt jedenfalls diesem unverhofften Anschauen grenzenloser Schönheit, nein, nur ein sprachlos unartikulierter »Seufzer«.

Sein Meisterstück aber leistet Gernhardt in der vorletzten Zeile des Gedichts: Da gelingt es ihm, das schwachtonige Wort »und« in eine solche Position zu rücken, daß es zum vollgültigen Reimwort zu »Mund« werden darf. Jetzt wäre davon zu reden, wie auch das reimende Aneinanderrücken von »Wind geht« und »Licht steht« in Zeile zwei und vier, das einen Reim ergibt und doch keinen, von extremer und zugleich unauffälliger verstechnischer Ausgepichtheit ist. Aber ich unterspiele jetzt die eigene Begeisterung, dämpfe sie durch zarte Betulichkeit und sage nur: Dies Gedicht ist sehr bemerkenswert.

ROBERT GERNHARDT
SIEBENMAL MEIN KÖRPER

Mein Körper ist ein schutzlos Ding,
wie gut, daß er mich hat.
Ich hülle ihn in Tuch und Garn
und mach ihn täglich satt.

Mein Körper hat es gut bei mir,
ich geb' ihm Brot und Wein.
Er kriegt von beidem nie genug,
und nachher muß er spein.

Mein Körper hält sich nicht an mich,
er tut, was er nicht darf.
Ich wärme mich an Bild, Wort, Klang,
ihn machen Körper scharf.

Mein Körper macht nur, was er will,
macht Schmutz, Schweiß, Haar und Horn.
Ich wasche und beschneide ihn
von hinten und von vorn.

Mein Körper ist voll Unvernunft,
ist gierig, faul und geil.
Tagtäglich geht er mehr kaputt,
ich mach ihn wieder heil.

Mein Körper kennt nicht Maß noch Dank,
er tut mir manchmal weh.
Ich bring ihn trotzdem übern Berg
und fahr ihn an die See.

Mein Körper ist so unsozial.
Ich rede, er bleibt stumm.
Ich leb ein Leben lang für ihn.
Er bringt mich langsam um.

CHRISTA ROTZOLL
DER UNDANKBARE KOSTGÄNGER

Dies ist ein komisches Gedicht, kein hochmoralisches, erst recht kein frommes. Ein Ich, das Robert Gernhardt heißt, trennt seinen Körper von sich ab und klagt ihn an: als rüden, hinterhältigen Kontrahenten, als verwöhnten, undankbaren Kostgänger. Das ist deswegen komisch, weil es so nicht geht, weil jedenfalls für ihn und uns, die wir hier lachen, der Mensch nicht weiter teilbar ist, nicht mehr ein Körper, der zerfällt, und eine Seele, die den Körper überdauert. Nicht mehr.

»Er bringt mich langsam um«, beschwert sich Gernhardt. Wie anders der Kollege Johann Christian Günther, der seit 1723 tot ist: »Des Leibes Jammerhöhle hemmt deine Freiheit nicht ... Da nun der Strick zerrissen, so wird der Vogel frei.« Das »Sterbegedicht« von Günther ist jubelnder Ernst. Gernhardts unmöglicher Gerichtstag ist die hohe Komik, die dem Schrecken abgewonnen wird.

Den jungen Leuten ist der Körper noch kein Fürsorgeobjekt und kein Gewaltherrscher, im Gegenteil: Sie muten ihm viel zu. Wer heute alt ist, hat aber vielleicht als Mädchen oder junger Mann daran gelitten, daß der beunruhigte Körper etwas anzusteuern schien, das ihm die Sitte harsch entzog. Kann nun auch anders sein.

Ein alter Körper dringt seit eh und je erbittert auf Respekt. An manchen Tagen könnte man stündlich ein neues Bulletin herausgeben. Jetzt tut das reparierte Auge weh, jetzt nicht mehr, dafür schmerzt wieder das rechte Bein, das

Herz ruckelt nun auch. Wer mag das hören! In manchem Altersheim ist man schon übereingekommen, niemals über Krankheiten zu reden. Dem launischen Diktator Körper unterwirft man sich gleichwohl. Verreisen? Eine Einladung? Eine Arbeit, die nicht abgebrochen werden dürfte? Er verhindert alles.

Aber Gernhardt, einer um die fünfzig, der den Leib, dem er nicht trauen kann, noch an die See kutschiert, ein Mann, den »Körper scharf« machen, ist mittelalt, nicht alt. Und er ist keine Frau. Sein Fleisch wird nie in einem Ton taxiert werden, als sei es für den Kochtopf oder für die Bratpfanne bestimmt: schön fest und saftig, nicht zu fett, aber auch keinesfalls zu mager. Er kann niemals am eigenen Leib gespürt haben, wieviel vom Äußeren eines Menschen, der kein Mann ist, abhängt, immer noch. »Anatomie ist Schicksal« – eine Frauenweisheit. Wo ist der Mann, der nur für seine Taille, seinen Teint und seine Tolle lebt oder zu leben scheint? Die Feministinnen haben da noch ein ordentliches Stück Arbeit vor sich.

Für einen Menschen, der nicht weiblich ist und noch nicht alt, hat mein Lieblingspoet Gernhardt (»Nachdenken über Uwe Johnsons Tee« stammt auch von ihm) über die Dreistigkeit des Körpers allerhand herausgekriegt.

PETER HAMM
NIEDERLEGEN

Die Zeit, in der deine Schrift
sich nicht mehr verändert,
hat begonnen. Begonnen hat
die Zeit, in der andere dich nicht mehr
verändern.

Leg dich nieder!
Im Liegen bist du ein anderer
als im Stehen, ein anderer
als im Gehen.

Sieh!
auch deine Angst hat sich
niedergelegt und niedergelegt
haben sich deine Wünsche.
Ruhig kauern sie
dir zu Füßen und wünschen,

daß du dich nicht mehr
erhebst!

MARTIN WALSER
EIN HANDELNDES GEDICHT

Jemand – ein Kenner –, mit dem ich Gedanken über Peter Hamms Gedicht *Niederlegen* austauschte, konnte darin keine einzige Zeile *poetisch* finden. Ich glaube, es klingt ihm zuwenig nach Lyrik. Für mich vollzieht das Gedicht eine Bewegung, so bestimmt, daß es mich sozusagen in seinen Bann zieht. Da klingt nicht mehr das lyrische Wort, sondern die Notwendigkeit des Verlaufs. Ich unterstelle einfach, es gebe Temperamente, denen es nicht reicht, daß es klingt; Lyrik lassen sie erst beginnen, wenn es klingelt.

Das ist das Schöne bei Gedichten, daß sie eine ohne weiteres erlebbare Vollkommenheit erreichen können. Ich kann mir nicht vorstellen, daß ein Roman je diese Art Vollkommenheit ausstrahlen könnte, die ein Gedicht ausstrahlt, wenn es alles, was es sagen will, auf eine schlüssige Art sagt. Gefühlsschlüssig. Existenzschlüssig. Ich nehme an, daß der Dichter von einer ziemlich genauen Notwendigkeit geführt wird, daß er dann Wörter findet für etwas, was selbst nicht deutlich ist, aber nach Deutlichkeit verlangt. Nach Ausdruck eben.

Eigentlich sollten Gedichte keine Titel haben. Sie könnten sich dann reiner entfalten. *Die Zeit, in der deine Schrift / sich nicht mehr verändert, / hat begonnen.* Mit diesem ersten Satz ist sofort ein Endgültigkeitsklima gestiftet. Der zweite Satz wird die Konzentration, also die Dichte des Elements Endgültigkeit, noch erhöhen. Der Ton, in dem

sich da einer sagt, daß an ihm nichts mehr zu verändern sei, enthält weder Klage noch Triumph; aber es ist ein hoher Ton. Man dürfte ihn Schicksalston nennen.
Dann die überraschende Aufforderung, sich niederzulegen. Prosaisch gesprochen: eine Verführung zum Hinlegen. Hell gemeldet wird sofort, daß die Angst sich schon gelegt habe. Und die Wünsche auch. Sie wünschen nur noch, daß man liegenbleibe. Inzwischen liegt also der, aus dessen Selbstgespräch das Gedicht entsteht. Das Gedicht ist eine Aktion. Das Gedicht handelt nicht vom Sich-Niederlegen, es vollzieht selber diese Daseinsbewegung. In schwerem Ton fängt es an, dann verführt es; es verspricht, im Liegen ertrage man das Dasein leichter als *im Stehen* und *im Gehen.* Und kaum ist man zu liegen geneigt, legt sich auch schon die Angst, und die Wünsche wünschen nur noch, man möge liegenbleiben. Endlich Harmonie.
Mit einem strahlenden *Sieh!* wird die Seligkeit des Sich-Niederlegens eingeläutet. Eine Verklärung des Sich-Niederlegens. Harmonie durch die Niederlage. Die letzten zwei Zeilen haben allerdings noch eine harmoniestörende Pointenwürze. Sie überraschen. Sie eröffnen eine nur zweizeilige Schlußstrophe. Das wirkt beunruhigend. Plötzlich glaubt man dem Monologisten seinen Niederlegensfrieden nicht mehr. Die Niederlegensharmonie ist keine. Fast sarkastisch klingt das: *daß du dich nicht mehr / erhebst.*
Trotzdem ist die Verführung zum Hinlegen zwingend. Dieser Monologist will dem aufrechten Gang entkommen. Er ist nicht nur entschlossen, seine endgültige Niederlage selber zu produzieren, er produziert sie auch. Per Gedicht. Aber wenn er dann liegt – sozusagen für immer –, dann kommt eine Spur Boshaftigkeit oder Hohn in sei-

nen Ton. Wie auch immer man den Schlußton empfindet, er klingt nicht nach *r.i.p.*, sondern sarkastisch. Das liegt auch an dem pathoshaften *erhebst*. Auch wenn sich alles aufhört, es hört also nicht alles auf. Es kostet sogar Kraft, sich in der Niederlage festzuhalten. Wenn man sich nicht mit aller Kraft am Boden festkrallt, steht man sofort wieder auf, macht weiter, obwohl man wirklich nicht mehr will, aber leider muß man ...

Ich finde es ermutigend, daß es so schwerfällt aufzuhören. Für das beispielhafte Vormachen dieser vom Widersinn gebrochenen Lebensbewegung fühle ich mich diesem Gedicht verpflichtet und dem, der es geschrieben hat, auch.

HERBERT ACHTERNBUSCH
WANDERT DAS GELB

Wandert das Gelb?
Gelb kichert nicht.
Hat keine Haut. Ist trocken.
Gießt man es, wird es grünlich.

Gelb gelacht, ohne verderbendes Rot.
Aus sich gelb. Gelbe Genüge.
Gelb wie ein Vogel.
Wie Fisch, das Blatt, das er ist.
Gelb hat einen Rand.

Was heiliger ist als der Schein
des Heiligenscheins, gelber, ist gelb.
Kein Herbst ist gelb. Kein Jahr.
Gott mag gelb sein, sein Mantel.

Das Gelb wandert. Ein
gelber Hüne. Arm aus Gelb,
die Haare darauf, staubiges Gelb.

JOCHEN JUNG
GELB

Bald zwanzig Jahre ist es her, daß ich dieses Gedicht eines mir damals unbekannten Autors in den »Akzenten« fand (1964). Es nahm sofort von mir Besitz und tut das seither immer wieder.
Ein plötzliches Entzücken, das in einem aufsteigt wie Erröten; dann ein kleines Suchtgefühl, das einen wieder und wieder das kurze Stück lesen und schmecken läßt. Und dann, spätestens, möchte man wissen, was denn dieses Hingerissensein bewirkt hat. Die probateste Methode, das herauszufinden, ist immer noch: ganz langsam lesen. Denn das ist ja nicht zuletzt das Humane an der Sprachkunst, daß sie mir geduldig mein Wahrnehmungstempo läßt (anders als die Musik: man kann nicht in verschiedenen Geschwindigkeiten hören).
Achternbusch sah etwas Gelbes, das sich bewegte. Blätter vielleicht im Wind, jedenfalls wohl etwas Pflanzliches: »Gießt man es, wird es grünlich.« Aber was es ist, scheint nicht so wichtig, entscheidend ist, daß es gelb ist, und zwar nichts als gelb, gelb an sich.
»Gelb wie ...« Vergleiche werden gesucht: was ist so gelb wie Gelb? »... ein Vogel.« (Pirol?) Aber ebensogut dessen Gegenteil, der Fisch. Gelbe Fische? Wird's unernst? Durchaus nicht (»Gelb kichert nicht.«): »... das Blatt, das er ist.« Die Form also brachte den Vergleich, und daß es wohl doch ein Baum war, den Achternbusch gesehen hatte. Ein Herbstgedicht?

Noch gelber jedenfalls muß es werden, denn dieses Gelb ist göttlich und also das Göttliche gelb. Nicht die Jahreszeit, nicht die Zeit an sich, wohl aber das, was in ihr sich zeigt: das Wesen. »Als es wieder einmal geschah, daß der liebe Gott zu den Menschen ging und auf Erden wandelte ...« Und siehe, da geht er vorüber, der »Grüne Gott« im Herbst, ein »gelber Hüne«, den Wanderstaub im Haar.
Ein Herbstgedicht also doch, vor allem aber ein Gedicht über eine Farbe: Gelb. Und das derart insistierend (fünfzehnmal taucht das Wort in den wenigen Strophen auf), daß im Verlauf das ganze Gedicht gelb eingefärbt erscheint und am Ende auch dem Leser sehr gelb im Gemüt wird. Zu gelb?
Man kennt das: Wer ein dutzendmal hintereinander recht intensiv das Wort »Badewanne« spricht, weiß nicht mehr, was die Laute sagen wollen. Und auch das kennt man: Daß man bisweilen einem geläufig bekannten Menschen ins Gesicht blickt, und sekunden(minuten)lang lassen sich die Züge nicht mehr zu dem vertrauten Bild zusammensetzen: ein Fremder schaut einen an. Es sind diese Luftlöcher in der Realität, die uns verunsichern und eben dadurch den Sinnen Erkenntnischancen geben. Gedichte können das – mit ihren Mitteln – auch.
PS. »Im gelben Fleck liegt die ausschließlich Zapfen tragende Sehgruppe (Forea centralis) als Stelle des schärfsten Sehens« (Meyer Enzyklopädisches Lexikon). In der Tat.
Und jetzt lesen Sie das Gedicht bitte noch einmal.

VOLKER BRAUN
DAS EIGENTUM

Da bin ich noch: mein Land geht in den Westen.
KRIEG DEN HÜTTEN FRIEDE DEN PALÄSTEN.
Ich selber habe ihm den Tritt versetzt.
Es wirft sich weg und seine magre Zierde.
Dem Winter folgt der Sommer der Begierde.
Und ich kann *bleiben wo der Pfeffer wächst.*
Und unverständlich wird mein ganzer Text.
Was ich niemals besaß wird mir entrissen.
Was ich nicht lebte, werd ich ewig missen.
Die Hoffnung lag im Weg wie eine Falle.
Mein Eigentum, jetzt habt ihrs auf der Kralle.
Wann sag ich wieder *mein* und meine alle.

SIBYLLE WIRSING
IM TODESJAHR

Für Volker Braun sei ihm nicht bang, sagte Heiner Müller im Todesjahr der DDR. Der Leidensdruck werde ihm weiterhelfen. Das Gedicht »Das Eigentum« von 1990 bezeugt es. Trauer mischt sich mit Trotz: »Da bin ich noch.« Und Trotz vereint sich mit Hohn: »KRIEG DEN HÜTTEN FRIEDE DEN PALÄSTEN.« Der »Hessische Landbote« steht kopf. Das großartige Zitat von 1834 reimt sich unversehens auf das populäre Ziel vor Augen, den Westen, das ungelobte Land. Die sozialistische Flugschrift verkehrt sich zum kapitalistischen Transparent. Der Dichter, der vor drei Jahren öffentlich erklärt hatte, er bleibe im Lande und nähre sich im Osten, weiß nicht mehr, wohin. Sein politischer Ort ist von der Bildfläche verschwunden. Der Vergleich, der ihm einfällt, ruft Shakespeares Monstrum herbei, Gloster, der sein Dasein anbellt, während das befriedete England tanzt: »Nun ward der Winter unsers Mißvergnügens / Glorreicher Sommer durch die Sonne Yorks.« So beginnt der Eingangsmonolog von »Richard dem Dritten«. Bei Volker Braun heißt es glatt: »Dem Winter folgt der Sommer der Begierde.« Er aber könne bleiben, wo der Pfeffer wächst. Auch sein Fall ist ein Drama.

Zwölf Zeilen setzen zwölfmal ein Punktum. Die Feststellungen reihen sich als Provokationen aneinander. Die Frage ist, wer sich als Adressat anbietet. Die verwaiste Bühne ist Arkadiens Antipode, und der poetische Dämon

spricht und rechtet wie Richard, der Krüppel, mit sich selber. Denn so, daß er am Exodus schuldlos sei, steht es nicht. Er selber gab seinem Land den Tritt. Aber welchen? War es der entscheidende letzte Stoß oder der kritische Subtext die Jahrzehnte hindurch? Gleichviel. Die Zeile mit der Selbstbezichtigung hebt sich als einzige reimlos hervor. Sie schreit es heraus. Der Dichter gehört mit zu den Tätern. Und nun rächt es sich. Im massenhaften Aufbruch läuft ihm sein Publikum davon, das sein Intimus war. Mit der Zwiesprache ist es aus. Der heimliche Kanon, das Verständigungsritual inner- und unterhalb des Staatsidioms, erlischt mit dem Auslöschen der Deutschen Demokratischen Republik: »Und unverständlich wird mein ganzer Text.« Ein Opus aus Signalen, die niemand mehr entziffert? Verheißungen, die nicht wahr geworden sind, aufgehoben in einem Idiom, das keiner mehr kennt? Ein Lebenswerk für die Katz? Wir hoffen es nicht.
Indessen spricht Volker Braun von der Hoffnung im Imperfekt. Sie »lag im Weg wie eine Falle«. Das Bild gibt Rätsel auf. Womöglich war die Hoffnung selber trügerisch, oder sie wurde verkannt: ein Wesen, auf das man hereinfiel, oder eines, in dem man sich irrte. Jedenfalls handelte es sich um die Größe, mit der sich der Dichter identifiziert. Sie gehörte ihm und ging ihm verloren. Hoffnungslos steht er nun den Eroberern gegenüber: »Mein Eigentum, jetzt habt ihrs auf der Kralle.«
Der Schlußvers verwandelt die Frage, die er stellt, in ein Bekenntnis. Es klingt wie ein Manifest: »Wann sag ich wieder *mein* und meine alle.« Das Gedicht schwört, wenn nicht alles täuscht, über die Gegenwart hinweg auf das Ziel, das der sozialistische Staat proklamierte und verfehlte. Im Moment der Offenbarung bekommt es der Le-

ser mit seinen eigenen Zweifeln zu tun. Hat Volker Braun jemals uns alle in sein Mein einbezogen? Auch er genießt, wie Heiner Müller es selbst- und schuldbewußt von sich sagte, seine Privilegien. Und sei es das Vorrecht, seinen Verlust mit einer Könnerschaft zu betrauern, die nichts zu wünschen übrigläßt.

VOLKER BRAUN
DURCHGEARBEITETE LANDSCHAFT

Hier sind wir durchgegangen
Mit unsern verschiedenen Werkzeugen

Hier stellten wir etwas Hartes an
Mit der ruhig rauchenden Heide

Hier lagen die Bäume verendet, mit nackten
Wurzeln, der Sand durchlöchert bis in die Adern
Und ausgepumpt, umzingelt der blühende Staub

Mit Stahlgestängen, aufgerissen die Orte, weggeschnitten
Überfahren der Dreck mit rohen Kisten, abgeteuft die
teuflischen Schächte mitleidlos

Ausgelöffelt die weichen Lager, zerhackt, verschüttet,
zersiebt, das Unterste gekehrt nach oben und durch-
gewalkt und entseelt und zerklüftet alles

Hier sind wir durchgegangen.

Und bepflanzt mit einem durchdringenden Grün
Der Schluff, und kleinen Eichen ohne Furcht

Und in ein plötzliches zartes Gebirge
Die Bahn, gegossen aus blankem Bitum

Das Restloch mit blauem Wasser
Verfüllt und Booten: der Erde
Aufgeschlagenes Auge

Und der weiße neugeborene Strand
Den wir betreten

Zwischen uns.

PETER RÜHMKORF
EIN POET MIT VIEL PUSTE

Er hat eine gute Zeitlang unsere hier im Westen gewachsenen Subjektivitäten nachempfunden, unsere Wutanfälle, Gereiztheiten und Rührungen, aber er hat sie sich doch auf eine wirklich eigentümliche Weise anverleibt und sich mit unseren Bildungsunterlagen (Klopstock, Hölderlin) ganz neu ins Benehmen gesetzt.

Was ihn von unseren ruinösen Abgesängen bald auch qualitativ-inhaltlich unterschied, war ein für unsere Verhältnisse nur schwer begreiflicher Gründeroptimismus, ein gar nicht henneckehafter, eher schon ein Fortschrittsschwung, wie man ihn von Whitman kennt, von Majakowskij, Neruda. Wem solche Vergleiche allzu vermessen klingen, dem bestätigen wir dennoch gern, daß Volker Braun von Anfang an ein Poet mit viel Puste war, bemerkenswert abgehoben von all dem lyrischen Geschleiche im Osten wie im Westen.

Sein Gedicht »Durchgearbeitete Landschaft« scheint mir in jeder Hinsicht ein starkes Stück, egal, ob man eher ein poetisches Naturstück in ihm sehen möchte oder ein Lehrstück. Der dialektische Aufbau jedenfalls ist unverkennbar. Der Anfang, das heißt die erste Hälfte des Gedichts, zeigt einen beinahe brutalistisch-conquistadorischen Impetus. Was vorgeführt wird, ist ein Landschaftsausschnitt in Bewegung, aber nicht der Wind und das Wetter und die übrigen Naturgewalten sind es, die an ihm herumwirken, sondern der Mensch persönlich mit seinen mitleidlosen

Umwälzmaschinen. So etwas ist neu für unsere Ohren und Augen, und es will uns auch nur schwer in den Kopf. Wo wir für die Erhaltung arkadischer Naturzustände gern auf die Barrikaden gehen, entzündet sich der Enthusiasmus eines DDR-Kollegen gerade an so gewaltsamen Eingriffen, die ein lieblich-ungebildetes Idyll aus seiner Unschuld reißen. Wo Kolonisierung und Kultivation für uns fast wesensgleich geworden sind mit einer Verlustwirtschaft, die auf Deubel-komm-raus und Hensch-hau-ab drauflosdräniert, kriegen wir es hier mit einer Pioniermentalität zu tun, die über ein hübsches Pastorale wegschreitet, als wäre es unwegsamer Dreck. Das Gedicht selbst sagt es unerbittlich genug: ein Flecken »ruhig rauchender Heide« wird »durchgewalkt und entseelt und zerklüftet«.
Nach dem zweiten triumphal intonierten »Hier sind wir durchgegangen« erfolgt dann der dialektische Umschlag, und über der zermahlenen Landschaft beginnt eine neue, menschengemachte sich aufzustufen »mit einem durchdringenden Grün« und »kleinen Eichen ohne Furcht«. Ich muß einräumen, daß dieser ungebrochene Pflanzersinn uns reichlich unvorbereitet trifft. Wo der demiurgische Betrieb auf Baustellen und in den Abteufschächten immer noch mit dem Interesse unseres ewig sprungbereiten Voyeurismus rechnen kann, haben wir uns das Staunen vor den Kulturgebilden selbst gehörig abgewöhnt – wohl weil uns zu viele Versicherungsdome und Verwaltungsbatterien die Aussicht auf eine humane Zukunft verstellen. Trotzdem, wo eins wie das andere System hat und unsere schier unaufhebbare Skepsis womöglich nur ein sozial bedingter Sehfehler ist –: Ich weiß nicht so recht, ob der stolze Rückblick auf ein Stück Gemeineigentum nicht sei-

nerseits bei einem Gemeinplatz Rast macht. Mit Tucho, dem Gemeinsamen zu fragen: Wenn das nun wirklich richtig vor uns daliegt, diese »Bahn aus Bitum«, wie es heißt, und dieser »weiße neugeborene Strand« – ja? –, und wenn wir uns dieses Happy-End sogar noch als eine wahrhaftige soziale Errungenschaft vorstellen, ein öffentliches Freizeitzentrum meinetwegen, einen Volkspark, ein Schriftstellererholungsheim, ein Nulltarif-Tivoli, eine gemeinnützige Bade- und Begegnungszone – »na, un denn«?

VOLKER BRAUN
TAGTRAUM

Im Niemandslande zwischen den Grenzen stand
Mein Wagen, angezogen die Bremsen, hart
Betrachtet von den Türmen, und kein
Rad war zu wechseln hier ungeduldig.

Was wollt ich denn? in meiner Gedanken Zeit
War ich nie so allein, und die Toten nur
Und Ungebornen atmeten mir
Ruhig nun zu, unterm heißen Hundsstern.

Die Völker schwiegen, schlummerten nun nicht mehr
Die Seltenzeit erblühte oktoberlich
Im leeren Felde flimmernd hielt sie
Über den Minen der Stille, reglos.

Die ernste Zukunft, eine Mulattin, teilt'
Mit schmaler Hand das Brot und die Arbeit aus
Nach Nord und Süden und die Wahrheit
Welche auf beiden den Seiten wohnet.

Ein Leben lang hab ich es gewußt: es wird.
Jetzt glaubt ich nurmehr. Und ich saß still im Gras
Daß mich der dunkle Abend kühlte.
Jaulend dann nahten die Hundeführer.

Der Lorbeer bloßen Wollens hat nie gegrünt
Und irrdisch ist und fahrlässig unsre Bahn
Ich muß auf eine Seite, muß es.
Aber ich ahne nur meine Worte.

REINHOLD GRIMM
IM FADENKREUZ

Worüber soll man mehr erstaunt sein angesichts dieser sechs Strophen: über die Kühnheit und Offenheit ihrer Aussage, bei aller kunstvollen Stilisierung und bewußten Verhüllung, oder über das dichte Gewebe ihrer Bezüge, bei aller scheinbaren Sprunghaftigkeit und selbst Willkür? Freilich, was in ihnen am meisten überrascht, ist das Gefühl totaler innerer wie äußerer Isolation *(nie so allein)* des sozialistischen Dichters, die völlige Ratlosigkeit *(Was wollt ich denn?)* eines Mannes, der seinem Staat und dessen Gesellschaft, obzwar kritisch und widerspruchsvoll, unbedingt verhaftet, ja ihnen geradezu hartnäckig ergeben ist.

Soll man am Ende, so fragt man sich, aus dem Titel von Volker Brauns Gedichtsammlung *Langsamer knirschender Morgen*, seiner vorläufig letzten, die auch *Tagtraum* enthält, zugleich ein hilflos-erbittertes Zähneknirschen heraushören, nicht bloß das Knirschen einer langsamen, mühsamen, fast schon zum Stillstand gelangten, doch ebendarum desto verbissener geforderten Bewegung und Veränderung?

Im beklemmenden Wachtraum wirkt die Stimme des Dichters *ruhig*, seine Haltung *still*, beinahe gelassen. Das »Ich«, von dem er berichtet, ist gebannt in ein so visionär geschautes wie realistisch geschildertes *Niemandsland*; es befindet sich in mehrfacher Hinsicht – geographisch, aber nicht minder politisch-ideologisch und erst recht historisch – *zwischen den Grenzen*. Was seinen konkreten Ort betrifft, so kann darüber wohl keinerlei Zweifel herrschen. Die (Wach)*türme*, *Minen* und *Hundeführer* im *leeren Felde* sprechen für sich.

Brauns *Tagtraum*-Ich verharrt im Zwischenbereich der sogenannten Zonengrenze und damit im weltanschaulichen Spannungsfeld von Ost und West. Im selben Bereich erscheint jedoch außerdem die *ernste Zukunft, eine Mulattin,* wodurch sich zusätzlich die Dimensionen sowohl der Dritten Welt *(Nord und Süden)* als auch der gesamten Geschichte (von den *Toten* der Vergangenheit übers *Jetzt* der Gegenwart bis zu den Künftigen, den *Ungebornen*) eröffnen. Mit wenigen Strichen hat der Dichter hier ein raumzeitliches Koordinatenkreuz entworfen, wie es umfassender nicht sein könnte. Dessen genauen Schnittpunkt aber – *hart* beobachtet von den Grenzwächtern, gleichsam im Fadenkreuz ihrer tödlichen Waffen – bildet sein eigenes Ich.

Doch kommt noch etwas Entscheidendes hinzu. Von Anfang an nämlich bezieht sich Braun auf zwei seiner großen dichterischen Vorbilder und geschichtlichen Vorgänger: den Jakobiner Friedrich Hölderlin und den Marxisten Bertolt Brecht. Von jenem, der ohnehin durch die für ihn bezeichnende alkäische Strophenform anwesend ist, zitiert er die 1797 geschriebene Zeile »Die Völker schwiegen, schlummerten«, ergänzt sie aber durch die Verneinung *nicht mehr*; auf diesen und dessen 1953 entstandene Elegie vom »Radwechsel«, der einst so »ungeduldig« verfolgt wurde, spielt er in ähnlich unmittelbarer, allerdings umgekehrt berichtigender Weise an. Und damit, kein Zweifel, sind die politisch-ideologischen Perspektiven ebenfalls eindeutig festgelegt. Jenseits aller seit dem Bastillesturm eingetretenen revolutionären Umwälzungen und Umschichtungen, selbst der *oktoberlich* verklärten russischen, hält das Ich des Gedichts in einer stagnierenden Postmoderne der Revolution, einem fast lähmenden sozialistischen Posthistoire. Nicht umsonst erinnern Sätze wie der vom reglosen, schweigenden Ruhen *im Gras / Daß mich der dunkle Abend kühlte* an Worte des späten, des erschöpften, gescheiterten, »umnachteten« Hölderlin.

Die *Wahrheit* wohnt *auf beiden ... Seiten*, weiß Volker Braun heute. *Ein Leben lang* hat er fraglos *gewußt*; dann *glaubt* er *nurmehr*; nun aber, gesteht er, *ahne* er kaum noch. Man liest derlei nicht ohne Erschütterung, sowenig wie Brauns fordernde Gegenwendung am Schluß: *Ich muß auf eine Seite, muß es.* Denn so nah sie auch an Brechts selbstgewissen *Sezuan*-Schluß (»Es muß ein guter da sein, muß, muß muß!«) anklingen mag, so verzweifelt weit ist sie doch von ihm entfernt.

RAINER MALKOWSKI
SCHÖNE SELTENE WEIDE

Manchmal, nach einem Herbststurm,
wenn die Luft still und gefegt ist,
gehe ich im Garten umher und zähle
die abgeschlagenen Äste.
Nur die Weide zeigt keine Veränderung.
Ich bewundere sie lange:
nicht immer sieht es so schön aus,
wenn die Biegsamkeit überlebt.

ELISABETH BORCHERS
EIN ORT DES ERSCHRECKENS

Der dies geschrieben hat, sagt ganz einfach »Herbststurm«. Stürme sind allenthalben erlebbar, auch tief in der Stadt, wenn lose Dinge rütteln, poltern, zerspringen, wenn sich ein einzelner Baum wie ein Berg Papier abhebt, wütet, zusammenfällt. Als Herbststürme aber erlebt man sie hier selbst mitten im Herbst nicht. Ein Herbststurm ist auf dem Land, mit Wäldern am Rand, leeren Äckern, mit Bäumen am Weg entlang und Gärten, die mit Astern eine letzte Vorstellung geben. So drängt sich das landschaftliche Bild auf, im Herbststurm und wenn er vorbei ist – denn wo anders sollte die Luft sonst »still und gefegt« sein können, diesen Grad an Beruhigung und Reinheit erreichen?

Wo anders als dort kann man sich vorstellen: einer verläßt sein Haus, geht im Garten »umher«, »die abgeschlagenen Äste« zu zählen. Zeit haben muß man, um Äste zu zählen, einen Sinn haben muß man für Zerstörungen an Bäumen und für das Heilgebliebene an ihnen. »Nur die Weide zeigt keine Veränderung«. Sie, die allzeit Trauervolle, die nie in den Zustand von Pracht und Übermut gerät, deren feine Zweige ein Vorbild sind für langfallendes Haar, und die so der einzige Baum ist, der gleichermaßen Himmel und Erde berührt. Sie, die Babylonica, »zeigt keine Veränderung«. Und der, der in den Garten gegangen ist, bewundert sie »lange«.

Sechs Zeilen lang spielt sich das Gedicht in der »Natur«

ab, als ginge es um sie und als könne diese Art zu beobachten, sich selbst genügen – bis der Bewunderung ein Doppelpunkt folgt, der Abbruch des Stillebens: »nicht immer sieht es so schön aus, / wenn die Biegsamkeit überlebt«. Der Leser hatte sich in Gefahrlosigkeit gewähnt, weil die Gefahr vorüber ist und das Bild der schönen seltenen Weide nichts als das Abbild eines Baumes war. Da muß er begreifen, daß er die Weide mit sich selbst zu vergleichen hat; und er hat sich zu fragen, warum er selbst bisher »überlebt« hat; und wenn er überlebt hat, welche Eigenschaft es war, der er verdankt, daß er biegsam genug war, auszuweichen. Denn was »schön« und voller Grazie ist am Weidenbaum, was der Tänzer des Balletts als Kunst vorweist, die Biegsamkeit – hat anderswo andere Ursachen.

Anpassung, zum Beispiel, bei der der Bruch nicht deshalb vermieden wird, weil die Natur zur Biegsamkeit begabte oder aus Gründen der Kunst, sondern weil jedem Widerstand nachgegeben wird, ohne Kraft, vielleicht sogar, weil vermieden wird, Kraft zu entwickeln, um sich dem Widerstand nicht stellen zu müssen. So kann aus dieser sehr klaren, einfachen, emotionslos gehaltenen Beschreibung eines Ortes ein Ort des Erschreckens über sich selbst werden.

Wie so oft – oder wie immer – hat der Leser das Rätsel für sich zu lösen. Wie so oft beginnt die Arbeit *nach* dem Gedicht, da nichts geschrieben wird, um Sättigung zu erreichen, sondern um den Wunsch nach Sättigung zu wecken.

RAINER MALKOWSKI
STADTKIRCHE AM VORMITTAG

Wer die Tür nicht festhält,
löst einen Schuß aus:
Totenstille danach
im Kirchenschiff.

Die alte Frau in der letzten Bank,
vornübergenickt,
rührt sich nicht.

Das Haus des Lebendigen –

erhellt
durch eine Orange,
die in der Dämmerung allmählich
aus dem Einkaufsnetz der Frau
zu leuchten beginnt.

GODEHARD SCHRAMM
EINLADUNG ZUM SEHEN

Er beklagt keinen Zustand, er fordert nicht auf, Versäumtes nachzuholen – wie er überhaupt die Welt nie aus der Perspektive einer Anklagebank betrachtet: Rainer Malkowski (1939 in Berlin geboren, im oberbairischen Brannenburg lebend) ist einer der wenigen »neuen« Lyriker, die mit ihren Gedichten Gegenstände bilden, die nicht allein Resultat konzentrierter Betrachtung sind, sondern eine eigene Welt enthalten. Dort zählen Erlebnisse, nicht aber Reflexionen. Die Überschrift deutet dieses Unzeitgemäße an.
Bei einem Besuch zur unüblichen Zeit in einer katholischen Kirche, vermutlich mittlerer Größe, werden wir nicht mit kunstgeschichtlichem Interieur vertraut gemacht. Es genügt der Hinweis auf die schwere Tür; diese, nicht festgehalten, könnte ins Schloß fallen, so laut – und hier reicht die Wahrnehmung des Dichters weiter –, daß der Besucher mit ihr »einen Schuß« auslöst. Weil er das so voraushört, bleibt er in der Logik seines aufgenommenen Bildes, und das Nächste wird vorstellbar: durch die Mechanik der Tür, die Stille einer Kirche schärfer verletzend als störendes Umhergehen nicht andächtiger Besucher, wird klar, daß nach diesem »Schuß« in diesem Raum »Totenstille« herrscht. Dieses Wort öffnet sich nach zwei Richtungen; ein scharfer Kontrast zur üblichen Vorstellung vom Inhalt eines Kirchenschiffes: Stille wohl, aber nicht Totenstille.

In so Unerwartetem liegt die Überlegung nahe: wenn der, der vormittags eine Kirche betritt, nichts mitbringt, alles von der Kirche erwartet, wird er nur »Totenstille« vernehmen. Der Schuß als Klang – sein Echo die Totenstille. Ich dachte dabei an die sehr stille, fast kalte Helligkeit von Kircheninterieurs des niederländischen Malers Pieter Saenredam (1597-1665). In der zweiten Strophe wird diese Stille lebendig. War in der ersten Strophe die Tür ins Allgemeine aufgegangen, richtet sich nun der Blick auf einen Menschen; dem poetischen Urteil – Stille gleich Totenstille – folgt die Anwesenheit einer Frau ohne Kommentar. Als Querstrich summiert die dritte Strophe: »Das Haus des Lebendigen«. Das klingt ironisch: Totes, Stilles, Eingeschlafenes, nichts von der Anwesenheit des lebendigen Gottes. Wäre das alles, wäre es nur Momentaufnahme.

In der letzten Strophe zeigt sich die Kraft des Lyrikers Malkowski besonders: er schaut unvermittelt wo ganz anders und näher hin. Nicht das »ewige Licht«, sondern ein Nahrungsmittel »erhellt« das Haus des Lebendigen. Man stutzt einen Augenblick. Malkowski bringt, gleichsam mit einer theologischen Volte, das natürlich Gegenständliche zum Leuchten in einem sakralen Raum. Auch wird die Totenstille zum Lichtwert: jetzt ist sie Dämmerung, in der Profanes und Sakrales zusammenkommen; Farbe wird erfahrbar als »Tat des Lichtes«.

Wieder stellt sich ein Querverweis zu einer malerischen Arbeitsweise ein: wie Rembrandt aus der umgebenden Düsternis das Licht herausarbeitet, so holt Malkowski aus der Dämmerung das Licht der Orange, erhellt so die scheinbar herrschende Totenstille. So leuchtet es zugleich nur, wenn der Besucher selbst etwas mitbringt. Der Autor hält nicht den Augenblick eines Fotografen fest – er gestaltet den Eindruck zum Vorgang. So spricht er in diesem geglückten Gedicht eine Einladung zum Sehen aus. Nun erscheint Totenstille nicht mehr als Abwertung. Er versteht das Gedicht als Bereicherung, »damit uns die Bilder nicht ausgehen«, und als Rätsel; nur, daß er vom Rätsel doch ein Stück zu fassen bekommt.

ILONA BODDEN
EPITAPH

Den Kater,
meinen Gefährten,
haben die Kinder gesteinigt.

Der Apfelbaum
hinten im Garten
wurde im Winter gefällt.

Nur noch im Traum
blüht er fort
in der bienendurchsummten Stille,
und der schwarze geduldige Kater
hascht nach den Schatten im Gras.

Wer aber wird, wenn ich sterbe,
zuweilen ihrer gedenken,
und sie lebendig erhalten
ein paar Herztakte lang?

BENNO VON WIESE
EINE POETISCHE FRAGE

Das Gedicht »Epitaph« von Ilona Bodden steht in einem schmalen Gedichtband von 1974. Es meint mit seiner Überschrift das Gedenken an Tote, den ihnen gesetzten Denkstein der Erinnerung. Erinnert werden in diesem Gedicht ein Kater und ein Apfelbaum. Das scheint in den Bereich der privaten Idylle, weit ab vom Geschehen dieser Welt zu führen, zumal Kater und Apfelbaum nur noch als geträumte, bereits gestorbene Wesen in diesem Gedicht vorkommen. Aber eine solche Auslegung würde an dem Rang dieses Gedichtes völlig vorbeisehen.
Dennoch: machen wir es uns nicht zu leicht. Was soll noch die lyrische Melancholie um Kater und Apfelbaum, wenn wir vielleicht gerade in den Tageszeitungen vorher von den unvorstellbaren Grausamkeiten gelesen haben, die sich Menschen und Völker in aller Welt gegenseitig zufügen? Hat ein solches leises und verhaltenes Gedicht, in dem die Poesie sich noch nicht selbst aufgegeben hat, damit noch etwas zu tun?
Aber Verse müssen oft verschlüsselter zu uns sprechen. Das gilt auch von »Epitaph«, einem Gedicht, das mir tagelang nachgegangen ist, gerade, weil es so genau die Ursprünge des Bösen kennt. Den Kater, den »Gefährten« der Dichterin, vielleicht sogar ihren einzigen Gefährten, haben »Kinder gesteinigt«. Der versteckte Gleichklang Kater-Kinder unterstreicht das Lapidare dieses Verses. Kinder sollten mit Katern spielen, nicht aber sie steinigen. Die

Grausamkeit bis zum Mord, auch wo sie »nur« dem Tier gilt, gehört hier bereits zur Signatur der frühen Phase des Menschen. Sehr vieles hat sich seit den Tagen der Romantik geändert. Denn damals konnte die Kindheit noch als Paradies der Unschuld verklärt werden.

Aber auch ein Apfelbaum hinten im Garten wurde »gemordet«, im Winter gefällt. Wiegt dieser Verlust so schwer? Der Vorgang steht jedoch stellvertretend nicht nur für das Sterben in der Natur, sondern ebenso für die Verödung und Zerstörung jeder dem Menschen liebgewordenen Landschaft. Auch mit dem alleinstehenden Apfelbaum geht Unwiederbringliches verloren.

Doch Kater und Apfelbaum leben im Traume weiter fort. Das sommerliche Bild von der »bienendurchsummten Stille« und dem schwarzen geduldigen Kater, der im Gras nach dem Schatten hascht, den der Apfelbaum geworfen hat, ist von einer diskreten Zartheit. Sie erhält zugleich einen melodischen Reiz durch das Spiel mit den Vokalen, zunächst mit dem I, dann nachdrücklicher, sonorer und voller mit dem A. Das ist bereits eine »innere Landschaft«, eine nach innen zurückgenommene Impression: geträumte Musik, geträumte durchsummte Stille, geträumtes Weiterleben des Verlorenen, das in der Wirklichkeit bereits ruiniert worden ist.

Die letzte Strophe nimmt das Motiv des Todes erneut auf. Auch der Traum ist vergänglich. Er bleibt an die Person der Träumenden gebunden. Was wird geschehen, wenn auch sie sterben muß? Gibt es dann kein Gedenken mehr für Tier und Pflanze, das sie lebendig hält und sei es auch nur »ein paar Herztakte lang«? Die poetische Frage steht da; sie darf nicht überhört werden, wenn nicht alles im Nichts versinken soll und nur noch der hier nicht erinnerte

und auch nicht erinnernswerte Mensch übrigbleibt, der die »geduldigen« Kreaturen, seien es nun Tiere oder Pflanzen, aus welchen Gründen auch immer, ausrottet.
Die Dichterin ist hier die Außenseiterin, die uns einlädt, »ein paar Herztakte lang« – den kleinsten Zeitraum bei höchster Intensität – ihren so lebenswichtigen Traum mit ihr oder sogar noch nach ihr weiterzuträumen. Nur indem sie ein solches Epitaph niederschreibt, kann sie dem Bösen, dem Vergessen und dem Tod eine Grenze setzen. Das Gedicht selbst beantwortet als Gedenken seine Frage nach der Möglichkeit des Gedenkens überhaupt.

ROLF DIETER BRINKMANN
EINEN JENER KLASSISCHEN

schwarzen Tangos in Köln, Ende des
Monats August, da der Sommer schon

ganz verstaubt ist, kurz nach Laden
Schluß aus der offenen Tür einer

dunklen Wirtschaft, die einem
Griechen gehört, hören, ist beinahe

ein Wunder: für einen Moment eine
Überraschung, für einen Moment

Aufatmen, für einen Moment
eine Pause in dieser Straße,

die niemand liebt und atemlos
macht, beim Hindurchgehen. Ich

schrieb das schnell auf, bevor
der Moment in der verfluchten

dunstigen Abgestorbenheit Kölns
wieder erlosch.

MICHAEL ZELLER
HYPERION IN DER VORSTADT

In drei lockeren Schritten kreist das Gedicht ein alltägliches Wunder ein. Der Anlaß: unvermutet regt sich an einem von der Natur und der Zivilisation doppelt benachteiligten Ort ein Leben. Im August, jener Jahreszeit, die schon bei Gottfried Benn als Zeit größter Einsamkeit erscheint, beim staubigen Ausverkauf des Sommers, am schäbigen Rand der Großstadt, dem Gastarbeiter-Asyl, einem technokratischen Zeitmaß unterworfen (»kurz nach Laden/Schluß«), drängt Musik heran, die ziehenden Sehnsuchtsrhythmen des Südens, einer »jener klassischen schwarzen Tangos«, »klassisch« in der Bändigung »schwarzer« Trauer auf dem Grund einer dunklen, nicht zu bändigenden Lebensfreude, wie sie anscheinend nur der mediterrane Raum kennt. Das Blau des Mittelmeers ist in der deutschen Vorstadt schwarz geworden. Das ideale Hellenentum Hölderlins vertreibt in Köln und anderswo Souflaki, Schafskäse und Retsina und borgt sich von dem Lande Lorcas den Tango, um seinen deutschen Gästen auch akustisch die Fremdheit um die nächste Straßenecke zu garantieren.

Und dennoch: Selbst in dieser Ersatzwelt des Sentimentalen strahlt ein wahreres Leben augenblickshaft auf. Denn hier, am Rand einer denaturierten Natur und einer entfunktionalisierten Zivilisation, »hier, beim Hindurchgehen durch die stillen, liegengelassenen momentanen Wildnisse, ist jedes wieder zufällig geworden und zeigt auch, im Negativ, das Zufällige dessen, was, etwas weiter entfernt, im Supermarkt eines der neuen Hochhäuser sinnnvoll dekoriert ist« (so Brinkmann an anderer Stelle): hier, im Staub der Vorstädte, treibt der Zufall dem modernen Lyriker seine poetischen Bilder zu.

In einem zweiten Schritt der Versuch, den Augenblick des »Wunders« zu fassen, die Unterbrechung der geregelten Trostlosigkeit: ein Stillstehen, Atemholen, ein Moment der Besinnung in dem von Ladenschlüssen und Jahreszeiten bestimmten Lebenslauf des einzelnen. Diese Zeit wird gestaut durch den Verzicht auf Verben; nur Substantive werden aufgewendet, um sich gegen die »Normalzeit« zu stemmen, um dem Moment jenseits des objektiven Zeitmaßes die Illusion von Dauer zu verleihen.

Der letzte und entscheidende Schritt: schnell muß der Chronist zu Werk gehen – und damit ist er wieder dem Diktat der Zeit unterworfen –, um das Glückserlebnis des Zufalls schriftlich zu beglaubigen. Das Geschehen wird in Sprache eingesargt, mit einer auf Klarheit und Kürze dressierten Wort-Kunst mumifiziert und ins Museum eines Buches gestellt, zur doppelten Erinnerung: an den Augenblick »in der dunstigen Abgestorbenheit Kölns« in den frühen siebziger Jahren und – säkularisierte Vorstellung vom Leben nach dem Tode – als Epitaph mit dem Namen des Autors, der vor diesem Augenblick schreibend verstummte. Mehr kann die Literatur nicht, und es ist selten, daß sie dies wenige erreicht. Kurz nach der Veröffentlichung dieses Gedichts verunglückte Rolf Dieter Brinkmann tödlich.

ROLF DIETER BRINKMANN
HÖLDERLIN-HERBST

Auf
den Baustellen
wird jetzt Tag
und Nacht gearbeitet.
Auch die Gärten
werden nicht
geschont.
Sie werden
mit rostigen Harken
durchkämmt nach den
letzten Möhren
und Kartoffeln.
(Der Grünkohl
darf stehenbleiben
bis der erste Frost
gekommen ist.)
Weiter draußen
schlachten sie Schweine.
Frisch gewaschen und gebürstet
hängen die offenen Leiber
weiß an den Leitern.

WOLFGANG ROTHE
KEINE HYMNE MEHR

Am 23. April 1975 endete auf einer Londoner Straße das Leben Rolf Dieter Brinkmanns, unter den Rädern eines Autos. Auf keinen deutschen Schriftsteller seiner Generation hätte dieser gewaltsame Tod des Fünfunddreißigjährigen mehr gepaßt, entsprach doch Brinkmann der geläufigen Vorstellung vom genialischen Künstler geradezu perfekt: unstet, nicht kompromißbereit, ohne Rücksicht auf sich und andere, ungeschickt im »Daseinskampf«, ein »lebensuntüchtiger« Hungerleider und schwieriger *Outsider.* Quasi ein deutscher Nachfahr der Ginsberg, Kerouac und Bukowski – als Importeur und Erbe der amerikanischen Pop-Lyrik, vor allem Frank O'Haras, gilt er denn auch zumeist.
Läßt sich ein größerer Gegensatz denken als der zwischen diesem Underground-Poeten und Friedrich Hölderlin, dem Sänger der Deutschen? Zwischen Brinkmanns Lakonie, die karge vier Bilder in sechs knappen Aussagesätzen anscheinend sorglos, kunstlos auf 21 Zeilen verteilt, und der Poesie von Hölderlins Hymnendichtung? Ist es leichtfertiger Scherz, Anmaßung oder gar Verhöhnung des Idols früherer Generationen, wenn Brinkmann über seinen visuellen Bericht einer Wanderung aus der Stadt ins offene Land den geheiligten Namen des romantischen Wanderer-Dichters *par excellence* setzt? Will Brinkmann das schönheitstrunkene lyrische Ich der »Heidelberg«- und »Neckar«-Oden, der »Stuttgart«-Elegie polemisch

dem modernen aufgelösten, dem Non-Ich konfrontieren, welches sich nicht mehr begeistert »ergießt«, sondern sachlich Sehakte und Bewußtseinsvorgänge rapportiert? Vielleicht. Doch wohnt Brinkmanns Antihymne ein großer, beklemmender Ernst inne, der Ernst dessen, der eine restlose Entzauberung der Welt, den Geheimnisverlust, eine totale Desillusionierung erfuhr. Die einfachen, ruhig aufeinanderfolgenden Sätze sind ganz vom Erlebnis eines Nicht-mehr-Erlebens von Stadt und Land, der menschlichen Lebensräume, geprägt. Die glanz- und schmucklose Sprache (wie wenige und nachlässige Epitheta!) gewinnt dabei eine eigene Würde und Festigkeit, besitzt einen verborgenen Härtegrad. So elegisch, ja melancholisch die paar Bilder in Wahrheit sind – selbst der bloße Anflug einer Gefühlsäußerung, von Subjektivität wird nachgerade keusch unterdrückt. Nichts flutet, nichts schwingt mehr hölderlinisch in langen Bögen; ein Dokument der Sachlichkeit, Ungestimmtheit.

Hölderlin-Herbst: Das meint nicht etwa ein Herbstgedicht in Hölderlins Manier, ebensowenig nur das Ende einer Weise zu dichten und Dichtung aufzunehmen, noch lediglich den Abgesang auf die hochgestimmte Naturerfahrung vergangener Jahrhunderte. Hölderlin-Herbst vermeldet, weit darüber hinaus, Endzeit und Tod überhaupt, in der zerbauten Stadt, den abgeernteten Vorstadtgärten, auf den Gehöften, wo die geschlachteten Tiere aushängen. Die Hast wird den Winter nicht bannen, die Vorsorge nicht die Not.

Der vorgeblich traditionslose Pop- und *Underground*-Lyriker der sechziger Jahre steht mit seinem Gedicht, dessen Nüchternheit anrührt, in einer langen Überlieferung. Traklhaft muten das zweite und das letzte Bild an. Doch die Kette reicht weiter zurück, bis in die Romantik, und endet dort beim jungen Hölderlin, der als Klosterschüler zu Maulbronn zwar die Natur als »Gottes Tempel« pries, aber bereits das »Graun der / Großen Vernichtungen« ahnte, von den »tausend Wunden« und von »Verwesung« wußte. Visionär redet der Achtzehnjährige von »der gewißen Vernichtung Grauen« und vom »Jammerstand« des Menschen, und dreimal fragt er – 1788 – in »Die Größe der Seele«: »wo ist dein Stachel, Todt?«

ROLF DIETER BRINKMANN
TRAUER
AUF DEM WÄSCHEDRAHT
IM JANUAR

Ein Stück Draht, krumm
ausgespannt, zwischen zwei
kahlen Bäumen, die

bald wieder Blätter
treiben, früh am Morgen
hängt daran eine

frisch gewaschene
schwarze Strumpfhose
aus den verwickelten

langen Beinen tropft
das Wasser in dem hellen
frühen Licht auf die Steine.

UNDINE GRUENTER
ELEGIE MIT STRUMPFHOSE

Es gibt ein deutsches Wort, sagte vor Jahren ein Ausländer, ein Wort für das *Wörterbuch des Unmenschen*, das Wort heißt *Strumpfhose*. Mit *Strumpfhose* ist alles gesagt. Sie tauchte auf, als Erotik, die jahrhundertelang verstanden wurde als Erfahrung von Passion, umschlug in hygienische Gymnastik aufgeklärter Sexualität. Strumpfhose war ein Fanal der Emanzipation, und die Frauen streiften gern ihre Strümpfe und Strapse ab, die sie zu Objekten gemacht hatten. Die Strumpfhose war so praktisch wie ein Pappbecher. Strumpfhose markiert den Zeitpunkt, seit dem über *Liebe als Passion* nur noch anachronistisch zu sprechen war, abgeschoben in die höheren Regionen der Kunst und in die archäologischen Verfahren einer Kulturkritik zwischen Bataille und Roland Barthes.

Brinkmanns Trauer hat zwei Beine. Sie gehen nicht, sie baumeln wie die Beine von Gehenkten – auf einem Wäschedraht. Gibt es Wäschedraht? Eher Wäscheleinen. Diese Trauer ist gehängt und wie erdrosselt. Sie erinnert an ein Bild von Tàpies, das aus demselben Jahr stammt wie Brinkmanns Gedichtzyklus: 1974. Zwei Füße baumeln ins Bild, an den Gelenken gefesselt und in Höhe der Waden, unter dem oberen Bildrand, durch ein Nummernschild gekennzeichnet.

Was bei Tàpies ein pathetisches Signal ist, ist bei Brinkmann ein lakonisches. Fesselung, Gefangenschaft ist ersetzt durch banale Wäsche. Denn genau besehen ist es zunächst nicht die Trauer, die bei Brinkmann (Tränen) Wasser läßt, sondern ein Sauberkeits-Idol. Was ausgewaschen ist, ist das Unmögliche der Liebe, der Dreck der Passion. Die ganze falsche Hoffnungs- und Gesundbeterei, die im Motiv des Frisch-Gewaschenen, des Jahresanfangs, des frühen Morgens, der bald wieder blühenden Bäume angelegt ist, baumelt dort. Hinterrücks erst schleicht sich durch die Bezeichnung »Trauer« im Titel ein Aufblinken jener aussichtslosen Lage ein, das die Endgültigkeit des Verlustes wieder relativiert. Anders ausgedrückt: Trauer, die ein Bewußtseinszustand und die Verfaßtheit des Schriftstellers Brinkmann ist, hat die Eindeutigkeit des Entweder-Oder ausgewaschen.

Der Bindestrich ist auf ein *und* ergänzt. Im *Entweder* liegt der Abschied von der Vorstellung leidenschaftlicher Liebe, im *Oder* eine negative Utopie der Liebe, die sich nicht mehr auf zukunftsträchtige Liebesseligkeit beruft, sondern auf die Erfahrung ihrer Gegenwart, im Schwarz zum Beispiel. Zwischen dem Wissen, daß Wäsche und der Banalisierungsprozeß, den sie vorantreibt, nicht rückgängig zu machen sind, und dem Setzen auf einen unausgewaschenen Fleck gerade in diesem Prozeß bewegt sich das Bewußtsein dieses lyrischen Ich wie ein Transvestit – er hängt in der Ambivalenz, im Paradox.

Brinkmann, der fünfunddreißigjährig 1975 an einer Londoner Straßenecke von einem Lastwagen überfahren wurde, hat Technik und Bilder des Comic strips in seine Lyrik geholt. »Ein neuer Realismus entstand, er stand rum«, heißt es in *London, Flat 6*. Sein »Realismus« war die Tarnung eines fanatischen Sammlers, der Worte wie Zigarettenschachtel, Konservendose, Bloody Mary in unendlichen Ketten aneinanderreihte wie Fetische einer Selbstvergewisserung im Alltagsabfall. Die »Kunstlosigkeit«, mit der er das tat, ähnelt den Bildern der Verrückten aus Dubuffets Sammlung.

Seine Gedichte sind monströs überfüllte Environments, in denen der *horror vacui* jede wohlgesetzte Versstruktur unterläuft. Daß seine Lakonie sich in manchen Gedichten dieses Zyklus liest als pathetische Beschwörung von Generationssymbolen zwischen Leonard Cohen und Velvet Underground, zeigt einmal mehr, daß auch Anti-Kunst Patina ansetzt.

BERND JENTZSCH
GEDÄCHTNIS

Im Fremden ungewollt zuhaus.
Wer schrieb das?
Ich, oder du,
Als du gingst durch Zürichs Hügelgassen.
Du hast es aufgeschrieben,
Wo ich jetzt gehe,
Im Fremden ungewollt zuhaus.

PETER HÄRTLING
DER WIEDERHOLTE SATZ

Bernd Jentzschs Gedicht gibt sich bescheiden: Es scheint einfach und hat doch einen doppelten Boden. Es spricht leise und möchte doch schreien. Es erzählt einen Sachverhalt und doch zwei Geschichten. Es wirkt wie aus einem Guß und hat doch zwei »Gießer« gehabt.
Auch der Titel entpuppt sich als List. Anstelle von »Gedächtnis« könnte ebensogut »Gedenken« stehen. Beides ist gemeint und beides meint eines: Exil. Und wiederum, im Namen Zahlloser, das Exil von zweien: von Bernd Jentzsch und Max Herrmann-Neiße. Um dies zu erklären, sei in aller Kürze eine Geschichte erzählt.
Jentzsch, 1940 in Plauen im Vogtland geboren, lebte und arbeitete bis zum Herbst 1976 in der DDR. Er veröffentlichte Gedichte, Erzählungen, Kinderbücher und machte sich einen Namen als kundiger Herausgeber. Als Wolf Biermann ausgewiesen wurde, hielt sich Jentzsch in der Schweiz auf, und in einem offenen Brief an Erich Honekker nahm er fürs erste Abschied von seinem Land. Unversehens, »ungewollt« fand er sich in Zürich, im Exil, wieder. Und ihm, dem Belesenen, fiel ein anderer ein, für den, dreiunddreißig Jahre zuvor, Zürich die erste Station auf der Flucht vor Hitler war: Max Herrmann-Neiße, einer der großen unerkannten Lyriker unseres Jahrhunderts. Er hat viele Zeilen über das Exil geschrieben; bittere wie »Ein deutscher Dichter bin ich einst gewesen« und verwundetverwunderte wie »Im Fremden ungewollt zuhaus«.

Der Schatten wird brüderlich. Die Zeile des Vorgängers (welche Bedeutung bekommt plötzlich dieses Wort) wird erfahren und zur eigenen. Die ungewollte Wirklichkeit bestätigt die paradoxe Einsicht: Im Fremden zu Hause zu sein. »Im Fremden ungewollt zuhaus.« Nun läßt sich gegen den Schmerz weiterreden, weiterfragen: »Wer schrieb das?« Die Geschichte wiederholt sich wohl nie ganz, aber die von der Geschichte Getriebenen können Sätze wie Losungen tauschen. »Als du gingst durch Zürichs Hügelgassen.« Voller Zärtlichkeit gibt der Jüngere dem Vergessenen seinen Schatten und seinen Satz zurück. »Du hast es aufgeschrieben.« Es ist ein Bündnis, in dem jeder seine Stimme gegen die Zeit haben soll. Der eine erlitt, was der andere zu erleiden beginnt: »Wo ich jetzt gehe, / Im Fremden ungewollt zuhaus.«

So schlicht kann Schwieriges gesagt werden. Unauflösbar schwierig aber wird es wieder, wenn der Redende an den Angeredeten denkt. Bernd Jentzsch, inzwischen Lektor in Olten, und immerhin in seinem Sprachraum, weiß, daß Max Herrmann-Neiße 1941 in London vereinsamt, ausgestoßen aus der geliebten Sprache, starb. Darum bleibt das Gedicht, das sich als Rondo schließt, dennoch offen.

BERND JENTZSCH
SOMMER

Hier in den Mulden, in den schäumenden Wiesen,
Im Regen, der uns segnet und sonderbar singt,
Auf dem offenen Feld, im Hafer, der uns jetzt sticht,
Im Tollkraut, im Trollkraut, dunkel und licht,
Liebste, hier wolln wir machen, was den Tod
Zu Tode erschrickt, hier, im singenden Regen,
Damit es aufgehe in deinem Leib wie ein Brot,
Auf dem roten Acker, mein ein und mein alles,
Im Regen, Liebste, und nicht unterm Dach,
Hier, wo wir singen, in den schäumenden Wiesen.

EVA ZELLER
DER ERNSTFALL LIEBE

Gefühl, so hat Hölderlin gesagt, sei die beste Nüchternheit des Dichters, vorausgesetzt, dieses Gefühl sei richtig, warm, klar, kräftig.
Selten habe ich ein Gedicht gelesen, in dem ein richtiges, warmes, klares, kräftiges Gefühl vom ersten bis zum letzten Wort in übereinstimmender Fülle so zur Sprache gekommen ist wie in dem Gedicht »Sommer« von Bernd Jentzsch.
Dieses Liebesgedicht ist der äußerste Gegensatz zur konkreten Poesie mit ihrem ausgeworfenen Silbenschutt. Kein kühles Operieren im Wortelabor, kein Spielen auf Mallarmés Worteklavier, kein Abbau des personalen, poetischen Bewußtseins, keine vorsätzlichen produktiven Dunkelheiten – und wie immer die aus ernsthafter künstlerischer Not durchexperimentierten Stilmittel heißen, die erprobt werden mußten, weil immer ungültiger werdende Lebensgewißheiten die Poeten dazu zwangen. Das Erstaunliche an den Gedichten von Bernd Jentzsch – und an dem hier vorgestellten insbesonders – ist die Tatsache, daß hier einer ohne alle artistischen Raffinements auskommt, daß keine Zeile dieses Gedichts sich ins hochpoetische Nichts zurückzieht.
Mit welchen Stilmitteln, wenn nicht mit den modernen oder modernistischen der Verfremdung und Irritation erreicht Bernd Jentzsch die Dichtigkeit und Triftigkeit seiner Verse?

Das einstrophige Gedicht beginnt mit dem Wort »hier«, und dieses »Hier« steht viermal in zehn Verszeilen und leitet jeweils eine eindringliche, beschwörende Ortsbestimmung ein, als müsse das *Wo* um so genauer beschrieben werden, weil das *Was* durch ein einziges falsches Wort verdorben werden könnte.

»Hier« bezeichnet den Ort (nicht den Schauplatz) eines unaussprechlichen Glücks. Unaussprechlich? »Im Regen, der uns segnet.« Bernd Jentzsch scheut einen solchen Satz nicht. Als falle er sich aber rasch selbst ins Wort nach dieser hymnischen Zeile heißt es fast spitzbübisch in der Manier Anakreons weiter: »Im Hafer der uns jetzt« (ganz drastisch) »sticht«! Und nun folgt anspielungsreich: »Im Tollkraut, im Trollkraut«. Ein Wort, ein botanischer Terminus, leiht wortwörtlich der Liebesverzückung seinen Rausch und Taumel. In einer Zeit, in der Sexualität zum Konsumartikel geworden ist, spricht ein Dichter von der Liebe mit Worten, die keine Schwüle aufkommen lassen und schon gar keine Kälte.

»Damit es aufgehe in deinem Leib wie ein Brot!« Diese Zeile offenbart vollends, daß es sich hier um den Ernstfall Liebe handelt. Diesem »Wie ein Brot« folgt die Zeile, in der es Jentzsch gelingt, der abgegriffenen, verkitschten Redewendung »mein ein und alles«, diesem »Gartenlaube«-Jargon, ihren ursprünglichen innigen Wortsinn zurückzugeben, indem er lediglich das Wörtchen »mein« einschiebt: »Mein ein und mein alles.« Wenn es so etwas wie die Auferstehung gestorbener Worte gibt, hier hat sie sich ereignet: in diesen Versen voller vitaler Wärme.

WOLFGANG HILBIG
DIE RUHE AUF DER FLUCHT

warten –
   oh noch einmal einen abend ausruhn
vor der unendlichkeit der nacht
die uns mit allem vieh zu paaren treibt
und sich schon sammelt vor den abgestreiften schuhn …

reglos
   im angesicht der flut die bald erwacht
noch eine stunde sitzen auf dem mauerrand
stille im schädel und den fuß im sand
dem atem nachsehn der uns aus den lungen schwindet
dem zorn
   dem gold das in den augen sichtbar bleibt
wenn die erschöpfung uns in dem entschluß verbindet
noch eine stunde vor dem dunklen ufer auszuruhn –

und dieses tags zu denken der zuletzt uns wärmte
des großen abends der uns unerschrocken sonnte
indes fernher ein kupferrotes lodern lärmte
und schon erlosch im riesengong der horizonte.

JÜRGEN THEOBALDY
IM NIEMANDSLAND DER ZEITEN

Zwar ist die »unendlichkeit der nacht« kaum noch sagbar, und dennoch weitet dieser Genitiv hier den Blick ins Offene, auf ein neues, zwischen Bangen und Zuversicht ersehntes Leben, für das die Flüchtenden nichts mitbringen außer ihren Erwartungen und ihrem Instinkt, zusammenzubleiben. Das Wort »reglos« bricht den Rhythmus. Am Abend dämmert die Stunde der Anfechtung herauf, in der von neuem die Ungewißheit zunimmt über einen Entschluß, dessen Folgen kaum abzuwägen sind. Stille – hier eine harte Fügung. In der Weite, die das Gedicht schafft, rücken die, von denen es spricht, zueinander. Auch wenn es gleich nach dem ersten Wort abbricht, um scheinbar an derselben Stelle wieder einzusetzen: Das Gedicht hat einen großen Atem. Der ungeheure Hoffnungsraum, den es entwirft, ist erfüllt von der niedergehaltenen Unruhe der Flüchtenden.

Erst mit »dem atem« beginnen die Verse zu strömen; in einer Parallelführung von Sprache und Geschehen gleiten sie über das Ende des Einschubs hinweg, das die Grenze im Gedicht bildet, und münden in die letzte Strophe. Diese wirkt als einzige in sich geschlossen. Das Imperfekt gibt ihr den Charakter eines Rückblicks. Kein Reim aus den beiden vorangegangenen, auch im Schriftbild gebrochenen Strophen reicht da hinein. Metrum und Rhythmus sind regelmäßig, die unbetonten Versschlüsse klingen weich, und die Zäsuren innerhalb der Trimeter werden zum Ende des Gedichts hin merklich schwächer.

Es ist ein Kunstgriff, mit dem Wolfgang Hilbig nicht nur einen nostalgischen Ausklang verhindert. Der Auftakt »warten« erschließt viel Raum, auch Zeitraum, die Parenthese holt den vergangenen Moment des Innehaltens in die Gegenwart des Gedenkens. Das Ziel der Flüchtenden war nicht, wie noch für Brecht, »in großer Ferne ... deutlich sichtbar« – den Nachgeborenen war es ein »dunkles ufer«, aber zu erreichen. Hilbig, der 1941 in Meuselwitz (Thüringen) zur Welt kam, in einer Bergarbeiterfamilie aufwuchs und seit 1985 im Westen lebt, kehrt Brechts Perspektive um; er richtet den Blick auf den Weg, an dessen Ende die Ernüchterung gewartet hat. Der Aufbruch, die Erregung unterwegs, der Tag vor der Ankunft: Dies war's, was »wärmte«.

Sicher lese ich das vor vier Jahren geschriebene Gedicht unter dem Eindruck der aufwühlenden Ereignisse in der DDR heute. Es ist ein Abendlied, das von der Glut des Sonnenuntergangs singt und das nicht besänftigen will. Statt der Abendglocken erklingt der »riesengong der horizonte«. Noch ist unentschieden, ob dieses Echo einer Menschheitsdämmerung eine epochale Umwälzung oder eine Katastrophe angekündigt hat. Das Kollektiv hier spricht von sich nur in dem passiv getönten »uns«. Von einem solchen »uns« erwartet man eher, daß ihm etwas zustößt, als daß es die Lage beherrscht. Ausruhen, Atem holen, die Stille wirken lassen – in dem teils erschöpften, teils überwachten Zustand, in dem man seinen einstigen Träumen nachsinnt: gefaßt auf das, was aus ihnen noch werden könnte.

GUNTRAM VESPER
DIE GEWOHNHEIT ZU ZITTERN

Aus der engen Höhle der Eltern
zog scharfer Geruch durch die Wohnung
Besserungsanstalt
für mich
von Anfang an.

Das Dienstmädchen folgte mir
bei jeder Flucht
was machst du.

Ich dachte an längere Sommer
an einen Mond, der größer als unserer war
und sagte
die Sterne

In deinem Alter Astronomie, rief
die Mutter
in den finsteren Hof
du hast nichts
gesehen.

GERT UEDING
DAS FREMDE KIND

»Liebet die Kindheit, begünstigt ihre Spiele, ihre Vergnügungen, ihren liebenswürdigen Instinkt. Wer von Euch hätte sich nicht bisweilen nach diesem glücklichen Alter zurückgesehnt?« Es gibt kaum einen größeren Kontrast zu diesem begeisterungsvollen Bilde (Rousseau hat es der europäischen Literatur wirkungsmächtig vorgezeichnet) als die Erfahrungen, die Guntram Vesper in eindringliche Verse gefaßt hat.

Das Gedicht steht am Anfang eines kleinen Zyklus von sechs Gedichten mit der Überschrift: »Das fremde Kind«. Es erzählt die Geschichte einer Entfremdung in knappen Fragmenten, die eine Situation, eine bezeichnende Szene nur andeuten. Die heimatliche Wohnung: eine enge Höhle, zu der jener Geruch gehört, wie ihn auch alte Schulen konservieren und den jeder, der ihn einmal in der Nase hatte, sofort mit Zwang, Einschüchterung, Angst identifiziert. Nein, diese Kindheit ist kein Zustand problemloser, glücklicher Harmonie, das Kind fühlt sich eingesperrt darin, eingeschränkt, überwacht und unverstanden.

So fremd ihm das Nächste, so vertraut ist ihm das Fernste, der Mond und die Sterne, alles Draußen, das mit seiner Höhe und Weite lockt; natürlich gehört auch der Sommer dazu, der aus dem Haus ins Freie führt und deshalb nicht lang genug sein kann. Dieser Gegensatz durchzieht das Gedicht, erscheint in der antithetischen Verskomposition

und wird zur schroffen Unverträglichkeit gesteigert durch die stichwortartig nebeneinandergesetzten Wendungen, die sich hart im Raume des Gedichts stoßen.
Drinnen und Draußen, Höhe und Tiefe, Enge und Weite, Licht und Finsternis, helle und dunkle Jahreszeit, das sind nicht bloß verschiedene Raum- und Zeitverhältnisse, sondern ebenso Bezeichnungen des Bewußtseins. Das kindliche Streben ist auf Offenheit und Freiheit, auf das Leben als ein unbegrenztes Meer von Möglichkeiten gerichtet und kollidiert mit der Welt der Erwachsenen, mit Aufpassern und Mauern. So fühlt sich das Kind bald verraten und verkauft – »verstoßen in ein fremdes Land«, um es mit den Worten des Novalis zu sagen. Allein die Gedanken bleiben noch als Ausfalltore in die ersehnte Freiheit.
Eine Verständigung zwischen den beiden Welten ist nicht möglich. Die launige Bemerkung der Mutter (»In deinem Alter Astronomie«) zeigt aber noch mehr als bares Unverständnis diesem Kind gegenüber, das ihr ebenso fremd ist wie sie ihm. Die Ironisierung ist hier auch eine Form der Abwehr, das machen die beiden letzten Verse deutlich, die in ihrer so unangemessen wirkenden apodiktischen Schärfe, ihrem Klopfen auf die Empirie (»den finsteren Hof«) verraten, daß hier zugleich die eigene Versuchung, mehr zu sehen, als es die fix und fertigen Tatsachen erlauben, bekämpft werden soll.
Die Fremdheit zwischen Mutter und Kind gewinnt ihren schärfsten Ausdruck im Augenblick der größten Nähe, eine Paradoxie, die nun auch die Überschrift des Gedichts zweideutig macht. In Gestalt und Bewußtsein der Eltern erfahren wir nicht nur den Widerpart des Kindes, sondern auch den Endpunkt einer Entwicklung, an deren Anfang es erst steht. Dem Zittern des Kindes vor Enge, Zwang

und Dunkelheit, eingeübt in der Besserungsanstalt der Familie, entspricht die Angst des Erwachsenen vor Weite, Freiheit und Licht, vor einem Licht gar, das in die Finsternis scheint und das sie doch nicht sehen können.

Nur in der ganz unverstandenen, fremden Sehnsucht des Kindes kommt noch etwas von jener Kindheit zum Vorschein, die für Rousseau und seine Zeitgenossen Chiffre für Natürlichkeit und Glück, für die ursprüngliche Freiheit und Gleichheit aller Menschen war.

GUNTRAM VESPER
TAGEBUCH ANFANG FEBRUAR

Große Kälte seit Sonntag. So zersprang
heute nacht im Schlafzimmer
während ich las
die Zentralheizung unter dem geöffneten Fenster.

Ihr Aufschrei.

Was wird aus einem Land, wenn
sein Gedächtnis krank ist
und was bedeutet ein Mensch, der
keine
Erinnerung hat.

PETER HORST NEUMANN
ES ENTSCHEIDET EIN WORT

Wer den Verfasser dieses Textes nur als Erzähler kennt, mag trotzdem darauf vorbereitet sein, ihm andernorts auch als Lyriker zu begegnen. Denn Guntram Vesper berührt in seinen Erzählungen – etwa in dem Buch »Nördlich der Liebe und südlich des Hasses« – oft jene Sprachgrenze, die Prosa von Poesie trennt und in deren Nähe dann Sätze erscheinen, die weder Erzählung noch Lyrik, sondern lyrische Prosa sind. Komplementär zu diesem Lesebefund stehen Vespers Gedichte, von denen er sagt, sie seien »stark stilisierte, verkürzte und verdichtete Geschichten«.

Nun sind Erzählen und Dichten aber durchaus zweierlei. Für die Gedicht-Qualität eines Textes gibt es kein sicheres Indiz, als daß seine Botschaft sich gerade nicht in prosaischer Rede vermitteln läßt. Wen es vom Erzählen her zum Gedicht drängt, der sollte wohl wissen, daß man auf diesem Weg eher zu schwacher Prosa als zu Poesie gelangt. »Tagebuch Anfang Februar« eignet sich gut zur Probe auf diese Regel, denn es bestätigt sie – ich meine: als Ausnahme.

Im ersten Abschnitt wird in der Art eines Tagebuch-Protokolls etwas Erlebtes mitgeteilt, »Prosa des Lebens«, sozusagen. Im Zerspringen der Zentralheizung konkretisiert sich eine große Februar-Kälte. Vom Sprechenden prägt sich uns ein – es ist vorerst nicht eben viel –, daß er lesend im Bett liegt und daß er gut getan hätte, wenigstens

sein Fenster zu schließen. Das Personalpronomen »ich«, in der untergeordneten Stellung einer Zeitangabe, erscheint hier zum einzigen Mal.
Auf andere Art prosaisch liest sich der letzte Abschnitt. Es ist Denkprosa, und auch sie läßt den Sprecher nicht sonderlich kenntlich werden. Unverwechselbar wird hier gewiß nicht gesprochen. Im Understatement der rhetorischen Frage drückt sich Ratlosigkeit aus, eine verzweifelte Ratlosigkeit. Sie hat viele Subjekte, sie gehört jedem, der begriffen hat, welche Verdrängungsmentalität unser Leben und das Leben unserer Gesellschaft bestimmt.
Man könne fragen: Was hat diese Ratlosigkeit mit der zerspringenden Heizung zu tun? Gibt es eine Sinneinheit der disparaten Textteile? Aber uns bleibt keine Zeit, so zu fragen. Denn genau in der Textfuge steht ein Wort, das die Prosa davor und die Prosa danach blitzartig zusammenschließt – das Wort »Aufschrei«. Es nötigt uns, das nacheinander Gesprochene gleichzeitig wahrzunehmen, und mehr als nur dies.
Denn obwohl das Pronomen »ihr« uns vorschreiben will, nur an die Heizung zu denken, als ob so ein Ding jemals »schreien« könnte, haben wir im selben Augenblick begriffen – und dafür war kein anderes sprachliches Zeichen nötig –, daß hier in einer »großen Kälte« anderer Art etwas ganz anderes zersprang und aufschrie. Ein Schrei, für den eine Menschenbrust nicht ausreichen möchte; vielleicht mußte er deshalb im Laut eines Dinges vernommen werden. Ich glaube, es ist der Aufschrei unserer immer wieder verdrängten historischen Verzweiflung. Jeder von uns wäre zu schwach, ihn zu schreien. Aber hier hören wir ihn – durch ein Gedicht, das zum Gedicht wird, indem es uns zwingt, ihn zu hören.

Durch dieses eine Wort gelangt der aus prosaischen Elementen geformte Text an jenen Punkt, der sich auf keine »vernünftige« Weise vorausberechnen läßt: unsere Wahrnehmung greift weit über alles Gesprochene hinaus. Und auch der Sprechende ist nun – als Hörender – kenntlich geworden.

GEORG WINTER
DAS FAULTIER ODER
DIE GESCHICHTE ZUR HAKENFÖRMIGEN KRALLE

»Seit Jahren hängst du faul im Baume«!
trompetete der Elefant.
Das Faultier reckte sich die Arme
und sprach, vom Ast herabgewandt:
»Ein Elefant mag Bäume schleppen
und noch dazu des Körpers Last.
Ich dien' mir selbst als Hängematte,
die Arbeit tut für mich der Ast.«

»Wer sich so hängen läßt, wird fallen.
Ich warn' Dich!« meckerte die Gams.
Das Faultier wiegte sich am Zweige
und gähnte von der Höh' des Stamms:
»Ihr Gemsen müßt gut balancieren,
daß euch beim Sprung das Bein nicht bricht,
Ich schwing' im Hängen stets von selber
zurück ins sichre Gleichgewicht.«

»Du wirst verhungern!« grunzt' der Eber,
»wenn du nichts tust, mein fauler Freund!«
Das Faultier kaute ruhig zu Ende,
Spie einen Stengel aus und meint':
»Warum soll ich nach Trüffeln graben
im Erdreich wie das Warzenschwein?

Die Früchte schwellen an den Zweigen
und fallen mir zum Mund herein!«

»Du Faulpelz!« scholl es gell von oben,
der Adler kreiste überm Baum.
Das Faultier folgte mit den Augen
und regt' die Lippen halb im Traum:
»Ihr Adler schraubt euch in den Himmel,
hinabzustoßen eure Krall'.
Ich häng' am Aste, aufzuschauen
und mir gehört das ganze All.«

BENNO VON WIESE
IRONISCHE VERTAUSCHUNG VON TRÖDEL UND ABSOLUTEM WERT

Unser teils gereimtes, teils ungereimtes Gedicht handelt vom Dialog eines Faultiers mit verschiedenen Tieren, die in der Nähe des Baums sich mehr oder weniger unwillig zu Wort melden: einem Elefanten, einer Gams, einem Eber und einem Adler. Das Gedicht steht im ersten Abschnitt – »Von Pflanzen und Tieren« – des Bandes »Der Trödelbarde«. Es soll uns »nach Eden«, also ins Paradiesische führen. Gemeint ist damit ein vormenschlicher Bereich mit Tieren, »noch verschont von jenen Wilden, die, zu denken, ein sich bilden«.

Das Paradies ist jedoch zugleich in eine leise Ironie getaucht; denn immerhin ist es ja mehr oder weniger ein Streitgespräch, das hier geführt wird. Elefant, Gams, Eber und Adler, behutsam auf die vier Strophen verteilt, werden mit gewollter Verkürzung gesehen und geben dem Paradies die Nähe zur Komik. Das Faultier antwortet jedem der Tiere mit philosophischer Gelassenheit. Jeder lebt auf seine Weise das für ihn Richtige. Die abgewogene Rede endet jedoch in einer emphatischen Pointe. Im Gegensatz zu vielen anderen Pointen bei Georg Winter, der 1941 geboren wurde und in Hamburg lebt, darf man diese keineswegs ironisch verstehen. Sie feiert im Gegenteil den Sieg der absoluten Kontemplation über die partikularen Vorwürfe, die von den anderen Tieren gegen sie erhoben wurden.

Der Dichter nennt seine Gedichte Balladen. Der Ausdruck ist wohl absichtlich übertreibend gewählt, um sich scheinbar »altmodisch« zu geben. Als Gattungsbezeichnung stimmt er nur insofern, als es erzählende Gedichte sind, alle von mittlerer Länge. Im ganzen Band wird in verschiedenen Variationen mit dem Reim gespielt. Unser Gedicht hat vier Strophen, von denen jede in acht Zeilen gegliedert ist. Der Reim wird nur sparsam verwandt, verstärkt aber den musikalischen Reiz dieser Verse. Der Vers selbst ist streng gebaut und gestattet sich im Rhythmus keine Abweichungen. Mit dieser genau kalkulierten Verskunst und der Vielfalt ihrer Ausdrucksformen steht Winter im Kontrast zu weiten Teilen der modernen Poesie, denen diese grandiose Direktheit verdächtig geworden ist.

Auch die dargestellte Welt ist durchaus sinnlich und körperlich. In der Schilderung seiner Vorgänge ist der Verfasser von einer erstaunlichen Genauigkeit. Dennoch läßt er keinen Zweifel darüber aufkommen, daß es gerade die seltsamen und wunderbaren Dinge sind, die ihn interessieren: sie gehören ins Reich der Dichtung und nur dorthin. Winters Selbstverständnis ist durchaus ambivalent. Er kann Dichtung sehen nur als Trödelkram, als Spielzeug, aber sie besitzt trotzdem ihre eigene unverfälschte Wahrheit, die an die Wachheit aller Sinne des Menschen appelliert.

Ja, man kann geradezu auftrumpfen: die Illusion siegt über die Brutalität der Wirklichkeit, indem das lyrische Sprechen wie von selber bis zum Wunderbaren vorstößt. So macht sich der »Trödelbarde« lustig über seine Kunden, wenn er seine Ware weit unter ihrem Wert verschenkt, aber er weiß trotzdem, daß seine Geschenke unbezahlbar sind. Das Vergnügen, das der aufgeschlossene Leser hier empfindet, ist zugleich das Vergnügen an der ironischen Vertauschung von Trödel und absolutem Wert.

Wunderlich ist ja in unserem Gedicht bereits, daß die Tiere alle reden, das Faultier sogar auf besonders kluge Weise. Das ist aber nicht lehrhaft wie in der Fabeldichtung, wo die Tiere durchweg stellvertretend für die Menschen stehen. Hier bleiben sie in ihrer eigenen Sphäre, werden aber durch die Sprache uns soweit angenähert, daß sie ihre Fremdheit dadurch verlieren. Auch das gehört zur Atmosphäre des Wunderbaren, und der Trödelbarde kann sich dabei noch weit über die Tiere hinaus für den gesamten Umkreis der Dingwelt interessieren und fordert uns schalkhaft dazu auf, wie die Kinder Spaß am Spielen zu haben. Großes wird klein, Kleines groß.

Immer aber geht es um das Leben in seiner Ursprünglichkeit und nicht um seine zivilisatorischen Spätformen, die einer radikalen Kritik unterworfen werden.

KARIN KIWUS
IM ERSTEN LICHT

Wenn wir uns gedankenlos getrunken haben
aus einem langen Sommerabend
in eine kurze heiße Nacht
wenn die Vögel dann früh
davonjagen aus gedämpften Färbungen
in den hellen tönenden frischgespannten Himmel

wenn ich dann über mir in den Lüften
weit und feierlich mich dehne
in den mächtigen Armen meiner Toccata

wenn du dann neben mir im Bett
deinen ausladenden Klangkörper bewegst
dich dumpf aufrichtest und zur Tür gehst

und wenn ich dann im ersten Licht
deinen fetten Arsch sehe
deinen Arsch
verstehst du
deinen trüben verstimmten ausgeleierten Arsch

dann weiß ich wieder
daß ich dich nicht liebe
wirklich
daß ich dich einfach nicht liebe

WOLFGANG HILDESHEIMER
ENTTÄUSCHUNG EINKALKULIERT

Dieses Gedicht ist dem Band »Von beiden Seiten der Gegenwart« entnommen. Zwar ist es nicht das stärkste der Sammlung – es gibt da zarte Gedichte, voller kunstvoll verhaltener Sehnsüchtigkeit –, doch in seinem unverbrauchten Wortlaut, seinem unverblümten Ausdruck ist es typisch für die in diesen Texten sich offenbarende Erfahrungswelt der Autorin, für die Frische und Freiheit ihrer Mitteilung, die der Hermetik nicht bedarf, den Krampf nicht kennt und deren sparsame Anwendung der Metapher durchweg glücklich ist.
Dankbar konstatiert der Leser, daß ihm kein Mitleiden an Neurosen auferlegt wird, sondern die zwanglose Aufforderung, flüchtige, meist schmerzliche Erfahrung nachzukosten, deren Zauber der Wiedergabe in ihrer Gefaßtheit liegt, der Kontrolle von Emotionen; der Mitvollzug von Augenblicken hellwacher Sensibilität und die Prüfung der Wahrhaftigkeit ihrer Wortgebung, die ihren Gegenstand analysiert, indem sie ihn wegwischt.
In der Tat gelingt es Karin Kiwus meist, in einem einzigen Gedicht mehr Wirklichkeit einzufangen, als anderen in seitenlanger fiktionsgetränkter Prosa, die Gebundenheit ihrer Sprache erscheint genau berechnet, um den »Erguß« abzuschnüren. Ihre Wirklichkeit ist subjektiv, aber eben zutiefst erlebt. In jedem Wort spüren wir Erfahrung des Sinnlichen, zugleich die Melancholie seiner Vergänglich-

keit und den ebenso mutigen wie mutwilligen Zugriff, um ihrer Herr zu werden.
Sie kann den Partner umreißen, an dem ihre Kritik sich entzündet, die Luft, in der ihr körperliches Wohlsein sich entfaltet, und die Wasser, mit denen sie gewaschen ist; ihre oft atemberaubende Spontaneität erfrischt den Leser auch dort, wo ihr Objekt die Abgegriffenheit der Erfahrung darstellt. Denn Schwermut und Desillusion folgen dem Erlebnis wie die Nacht dem Tag. Der emotionalen Erfahrung folgt die ernüchternde rationale Verarbeitung. In diesem Prozeß ist die Enttäuschung nicht nur einkalkuliert: der Akt der Läuterung wird zur Quelle der Eingebung –, ich denke: sofern sie einmal wunschloses Glück erfährt, wird es nicht notiert, damit das Erlebnis nicht wegerklärt werde.
Die Erkenntnis, daß die Autorin der »zwischenmenschlichen Beziehungen« letztlich nicht froh werden kann, wird zwar niemals verallgemeinert, doch bietet sie sich dem Vergleich mit eigener Erfahrung an. In Karin Kiwus' Verneinung liegt eine Qualität *sui generis,* sie macht uns nicht zu Zeugen der Verzweiflung, sondern zu Teilnehmern scheiternder Versuche der Annäherung an eine immer wieder als banal entlarvte Wirklichkeit.
Im »ersten Licht« am »tönenden frischgespannten Himmel« erklingt hier noch ein – wahrscheinlich uns allen bekanntes, von vielen vielleicht schon vergessenes – Glücksgefühl auf, noch ist das bittere Erwachen nicht vollzogen, noch ist die Möglichkeit der Dauer gegeben. Dann aber beginnt es, Schlechtes verheißend, mit dem »ausladenden Klangkörper«, der sich »dumpf« aufrichtet, und vorbei ist es mit der frischen Frühe, das Licht fällt auf prosaischste Körperlichkeit, den »trüben verstimmten Arsch«, der die

noch in den »mächtigen Armen« ihrer »Toccata« Liegende aus ihren Wolken fallen läßt, und nun ist alles aus, Verstimmtheit herrscht, der Arsch wird zum Zentrum, zum Symbol der Seele des nunmehr Ungeliebten.
Eindringlich und definitiv – »verstehst du« – wird die mit ihm verbrachte Nacht zum retrospektiv sich auswirkenden Irrtum. Und auch der Leser sieht nunmehr den Besitzer dieses *corpus delicti* mit den Augen derer, die ihn so negativ besingt: der Mann ist erledigt, freilich auch ein wenig bedauernswert, da er es noch nicht weiß. Diese Szene ist wahrhaftig und vollkommen, die Mitteilung ist geglückt, wie alle Mitteilungen der Karin Kiwus.

DIETER LEISEGANG
EINSAM UND ALLEIN

Einsam ist ja noch zu leben
Hier ein Ich und dort die andern
Kann durch die Alleen wandern
Und auf Aussichtstürmen schweben

Einsam ist noch nicht allein
Hat noch Augen, Ohren, Hände
Und das Spiel der Gegenstände:
Und die Trauer, da zu sein

Doch allein ist alles ein
Ist nicht da, nicht dort, nicht eben
Kann nicht nehmen oder geben
Leergelebt und allgemein

Oktober 1972

HARALD HARTUNG
DAS LEERGELEBTE LEBEN

Der zweiundzwanzigjährige Dieter Leisegang schrieb in einem Gedicht: »Wladimir hat recht / Nur keine Erinnerungen / Schießt sich den ganzen Klimbim / Aus dem Hirn«. Schnoddrige Todeskoketterie, so schien es; unpräzise dazu, denn Majakowski, der solcherart Angesprochene, schoß sich ins Herz, nicht in den Kopf. Aber dann, am 21. März 1973, vier Monate nach seinem dreißigsten Geburtstag, wählte Leisegang eben jene Weise des Suizids, die er Majakowski zugeschrieben hatte.

Sein Freitod war keine Nachricht, die die literarische Öffentlichkeit bewegte. Leisegangs Gedichtbände, schmal und in kleinen Verlagen erschienen, hatten kaum Resonanz gefunden; ihr Autor lag quer zur herrschenden Tendenz, die das Persönliche verpönte. Was man später Neue Subjektivität nannte, war bei Leisegang schon vorhanden – zugleich mit der Erkenntnis ihrer Problematik. Ich-Befangenheit wurde ihm zur Ich-Kritik, die sich in diesem Leben nicht mehr zu helfen wußte. Eine aphoristische Notiz aus seiner Feder lautet: »Meine Gedichte bestehen aus lauter letzten Worten. Schon von daher geht ein Zwang aus, mich in Kürze aufzulösen.« Warum datierte er so viele seiner Gedichte? Um die tödliche Konsequenz zu fixieren oder um sich im Schreiben seiner eigenen Existenz zu versichern?

»Einsam und allein« ist auf den Oktober 1972 datiert. Der Titel nimmt eine Gedankenlosigkeit auf – wie oft sagt man so, wenn man mitleidheischend Verlassensein oder Sichverlassenfühlen benennen will. Was wir mit dem Bindewort »und« aneinander pappen, reißt Leisegang auseinander in seine Differenz, markiert es als Grenze von Leben und Tod. Hier noch, wenn auch eingeschränkt, die Möglichkeit des Lebens – dort die absolute Negativität, das leere Allgemeine.

Der Einsame kann ja immer noch »durch die Alleen wandern«, wie Leisegang Rilke verkürzt. Er ist bloß einsam, nicht wirklich allein. Sein »Schweben« auf Aussichtstürmen ist zwar ein bißchen prekär, aber nicht *aussichtslos*. Noch gibt es Möglichkeiten für den melancholischen Narziß, dessen Name *Einsam* heißt: das Spiel der Sinne und der Gegenstände (die ihren Wider-Stand verloren), schließlich die Trauer der Existenz, immerhin noch ein Gefühl.

Darauf will der Sprechende schon nicht mehr hinaus. Ein schneidendes »Doch« kappt das »Noch« der voraufgegangenen Strophen. Der Gedanke tritt in die Finalität. Formal klingt das wie Synthese, denn Reimklänge aus Strophe eins und zwei kehren wieder. Doch der Gleichklang höhnt, er meint die Monotonie der leergelebten Existenz. Der trochäische Vers kommt fallbeilartig, der umarmende Reim stranguliert. Die Sprache gerät in tödliche Verlegenheiten, ihre Negationen weisen über »da« und »dort« auf ein vages »eben«. Meint das Räumliches oder Zeitliches oder schafft es nur »eben« den Reim zum kurzen Prozeß? Die Mechanik der Sprache ist eben nur intakt, mehr nicht. Aber der Kunstfehler ist erlaubt, wo es auf Kunst nicht mehr ankommt. Nur die präzis gefaßte Negativität gilt: nicht mehr nehmen oder geben, das hebt den Menschen auf. Will das Gedicht auf diesen tödlichen Schluß hinaus?

Dann hätten wir einen Wink überlesen, den uns das Wort-

Spiel gibt: »Denn allein ist alles ein.« Das ist nicht bloß negatives Summieren, das klingt wie Rätselspruch. Ist Leisegangs »allein« womöglich die Kontraktion eines uralten »All-Einen«, das die frühgriechische Philosophie gedacht hat? Kontraktion der Fülle zum Nichts? Wird nicht, wo *allein* auf *alles-ein* verweist, an eine Totalität erinnert, die doch einst positiv war? Und kehrt erst das leergelebte Leben in dies Allgemeine, All-Eine zurück? Mir scheint, zu dem Philosophen Leisegang, der bei Adorno und Julius Schaaf studierte, hätte solche negative Dialektik sehr wohl gepaßt.

PETER WILL
WETTERFAHNEN

Wir Wetterfahnen
Stecken den Blechfinger aus
Drehn uns geschwind
Mit dem günstigsten Wind
Wechseln die Farben
Reden mit metallenen Stimmen
Kein Wind bringt uns fort
Bleiben rostend am Ort.

REINHOLD GRIMM
WOHER DER WIND WEHT

Selten habe ich in so wenigen Worten so viele Anklänge gehört, in so wenigen Versen so viele Beziehungen wahrgenommen. Andererseits spricht der kleine Text ja durchaus für sich. Rollengedicht und eine Art sangbares Epigramm, übt er von Anfang an den Sog seiner einzigen langen, doch gänzlich unmißverständlichen Periode aus und erhält ihn bis zur verblüffenden, aber völlig zwingenden und unzweideutigen Pointe aufrecht. Das Gleichnis, wahrhaftig nicht schmeichelhaft, ist durchsichtig genug.

Mir gefallen diese acht Zeilen. Sie sind, finde ich, ebenso aufschlußreich wie auf bescheidene Weise vollkommen. Oder sollten sie mich wirklich bloß deshalb reizen, weil man sie nicht allein als Klartext lesen kann, sondern zugleich als ein Übereinander verschiedener, halb noch entzifferbarer Textschichten aus älteren Zeugnissen – und folglich auch dergestalt lesen muß?

Der Anklang an August Kopischs Ballade »Die Heinzelmännchen« scheint allerdings reines Echo zu bleiben. Heißt es bei Will: »Drehn uns geschwind / Mit dem günstigsten Wind«, so bei Kopisch: »Das ging so geschwind / Wie die Mühl' im Wind!« Indes, wie verhält es sich mit dem ebenfalls unüberhörbaren Anklang an ein ähnlich kurzes, ähnlich aus einer einzigen langen Periode und Strophe bestehendes Gedicht von Christoph Martin Wieland? Es ist nicht minder gleichnishaft: »Der Pflicht vergessen / Wir Fische nie; / Haben viel Müh' / Und karg zu essen, / Baun spät und früh / Uns luftge Schlösser, / Hätten's gern besser / Statt immer schlimmer / Und raten immer / Und treffen's nie.« Man hat diesen Wielandschen Gesang kleiner Fische, pointiert und zu Recht, als ein »bürgerliches Schicksalslied« bezeichnet. Wenn aber die untergründige Beziehung zu ihm gilt – wessen Schicksal verkünden dann die wie Heinzelmännchen geschäftigen (freilich nur auf den eigenen Vorteil eingeschworenen) »Wir«-Sager in der Willschen Strophe?

»Stecken den Blechfinger aus«, eröffnen sie uns. Ihr wortspielerischer Trick, der das Aufstecken von Fahnen oder Fähnchen und das Ausstrecken eines benäßten, die Luft prüfenden Fingers verbindet, ist so geschickt wie einfach. Doch ihrer emsig in und um sich kreisenden Statik vermag er nicht einmal die magere Geste jenes bekannten Wegweisers abzugewinnen, der nach dem Ausspruch des Philosophen die Richtung zwar angibt, selber jedoch »am Ort« verharrt.

Wills »Wetterfahnen«, die vielfältig rührig sind, nämlich auch Ursprung geschwätziger »Reden« und obendrein »rostend«, zeigen beileibe nicht, wohin der Weg führt, sondern lediglich, woher der Wind weht. Nichts »bringt« sie »fort«: und ihr »Wechseln« der »Farben« dient so beflissen dem »Bleiben« wie all ihr sonstiges Tun.

Der Verfasser, Jahrgang 1942, lebt und schreibt in der DDR. Was – über Wahrheiten aus dem Wetterwendischen hinaus – stellt sein blechernes Parabelchen dar? Hat man mit diesem Poem einen Schulfall von Eklektizismus vor sich? Ein Musterbeispiel für »aufgehobenes Erbe«? Einen Kassiber in östlicher »Sklavensprache«? Ist es umgekehrt eins der beliebten satirischen Rollenporträts der westlichen Intelligentsia, der angepaßten, sich ständig neu anpassenden »Tuis«, wie Bertolt Brecht sie genannt hat? Oder wäre dies Epigrammerl etwa gar eine heimliche Selbstkritik und Selbstbezichtigung und damit ein fortgeschrittenes, nach dem bürgerlichen nun also »sozialistisches Schicksalslied«?

Apropos Brecht! In Versen von ihm, die ihrerseits von dauerndem »Wechsel« handeln, wird in der Tat (wenn auch jeweils in der Einzahl) mit einer »metallenen Stimme« gesungen, von einer »Fahne« und deren Farbe geredet ... Man lese sein Gedicht »Die Gesänge« nach und mache sich, wohl oder übel, einen Reim darauf.

RESI CHROMIK
CHRISTIAN

Leben
mit dir
war.

Leben
war
mit dir.

Mit dir
war
Leben.

ERICH TRUNZ
MIT VIER WORTEN

Die Überschrift des Gedichts ist ein männlicher Vorname. Die erste Strophe sagt, daß das Leben mit ihm Vergangenheit sei. Die langsame Sprache – angedeutet dadurch, daß jede Zeile nur ein oder zwei Wörter hat – und der Ton auf »war« sprechen mit großem Ernst. Der Leser ahnt, daß der Genannte gestorben ist. Die zweite Strophe legt den Ton auf die Worte »mit Dir«. Das Leben war eine Gemeinschaft. Jede Strophe ist ganz kurz, die Strophen sind gleich lang, das Betonte steht am Ende. Dieser Klang ist nach 2 Strophen bereits in den Hörer eingegangen. Das Besondere in der dritten Strophe ist das Wort »Leben«. Es ist so herausgehoben, daß wir sofort spüren, was gemeint ist: erfülltes Leben, Leben in seiner höchsten Möglichkeit.
Das sind die kurzen Aussagen des Gedichts. Das Besondere ist, wie es gefügt ist und welchen Klang dadurch jedes Wort hat. Durch den Klang wird der Wortinhalt gesteigert in eine Melodie, die bei aller Knappheit Größe hat. Das Gedicht hat drei Hauptmotive. Diese kehren in veränderter Stellung wieder. Es hat also Ähnlichkeit mit einem Dreiklang in der Musik. Man kann ihn so anschlagen, daß in der Oberstimme der Grundton ist oder die Terz oder die Quinte. Jedesmal derselbe Akkord, aber anders klingend, weil jedesmal ein anderer Ton herausgehoben ist. So auch in diesem Gedicht.
Das Gedicht hat eine geradezu mathematische Strenge. Diese Strenge des Baus zeigt sich besonders, weil das Ge-

dicht so knapp ist. Jede Strophe hat nur vier Worte. Und drei von diesen sind einsilbig: »mit – dir – war«. Nur das Wort »Leben« hat zwei Silben. So hat jede Strophe nur fünf Silben. In fünfzehn Silben ist ein Lebensschicksal ausgesprochen.

Die drei Glieder des Satzes werden dreimal untereinander vertauscht, so daß jedes Glied einmal am Schluß der Strophe steht. Und der Schluß ist die betonte Stelle. Dabei wird vor der letzten Zeile eine kleine Pause gemacht, dann hat der Satzschluß seinen besonderen Ton. Das Gedicht nutzt also den Ausdruckswert der deutschen Wortstellung und des deutschen Satzakzents bis in alle Feinheiten. Es lebt weitgehend durch den Klang.

Die Worte sagen nur: Ein gemeinsames Leben ist zu Ende. Hört man aber die Satzmelodie der ersten Strophe, die Pause nach dem Wort »dir« und das betonte »war«, so fühlt man den Schmerz. Und so ist in der zweiten Strophe das Glück. Es lebt aber nur in der Fügung des Satzes und im Klang. In der dritten Strophe ist das Gewesene aufgehoben im Jetzt. Kein Wort darüber, wieweit es Schmerz, wieweit es Kraftquelle ist. Aber es besteht ein Wissen, wie Leben sein kann. Dieses Wissen ist Gegenwart. Dadurch ist dieses Gedicht des Schmerzes ein Hinweis auf die Möglichkeit erfüllten Lebens, an welche manche nicht glauben mögen.

Durch die Umordnung der Satzglieder klingen die sich wiederholenden Worte an den verschiedenen Stellen ganz verschieden. Das Gedicht beginnt und endet mit dem Wort »Leben«. Doch zu Beginn klingt es ganz anders als am Ende. Die zweite Strophe endet »mit dir«. Die dritte Strophe beginnt mit den gleichen Worten, doch hier sind sie höher im Ton, rascher im Tempo, so daß die Gleichheit nicht stört, sondern die Variation aufhorchen macht.

Durch den Klang, den ruhigen Klang, spüren wir, daß die Beziehung zu dem Du harmonisch war. Es ist nichts von Gespanntheit, von Problematik in diesem Klang. Durch die Satzmelodie ist das Gedicht voll Gefühl. Blickt man aber auf die Worte, spricht keins von ihnen irgendein Gefühl aus. Diese Verbindung macht einen wesentlichen Zug des Gedichts aus. Dieses Gedicht eines Lebensschicksals, das dessen verschiedene Seiten aufleuchten läßt, ist nicht nur knapp – fünfzehn Silben –, sondern es benutzt nur vier Worte. Mit diesen vier Worten ist alles gesagt.

FRIEDRICH CHRISTIAN DELIUS
CHINESISCH ESSEN

Ja Ente mit Mandeln oder Krabben süßsauer
Acht Kostbarkeiten Schwein scharf gebackene Nudeln
Heut essen wir besser chinesisch als
Neunhundert Millionen Chinesen
Ja die Genüsse hören nicht auf
Wir haben die volleren Mägen die besseren
Informationen:
Die Fische sterben weg Das Fleisch wird vergiften
Herr Ober noch Äpfel mit Honig
Ja satt auf den Stühlen und der Hunger
So weit von uns weg wie ein benachbarter Erdteil
Wir stellen uns ein auf Morcheln Algen Bambussprossen
Auf Kämpfe um Ententeiche und Großmarkthallen
Wir fressen ihnen den Reis weg die Hirse die Nüsse
Und sie merken es merken es nicht
Ja mit Messer und Gabel der Kampf gegen die bloßen
Hände
Bis wir fallen Das letzte Gefecht mit
Fleischfressenden Pflanzen

EGON SCHWARZ
DAS GELAGE ENDET MIT DEM FALL

Dichter ist, wer das Wort beim Wort nimmt, wer weiterfragt, wo andere sich zufrieden geben. »Wir essen chinesisch« sagen ungezählte Europäer. Der Dichter aber fragt: Essen wir wirklich *chinesisch*, wenn wir chinesisch essen? Und schon wird die Mehrdeutigkeit des Wortes sichtbar, schon stellen sich Assoziationen ein, zeichnen sich Konturen eines Gedichtes ab. Denn die Antwort muß lauten: Nein, wir essen besser als Millionen und Abermillionen Chinesen, selbst und gerade wenn wir chinesisch essen.

Dies ist freilich erst die Idee eines Gedichtes, noch nicht das Gedicht selbst. Dazu bedarf es einer poetischen Struktur und sprachlicher Mittel, die eine Einheit herstellen, kurz, es bedarf der Ausführung. Aber auch hier bewährt sich der Dichter. Die poetische Einheit liefert das Metapherngeflecht aus der Sphäre des Speisens, welches das ganze Gedicht durchzieht, die strukturelle Gliederung das viermalige Ja, das in allen möglichen Tonarten erklingt, zuerst affirmativ-süffisant, dann zynisch-aggressiv, noch später halb trotzig, halb konzessiv als Ausdruck schlechten Gewissens und schließlich resignativ-fatalistisch in seiner Unfähigkeit, die Katastrophe aufzuhalten. Mit diesen Stufen sind aber auch die Stadien angedeutet, die die technische Zivilisation in ihrem ausbeuterischen Verhältnis zur Natur und zur sogenannten unterentwickelten Welt durchläuft.

Der Anfang ist noch sybaritisch, drückt die Selbstzufriedenheit materiellen Wohlbehagens aus, im »oder« spiegelt sich wählerische Feinschmeckerei. Aber schon in der zweiten Zeile schleichen sich Zweifel ein. Die allzugenauen Angaben der Zahl »acht« und des Adverbs »scharf« bezeugen nicht nur kulinarische Raffinesse, sondern enthalten bereits versteckte Ironie. Im zweiten Abschnitt artikuliert sich offene Kritik. Dem besseren Essen entspricht das bessere Nachrichtenwesen, und dieses verdirbt einem die Freude, weil es nicht imstande ist, die Folgen des Raubbaus zu verhehlen, es läßt Bilder des Todes, ja des gewaltsamen Sterbens ein. Von besonders unheimlicher Wirkung ist der Satz »Das Fleisch wird vergiften«, weil er in seiner Lapidarität das Verbum unentschieden zwischen einer transitiven und intransitiven Aussage schweben läßt und so die Möglichkeit eröffnet, daß sich die der Natur angetane Schändung gegen die Täter selber wendet. Angesichts solcher Drohung gewinnt die nächste Zeile einen geradezu sarkastischen Sinn von unbekümmerter Rücksichtslosigkeit.

Im dritten Abschnitt bricht nun der Konflikt unaufhaltsam los. Die polaren Unvereinbarkeiten »satt« und »Hunger« stehen kraß in der gleichen Zeile nebeneinander, der letzte Versuch, sich die tödlichen Konsequenzen vom Leibe zu halten, mißlingt, weil der einst ferne Kontinent mit seinem unabweisbaren Anspruch in unbequeme Nähe gerückt ist, was sich in der Paradoxie »weit von uns weg« und »benachbart« ausdrückt.

Jetzt aber weitet sich das Gedicht zur Allegorie aus. Meisterhaft bleibt es seinem Titel treu, indem es weiterhin sein Anschauungsmaterial der chinesischen Speisekarte entnimmt, aber seine Bedeutung entgrenzt sich ins Historische, der Kampf um Ententeiche und Markthallen signalisiert den Kampf um die Märkte überhaupt, ebenso wie die Gegenüberstellung von Essen mit Eßbesteck und Essen mit »bloßen Händen« offensichtlich eine Ungleichheit viel grundsätzlicherer Art. Trotz ihrer besseren Ausrüstung ist jedoch die Niederlage der Überlegenen unvermeidlich. Ihr »wir-sie«-Denken wird ihnen zur Fatalität. Der technische Mensch ist nicht nur, was er ißt, er wird auch von ihm gefressen, sein Gelage endet mit seinem Fall, die vergewaltigte Schöpfung nimmt ihn zurück.

Eine Zeile in diesem Gedicht zeigt, daß die Persona, die es spricht, keinen Anteil an der Zynik des Dargestellten hat, die Zeile »Und sie merken es merken es nicht.« In ihr wird dank der beschwörenden Wiederholung eine magisch-lyrische Schmerzlichkeit laut, in der das Grauen und die Verzweiflung über den geschichtlichen Vorgang, die Mahnung zum Innehalten Ausdruck finden.

FRIEDRICH CHRISTIAN DELIUS
JUNGE FRAU IM ANTIQUITÄTENLADEN

Zwischen dem üblichen Kram
(den ich nicht weiter aufzähle)
steht die junge Frau
(die eine andre Gesellschaft will,
aber nicht weiß, ob sie
den Mann zuhaus noch will,
der auch eine andre Gesellschaft will)
und sieht sich um und
steht vor dem Antiquitätenhändler
(der ihre Zuneigung weckt, indem
er ihr sehr altes Spielzeug vorführt,
der keine andre Gesellschaft will,
ihr aber die Enttäuschung ansieht).
So steht sie unschlüssig und
schon bereit, sich ihm hinzugeben
weil er von ihr was zu kapieren scheint,
dreht dann aber doch ab
und macht die Tür von außen zu.

MICHAEL ZELLER
DAS SEHR ALTE SPIELZEUG

Bei diesem Gedicht brauche ich mich nicht zu fragen, ob es schön ist. Ich sehe es nicht von außen. Keine Widerstände halten mich beim Lesen auf, keine Fremdheiten beunruhigen mich. Ich muß mich nicht anstrengen, um Metaphern aufzulösen, Bilder mir zu vergegenwärtigen, Situationen auf meine eigene Lebenspraxis zu übertragen und an ihr zu messen. Mir fehlt die Distanz, ich bin unkritisch.

Wenn ich das Gedicht lese, bin ich bei mir, ziellos, so wie ich durch Fußgängerzonen der Großstädte streife, durch die labyrinthischen Gänge von Kaufhäusern. Ziellos, wie ich verweile in Bücherantiquariaten, irgendeinen alten Band in die Hand nehme, der Blick gleitet darüber hinweg auf die Bluse der jungen Verkäuferin, die auf meine Entscheidung wartet. Welche Entscheidung? Ich frage sie nach dem Preis. Er ist viel zu hoch. Ist sie dafür verantwortlich? Der Besitzer des Antiquariats? Die Angebot-Nachfrage-Spirale? Das System?

Ritualisierte, fast bewußtlose Gedankenströme von Dreißigjährigen. F. C. Delius ist 1943 geboren, in Rom. Er bringt es fertig, die leisen, absichtsfreien Begegnungen des Alltags zur Sprache zu bringen, ohne sie durch den Intellekt zu überfremden. Er läßt ihnen das Recht der geheimen Wünsche, der ziellosen Hoffnungen, des gebrochenen Realitätssinns.

Eine junge Frau mit gesellschaftskritischem Anspruch

verirrt sich in einen Trödelladen. Sie weiß sehr gut, hat oft darüber diskutiert, daß die Antiquitätenhändler die Parasiten dieses Wirtschaftssystems sind. SS-Dolche, Hakenkreuze, Stahlhelme vertreiben sie zu horrenden Preisen und schaffen und bedienen damit jene so gar nicht harmlosen Bedürfnisse, die unter dem Schlagwort »Nostalgie« firmieren. Heimweh: die Angst vor der Zukunft entlädt sich in rückwärtsgewandte Idylle, beschwichtigt sich an altem Trödel. Was treibt die junge Frau, die so selbstgewiß eine zukünftige, bessere Gesellschaft im Auge hat, in die Arme ihres ideologischen Gegners? Warum verrät sie ihren Zukunftsglauben?

Ihr eigenes Leben ist in Unordnung geraten. Sie hat sich zu viel vorgenommen mit ihrer menschenfreundlichen Utopie. Sie ist eingeholt worden von jenen Betriebsunfällen des Lebens, die sich jeder Planung entziehen. Mit ihrem Freund teilt sie nur noch die Zukunftserwartung, nicht mehr die Gegenwart. Die Entfremdung in der Gesellschaft, gegen die die junge Frau angeht, hat sich in ihren Privatraum geschlichen und macht alles unglaubwürdig, wovon sie überzeugt war. Sie ist älter geworden, und sie ist enttäuscht. Man sieht es ihr schon an. Auch der Antiquitätenhändler sieht es. Er lockt sie mit »sehr altem Spielzeug«.

Darin sehe ich die einzige metaphorische Wendung dieses Gedichts, die ganz leicht nur, wie absichtslos, aus dem alltäglichen Sprachgebrauch hinausragt: der Mann ködert die Frau mit dem »sehr alten Spielzeug« der Sexualität. Davon werden die Wände ideologischer Vorbehalte eingerissen. Die Sexualität verhöhnt die gutgemeinten Denkmodelle der Menschen; sie schaffe sich triumphierend Platz jenseits von »rechts« und »links«. Mit einer letzten

Kraftanstrengung – geschieht es aus Angst? aus Überzeugung? – reißt sich die Frau von dem Verführer los. Ihre Widerstandskraft reicht gerade noch hin, die »Tür von außen« zu schließen.

Die rebellische Protesthaltung, mit der die damals Zwanzigjährigen 1967/68 die bestehenden Verhältnisse ins Wanken bringen wollten, sie hat sich bei den Dreißigjährigen heute bestenfalls zur mühsamen Abgrenzung gegenüber ihren Gegnern verflüchtigt. Viele machen inzwischen die Tür von innen zu. Die eigene Jugend wird damit widerrufen, und nicht nur, weil gegen den biologischen Alterungsprozeß auch die hehrsten Ideale machtlos sind.

Es ist ein trauriges Liebeslied, das F. C. Delius gedichtet hat. Wenn ich gefragt werde, wie es mir gehe, lese ich oft diese Verse vor. Sie sprechen von mir, sie sprechen für mich.

MICHAEL KRÜGER
DIE ENTEN

Schneeüberkrusteter See, stöhnend
unter den Schuhen. Jeder Schritt schmerzt
und läßt das Wasser im eisfreien Streifen
am Ufer zittern. Eine Frau überquert
den See an seiner breitesten Stelle, ich
kann es hören. In der Mitte
eine wäßrige Zunge, besetzt mit Enten,
deren scholastischer Disput die Sonne
tanzen läßt. Stehenbleiben, warten,
zählen. Ein Ort, der mir günstig ist.
Zwei Schwäne fliegen dumpf klatschend
über mich weg: eine weiße Seite
wird umgeblättert, eine einzige weiße Seite.

HERBERT HECKMANN
BESTANDSAUFNAHME

In den Gedichten Michael Krügers führen die Tiere ein eigenes, vom Menschen unabhängiges Leben. Niemals sind sie Hätschelwesen, die menschliche Streicheleinheiten erdulden müssen – oder die Kugel des Jägers. Sie bleiben uns bei aller Nähe fremd und widersetzen sich dem Verfügungseifer des Menschen, den sie noch obendrein verspotten, indem sie ihn nachahmen. So lernt der Verfolger die Lächerlichkeit seiner Unternehmungen kennen.
In diesem Gedicht Krügers ist von Enten die Rede, *deren scholastischer Disput die Sonne / tanzen läßt.* Die Leidenschaft ihrer geschnatterten Thesen und Gegenthesen bleibt nicht ohne Folgen. Jemand, der über den zugefrorenen See geht, bleibt stehen und wartet. Er hat das Bedürfnis, Übersicht zu gewinnen – und zählt. *Ein Ort, der mir günstig ist,* bekennt er. Er ist auf dem schwankenden Eis fast bis zur Mitte des *schneeüberkrusteten Sees* gekommen. Dort auf einer wäßrigen Zunge disputieren die Enten. Ein Hauch von Gefahr und Unsicherheit schärft die Aufmerksamkeit des Beobachters, die Frau ist wagemutiger gewesen. Er sieht, wie zwei Schwäne sich aus dem Wasser erheben und *dumpf klatschend* über ihn hinwegfliegen. In diesem Augenblick fallen seine Beobachtungen auf ihn selbst zurück. Krüger hat die Winterlandschaft eines Augenblicks festgehalten, in dem die Geräusche dominieren. *Ich kann es hören.* Er weiß jedoch zu guter Letzt, daß in diesem Augenblick nur eine einzige weiße Seite um-

geblättert wird. Warum aber dann das Gedicht, das eine Seite füllt?
Nicht zufällig hat ihm Krüger den Titel »Die Enten« gegeben. Tatsächlich machen diese mit ihrem scholastischen Disput die Mitte des Gedichts aus. Die Unverständlichkeit ihres Schnatterns regt den Beobachter zu dieser Metapher an, die dann auch die Schlußpointe vorbereitet. Es bleibt eine leere Seite. Der Disput mußte nicht aufgeschrieben werden. Man tut dem Gedicht unrecht, wenn man nur seine ironische Pointe hervorhebt. Das Gedicht »Die Enten« ist im strengen Sinne auch ein Gedicht über Gedichte. Naturgedichte sind gerade in Deutschland zu einem romantisierenden Seelenritual geworden, in dem die Natur nur noch als Kulisse gilt. Der Mensch sieht sich in der Natur, die Natur selbst sieht er jedoch nicht. So bleiben nur weiße Seiten. Der vorurteilsfreie, hingebungsvolle Beobachter indes respektiert das Fremde in der Natur. Im Innersten seines Herzens weiß er, daß ein weißes Blatt die einzige Antwort ist, in der sich das Erschrecken über das Anderssein des Gesehenen offenbart. Nur wenn man dies weiß, kann man Gedichte schreiben, die die Natur zur Sprache bringen.
Krügers eher hingetuschte Sätze verraten, wie sehr er das Anderssein der Natur, der Tiere achtet. Fast scheut er sich, seine Beobachtungen in vollständige Sätze zu fassen. Schon das Partizip der Gegenwart in der ersten Zeile: *Schneeüberkrusteter See, stöhnend ...* verrät diese Scheu. Vorsichtig muß auch der Schritt auf dem Eis sein, das stöhnt. Dieses Stöhnen wird durch das Partizip der Gegenwart nachgerade als Zustand und nicht als eine Tätigkeit hingestellt. Die Natur ist verletzt. Die Begegnung mit ihr verlangt so eine außergewöhnliche Behutsamkeit: *Ste-*

henbleiben, warten, zählen. Das ist nicht die Pose des alles niedertrampelnden Siegers, der seine Beute zählt, sondern eine Aufforderung, das Übriggebliebene zu zählen. Eine Bestandsaufnahme ist es, in einer Sprache vorgetragen, der bewußt geworden ist, wie sehr die Wörter Raubbau getrieben haben. Die Enten führen es vor: Ihr scholastischer Disput läßt die Sonne tanzen.

JÜRGEN RENNERT
ERSCHAFFUNG DES GOLEMS

Adonai, dein Schutzgeleite
ist ein Schirm uns und ein Dach!
Doch wer schützt uns von der Seite
Und vor ihrem Ungemach?

Uns zu Schutz und dir zu Ehren
Kneten wir uns einen Rufer,
der von hier ist, aus dem schweren,
Aus dem Lehm vom Moldauufer.

Sieh, er liegt genäßt, gebrannt.
Kann nicht rufen, kann nur schweigen.
Nimm ihn dennoch bei der Hand,
Daß er aufsteht, sich zu zeigen.

GÜNTER KUNERT
GOLEMS SPÄTBILD

Selbst da, wo so vieles verloren und untergegangen scheint, findet sich unerwartet eine minimale miraculöse Spur dessen, was gründlich verschwunden. In dem Gedichtband »Märkische Depeschen« des jungen DDR-Lyrikers Jürgen Rennert, geboren im Jahre 1943, wird aufs merkwürdigste etwas evident, was in der DDR für literarisch abgestorben zu halten gewesen ist: Überlieferungen des Judentums.

»Das Jüdische«, um es provisorisch mit einer Kurzformel zu benennen, erscheint thematisiert nur im Bezug auf die nationalsozialistische Verfolgung, auf antifaschistischen Widerstand, auf die »Endlösung« oder in den Memoiren Überlebender als fixierte Lebenserfahrung. Hier nun treten, zum ersten Male, wie ich meine, Züge jüdischer Tradition im Erstlingswerk eines Dichters zutage, der, ein Nicht-Jude, eine Wahlverwandtschaft erkoren hat, von der nicht abzusehen ist, wie sie sein eigenes Schicksal künftig prägen wird. Bruderschaft mit Toten bedeutet nicht nur ein Moment persönlicher psychischer Stärkung, sondern auch eine Gefahr.

In Rennerts Zyklus innerhalb seines Bandes ist dieses jüdische Element nicht leichtfertig, nicht pro-semitisch oder gar trivial-nostalgisch verwendet, etwa in der Art des Musicals »Anatevka«, als die Präsentation einer exotischen Chagallschen Lebenswelt und -weise. Die Thematisierung vollzieht sich durchaus im Sinne der erwähnten Tradition:

als Gleichnis und Parabel, als Auslegung überlieferter Texte und Legenden, was auf Rennerts erstaunliche Kenntnis des hebräisch-jüdischen Schrifttums schließen läßt.

Ein Unterschied freilich zeigt sich: die Auslegung ist Interpretation geworden, sucht nicht Transzendenz im metaphorischen Indiz, ist statt dessen weltlich und realistisch, mit einem Hang zum Balladesken.

Der Golem, der in Rennerts Gedicht erzeugt wird, ist keine chthonische Gewalt, domestiziert vom heiligen Wort und durch dieses auch wieder aus der Welt geschafft, eher erweist sich dieser Golem als ein hilfloser Schutzpatron, als passiver Nothelfer, der namens der zum Schweigen Gebrachten rufend aufzutreten hätte, aber genausowenig in der Lage ist, den Mund aufzutun, und das Einzige, was überhaupt noch möglich erscheint, ist, daß – indem seine stumme Gestalt vorgeführt wird – auch sein Schweigen als Geste, als ein Zeichen voller Bedeutung sichtbar wird.

In der Kabbala des Mittelalters galt Gershom Scholem (Judaica 2) zufolge der Golem als ein spätes Spiegelbild Adams, des ersten Menschen. Durch das Wort zum Dasein befähigt, war der Golem dort ausgerüstet mit zerstörerischer Gewalt: der Golem des Gedichts jedoch ist ein armer Teufel, und an dieser Stelle verschmilzt sein Bild mit einem Grundzug moderner Dichtung: der »Evokation des Schweigens«, diesem tiefinnerlichen Widerspruch zeitgenössischer Literatur. Insofern gehört es unleugbar zu jener wachsenden Zahl von Gedichten, denen das Schweigen wahrhaftiger erscheint als eine Sprache, deren manipulatorische Zweckdienerschaft ihren Wahrheitsgehalt schon zu überwuchern begonnen hat.

Das stückweis in der ersten Strophe eingearbeitete Gebet »Moaus Zur«, »Schirm und Schutz« zu deutsch, das zu Chanukka nach dem Lichteranzünden gesungen wird, endet am Schluß des Gedichtes als ein Zeugnis für den Verlust der Sprache.

DORIS RUNGE
IKARUS

das herz randvoll
mit himmel
als die erde
mein raubvogel
immer größer
und dunkler werdend
mich mitten
im flüchtigen traum
schlug

RUDOLF WALTER LEONHARDT
SPRÖDER VERZICHT AUF GEFÜHLSÜBERSCHWANG

Einige Gedichte von Doris Runge sind in Zeitungen und Zeitschriften (auch in der F.A.Z.), andere vor Jahren beinahe unter Ausschluß der Öffentlichkeit erschienen in einem Prachtband auf Bütten, tausend Exemplare nur, der seine Wirkung eher den Lithographien von Wolfgang Fratzscher verdankte. Aber seit 1985 gibt es ein schmales Bändchen »jagdlied«. Dort steht auch das Gedicht »ikarus«. Und es steht dort gut als Beispiel für Eigentümlichkeiten einer Lyrik, die so, ganz so nur bei Doris Runge zu finden und durch vier Eigentümlichkeiten charakterisierbar ist:

1. Äußerste Verkürzung ist Stilprinzip.
2. Chiffren treten an die Stelle von Aussagen.
3. Das Visuelle hat Priorität vor dem Intellektuellen.
4. Vorherrschende Stimmung ist eine resignierende Melancholie.

Zu 1. Die Länge dieses Gedichtes hält sich im Durchschnitt der Runge-Längen. Ein Thema, das Stoff für eine Ballade liefern könnte, wird in neun Versen abgehandelt, deren jeder höchstens drei Worte hat. Man glaubt zu spüren, wie die Autorin es scheut, redselig oder gar sentimental zu erscheinen. Dabei sind die Aussparungen auch eine Form der Diskretion: nur ja nicht zu viel sagen. Das wirkt sich besonders bei Doris Runges wenigen erotischen Gedichten aus, wo es jede erotische Schwülheit

auslöscht und statt ihrer spröde Gefühlslandschaften entstehen läßt.
Zu 2. Der Verzicht auf Großschreibung und Interpunktion ist hier keine Manier. Die Sätze sind keine Sätze, keine greifbaren Aussagen. Alles schwebt. Das Objekt des ausklingenden Satzes kann zum Subjekt des anklingenden werden. Der Leser denke sich das Seine, und der Interpret ist frei, sich Gedanken darüber zu machen, was sich die Autorin wohl gedacht hat. Also zum Beispiel der Titel »ikarus«. Nichts wird erzählt von jenem Flug des Dädalus-Sohnes, der der Sonne zu nahe kam, so daß das Wachs in seinen kunstvoll gefertigten Flügeln schmolz und er abstürzte. Hier stürzt nicht der Fliegende. Hier wird das Bild umgedreht und dadurch neu: die Erde stürzt auf ihn, oder eher wohl auf sie, zu.
Zu 3. Jede Chiffre zeichnet ein Bild: den Jubel des Aufstiegs, wie ihn alle, die gern fliegen, empfinden; den größer und dunkler werdenden »Raubvogel« Erde, der in Doris Runges »jagdlied« besser paßt als in die Ikarus-Legende; das Ende einer Ur-Angst, die nachträglich zum »flüchtigen Traum« verharmlost wird.
Zu 4. Doris Runges Lieblings-Bilder zeigen das Jagen, das Fliegen und das Abstürzen. Alle diese Bilder sind sprachlich auf das Mindeste, das Allermindeste eingeengt. Erotisches läßt sich dabei immer heraushören oder hineinlesen. Frauen und Männer: Gejagte und Jagende, Fliegende und Abstürzende – oder umgekehrt. Weder Frauenrechtlerinnen noch Hierarchen können Doris Runges Gedichte für sich in Anspruch nehmen. Beide sind Täter und Opfer zugleich.
Mir gefallen diese Gedichte, für die »ikarus« ein Beispiel ist, wegen ihrer äußersten Sparsamkeit an Worten in einer

Welt der Geschwätzigkeit; wegen ihres unbedingten Willens zur Aufrichtigkeit, wenn auch nicht zur Entschiedenheit – gerade die Ambivalenz versöhnt; wegen der Genauigkeit, mit der Bilder in Worte umgesetzt werden; wegen der – bei aller Freude an Herzen, die randvoll mit Himmel sind – resignierenden Melancholie, die auf die Höhepunkte folgt.

Ob wir alle Lyriker besonders mögen, die unseren eigenen Gefühlen und Stimmungen Ausdruck geben auf eine Weise, die wir als echt empfinden und makellos? So jedenfalls erkläre ich mir die Anziehungskraft, die die Gedichte von Doris Runge auf mich ausgeübt haben.

DORIS RUNGE
MIT BLICK AUF
DEN KÖLNER DOM

wir sehen nicht
was wir wissen
den doppellauf
der türme
den himmlischen
rücken küssen
wir frühstücken
apfel und ei
erkennen
daß wir im nebel
reisen müssen

ULLA HAHN
EIN PAAR IN EINEM HOTELZIMMER

wir sehen nicht / was wir wissen: Ein Satz, der ebensogut als Motto einer philosophischen Abhandlung vorangehen könnte. Und auch hier zu Beginn des Gedichtes verleitet er den Leser zum Apriori jeder philosophischen Tätigkeit: zum Fragen. Denn sogleich hat er hinter diese beiden Zeilen in Gedanken einen Doppelpunkt gesetzt und steht nun ratlos da: Was sieht dieses »wir« nicht, und wer ist denn dieses »wir« überhaupt?
Die nächste Zeile schafft mit einem Objekt Klarheit; das »wir« sieht »den doppellauf« nicht. Das klingt nach Flinte, nach Jagd – »Jagdlied« heißt der erste Lyrikband Doris Runges –, gar nach Gefahr, doch die nächste Zeile wandelt das Wort in die Metapher: *den doppellauf / der türme.* Welche »türme«? Ach ja, da war doch die Überschrift: die Türme des Kölner Doms sind gemeint; eine ungewöhnliche, höchst männliche Sicht auf ein sakrales Bauwerk, aber schon hebt die nächste Zeile mit ihrem Adjektiv den kriegerisch-maskulinen Aspekt wieder auf, wenn »der doppellauf« als »himmlisch« apostrophiert wird. Oder? Dem Leser wird eine weitere philosophische Anstrengung abverlangt: der Zweifel. Denn ist nicht eher von einem »himmlischen rücken«, einem ganz außerordentlichen Rücken, vergleichbar einem himmelstürmenden Bauwerk, die Rede? Beginnt das »wir« am Ende selbst zu »rücken«, sich also jener Tätigkeit hinzugeben, die das »Tier mit den zwei Rücken« macht? (O Doris Runge, was

tust du uns mit deiner Kleinschreibung an!) Denn zweifelsfrei beginnt das »wir« zu »küssen«. Oder?
Doris Runge schüttelt die Zeilen zu immer neuen überraschenden Bildern und Perspektiven, zu einem sinnen-, keineswegs jedoch sinnverwirrenden Kaleidoskop. Die Autorin behält die Fäden, die sinnstiftenden, in der Hand, hat am Ende Erbarmen mit dem Leser und hält ein: »wir frühstücken«. Den »himmlischen« sei dank, die Erde hat sie wieder, die beiden, auch wenn das »wir« immer noch nicht nicht sieht, was es weiß. Der Leser weiß nun, was er sieht: ein nach glücklicher Umarmung frühstückendes Paar. Zeile für Zeile hat Doris Runge die Szene enthüllt. Welches Behagen, wieviel irdisches Vergnügen ruht in diesem Tatbestand: »wir frühstücken« und dazu noch »apfel und ei«, das ist gesund und gut, das ist sichtbar, nahrhaft, konkret und ganz und gar von dieser Welt. Wer wollte da noch nach Philosophie oder Kunstgenuß verlangen, wo die hand- und fußfesten, die mundgerechten Genüsse doch so nah liegen?
Die berühmte Liebe, die blind macht, Selbstversunken-, Selbstvergessenheit zu zweit wäre also die Antwort auf die Frage, warum unserem »wir« der Blick auf den Kölner Dom entgeht. Oder? Klipp und klar die Mitteilung der Autorin: *erkennen / daß wir im nebel / reisen müssen.* Hier endet das Gedicht, und der Leser hat endlich das ganze Bild: ein Paar hat in einem Hotelzimmer, »mit blick auf den kölner dom« übernachtet, wahrscheinlich auf der anderen Rheinseite, so ist auch der Nebel durchaus konkret. Man ist aufgewacht, hat einen Blick aus dem Fenster getan, um den mitbezahlten »blick« zu haben, und siehe da: *wir sehen nicht / was wir wissen.* Also ziehen sich die beiden auf sich zurück, verkürzen einander die Wartezeit

in der Hoffnung, daß sich der Nebel lichtet, aufs schönste und finden sich schließlich damit ab, »im nebel« reisen zu müssen. Wohin? Nach Hause, in die Ferne? Das wird nicht mehr mitgeteilt.
Das Bild des Menschen im Nebel hat eine lange Tradition in der Lyrik. Der Nebel, der uns unsicher tasten, stolpern, straucheln läßt, Gefahren wie Chancen gleichermaßen vor uns verbirgt, stand seit jeher als Allegorie für das Leben des Menschen. Wem klingen nicht gleich die berühmten melancholisch-resignativen Zeilen Hermann Hesses im Ohr »Seltsam im Nebel zu wandern« . . . und ». . . jeder ist allein«. Doris Runge hat diesem Topos eine Variante hinzugefügt. Bei ihr hat der Nebel seine Schrecken verloren, wenn er mit einem geliebten Menschen erfahren wird. Dann wird der Nebel, die Ungewißheit allen Lebens, als Tatbestand akzeptiert, der weder als »seltsam« noch als bedrohlich erscheint. Diese verhaltene Zuversicht finden wir bei Doris Runge selten. Sie macht das Gedicht zu einem ihrer schönsten Liebesgedichte.

DORIS RUNGE
VENEDIG

deine schönheit venedig
erschreckt deine liebhaber
sie tragen ihre liebe
in immer dunklere kanäle

du schlägst ihnen jede brücke
schaukelst ihre ergriffenen
spiegelbilder in deinen
moorigen armen
jedem trunkenen wirfst du
eine weiße taube
auf den markusplatz
brichst blutrote
scherben muranoglas
aus deinem herzen

dir bleibt
von soviel liebe
nur ein schlechter atem

MATTHIAS HERMANN
HOHES KLAGELIED

»Sie weint des Nachts, daß ihr die Tränen über die Backen laufen. Es ist niemand unter allen ihren Liebhabern, der sie tröstet.« Mitnichten hat der klagende Prophet Jeremia eine Frau im Sinn. Oder doch? Ist Jerusalem, denn dieser Stadt gilt des Propheten Klage, für ihn mehr als ein Ort? Jerusalem, Metapher für das Schönste des Schönen – die Frau?

Doris Runge bewegt sich, wahrscheinlich unbewußt, mit ihrem Venediggedicht auf biblischen Spuren. Wie Jeremia spricht sie augenscheinlich über die Stadt. Doch hinter der venezianischen Maskerade verbirgt sich mehr. Wie jedes gute Gedicht hat auch dieses einen doppelten Boden. *deine schönheit venedig / erschreckt deine liebhaber.* Die ersten Zeilen führen sofort auf besagte Doppelbödigkeit. Erste Ebene: die Stadt und ihre Besucher. Zweite Ebene: die Frau und ihre Liebhaber. *sie tragen ihre liebe / in immer dunklere kanäle.* Dieses Bild, pointiert an den Schluß der ersten Strophe gesetzt, deckt beide Ebenen ab. Einmal sieht man die Stadt mit ihren unzähligen Wasserläufen, sieht begierige Touristen ihren rücksichtslosen Reiselüsten frönen – und man sieht eine Frau, die ihre Liebhaber durch ihre Schönheit in schaurigschöne Schrecken versetzt.

du schlägst ihnen jede brücke. Venedigs Brücken werden zum Liebesanerbieten. Die Frau reicht ihre Hände wie Brücken einladend entgegen.

schaukelst ihre ergriffenen / spiegelbilder in deinen moorigen armen. Diese Zeilen sind der dramatische Verhältniswechsel innerhalb der zweiten Bedeutungsebene. Aus der großzügig sich hingebenden Frau wird eine benutzte. Sie, die ihre Brücken herreicht, wird zum Objekt versteckter Selbstbefriedigung. Ihre Liebhaber sind nicht auf der Suche nach der Liebe, sie sind auf der Suche nach sich. Ihre Spiegelbilder suchen und finden sie in den Armen der Frau. Eine so mißbrauchte gerät zwangsläufig in den Ruf, eine Hure zu sein. Da hilft ihr auch nicht, daß sie jedem Trunkenen jungfräuliche weiße Tauben zuwirft.

Doris Runge hat in ihrem Gedicht nicht nur die zwei Ebenen bis zum bitteren Ende durchgehalten, sie hat in fast jeder Zeile ein hochpoetisches Bild erfunden. An diesem Versgeschmeide prangt nicht eine billige Zuchtperle.

Der Prophet Jesaja über Jerusalem: »Wie geht das zu, daß die treue Stadt zur Hure geworden ist? ... Dein Silber ist Schlacke geworden und Deine Weine mit Wasser verfälscht.« Nun, wie geht das zu, daß uns *ein schlechter atem* entgegenschlägt? Es ist nicht, wie wir uns gerne vormachen, der schlechte Atem der Geschichte; es ist unser eigener.

WOLF WONDRATSCHEK
ADAM JR.

Adam las die Bibel
Eva kaute Obst
Gott schlief die meiste Zeit
Es war so
Jeder kannte jeden
Die Schlange war der Chef im Garten Eden

Das Paradies war offensichtlich reine Nervensache
Ich weiß jetzt auch nicht so genau wie's weitergehen soll

Gott träumte schlecht
Er sah die Schlange die es mit der Mutter trieb
Aus war die schöne Theorie
Vorbei der Traum
Die Affen paarten sich mit dem was übrigblieb

Das Paradies war offensichtlich reine Nervensache
Ich weiß jetzt auch nicht so genau wie's weitergehen soll

Gott wachte auf
Ich kam im Ruhrgebiet zur Welt
Die Sache hat sich seitdem zugespitzt
Sonntags sitzt Gott im Irrenhaus
Teilt Würfelzucker aus
Und glaubt er sei der Held

Das Paradies war offensichtlich reine Nervensache
Ich weiß jetzt auch nicht so genau wie's weitergehen soll

LOTHAR SCHÖNE
DIE ENTGLEISTE SCHÖPFUNG

Mit Protest und Aufruhr, Subkultur und Widerstand, all den Stempeln, die man dem Autor Ende der sechziger, Anfang der siebziger Jahre aufdrückte, hat dieses Gedicht nichts zu tun. Die erste Strophe teilt lediglich einen Zustand mit – auf lakonische und, wie die erste Zeile zeigt, auch auf ironische Weise. Der Ton der Langeweile ist dabei nicht zu überhören, einer mißgestimmten, mißmutigen Langeweile (Eva aß nicht, sie »kaute« Obst, und jede Emphase durch ein hinweisendes »So war es« wird vermieden, statt dessen die träge, fast bedauernde Inversion »Es war so«).
Zugleich wird ein Begriff, eine Instanz eingeführt, von der in der Literatur der siebziger Jahre nicht allzu häufig die Rede ist: Gott. Im ganzen Gedicht taucht der Name viermal auf, in Zusammenhängen, die wenig schmeichelhaft sind. Denn dieser Gott schläft, träumt schlecht, wacht schließlich auf und sitzt zum Schluß im Irrenhaus. Ein äußerst passives Verhalten also, auch wenn er offenbar das Irrenhaus Welt alle sieben Tage aufsucht, um Zucker zu verteilen. Und doch ist er der innere Bezugspunkt aller drei Strophen. Um ihn geht es, er ist stets das Subjekt, der Ausgangspunkt aller Aussagen, und selbst die beiden Refrainzeilen beziehen sich auf das unklare, ungewisse Verhalten eines das Paradies vernachlässigenden Gottes.
Wolf Wondratschek arbeitet mit Sätzen, die wie Blitzlichter aufleuchten, nur für einen Augenblick, schon geht ein anderes an. Dabei schneidet er die Zeilen häufig wie Szenen

im Film hintereinander (»Gott wachte auf / Ich kam im Ruhrgebiet zur Welt«). Er argumentiert nicht, er entwikkelt keine Beweiskette, er verknüpft seine einfachen Aussagen nicht zu einem logischen Zusammenhang – das ist Aufgabe des Lesers.

Und nicht trotz, sondern gerade wegen dieser scheinbar simplen Machart, dieser unartifiziellen Sprache, die ungenau sein will und umgangssprachliche Wendungen (»reine Nervensache«, »es mit der Mutter trieb«) geradezu aufsaugt, trifft das Gedicht das Lebensgefühl vieler, die damals glaubten, die Welt auf ein besseres Gleis schieben zu können. Resignation, Ratlosigkeit, ja Hoffnungslosigkeit sind die begrifflichen Entsprechungen für die zweite Zeile des Refrains.

Aber diese pessimistischen Vokabeln sind nicht etwa durch ein privates Unglück hervorgerufen; das Gedicht teilt nichts Geringeres mit als eine ungeheure Fehlentwicklung der gesamten Menschheit. Schon im Paradies ist alles schiefgegangen, aus den Fugen geraten, schon dort war die Schlange der »Chef«. Und der Schuldige ist niemand anderes als jene Instanz namens Gott. Sie hat versagt, weil sie die Zeit nach der Schöpfung verschlafen, weil sie nicht auf die Schöpfung aufgepaßt hat.

Aber wie lautet eigentlich der Vorwurf? Schläft man aus Interesselosigkeit oder aus Zutrauen in das eigene Werk? Wer hat eigentlich wen enttäuscht und wessen Zutrauen nicht gerechtfertigt? »Die Affen paarten sich mit dem was übrigblieb«: Hier begann die Tragödie. Und sie endet dort, wo diese Instanz Würfelzucker austeilt: eine mitleidige, besänftigende und auf jeden Fall unzureichende Wiedergutmachung.

Das Gedicht entpuppt sich also als eine große Anklage –

des Lebens schlechthin und von Anfang an. Und nur der Ton, die laxe und leichtfüßige Diktion, scheint zu verhindern, daß es sich zu einer Litanei auswächst, obwohl das Merkmal einer Litanei im ursprünglichen Wortsinn des Wechselgebets zwischen Geistlichen und Gemeinde vorhanden ist: der Refrain lädt zum Mitsprechen oder Mitsingen geradezu ein. Auf jeden Fall aber macht das Gedicht seinen zwar nicht neuen, aber doch gewaltigen Inhalt durch seine Form gewissermaßen zugänglich, man könnte auch sagen, konsumierbar.

Und wo bleibt das lyrische Ich? Es erwähnt sich, außer im Refrain, nur kurz: »Ich kam im Ruhrgebiet zur Welt / Die Sache hat sich seitdem zugespitzt.« Seit dieses Ich zur Welt kam, einer relativ kurzen Zeitspanne gemessen an der Zeit, die das Gedicht durcheilt, hat sich die Situation also verschlimmert. Das macht, zumindest für den Autor, sein Gedicht so dringlich. Aber ist es eigentlich weniger dringlich für den Leser? Und ist es auch nur einen Deut weniger dringlich geworden, wenn wir es heute lesen?

WOLF WONDRATSCHEK
IN DEN AUTOS

Wir waren ruhig,
hockten in den alten Autos,
drehten am Radio
und suchten die Straße
nach Süden.

Einige schrieben uns Postkarten aus der Einsamkeit,
um uns zu endgültigen Entschlüssen aufzufordern.

Einige saßen auf dem Berg,
um die Sonne auch nachts zu sehen.

Einige verliebten sich,
wo doch feststeht, daß ein Leben
keine Privatsache darstellt.

Einige träumten von einem Erwachen,
das radikaler sein sollte als jede Revolution.

Einige saßen da wie tote Filmstars
und warteten auf den richtigen Augenblick,
um zu leben.

Einige starben,
ohne für ihre Sache gestorben zu sein.

Wir waren ruhig.
hockten in den alten Autos,
drehten am Radio
und suchten die Straße
nach Süden.

PETER RÜHMKORF
GEPÜNKTELTE HOFFNUNGSLINIE

Was wie eine Ballade anfängt, eine Reiseromanze vielleicht, gibt schon in der Eingangsstrophe über den Erzählstoff hinaus zu denken. Ein vergleichsweise unauffälliges, wenn nicht farbloses »Wir« hockt lässig in *den* alten Autos (Bekanntschaft vorausgesetzt) und sucht *die* Straße nach Süden (wir verstehn uns, Compagni?), wobei der bestimmte Artikel schon für sehr bestimmte Artikel steht.

Trotzdem scheint das lyrische Wir seiner eigenen Position nicht ganz so sicher, wie es sich in Positur setzt. Statt Reiseeindrücke zu vermerken oder Landschaft im Fluge festzuhalten, verzeichnet das Fahrtstenogramm Gedanken und Erinnerungen, die den Zurückgebliebenen gelten: einer unbeirrbaren Avantgarde hier, einer geschlossenen Bruderloge dort, unter sich unverbunden alle, wie sie da sind, aber jedes in seiner Art auf einen festen Nenner zu bringen oder bei einem Glaubensinhalt zu packen.

Vergleicht man die unterschiedlich entschiedenen Elitekorps noch einmal genauer mit unseren *Trial-and-error*-Touristen, dann ist allerdings unübersehbar, daß hier klare, um nicht zu sagen absolute Positionen gegen ein ziemlich vages Disponiertsein stehen. In sechsmaligem Ansatz werden sogenannte alternative Verhaltensmodelle von uns aufgeführt und hingereiht, hinter denen jeweils eine unbedingte Heilsgewißheit steht, ganz egal, ob vom Glauben an »endgültige Entschlüsse« bewegt oder vom

Vertrauen auf den einzig möglichen, »den richtigen Augenblick« getragen.
Interessant scheint mir dabei, und ich meine, artistisch interessant, daß die konkurrierenden Alleinvertretungsansprüche nicht bloß einfach von außen her bestritten oder abgewiesen werden, sondern als Widersinnigkeiten-in-sich auf die Bühne gerufen. Missionarische Postkarten aus der Einsamkeit sind ja letzten Endes genauso paradox wie das Totalitätsverlangen nach einer niemals untergehenden Sonne; und wer von einem alle Finsternisse durchdringenden Erwachen immer bloß »träumt«, gerät in die nämliche Absurdität wie jemand, der sich totstellen muß, um den eigenen Kairos nicht zu verpassen.
Damit ist das Gedicht mit seiner Kunst allerdings noch nicht am Ende. Diese hebt erst richtig an, wo die Frage nach dem Sinn von solchen Daseins-Radikalen sich zunehmend dramatisiert und in einem beinah mechanisch anmutenden Abbuchungsverfahren auf einmal der Schicksalsknoten geschürzt wird. Mögen die finalen Umstandsbestimmungen (grammatikalisch gesprochen) zunächst noch offenlassen, wohin es mit der schlimmen Ausschließlichkeit einmal führen kann (»um uns zu endgültigen Entschlüssen aufzufordern« – »um die Sonne auch nachts zu sehen«) – in der klug kalkulierten Engführung des fünften Statements (»saßen da wie tote Filmstars ... / um zu leben«) gibt das scheinbar absichtslos wiederholende Aufzählen dann auf einmal seinen heimlichen Hintersinn preis, und wo eben noch ein rechthaberisches »Um zu« genügte, einen eigentlichen Daseinszweck zu bezeichnen, sieht sich das Finalitätsdenken plötzlich in die Nähe eines heillosen Finales gerückt »Einige starben, / ohne für ihre Sache gestorben zu sein.«

Und seltsam, was uns am Anfang des Gedichtes noch so vag und zag und unentschieden erschien, dieser Singsang vom Aufbrechen und vom planlos beiläufigen Herumprobieren (hocken – drehen – suchen), das klingt im zweiten Durchgang beinah wie ein kleiner Trutzgesang. Ohne daß der Autor auch nur ein einziges Wörtchen an seiner Introduktion geändert hätte, lesen sich die un- und fast unterbetonten Aussagesätze auf einmal wie erklärte Ausrufesätze mit einem dick unterstrichenen *Wir* zu Beginn und einer erwartungsvoll in die Zukunft hineingepünktelten Hoffnungslinie beim Ausklang.

JÖRG FAUSER
DER ZWANG ZUR PROSA

Der Zwang zur Prosa, das ist der
Zwang zur Liebe, zum Rausch, zur
Metzelei, der rasende
Berserker greift zum Schlachtschwert
und zerlegt die Cafés von Angers,
es ist der Zwang zur Prosa,
der ihn berauscht, der den Poeten
mit spitzen Fingern das Pernodglas leeren
läßt und den Schlüpfer der Hure
an der Leine im Hinterhof streichelt,
es ist die Liebe zum Lamm,
die den Hirten niederbeugt in die Lache
der Erde, er trinkt das Blut, er badet
in Flüssen jenseits aller
Vernunft, jenseits der Bürger
und mäßigen Arbeiter, in seinen
Armen wiegt er das Kind
der heiligen Jeanne, er ist schutzlos,
ein Idiot mit Musik in den Muskeln,
er trinkt ihr Blut, er stirbt
den Tod der Ratte, unter Hausbesorgern
beißt er ins Gras, ein Mann
wie ein Rausch, ohne Zukunft, Berserker
ohne Bar ohne Frau ohne Schwert,
an der Loire ein Mann, er badet
in Bildern, in Prosa, in Wein,

er badet im Land, in der Sonne, im Blut
und tut alles unter der Fahne
des Winters, er weiß, es gibt
Liebe nicht so, Lämmer nicht so noch Heilige,
er sonnt sich in Schnäpsen, in Frauen,
in Prosa, in sanfter, vernünftiger
Metzelei ...

WOLF WONDRATSCHEK
ZUM STAUNEN

Der Zwang zur Prosa? Mir scheint dieses Gedicht von Jörg Fauser, der 1944 geboren wurde, von jener kollektiven Konsistenz zu sein, die wir am ehesten aus unseren Träumen kennen.
Das Gedicht beginnt mit einer Erklärung seines verblüffenden Titels, daß es sich bei dem Zwang zur Prosa um den gleichen Zwang handelt wie den zur Liebe, zum Rausch, zur Metzelei. Wahrlich, ein rasantes Tempo. Denn, bitte, was haben Metzelei und Liebe wohl gemeinsam? Die drei Behauptungen peilen knapp und eindeutig die Hauptfigur an, um die es hier geht: den rasenden Berserker. Er schafft den Zusammenhang, die Gemeinsamkeit, ohne daß sein Name genannt wird.
Wir erfahren, daß es sich nicht um einen ganz normalen Amokläufer unserer Tage handelt, sondern um einen Mann (der Geschichte offenbar), der mit dem Schlachtschwert ausgerechnet die Cafés von Angers zerlegt. Deutlicher braucht man es eigentlich nicht zu sagen, um ihn vor sich zu sehen: Gilles de Rais, ein Rasender, ein Berserker, Soldat, Geliebter, Kindsmörder. Immer schon eine Hauptperson in ganz besonderen Träumen. In dieser Radikalität verbleibt das Gedicht, wobei sich hier nur noch einer hinzugesellt: der Träumer selbst, der Poet.
Gilles de Rais also – und bei ihm (im Geiste dieser Vision) der schüchterne Poet, der seine Legende bis weit herüber holt zu den Symbolen der christlichen Reinheit. Aber für

einen Pernodtrinker hängen eben auch im Garten Gethsemane die Schlüpfer der Hure auf der Leine. Wie die Poeten das machen? Ich kann selbst nur staunen. Und wie recht er hat, der Poet! Die Legende des Adeligen fließt wie ein schrecklicher Größenwahn zuletzt in die Wiederholungen und Variationen, die Wörter und die Bilder. Sanfte vernünftige Metzelei? Natürlich nur, wenn man Fausers Überzeugung teilt, daß der Zwang zur Prosa die einzige und wohl einzig wirkliche Errettung darstellt vor dem Elend unglaublicher Exzesse.

Wird ein Gedicht um so besser, je eindeutiger wir es schließlich interpretieren können? Lernen nicht die Schüler Poesie erst dann hassen – freilich von allem Anfang an –, wenn man sie zu jener Art Vergewaltigung anregt, die darin gipfelt, das Objektive festzustellen? Oder wie es heißt: den Sinn?

Zum Beispiel könnte es sein, daß Fauser tatsächlich eines schönen Tages irgendwo am Flußlauf der Loire gelegen hat, berauscht vom Wein, von der Erinnerung an den Mann dieser Landschaft, den Schlachten, dem Morden und der Geschichte einer Erlösung, die auf sich warten läßt. Und daß ihm bei der Niederschrift seines Gedichts das »Objektive« so restlos gleichgültig war wie einem Ertrinkenden die chemische Zusammensetzung des Wassers.

Ich finde an diesem Gedicht die artistische Seite interessant, den Versuch, sprachlich, rhythmisch, metaphorisch Vision und Gegenwart zu verschmelzen zu einem Eindruck, der – trotz allen Zwangs zur Prosa – so nur in der Poesie möglich ist.

Das vergleichsweise Außergewöhnliche dieses Gedichts ist ja, daß Fauser hier einen fast mittelalterlichen, gregorianischen Ton trifft und auch melodisch durchhält, der wie ein Psalm klingt, der Psalm eines Abendmahls mit Blut und Schnaps, Huren und Heiligen – und dem trunkenen Poeten dazu (auch wenn das schon beinahe ein selbstgefälliges Bild darstellt, das nur noch schwer zu akzeptieren ist). Er liegt am oder schon unterm Tisch. Was hat dann einer wie er, der nur Füße sieht, für eine Erleuchtung?

Er sieht keine Schlachten mehr, auch keine Flüsse in Blut, Jeanne d'Arc – auch von ihr mag er nur eine poetische Vorstellung haben. Also ist er ihr Bruder im Geiste, ihr Geliebter, zurückgekehrt in der Verwandlung des kleinen miesen Poeten, der nur im tiefsten Schatten sich einbilden mag, ein Sonnenkönig zu sein. Er ist kein Berserker, es sei denn, der Zwang zur Prosa höre auf, und zweifellos ist er kein Hirt – über welche Herde sollte er wachen?

Dieses Gedicht ist nicht rätselhaft und doch ein Rätsel; auch Träume, wie wir wissen, sind auf ihre Art wirklich. Die Hinterhöfe, sie grenzen manchmal tatsächlich auch an die Ufer jener Flüsse jenseits der Vernunft. Zum Staunen ist es schon.

ROBERT SCHINDEL
KÄLTELIED

1

Und hast du nichts im Maul, nur Luft
Der Westwind fährt dir durchs Gewand
Du stehst herum mit deinem Großen Gähnen
Und schluckst und schluchzt. Du bis im Ohneland.

Was tust du da, was soll dir das Gelaufe
Zur Willenlosigkeit? Verborgen hast
Paar Wünscheldinge. Intensiv bis du
So laut und heiser und verstorben fast.

Was nutzts – ihr Nutzen ist die wahre Leidenschaft.
Die Menschverwalter üben ihre Macht
Sie gieren und sie registrieren.
Und auf uns senkt sich ihre Rattennacht.

2

Und hauen deinen Bruder in den Bauch
Verlangen von der Schwester Futabgaben
Gehen einher als Leute, die was haben
Und also leben, und es ist der Brauch

Daß du gesellig dich dazubequemst
Mit deiner Liebe ihren Rebbach speist
Dich unter ihren Krötenküssen dehnst.

Ach – mach sie nach. Nach ihrer Gier – dein Giern
Lebe das Leben aus der Dämmerhand
Versüß dir das vertraute Unbekannt.
Die toten Ahnen stehn dir auf der Stirn

3

Und wie sie sind so kannst nicht sein
und was du bist das bist du nicht
Die Kälte schwängert dich. Die Sucherein
Nach der PERSON in morgenrotem Licht

Verpissen sich. Dein Denken
Zerfasert. Doch dein Hasenlauf
Zuckt noch ein wenig: Du gibst auf.
Du hast die Kälte fest in den Gelenken.

KLARA OBERMÜLLER
DIE TOTEN AHNEN AUF DER STIRN

Schon die Titel seiner Gedichtbände verheißen keine Harmonie. Robert Schindel liebt das schräge Bild, die unerwartete Wortpaarung, das Oxymoron, und nur wenige bewegen sich so unbekümmert und wagemutig im Garten der deutschen Sprache wie der bald fünfzigjährige Österreicher aus Wien.

In seinem ersten Gedichtband »Ohneland« aus dem Jahr 1986 hat Schindel den Ort bezeichnet, von dem aus er schreibt, ein Land- und Heimatloser, ein »Aushäusiger«, wie es in Österreich heißt, einer, der nicht dazugehört, ein Fremder im eigenen Land. In einem seiner jüngsten Gedichte, »Vineta« heißt es, stellt er sich selber vor: *Ich bin ein Jud aus Wien, das ist die Stadt / Die heisse Herzen, meines auch, in ihrem Blinddarm hat / die schönste Stadt der Welt direkt am Lethefluss / Ich leb in ihr, in der ich so viel lachen muss* ... Diese Standortbestimmung steht nicht im Widerspruch zum oben Gesagten; sie ist viel eher eine Erklärung dafür.

Der Sohn jüdischer Kommunisten, dem die Nazis den Vater ermordet und die Mutter durch die Konzentrationslager getrieben haben, ist zurückgekehrt an den Ausgangspunkt, in die »Wortheimat« Wien, in die die Erinnerungen einfallen wie Krähen und den Gedanken an die Toten wachhalten. Dort lebt, liebt und schreibt er als einer, der weiß, daß er hier im Grunde nicht sein sollte. *Und schuldig ich, und wie, ein Halbgerechter / Denn ich vergnüg mich gar nicht schlecht in deutschen Landen,* heißt es in dem Gedicht, das seinem jüngsten Band »Ein Feuerchen im Hintennach« den Titel gegeben hat.

Aus der Spannung unterschiedlicher Herkunft lebt nicht nur Schindels 1992 erschienener Roman »Gebürtig«; die Spannung ist auch in den Gedichten, die ihr mit paradoxen Wortschöpfungen und widerständiger Poesie oft unmittelbarer Ausdruck verleihen, als die geregeltere Prosa dies vermöchte. Im Bänkel- und Balladenton, Villon im Gepäck und an barocker Bildersprache geschult, gibt Schindel Alltagserfahrungen wie existentiellen Befindlichkeiten Ausdruck. Im Grunde hat er nur ein Thema, und das ist er selbst. *Doch weil du tot bist, rede ich von dir / Indem ich von mir red,* sagt er im Gedicht auf den Tod eines väterlichen Freundes.

Auch im »Kältelied« hält einer Zwiesprache mit sich selbst. Die Anrede hilft ihm, den eigenen Standort zu bestimmen: *Du stehst herum mit deinem grossen Gähnen / Und schluckst und schluchzt. Du bist im Ohneland.* Es ist, als wolle einer sich die eigene Unbehaustheit in Erinnerung rufen, bevor er es sich allzu wohl sein läßt an einem Ort, der ihn jederzeit wieder vertreiben könnte. *Was tust du da?*, lautet die Frage, die ohne Antwort bleibt. Sie, die andern, die *Menschenverwalter*, sorgen dafür, daß sie nicht zur Ruhe kommt. Schindel sagt sich vor, was sie ihm und den Seinen angetan haben und unter Umständen wieder antun könnten.

Er braucht die Mahnung, um zu verhindern, daß er, der Ausgehauste, sich dazu bequemt mit einer Liebe, die auf Gegenliebe hofft. *Ach – mach sie nach*, ruft er sich zu, *versüß dir das vertraute Unbekannt. Nützen wird's nichts. Die toten Ahnen stehn dir auf der Stirn* und grenzen aus –

in den Augen der andern und, notwendigerweise, auch in den eigenen. Der allzu gefälligen Anpassung droht der Identitätsverlust: *Und wie sie sind so kannst nicht sein / und was du bist das bist du nicht.* Der Versuch, einen Ort zu finden, an dem man mit sich und den andern im reinen wäre, scheitert. Die Flucht gelangt an kein Ziel; sie ermüdet nur und gibt schließlich, *die Kälte fest in den Gelenken*, auf.

Doch Schindel wäre nicht der, der er ist, wenn er Kälte und Verzweiflung das letzte Wort überließe. »Gedichte vom Holz der Paradeiserbäume« lautet der Untertitel des Bandes »Ohneland«. Die Spannung von sinnlichem Behagen und panikhaftem Fluchtreflex treibt eine Sprache an, die sich im Widerspruch zum Gegebenen fortlaufend neu erfindet.

JÜRGEN THEOBALDY
ABENTEUER MIT DICHTUNG

Als ich Goethe ermunterte einzusteigen
war er sofort dabei
Während wir fuhren
wollte er alles ganz genau wissen
ich ließ ihn mal Gas geben
und er brüllte: »Ins Freie!«
und trommelte auf das Armaturenbrett
Ich drehte das Radio voll auf
er langte vorn herum
brach den Scheibenwischer ab
und dann rasten wir durch das Dorf
über den Steg und in den Acker
wo wir uns lachend und schreiend
aus der Karre wälzten

WULF SEGEBRECHT
VERBRÜDERUNG MIT GOETHE

Wer ist das eigentlich, mit dem sich Goethe, diesem Bericht zufolge, nach einem Verkehrsunfall johlend auf einem Acker herumgekugelt haben soll? Ich bin es, sagt der Dichter Jürgen Theobaldy, ich habe das Abenteuer selbst erlebt, ich berichte davon.

Ganz schön respektlos und selbstbewußt, dieser junge Mann! Ziemlich rüde plaziert er jedenfalls seinen großen Kollegen auf den Beifahrersitz seines Autos und läßt ihn dort – wen kann es wundern? – einigermaßen desorientiert und täppisch aussehen, während er selbst dem berühmten Mitfahrer gegenüber seine Routine im Umgang mit der seit Goethe fortgeschrittenen Technik stolz und überlegen ausspielen kann. Soll hier, wieder einmal, ein Denkmal vom Sockel gestoßen, ein Klassiker demontiert, Goethe als Trottel entlarvt werden?

Der Bericht über Goethes Verhalten während der Autofahrt rechtfertigt diese Vermutung bei näherem Zusehen nicht: Spontan folgte er, so wird erzählt, der Einladung zum Mitfahren, neu- und wißbegierig erkundigte er sich nach allen Funktionen des Vehikels und probierte sie risikobereit selbst aus, mit motorischer Begeisterung genoß er das befreiende und mitreißende Gefühl von Geschwindigkeit und Lautstärke. Dieser Goethe erwies sich bei der gemeinsamen Autofahrt gerade nicht als ein regungsloses Denkmal, sondern als ein höchst lebendiger, übermütiger Gefährte und Kumpan. Das sichert ihm die Sympathie des

Berichterstatters. Mit diesem Goethe kann er sich identifizieren und am Ende verbrüdern. Sein Gedicht – selbst zwanglos formuliert, ohne einengende Reime und begrenzende Strophengliederung – rekapituliert den Vorgang, der zu dieser Verbrüderung führt, als abenteuerliche Befreiungsbewegung. Gegen alle Etikette, gegen gesellschaftliche Zwänge und spießbürgerliche Rücksichten drängt es Goethe hinaus »Ins Freie«. Aus der Kerkerszene des Ersten Teils der Faust-Tragödie stammt bezeichnenderweise dieses Zitat, und es signalisiert, hier wie dort, kein konkretes Ziel, zu dem die Befreiung führen könnte, sondern die Bereitschaft zu unbedingter Selbsterfahrung. Die Wegstrecke selbst, die Richtung »Ins Freie«, wohin die Fahrt geht, hat Vorrang vor jedem denkbaren Fahrtziel. Das gemeinsam bestandene Abenteuer wird unter solchen Umständen zu einem Abenteuer der Erfahrung der eigenen Subjektivität. In ihrem Zeichen kommt es am Ende zu der Verbrüderung der Gleichgesinnten. Mit »Dichtung« (wie der Titel des Gedichts sagt) hat dieses Abenteuer insofern etwas zu tun, als Goethes Verhaltensweise für den Berichterstatter offensichtlich diejenigen Qualitäten demonstriert, die eine subjektive Poesie seiner Auffassung nach haben sollte: Umstandslos spontan soll sie sein und auf Neues aus, lustbetont und freiheitsoffen, also undogmatisch. Die Verbrüderung mit Goethe enthält das Bekenntnis zu einer solchen Dichtung.

Man sieht: Goethe – natürlich der junge Goethe, der rebellische Stürmer und Dränger, nicht der herzogliche Geheimrat – wird hier bedenkenlos für das Programm der Neuen Subjektivität der siebziger Jahre in Anspruch genommen, als deren Exponent in Theorie und Praxis der 1944 geborene Jürgen Theobaldy gilt. Sein Goethe-Gedicht findet sich bereits in dem 1973 erschienenen Gedichtband »Sperrsitz«. Programmatisch eröffnete es dann den Band »Blaue Flecken« (1974), wo es mit dem Motto Hölderlins korrespondiert: »Komm! ins Offene, Freund!«

JÜRGEN THEOBALDY
EIN AMTSSCHREIBER ERWACHT

Ich öffne die Hand,
und die Fliege darin lebt noch.
Vergebens habe ich
auf einen Gruß von dir gewartet.
Jetzt heißt es, das Bett zurechtzumachen
und die alten Briefe wegzustecken.
Die Cafés erwärmen jeden Morgen ihr Versprechen
auf ein unverhofftes Treffen.
Der Mittag wird mich daran erinnern,
daß es ausgeblieben ist.
Heute wäre ich schon mit weniger zufrieden,
wenn es nur schmeckt;
ein Tagesteller ist schließlich zu verbessern.
Als gestern nacht der Krimi zu Ende ging,
blieb die Welt für einen Augenblick stehen.
Freilich war das auch schon alles.

Neben der Tür zum Sitzungszimmer
wartet mein alter Regenmantel auf mich.
Er hat mich niemals hängen lassen.
Was die Namen angeht, bin ich vergeßlich.
Über die Eingaben lächle ich.
Das ist meine Rache an den Machern.

Und nun, vorwärts in den Tag!
Gleich wühle ich mich hinein
mit dem Propellerwirbel meiner Ellbogen.
Hat man den Bogen raus, geht es ganz leicht.
Du grüßt mich also nicht.
Im Grunde genommen hast du mich nie gegrüßt.
Aber weiter.

Ich richte mich auf,
und die Fliege fliegt weg.
Ich widme ein neues Kalenderblatt
meiner Komplizenschaft mit dem Pförtner.
Er weiß alles von dir.
Nein, alles weiß er von dir.
Nenne mich dein tragisches Ereignis,
während du Mühe hast, fahrig wie du bist,
die Zigarette auszudrücken.

Ob's dir paßt oder nicht:
Du hast mich geliebt.

HANS CHRISTOPH BUCH
IM DUNKELN PFEIFEN, UM SICH MUT ZU MACHEN

Dies ist ein Liebesgedicht, aber wie jedes gute Gedicht muß man es nicht nur zu Ende, sondern mindestens zweimal lesen, um zu verstehen, wovon hier die Rede ist. Verstehen ist schon zuviel gesagt; es geht um eine vorsichtige Annäherung, ein Nachsummen der bruchstückhaften Melodie, die der Dichter oder Sänger – hier stimmt das abgegriffene Wort – vor sich hin pfeift, um sich im Dunkeln Mut zu machen, wie der Volksmund sagt.
Die Überschrift der locker gefügten Strophen suggeriert ein erzählendes Gedicht, aber diese Erwartung wird gleich zu Anfang enttäuscht; ja, das Enttäuschen eingefahrener Erwartungen gehört zur literarischen Strategie des Autors, der jede Verszeile anders ausklingen läßt, als es die vorausgegangene nahelegt. Trotzdem wird so etwas wie eine Erzählstruktur erkennbar. Die Fliege, die der Dichter in seiner Hand gefangenhält, fliegt am Ende fort, und alles andere fügt sich zwanglos in den damit gesetzten Rahmen ein: der nicht beantwortete Brief, das fehlgeschlagene Rendezvous im Café, der unerwiderte Gruß und die fahrig ausgedrückte Zigarette am Schluß – es ist die Geschichte einer Trennung, die hier mit all ihren tristen und trivialen Details rekapituliert wird: eine alte Geschichte, wie schon Heine wußte, *doch bleibt sie immer neu / Und wem sie just passieret, / dem bricht das Herz entzwei.*
Was Theobaldys Verse von anderen Trennungsgedichten unterscheidet, die den Phantomschmerz der Liebe melan-

cholisch oder sentimental beschwören, ist der Amtsschreiber, als der sich der Autor – oder besser gesagt sein lyrisches Ich – augenzwinkernd apostrophiert. Der literarhistorisch beschlagene Leser denkt dabei an Gogols Mantel, der an der Tür des Sitzungszimmers hängt (*Er hat mich niemals hängen lassen.*), und an Melvilles Bartleby, einen stillen Kanzleischreiber, der eines Tages laut und deutlich nein sagt: »Ich möchte lieber nicht.«

Mit fast den gleichen Worten hat sich der Schriftsteller Jürgen Theobaldy, nach seinem vielbeachteten Debüt mit Lyrik und Prosa in den siebziger Jahren, vom deutschen Literaturbetrieb verabschiedet und lebt heute als Protokollant des Bundeshauses in Bern. Hier, in der Schweiz, hätte er auch das Vorbild für den Protagonisten seines Gedichts finden können. Ich meine nicht Gottfried Keller, der in Zürich als Stadt- und Staatsschreiber öffentlichen Respekt genoß, sondern Robert Walser, dessen Helden meist kleine Angestellte sind wie der in die Frau seines Arbeitgebers verliebte »Gehülfe« im gleichnamigen Roman.

All das braucht der Leser nicht zu wissen. Weder die Biographie seines Autors noch die hier skizzierte literarhistorische Tradition eröffnen einen privilegierten Zugang zu Jürgen Theobaldys Gedicht: Wie jedes Kunstwerk ist es eine leere Fläche, auf die der Betrachter seine Wünsche und Ängste projiziert, bis er darin am Ende sein eigenes Spiegelbild erblickt.

JÜRGEN THEOBALDY
WEICHE KÖRPER

Wieder die Gedanken an weiche Körper.
Eine Woche allein in hohen hellen Räumen
und du kriegst einen neuen Blick
für Kaffeelöffel, Kugelschreiber und Socken.
Draußen scheint die Sonne wie Musik.
Ein Kind schreit im Treppenhaus.
Die langen Tage voller Leiden, die noch
kommen werden. Ich bin nicht, wie manche von euch,
vorbereitet auf »ein Leben ohne Überraschung«.
Im Augenblick sind es die Gedanken
an weiche Körper. Sie steigen von den Schuhen
in den Kopf und lösen Hoffnung aus, Hoffnung ...
Oh, öffne dich, Symbolgeschichte des Frühlings
für diese kleine verletzliche Handschrift!

KARL KROLOW
ÖFFNUNG IN NEUE ERFAHRUNGSBEREICHE

Das Gedicht »Weiche Körper« stammt von dem dreißigjährigen Jürgen Theobaldy. Man findet es in seinem bei Rowohlt erschienenen Buch »Blaue Flecken«, dem im Jahr zuvor ein Bändchen Gedichte in einem kleinen Verlag vorangegangen war. Es ist ein Frühlingsgedicht und ein nichts als privates Gedicht, wie beabsichtigt vom Autor. Die meisten Gedichte des Buches sind mit solcher Absicht geschrieben. Darum kann es hier stellvertretend genannt werden.
Der Schreiber kommt aus der linken Studentenbewegung. In manchen Texten merkt man das noch. Aber es klingt wie ein Rückblick. Jedenfalls meint das Motto, das er seinem Band voranstellte – Hölderlins »Komm! Ins Offene, Freund!« – eine Aufforderung, eine Öffnung in neue Erfahrungsbereiche, zu denen auch dieses Private und die Mitteilung des Privaten, des Alltags gehört. Das für einige tabuisierte Privatleben wird in den »Blauen Flecken« überall wieder möglich, zuweilen noch ein wenig krampfhaft. Es ist, als wenn noch manches neu sich anhöre: Kaffeelöffel, Kugelschreiber oder Socken.
Die Unsicherheit gibt sich noch ein wenig ironisch. Die Ironie hilft, eine neue Position zu festigen. Sie überspielt Schwierigkeiten, die Theobaldy wohl noch hat. Die Schwierigkeiten werden in den beiden letzten Gedichtzeilen offenkundig, wenn das Wort Frühling fällt und die ganze poetische Belastung dieses Wortes noch hinzuge-

fügt wird, diese heikle und verblasene »Symbolgeschichte« einer Jahreszeit, die literarisches Repertoire ist, von dem man loskommen will.

Die »Öffnung« ist nicht leicht, oder – anders gesagt – Jürgen Theobaldy macht es sich mit ihr nicht leicht. Er ist sensibel genug, um sich die »kleine verletzliche Handschrift« einzugestehen, die eigene, noch unsichere Artikulation der neuen Erfahrung des Privaten, der privaten Gefühle, der Reaktionen auf Umwelt, menschliche Nähe, Kleinigkeiten, Banalitäten.

»Gedanken an weiche Körper« – das ist tatsächlich so etwas wie Ins-Träumen-Geraten. Das ist hier gestattet. Man gibt ihm nach, mitten in einfacher Umwelt, bei einfachen, alltäglichen Verrichtungen, in irgendeiner anonymen Wohnung mit hohen, hellen Räumen, bei Kindergeschrei im Treppenhaus, sozialem Wohnungsbau, Siedlungshaus-Szenerie. Die Sonne ist tatsächlich wieder Sonne, die »wie Musik« scheint, einfach und etwas sentimental der Vorgang und ein wenig lyrische Kolportage. »Die langen Tage voller Leiden, die noch kommen werden«, nehmen den Mund ja auch voll mit Gefühl (hinter dem – gerade weil der Mund so voll poetischen Leidens genommen wird – wieder diese Ironie auftaucht, einen Augenblick lang, um das auszugleichen, um die Gefühlsdirektheit, das Undifferenzierte, Sentimentale möglich zu machen).

Der empfindliche Schreiber – »Ich bin nicht, wie manche von euch, vorbereitet auf ›ein Leben ohne Überraschung‹« – gibt sich empfindsam, irritierbar, träumerisch. Die »Gedanken an weiche Körper« »lösen Hoffnung aus, Hoffnung ...« Das alles ist weit weg von einem »Prinzip Hoffnung«. Es bleibt bei der Gefühlswallung, beim Momentanen, beim Eingestehen eines beiläufigen Vorgangs:

Komm! Ins Offene des Gefühls, auch der Empfindsamkeit.

Der Zuschnitt des Theobaldyschen Gedichts ist bei diesem wie bei vielen anderen seines Buchs der Zuschnitt der amerikanischen Pop-Lyrik: etwas Frank O'Hara, etwas Ted Berrigan, Charles Bukowski, Gerard Malanga, Verwandtschaft (und Übernahme), wie man sie auch bei deutschen Lyrikern der Generation Theobaldys findet, bei Rolf Dieter Brinkmann oder Nicolas Born zum Beispiel. Wie diese macht Jürgen Theobaldy von Subjektivität Gebrauch. Die Unkompliziertheit des Privaten ist allerdings nur angenommen. Sie wird von einer spürbaren Labilität der Wahrnehmung kontrolliert. Auch Theobaldys Verse zielen wie die Brinkmanns auf »persönliches Datum«. Dies ist Theobaldys Gedichtstoff, wie es unser gelenkter Alltag ist.

PETER PAUL ZAHL
MITTEL DER OBRIGKEIT

man muß sie gesehen haben
diese gesichter unter dem tschako
während der schläge

man muß sie gesehen haben
diese gesichter unter dem tschako
zwischen schlag und schlag

man muß sie gesehen haben
diese gesichter unter dem tschako
nach den schlägen

sag nicht: diese schweine
sag: wer hat sie dazu gebracht

ERICH FRIED
EIN MEISTER DER AUSSPARUNG

Dieses Gedicht geht mir wahrscheinlich deshalb nicht aus dem Kopf, weil es eines der sparsamsten, zurückhaltendsten und zugleich präzisesten ist, die ich kenne, präzise durch Aussparungen. Das finde ich noch bemerkenswerter, seit ich weiß, daß es im Gefängnis entstanden ist, denn Verse hinter Gittern sind meist unbeherrschter, anspruchsvoller, reicher an Adjektiven, frommen und unfrommen Wünschen.

Der Dichter beginnt mit drei Momentaufnahmen. In seinen ersten drei Dreizeilern gibt immer nur eine Zeile den Unterschied zwischen den Bildern an: »während der schläge«, »zwischen schlag und schlag«, »nach den schlägen«. Daß die Schläger Polizisten sind, wird durch den Tschako angedeutet; gesagt wird es nicht. Gesagt wird nicht einmal, daß *sie* schlagen. Dem Satzbau nach könnten die Gesichter unter dem Tschako auch die Geschlagenen sein. Alles bleibt dem Denken des Lesers überlassen und seiner eigenen Erfahrung als Zeitgenosse. Das Gedicht will nicht zu einer feststehenden Meinung zwingen, sondern zum Denken. Auch wenn es, psalmenhaft wiederholend, dreimal einhämmert »man muß sie gesehen haben«, sagt es nicht, was man in diesen Gesichtern gesehen haben muß.

Der Leser wird auch nicht auf Polizeiknüppel aufmerksam gemacht, auch nicht auf dreinschlagende Hände oder Fäuste, nein, auf Gesichter, die selbst nichts oder wenig tun,

in denen aber Entschlossenheit oder Verkrampftheit, Zögern, Angst, Grausamkeit oder Automatismus des Schlagens zu lesen sein müssen. Dem Leser wird nicht gesagt, was er lesen soll, wahrscheinlich weil Peter Paul Zahl seine dreimalige Aussage »man muß sie gesehen haben« wörtlich meint und deshalb dichterische Zurückhaltung übt.
Damit ist das Gedicht schon fast beendet. Nur noch zwei Zeilen: »sag nicht: diese schweine! / sag: wer hat sie dazu gebracht«.
Die Bezeichnung »schweine« stünde nach Meinung des Dichters offenbar dem Erkenntnisprozeß im Wege, den schon sein Hinweis auf die Gesichter eingeleitet hat, obwohl er selbst nach drei Blicken auf die Prügelszene und in die Gesichter der Schläger das Schimpfwort offenbar so verführerisch naheliegend findet, daß er sofort vor ihm warnen muß. Noch mehr als der Schimpfverzicht um des Verstehens willen erweitert die Schlußzeile das Gedicht. Sie ist der Form nach eine Frage, birgt aber schon so viel Erkenntnis und unmittelbar bevorstehende Aussage, daß sie nicht mit »frag«, sondern mit der viel wirksameren Wiederholung »sag« eingeleitet wird.
Peter Paul Zahl schlägt dem Leser wieder keine fertige Antwort vor, sondern läßt ihn mit einer offenen Frage zurück. Sie kann die Widersprüche und Entfremdungen einer Gesellschaft meinen, die Menschen einander so aggressiv gegenüberstellt, sie kann auch aus jeder Schwarzweißmalerei ausbrechen, die die Verrohung immer nur auf der Gegenseite sehen möchte, nicht als etwas, was beide Seiten einander aufzwingen.
Durch ihr Offenbleiben hören diese Verse freilich nicht auf, ein engagiertes Gedicht zu sein, sondern werden erst eines. Als Sammlung ausgesprochener, in sich geschlosse-

ner Vor-Urteile wären sie nur ein Aufruf in Versen und ungleich weniger wirksam als diese Anleitung zum Selbst-Ausdenken und Nacherleben.

Träger einer Wertung – und damit indirekt einer Anklage – ist eigentlich nur der Titel des Gedichtes, der aussagt, daß Menschen als Mittel einer Obrigkeit in Aktion treten, also instrumentalisiert, verdinglicht. Gegen Verdinglichung von Menschen wehrt sich das ganze Gedicht.

THOMAS BRASCH
DER SCHÖNE 27. SEPTEMBER

Ich habe keine Zeitung gelesen.
Ich habe keiner Frau nachgesehn.
Ich habe den Briefkasten nicht geöffnet.
Ich habe keinem einen Guten Tag gewünscht.
Ich habe nicht in den Spiegel gesehn.
Ich habe mit keinem über alte Zeiten gesprochen und
mit keinem über neue Zeiten.
Ich habe nicht über mich nachgedacht.
Ich habe keine Zeile geschrieben.
Ich habe keinen Stein ins Rollen gebracht.

UWE WITTSTOCK
WIDER DEN SINN

Das literarische Leben der DDR hat, im Gegensatz zu dem der Bundesrepublik, ein Zentrum: in Ost-Berlin wohnen die meisten Autoren, hier residieren die wichtigsten Verlage, dazu die Akademie der Künste und der Schriftstellerverband. So konnte sich zwischen den Erzählern, Lyrikern und Dramatikern des Landes ein erstaunlich dichtes Netz von Freundschaften oder auch Rivalitäten entwickeln, die nicht selten poetische Folgen zeitigen.

Christa Wolf veröffentlichte 1974 eine vierzehnseitige Tagebuchnotiz, »Dienstag, der 27. September«, in der sie detaillierte Auskunft gibt über ihren Arbeitsalltag zu Beginn der sechziger Jahre. Demselben Datum widmet Thomas Brasch, der 1976 die DDR verließ, ein Gedicht, das später auch seinem Lyrikband den Titel gab: »Der schöne 27. September«. Die zwei Texte lassen sowohl tiefgreifende ästhetische Differenzen zwischen diesen beiden Schriftstellern erkennen als auch ihre konträren Weltbilder.

Christa Wolf berichtet ausführlich von den Mühen des Gewöhnlichen: vom Versorgen der Kinder, vom Besuch beim Arzt und in einer Parteibetriebsgruppe, von einem Gespräch mit ihrem Mann über »Kunst und Revolution« und nicht zuletzt von der kräftezehrenden Arbeit an einer Erzählung, zu der sie erst am Abend Zeit findet. Nichts davon ist in irgendeiner Weise außerordentlich oder bemerkenswert. Trotzdem schildert die Autorin ihre Handlungen mit penibler Genauigkeit und mißt ihnen – als winzige Bausteine zu einem großen Ganzen – einigen Wert bei. Sie folgt der Überzeugung, so heißt es gegen Ende, »daß nur eine fortdauernde unbeirrte Anstrengung den kleinen Zeiteinheiten, in denen wir leben, einen Sinn gibt«.

Von einem solchen »Sinn« ist in Thomas Braschs Gedicht keine Rede. Im Gegenteil: Hier hat sich jemand nicht nur den schlichten Verrichtungen entzogen, mit denen wir üblicherweise unsere Tage füllen, sondern auch den moralischen oder sozialen Forderungen, die gemeinhin als Richtschnur unseres Handelns gelten (»Ich habe nicht über mich nachgedacht /.../ Ich habe keinen Stein ins Rollen gebracht«). Die Reihe kühler Unterlassungserklärungen macht eine erschreckende Situation erkennbar: Für den Sprecher haben die Gewohnheiten, Konventionen und philosophischen Maximen, die dem Leben einen inneren oder auch nur äußeren Halt geben können, ihre Macht verloren. Dennoch bezeichnet Brasch diesen 27. September ausdrücklich als »schön«.

Jenes »Ich« nämlich, das in zehn Zeilen neunmal stolz an die Spitze gestellt wird, ist zwar aus jeder Ordnung gefallen, damit aber auch frei von allen Pflichten und Zwängen. Es kann auf die erwähnte »fortdauernde unbeirrte Anstrengung« verzichten, das eigene Tun auf einen höheren Zusammenhang hin zu organisieren. Damit gewinnt es die Möglichkeit und die Bereitschaft zum Selbstgenuß und zum Genuß des Augenblicks.

Ein radikalerer Widerspruch läßt sich kaum denken: Christa Wolfs Tagebuchprosa schenkt selbst banalen Einzelheiten Beachtung, da auch in ihnen ein umfassender Plan aufscheint, dem sich alles unterzuordnen hat. Sie bemüht sich geradezu obsessiv um Sinnstiftung. Gegen jeden derartigen Versuch polemisiert Thomas Braschs Gedicht in nüchternen, knappen Versen. Es setzt sich dem Wissen um eine hoffnungslos chaotische Welt aus und beschwört zugleich die anarchische Freiheit des einzelnen.

THOMAS BRASCH
LIED

Was ich habe, will ich nicht verlieren, aber
wo ich bin will ich nicht bleiben, aber
die ich liebe, will ich nicht verlassen, aber
die ich kenne will ich nicht mehr sehen, aber
wo ich lebe, da will ich nicht sterben, aber
wo ich sterbe, da will ich nicht hin:
Bleiben will ich, wo ich nie gewesen bin.

CYRUS ATABAY
DER NICHT-MITMACHER

Der Hungerkünstler Franz Kafkas, befragt, warum er denn nicht anders könne als hungern, antwortete: »Weil ich nicht die Speise finden konnte, die mir schmeckt.« Weiterhin zur Rede gestellt, hätte er sagen können: Ich stehe für niemand anders als für mich. In sein Tagebuch hätte er die Selbstkritik eintragen können, daß er sich noch immer nicht engagiert hat. Erzähl uns aus deinem Leben: Ich kam, hätte er sagen können, aus einem Land, wo der Wind durch verstaatlichte Hirne fegt, in eine Welt aus Beton, aus einer Kälte in eine andere Kälte. Soll ich mich hier heimisch fühlen? Ich will fort von diesem alten Kontinent, aus diesem kleinen geteilten, erschöpften Deutschland, unter offene Himmel, ich sehe einen endlos weiten Strand mit weißen, der Freude hingegebenen Völkern. Oder halluziniere ich?

Thomas Brasch, geboren 1945, gehört einer Generation an, die man die »geschichtslose« genannt hat; genauer müßte es heißen: »geschichtsverweigernde«, denn sie bietet ihre ganze Kraft auf, der Geschichte zu entkommen. Die Erfahrung der Verstümmelung des Menschen durch die Manipulationsmaschine der Menschenwelt führt zu einer gegenläufigen Kraft: die Spuren verwischen, sich ausradieren, wieder ein leeres Blatt sein, das nicht mehr beschrieben wird, nicht von den Anweisungen der Revolution, nicht von der führenden Klasse.

Dieses Gedicht (aus dem Zyklus »Der Papiertiger«), das

Thomas Brasch ein Lied nennt, schwankt zwischen Ratlosigkeit und Hoffnung. Es ist ein paradoxer Zustand: jene, die man liebt, will man nicht verlassen, aber wie kann man noch atmen und leben in diesem System? Bleibt mir vom Hals mit eurer »neuen Ordnung«, was soll aus mir werden, wenn ich mich nicht bei euch aufhänge? Jede Zeile in diesem Lied wird gebrochen und widerrufen durch ein »aber«, das sich nicht begnügt. Aus dem anfänglichen Zaudern wird schon in der zweiten Zeile Trotz, der sich zur Entschlossenheit steigert.

Es ist ein kalter Stern, auf dem wir um die Sonne fliegen, kein Ort des Lebens und des Sterbens. In der letzten Zeile dieser Strophe sind endlich die Gegensätze versöhnt. Dieses »Bleiben« ist wie ein ausgeworfener Anker in eine Zukunft, die die Reinheit einer verlorenen Vergangenheit reflektiert: Où sont les neiges d'antan?

THOMAS BRASCH
SCHLAFLIED FÜR K.

Nacht oder Tag oder jetzt
Will ich bei dir liegen
Vom schlimmsten Frieden gehetzt
Zwischen zwei Kriegen

Ich oder wir oder du
Denken ohne Gedanken
Schließ deine Augen zu
Siehst du die Städte schwanken

In den Traum oder Tod oder Schlaf
Komm in den Steingarten
wo ich dich nie traf
will ich jetzt auf dich warten

GÜNTER KUNERT
AM HORIZONT DER TOD

Die neuere Lyrik des sich immer schneller neigenden Jahrhunderts vermittelt uns eine allgemeine aktuelle Erfahrung: Nur in der Abwesenheit kommen wir noch zu uns. Keinem Bereich unseres täglichen Lebens sind vielfältige Relativierungen erspart geblieben: Von überkommenen ethischen Werten bis zu Verhaltensnormen nur Auflösungserscheinungen. Das klingt wie Klage, ist aber keine. Auch kein Hinweis auf Verfall als Sympton des Unterganges: Untergehen kann nicht, was schon gar nicht mehr vorhanden ist. Nur Konsequenzen sind noch zu ziehen. Das tut, jedenfalls in der Sphäre der Lyrik, Thomas Brasch.

Sein »Schlaflied für K.« verspricht kein gutes Ausruhen, keine Tröstung, sondern vielmehr jenen Schlummer, aus dem es kein Erwachen mehr gibt. Das Ich des Gedichts verlangt zwar gleich am Anfang nach Gemeinsamkeit, definiert sie aber nicht. Das Verb, einstmals beschönigend für Beischlaf benutzt, hat, seit dem Gebrauch eindeutigerer Benennungen, diesen Sinn eingebüßt: Beieinander-*liegen* kann man auch jenseits aller Lebendigkeit. Ohnehin: Vom schlimmsten Frieden gehetzt und zwischen zwei Kriegen, als nehme diese Zeile den bedrohlichen Vergleich von 1914 und 1980 vorweg oder habe ihn dem damit operierenden Politiker erst geliefert, bietet der im Gedicht beschworene Augenblick keine Erlösung des Ichs im Du. Ja: Kein Wort von Liebe, von Zuneigung, von Lust: Die Individuen, von denen die gedämpfte Rede ist, gehen umrißlos ineinander über, hilflos, weil gedankenlos denkend, in Vorahnung der künftigen Katastrophe, wie es die letzte Zeile der zweiten Strophe verkündet. Die dritte gibt die Richtung an: Nach dem Beieinanderliegen und Augenschließen, nach einem dialoglosen, stummen Zusammensein im Angesicht der Drohung heißt die Aufforderung: »In den Traum oder Tod oder Schlaf« – alles metaphorisch identische Zustände totaler Abwesenheit, einer, die vermutlich doch wohl nichts anderes als Mortalität ist. Denn der Steingarten, der da evoziert wird, ist ganz gewiß nicht der des Theophrast: Hinter der Bezeichnung verbirgt sich, was die vorangehende Stimmung und Wortwahl assoziiert: der Friedhof. Das letzte Treffen findet im Jenseits statt, das Diesseits hat seine Möglichkeiten erschöpft und gibt an Glücksverheißung nichts mehr her.

Dies wird in einem kühlen Ton vorgetragen, unsentimental, sprachlich spartanisch, sonst wäre es nicht glaubhaft: Ein Endzeitgedicht?

Die vielen anderen Todes-, Totschlags-, Suizid- und Mordgedichte in Braschs Gedichtband legen die Vermutung nahe. Zumindest Endzeit einer langsam vorsichhinsiechenden Epoche. Liest man neben diesen Gebilden gleichzeitig die von Nicolaus Lenau, staunt man über die Parallelen zum Thema Tod. Ich könnte schwören, seine klapprige Gestalt erscheint stets am Horizont der Literatur, wenn sich in der Gesellschaft nichts mehr regt, kein Funken, keine Hoffnung, kein Zorn, kein *élan vital,* ja, nicht einmal mehr Haß, der Wille zur Veränderung. Die allerletzte Fähigkeit, die sich erhalten hat, ist die des Wartens, wenn auch niemand mehr weiß, worauf – auch der Dichter nicht.

THOMAS BRASCH
VORKRIEG

Ich habe heute nacht geträumt
Von einem dunklen Tag
Und einer fremden Frau Wie
Atemlos ich bei ihr lag

Sie sprach von einem schönen Tod
Und von einem eisernen Krieg
Ich sah wie sie mit großem Schritt
Die eiserne Treppe hochstieg.

Ich bin ihr nachgegangen
Soldaten haben mich eingefangen
Und mit hellen Regentropfen erschossen So wurde
ich wach
Aber noch immer schlagen die Tropfen aufs Dach

REINHOLD GRIMM
ZWISCHEN TAG UND TOD

Rätselhaft und erregend sind diese Verse aus dem Band »Der schöne 27. September«, diese scheinbar so einfach, fast nachlässig gebauten und gereimten Zeilen. Ich bin mir noch keineswegs sicher, ob ich sie ganz verstehe. (Was, zum Beispiel, bedeuten die Treppenstufen, die die Frau hochsteigt, was die filmischen Reminiszenzen, die ein solches Bild weckt?) Aber dennoch oder gerade deshalb ziehen mich diese drei Strophen stets aufs neue an, finde ich mich und mein Lebensgefühl »atemlos« in ihnen gespiegelt. Ist nicht, was in ihnen zum »dunklen« Ausdruck gelangt, unser aller Erfahrung zwischen »Tag« und »Tod«? Thomas Brasch hat hier ein düster-prophetisches Zeitgedicht geschaffen, das zugleich ein Liebesgedicht ist – oder doch eins von der Liebe, über die Liebe.
Sein Titel scheint zu besagen: Der Nachkrieg droht abermals, und vielleicht zum letzten Male, zum *Vorkrieg* zu werden. Doch entstammen Braschs Verse nicht dem ersten Teil seiner Sammlung, den er »Der Morgen« genannt und mit der Losung »Zwischen Widerstand und Wohlstand« versehen hat, sondern dem abschließenden vierten, der »Die Nacht« überschrieben ist und durch den Zusatz »Das Tier mit den zwei Rücken« sehr deutlich auf den Liebesvollzug anspielt. Nicht von »Soldaten« nur, die den Dichter fangen und töten, ist die Rede, sondern auch und vor allem von einer »Frau«, bei der er liegt und die mit ihm spricht, die ihn verläßt und der er folgt.

Geschildert werden ein Traum und das Erwachen daraus. Indes, es bleibt weder bei diesem alltäglichen Erlebnis noch bei solch einsinnigem Ablauf. »Nacht« und Tag, die »hellen« und die dunklen Eindrücke und Empfindungen durchdringen einander gleich Wollust und »Krieg«, gleich Tod und Verlangen. So aufgefaßt, weist der Titel auf das Vorgefühl der Feindseligkeit im Erotischen, den Liebeskampf im doppelten Sinne mit irgendeiner Unbekannten, doch Lockenden, den der Träumende ahnt. Aber wie jenes Wort metaphorisch auf die Liebe deutet, deutet umgekehrt diese auf den archaisch-elementaren und eben dadurch so erschreckenden »eisernen« Krieg, ja sogar auf den Tod, der als »schöner« gewiß von Galle und Hohn trieft und trotzdem unverkennbar auf die Liebe und deren Vollzug zurückweist.

Solche Paradoxie ist nicht in Begriffen mitteilbar, sondern allein in Bildern. Sie folgen einander mit der surrealen Logik des Traums. Besonders die dritte Strophe zeigt, mit welcher Vollendung Brasch diese verschränkende Chiffrenschrift handhabt. Denn die nächtlichen Häscher haben den Träumenden zwar erreicht und »erschossen«, doch mit den Regenschauern der Dämmerung, in die hinein er, befreit, erwacht; und obschon deren »Tropfen«, wie er weiß, bloß »aufs Dach« über ihm trommeln, spürt er sie »immer noch« wie tödliche Kugeln in seinen Leib »schlagen«. Der Dichter ist entkommen und gleichwohl weiterhin »eingefangen«: er lebt, wie wir alle, dazwischen.

LUDWIG FELS
ANNÄHERUNGSVERSUCH

(nochmal für Rosy)

Im Süden steht dir dein Blond.
Dort bleicht es die Sonne
hier färbt es der Schnee grau.

Am Strand und im Wasser
schmiegt sich der Wind an deine nackte Haut.
Daheim bin es nur ich.

Vor fremden Tellern
und unbekanntem Essen
erscheinst du ausgeruht und
sprichst von allem
was du in der Fabrik verschweigen mußt.

Im ungetrübten Licht
erhitzt du dich rasch
und ich vergesse den Platz
an dem wir uns sonst befinden.

Ein paar Tage im Jahr
denkst du an die Ewigkeit
und schwankst zwischen Glück und Trauer.

Wir bezahlen und sind trotzdem noch dankbar.
Das ist der Unterschied
zwischen hier und dort.

In jeder Muschel und
unter jedem Sandkorn
entdeckst du die Liebe.

Nachts versteckt sich der Mond.

GÜNTER BLÖCKER
KOSMISCHE TRAUER

Das »nochmal für Rosy« des Untertitels erscheint auf den ersten Blick entbehrlich, eine private Arabeske. Dann jedoch merken wir, daß uns dieser durch Wiederholung hervorgehobene Hinweis auf eine Person, die dem Autor offenbar viel bedeutet, zu gesteigerter Aufmerksamkeit anhält, daß er unsere Aufnahmebereitschaft stimuliert.

Wir fühlen uns einbezogen in einen intimen Dialog; und als solcher erweist sich das Gedicht in der Tat, auch wenn nur der eine Partner spricht. Der andere bleibt stumm, wird aber durch die Intensität der Hinwendung zu vollkommener Gegenwärtigkeit gebracht; und das nicht nur als Individuum, sondern – darin liegt das Außergewöhnliche dieser so schlicht scheinenden Verse – vor allem auch als soziales Wesen.

Die soziale Wirklichkeit macht aus einem unzersplitterten Sein zwei getrennte, miteinander im Konflikt stehende Persönlichkeitsfragmente. Entfremdung – das allzu geläufige Wort drängt sich auf, aber Ludwig Fels spricht es nicht aus. Wie er überhaupt alles vermeidet, was das Klischee vom »Arbeiterdichter«, als der er bekannt wurde, in einem äußerlichen Sinne bekräftigen könnte.

Nicht der Aufklärer spricht, sondern das sinnlich bewegte Ich. Es tastet sein Gegenüber mit liebender Behutsamkeit ab und nimmt – zärtlich und bitter zugleich – die Widersprüchlichkeit einer Existenz wahr, die sich »im ungetrüb-

ten Licht« anders darstellt als dort, wo »wir uns sonst befinden«.
Der einigermaßen triviale Tatbestand, daß die Mehrzahl der Menschen im Urlaub heiterer, zufriedener, gelöster ist als am Arbeitsplatz, wird in die poetische Dimension erhoben. Ludwig Fels bedient sich dazu eines alten, erprobten Kunstmittels: er ernennt die Elemente zu lyrischen Nothelfern.
Das Sonnenlicht schafft ein anderes, schöneres Blond, der Wind umwirbt die vom Ferienglück Verwandelte wie ein Verführer, und noch unter einem Sandkorn ist Raum für die Liebe. Nur einmal erscheint das bedrohliche Alltagswort »Fabrik«. Es signalisiert die Vergänglichkeit eines Zustandes, in welchem man dennoch, schwankend »zwischen Glück und Trauer«, die Ewigkeit zu schmecken meint.
Dieses Schwanken zwischen zwei Gefühlssphären bestimmt das Klima des Gedichts. Es gibt ihm seine Dynamik, seine innere Bewegtheit (die man nicht mit Sentimentalität verwechseln sollte), auch seine Mehrdeutigkeit. Wenn es am Schluß in der mit Bedacht herausgehobenen letzten Zeile heißt: »Nachts versteckt sich der Mond«, dann kann das ein Akt kosmischer Diskretion sein, aber auch der kosmischen Trauer angesichts eines menschlichen Glücksverlangens, das – der Titel sagt es – nicht mehr sein kann als ein Annäherungsversuch.

ULLA HAHN
ANSTÄNDIGES SONETT

Schreib doch mal
ein anständiges Sonett
St. H.

Komm beiß dich fest ich halte nichts
vom Nippen. Dreimal am Anfang küß
mich wo's gut tut. Miß
mich von Mund zu Mund. Mal angesichts

der Augen mir Ringe um
und laß mich springen unter
der Hand in deine. Zeig mir wie's drunter
geht und drüber. Ich schreie ich bin stumm.

Bleib bei mir. Warte. Ich komm wieder
zu mir zu dir dann auch
»ganz wie ein Kehrreim schöner alter Lieder«.

Verreib die Sonnenkringel auf dem Bauch
mir ein und allemal. Die Lider
halt mir offen. Die Lippen auch.

WALTER HINDERER
LIEBE IM ZEILENSPRUNG

Unter dem Stichwort »Das poetische Joujou« meinte 1803 ein Sachverständiger: »Der Sonette giebt es im Deutschen eine so ungeheure Menge, daß man das ganze große Bedlam, Erde, über und über damit tapezieren könnte; allenfalls blieben noch genug übrig zu einem Futteral von *papier maché* für den Mond.« Von einer solchen »Sonettenwut« ist in unserer Lyriklandschaft allerdings nichts mehr zu spüren. Im Gegenteil: die alten, bewährten Formen scheint es heute nur noch in den Lyrik-Museen zu geben. Manche Kritiker werfen den Gedichten der Gegenwart sogar vor, sie seien eigentlich keine Poesie mehr, sondern von dilettantischer, unkontrollierbarer Beliebigkeit, oft »bloß steckengebliebene Prosa«.

Die hier vorgestellte ingeniöse Aneignung des Sonetts, einer schwierigen, artifiziellen lyrischen Form, ist für mich ein besonders überzeugender Gegenbeweis. Ulla Hahn unterlegt dem Adjektiv »anständig«, das sich auf die gewählte Form bezieht, noch eine zweite Bedeutung, die gewissermaßen augenzwinkernd auf den Inhalt anspielt. Es handelt sich nämlich nicht nur um ein »richtiges Sonett«, sondern auch um ein anständiges über ein heikles Thema.

In diesem Gedicht scheint alles gewagt: der amouröse Inhalt, die spröde, stark reflektierte Form und die gleichsam gemeißelte Sprache. Doch das Kunststück gelingt: Kalkulierte Gestalt und erotischer Gehalt gehen eine vollkommene Verbindung ein.

Die beiden Quartette sind sowohl thematisch als auch formal durch Zeilensprung miteinander verklammert. Sie bestehen aus sechs Liebesanweisungen in fünf Sätzen und einem Empfindungsstenogramm (»Ich schreie ich bin stumm«). Die Liebesanweisungen des lyrischen Ichs weisen gezielt auf den ersten Höhepunkt hin – die sexuelle Vereinigung. Sind bei der ersten Strophe die Pausen deutlich dem Zeileninnern eingeschrieben, so hält der vierte, längste Satz, der drei Zeilen weit ins zweite Quartett hinübergreift, die rhythmische Bewegung ein paar Zeilen durch, bis dann mit der siebten Anweisung (»Zeig mir wie's drunter / geht und drüber«) der Gipfel der erotischen Aufforderungen erreicht ist. Den eigentlichen Höhepunkt der beiden Quartette freilich liefert das Empfindungsstenogramm, das zwei körperliche Reaktionen auf die ausgeführten Liebesanweisungen nennt und das Ende der ersten Phase des Liebesspiels auch deutlich mit der Zäsur am Zeilenende markiert.
In dem ersten Terzett dramatisieren zwei kurze Aufforderungen und eine längere Anweisung Wiederholung (»wie ein Kehrreim schöner alter Lieder«) und Fortsetzung des erotischen Vorgangs. Das zweite Terzett malt eine äußere und innere Situation aus: es ist Tag (»Sonnenkringel«), die Leidenschaft klingt jetzt verhalten, sublimiert, der Wunsch nach Dauer (»ein und allemal«) verstärkt sich noch in den beiden letzten kurzen Sätzen, dem zweiten und endgültigen Höhepunkt des ganzen Sonetts. Sie unterscheiden sich von den zum Teil ebenso kessen wie herausfordernden Liebesanweisungen am Anfang durch einen anderen Ton. Er ist fast volksliedhaft in seiner Schlichtheit (»Die Lider / halt mir offen. Die Lippen auch«).

Zwar weist dieser Schluß thematisch auf den zweiten, dritten und vierten Satz der Quartette zurück, aber die Empfindungsqualität hat sich verändert, sie ist gefühlsintensiver; aus der gezielten erotischen Herausforderung ist ein allgemeiner Wunsch nach einem andauernden Zustand geworden. Deutlich wechselt auch die rhythmische Bewegung vom ersten Kulminationspunkt (»Ich schreie ich bin stumm«), dem Schlußpfeiler der Quartette, zum zweiten, dem betonten Ausklang der Terzette und des gesamten Sonetts. Danach ist kein Wort mehr denkbar.

Ulla Hahn hat mit diesem Gedicht nicht bloß mottogetreu ein »anständiges Sonett« geschrieben, das nach August Wilhelm Schlegels kundiger Bestimmung »im Gehalt wie in der Form Symmetrie und Antithese in der höchsten Fülle und Gedrängtheit« vereinigt, sondern ein gewagtes Thema und eine spröde Form in Poesie verwandelt. Ich halte dieses »Anständige Sonett« für eines der kunstvollsten erotischen Gedichte nach 1945.

ULLA HAHN
BLINDE FLECKEN

Daß wir so uneins sind hält uns zusammen
du dort ich hier – wir sind auf andrer Fahrt:
Dein Istgewesen mein Eswirdnochkommen
zwei blinde Flecken in der Gegenwart
die uns gehört wie Träume vorm Erwachen
wenn wir schon wissen daß wir Träumer sind
die mit uns spielt ein Weilchen in den Winden
bis jedes hier und dort sich wiederfindet.

WERNER ROSS
DISSONANZ IST SCHÖN

Was war das für eine imponierende Reihe: Nelly Sachs, Marie Luise Kaschnitz, Rose Ausländer, Ingeborg Bachmann, die Dichterinnen! Dagegen trat 1981 fünfunddreißigjährig Ulla Hahn an, mit der Gedichtsammlung »Herz über Kopf«, deren Titel an »Hals über Kopf« erinnern sollte, an ein keckes, ungeplantes Unternehmen, an einen Handstreich. Die Feierlichkeit wurde außer Kraft gesetzt, das Pathos, das, modern gewandet, immer noch in Titeln wie »Anrufung des großen Bären« nistete, wurde konterkariert. »... Erde, Meer und Himmel. Von Küssen zerwühlt / die Erde, / das Meer und der Himmel« – so kosmisch war die Bachmann gestimmt. Und nun dagegen als Titel »Tschüs«, »Auf und davon«, »Ach was«, »Mit leeren Händen«; nun auf einmal »Ich hab die Schnauze voll«, statt der gewaltigen vulkanischen Machart die Beziehungskiste, das Anmachen und der rasche Abschied – wir, wie wir sind. Natürlich war das männlicherseits, sagen wir von Enzensberger, vorgeprobt. Aber nun kam Lyrik keß und keck aus Weibermund. Eine Art Kodex oder Kampfgesang dieser neuen Liebe ist das Gedicht »Blinde Flekken« – ein Lehrgedicht, das man nicht zu persönlich verstehen sollte. Jedenfalls fängt es sehr programmatisch an: »Daß wir so uneins sind, hält uns zusammen.« Umkehrung des Dogmas von der zwischen Liebenden obligaten Harmonie. Jede Liebesverbindung des alten Typus würde sich unter den obwaltenden Umständen schnell als Illu-

sion erweisen. Lobe ich die Dissonanz, habe ich schon halb gewonnen. Der Satz ist nach dem Muster alter emphatischer Versicherungen gebaut (»daß du nicht enden kannst, das macht dich groß«) und travestiert sie.
»du dort ich hier«, das ist die Standortbestimmung der neuen Liebe. Zwei gegensätzliche Seh- und, wie man folgern kann, Lebensweisen, und wenn nun endlich die »zwei« kommt, die Summierung von »du dort« und »ich hier«, dann zieht sie ernüchternd die Charakterisierung »blinde Flecken« nach.
Der blinde Fleck ist im Auge an der Stelle angesiedelt, wo der Sehnerv austritt. Er sieht nichts. Bekanntlich macht auch die Liebe blind. Ist das gemeint? Ich vermute. Denn was nun folgt, ist keineswegs schnöd modern, *cool*, Liebe abgebrüht, sondern, trotz oder wegen »uneins«, romantisches Zusammenspiel. »Fahrt«, also gemeinsame Unternehmung, auf Gedeih und Verderb. »Wir sind auf anderer Fahrt.« Darum »blinde Flecken« in der Gegenwart, im Jetzt und Hier, und was nun folgt, scheint aus dem resoluten Jetzt-Ton völlig auszubrechen, klingt nach Volkslied oder Sommernachtstraum, »lyrisch«, sangbar zwischen Träumen und Wachen, zwischen Spiel und Wirklichkeit.
Schön wär's. Aber das Romantische täuscht. Es gibt nicht die Melodie an, sondern bleibt ein Anklang, leicht verwechselbar, aber nicht zu verwechseln. Denn im letzten rasch schwindenden Traum vor dem Erwachen *weiß* der Träumer schon, daß er ein Träumer ist, und das Spiel in den Winden wirbelt die Liebenden nur ein bißchen herum und läßt sie wieder fallen.
Und damit erreicht das Gedicht seine perfekte Pointe. Ach, wie leicht wäre es gewesen, auf »Winden« den Plural

»wiederfinden« zu reimen, statt auf »sind« das altertümlich klingende »wiederfindt« in der dritten Person Singularis. Aber der Singular ist gemeint: denn »jedes« findet sich wieder, wo es war, hier und dort und dort und hier – allein. Eine Zeitlang gegenwartsblind, dann jedes wieder schön parzelliert. Wie geht es weiter? Der erste Vers ist zuversichtlich, Bindungslosigkeit als Formel für neue Bindungsmöglichkeit. Wie dem auch sei: Der Vision dieser neuen Liebe sind die letzten Verse des Gedichts gewidmet, die so schön sind wie große Liebesdichtung eh und je.

ULLA HAHN
ENDLICH

Endlich besoffen und ehrlich
und immer noch'n Sonett
Reißt mir den Himmel auf
legt mir die Welt ins Bett:
Ich hab genug
ich steh mir selbst bis oben
und werd dies Leben nicht
vor seinem Tode loben.
Jaja ich weiß ihr habt mir keinen Grund
für dieses Wut- und Wehgeschrei gegeben
Mir geht es gut, ich halt ja schon den Mund
nur eine Frage sei noch zugegeben
Seid ihr ganz sicher daß ihr lebt und
heißt Nichttotsein schon Leben?

HERMANN BURGER
KEINE SCHÖNSCHRIFT DES HERZENS

»Anständiges Sonett«, so hat Ulla Hahn eines ihrer schönsten Liebesgedichte im Band »Herz über Kopf« betitelt. Dies hier ist ein unanständiges. Frech und salopp, »besoffen« kommt es daher als liederlicher Reigen. Es wirft die Konvention der Strophengliederung über den Haufen und ist doch »immer noch'n Sonett«, sofern man dem Reimschema trauen darf.

»Spielende« heißt nicht nur das Buch, dem es entstammt, der Titel bezeichnet auch eine paradoxe Poetologie: spielerischer Umgang mit Worten und Formen in einer spielfeindlichen Zeit. *Les jeux sont faits.* So wird der Anfang des bekannten Adventsliedes »O Heiland reiß die Himmel auf« ebenso frei abgewandelt wie die Redensart »Man soll den Tag nicht vor dem Abend loben«.

Die schnauzige Wendung »ich halt ja schon den Mund« steht neben der philosophischen Frage, ob Nichttotsein denn schon Leben bedeute. Die unmißverständliche Antwort gibt Ulla Hahn im Gedicht »Lieber tot«: »Ich bleibe lieber tot und schreie weiter.« Die Autorin zieht das sprechende Leiden dem stummen weil zufriedenen Mittelmaß vor.

Wer verspricht, das Leben nicht vor dem Tod zu loben, dem geht es natürlich alles andere als gut, der wird gewiß nicht den Mund halten, sondern weiterhin sein »Wut- und Wehgeschrei« ertönen lassen. Wer sich selbst bis oben steht, sich also immer wieder als Naturkatastrophe erfährt, glaubt nicht an das Scheinleben derer, die ein honett Sonett so nett finden.

»Endlich« ist bis hin zum ambivalenten Titel, der an Gryphius gemahnt, an das »vanitas-mundi«-Gefühl (»Die Herrlichkeit der Erden / Muß Rauch und Aschen werden«), ein barockes Gedicht: mit seinem Anspruch, die ganze Welt ins Bett zu kriegen, mit seinem Lebensüberdruß.

»Mitten im Leben« heißt ein Lied über die Melancholie, welches das Luthersche »media vita in morte sumus« aufgreift, die Allgegenwart des Todes im barocken Lebensgefühl auf die Trauer überträgt, und in »Lieber tot« operiert die Autorin mit dem in dieser Epoche so beliebten Motiv des Scheintodes.

Die Vertauschung der Attribute »lebendig« und »tot« kommt auch in der rhetorischen Schlußfrage des zweiten Terzetts zum Zug. Doch wer ist »ihr«, und wie definiert sich das »ich«? Durch radikale Verweigerung, die bei Ulla Hahn bis zum Eß-, Atem- und Liebesstreik geht. Ihre Absage an das geregelte Vegetieren ist gleichzeitig eine Bejahung der äußersten Schmerzerfahrung, jener Grenzzustände, in denen man schreit, nicht singt.

So bleibt hier vom Sonett als formales »memento mori« nur noch das Gerippe übrig. Die Strophen sind unkenntlich gemacht, das Metrum wird zerfetzt, die Reime gehen unter oder fallen als Schminke auf wie in dem nachgestotterten »und« der zweitletzten Zeile.

Der Text macht wahr, was die Schlußverse von »Verschreibungspflichtig« programmatisch versprechen: »Mein muskulöses Zentralorgan ... / reimt sich nicht mehr / auf Schmerz.« Das Gedicht, oft mit einem Kardiogramm verglichen, will keine Schönschrift des Herzens sein.

Ulla Hahn beherrscht das Rondo ebenso wie die Volksliedstrophe, den Kreuz-, den Paarreim und den umarmenden Reim. An dem ruinierten Lottersonett demonstriert sie die Hinfälligkeit einer anderen Tradition: »Die Zeit der großen Gesten ist vorbei.« Gemeint sind die archaischen Gefühle. Sie hervorzupflügen und gegen die Kränkung des moderierten Lebens zu setzen, ist die Aufgabe des Gedichts.

ULLA HAHN
FÜR EINEN FLIEGER

Wenn du in Bausch und Bogen vorwärtsschreitend
das Erdreich mit den Füßen trittst bis weich
du abhebst in die höheren Regionen
und dir die Erde leicht wird oder seicht

erscheint beim Anblick dieser Millionen Toten
der Sisyphos der Tantalos die schwer
einander in den offenen Armen hängen
glaubst du von fern: sie liebten sich so sehr.

Als Lied erreicht ihr Stöhnen deine Ohren
Kains Hand scheint dir führt Abel hin zum Tanz
ein Abendlicht quillt allen aus den Poren

vergoldet dir die Sicht die Wiederkehr
zur Erde die du fast wie mich verloren
flieg höher nicht: du findest uns nicht mehr.

PETER DEMETZ
VERBORGENE IRONIE

Es gibt zwei Arten von Fliegergedichten, die einen, von Gabriele d'Anunzio und den italienischen Futuristen her, die den Piloten als heroische Figur eines neuen technischen Zeitalters rühmen, und die anderen, in der Nachfolge Brechts und Günter Kunerts, welche die Flieger, als Ikarus-Söhne, eines selbstherrischen Hochmuts bezichtigen.

Ulla Hahns Gedicht gehört in die zweite Tradition, aber sie denkt nicht an einen Herrscher der Technik, sondern an einen Meister der Worte, der sich leider in allzu dünne Lüfte emporschreibt. Wer ist dieser Flieger? Der lyrische Detektiv findet seinen ersten Schlüssel in der Form des Sonettes selbst, denn wenn er im Gedichtband »Herz über Kopf« nur ein wenig zurückblättert, entdeckt er nur *ein* anderes Gedicht ähnlicher Art, und das unter dem Motto »Schreib doch mal ein anständiges Sonett. St. H.«

Damit hat der Maigret der Poesie auch schon seine Spur vor Augen, denn St. H. ist niemand anders als der DDR-Schriftsteller Stephan Hermlin, dessen Aufsätze und Erzählungen Ulla Hahn edierte (1980), und wer nach einer Bestätigung im Text des Gedichts selbst verlangt, darf sie in dem wichtigen Worte »Abendlicht« (Zeile 11) finden – so hat ja Hermlin seine poetischen Memoiren genannt, in welchen die tragische Figur seines Bruders (er fiel als Pilot der Royal Air Force im Kriege) eine ganz besondere Rolle spielt.

Die verborgene Ironie liegt darin, daß die Schreiberin dem Rate des Dichters folgt, aber das Sonett, die dialektische, argumentative, reflexive Form *par excellence*, gegen ihn wendet. Sie schreibt ja ein Warngedicht an einen »Flieger«, der sich ihr – und uns – als Mentor, Freund und Dichter in eine Wolkenhöhe zu entziehen droht, aus welcher das Menschliche drunten nur mehr in abstrakten, verzerrten und verschönten Zügen sichtbar wird. Ob ein »anständiges« Sonett oder nicht, das Charakteristische der Schreibart Ulla Hahns ist wieder in den geglückten Kombinationen alltagssprachlicher Klischees und der rhetorisch hohen Ausdrucksweise zu entdecken und in der geradezu inständigen Diskretion, in der sie ihre Warnung ausspricht, ohne je ihre Stimme zu heben. »In Bausch und Bogen vorwärtsschreitend« läßt allerdings an Skepsis nichts zu wünschen übrig (der idiomatische Hinweis auf die törichten Verallgemeinerungen verbindet sich mit dem ironischen Bild des Schriftstellers, der sich in ganzen »Bogen«, das heißt im Papiermaß der Bücher, wie auf einer Startbahn vorwärtsbewegt); und da sind die spielerischen, die verräterischen Binnenreime (leicht/seicht), die Ulla Hahn ganz besonders liebt, und die Kette der antiken und biblischen Assoziationen, die zeigen, wie verzerrt sich, aus der luftigen Höhe des allzu Poetischen, unsere geplagte »Erde« ausnimmt.
Optische Vexier- und Betrugsbilder: die entsetzliche Gebärde der absurden Hoffnungslosigkeit wird zu einer Geste der Liebe; die Brüder gehen zum Tanz, nicht zur Mordstätte; und das »Abendlicht« umgießt alles mit einer kitschigen Aura der Serenität, in der es nichts mehr Entsetzliches, Historisches und Einzelnes gibt. »Flieg höher nicht« – die Verfasserin des Sonetts will den gefährdeten

Dichter durchaus nicht an das Machbare, ohne Träume, fesseln. Aber sie besteht doch auf ihrem eigenen, festen Standpunkt im »Erdreich« und distanziert sich, in einem Emanzipationsakt eigener Art, von jeder wolkigen Perspektive, auch der revolutionären, welche unser geplagtes Leben, so wie es ist, aus dem Blick verliert.

Ein intimes Gedicht also, Ulla Hahn und Stephan Hermlin, die Schülerin und der Mentor? Intim und ganz öffentlich zugleich, denn sie spricht längst nicht mehr für sich allein, und der verletzte, der verlorene Glaube einer ganzen Generation, an die allzu abstrakten Flüge der gesellschaftlichen Phantasie, kommt in ihrem Gedichte stellvertretend zur Sprache.

ULLA HAHN
KATZENMAHLZEIT

Alles ist in Roma eßbar
Artischocken schwarzes Schaf
Ciceroni Chips Cypressen
Rosmarin Maroni

Alles ist in Rom vergeßbar
Esbahn Uhahn Alster Spree
Villen Pillen Brillenträger
Papa Papperlap

Alles ist vergeßbar eßbar
Colosseum Marzipan
Minestrone Mama Mia
Dolce Duce Du

PETER DEMETZ
DIE SCHÖNEN ZEITEN SIND VORBEI

Inmitten einer Gruppe von Gedichten über italienische Sonne, Amseln und Orangen nimmt sich Ulla Hahns »Katzenmahlzeit« ein wenig wunderlich aus, und aus vielen Gründen. Ulla Hahn ist nicht als Autorin schwierig hermetischer Lyrik bekannt geworden, und ich lese mich plötzlich in einem Text fest, der meinen Erwartungen ganz und gar nicht entspricht. Die erfindungsreichen und witzigen phonetischen Spiele verbergen das Bittere des Gedichtes nicht, sondern steigern es auf modern widersprüchliche Art. Sobald ich den Titel und die erste Zeile überfliege, denke ich schon an die streunenden, halbwilden und räudigen Tiere in den Ruinen, deren »Mahlzeit« aus den Abfällen besteht, die andere hinterlassen haben. Ganz Rom ein archäologisch-historischer Abhub, für Spätere? Die schönen Zeiten sind vorbei, da Goethe noch an Jacobi schrieb, er sei, nachdem er vom »großen italienischen Gastmahl aufgestanden«, genötigt gewesen, »sich an einem nordischen Katzentisch« zu nähren. Die nachgeborene Autorin spricht von einer Erfahrung, in der die melodramatischen Kontraste, gerade die, nicht mehr gültig sind; und ich denke mir diese Erfahrung als eine Art von Kulturschock, als eine plötzliche Dürre der Seele, oder als jene radikale Indifferenz, die alles in Gleichgültigkeit, Bedeutungslosigkeit, in einen geradezu metaphysischen Überdruß an Vielfalt und Dasein hineinzieht. Bezeichnend, aber nicht überraschend für das moderne

Bewußtsein, daß das gerade an einem Orte geschieht, der seit Jahrtausenden Weltgeschichte den imperialen Anspruch darauf erhob, weltliche und geistliche Bedeutungen zu schaffen und ins Monumentale zu verklären.

In diesem Katzenjammer-Gedicht für den denkenden Rom-Flaneur äußert sich der Schock, dem sich das Bewußtsein noch spielend zu widersetzen sucht, in einer Parlando-Tonart des Widerwillens. Das Gedicht selbst stört den Versuch, logische Sätze zu konstruieren, und bildet seine Zeilen durch Assoziationen, die anderen Ordnungen folgen. Das Entscheidende sind einzelne Laute, Lautgruppen und Binnenreime, durch die sich die auftauchenden Einzelworte widerstrebend, am Rande des Kurt-Schwitters-Nonsens, in glücklicher Notwendigkeit zusammenfügen (lyrische Experten geraten in Versuchung, vom technischen Triumph des Phonetischen über das Semantische zu sprechen).

Das »Eßbare«/»Vergeßbare« wird in Staccato-Reihen aufgezählt, die von bestimmten Konsonanten und Vokalen ausgelöst werden, so durch das italienisch-englisch-lateinische Spiel mit Ci/CHi/Cy (I, 3), die o/s/m/a-Mutation, oder die -ill-Echos (II, 3). Die sogenannte Lautmusik täuscht, zumindest beim ersten Hinhören: »Papa Papperlap« klingt wie eine heile Erinnerung an Kinderstube und Kindermund, aber ich lese, in diesem römischen Gedicht, »Papa« als »Papst« und »Papperlap« als traditionelle deutsche Parodie auf die mechanisch hingesagten Worte des religiösen Rituals (siehe den Eintrag im Grimmschen Wörterbuch) und die ganze Zeile als widerborstigen Spott.

Ein Streitgedicht also, und wie die Konkrete Poesie (an die das Gedicht deutlich erinnert) »gezeigte« Sprache ohne jede Subjektivität? Mitnichten. Ulla Hahn hat ihre Signatur »Uhahn«, auf »Esbahn« reimend (II, 2), in die genaue Mitte des Gedichtes gesetzt, und ich wage nicht zu sagen, wie man die letzte Zeile lesen soll – das »Du« ebenso gleichgültig wie die Süße Macht, oder, gegen die Absicht des Gedichtes, erhoben und gestärkt gerade durch sie? Ein Grund, das ganze Gedicht noch einmal zu lesen, Wort für Wort, und vom Anfang an; und das tut man ja nur, wenn's ein wirklich gutes Gedicht ist, wie dieses.

ULLA HAHN
MIT HAUT UND HAAR

Ich zog dich aus der Senke deiner Jahre
und tauchte dich in meinen Sommer ein
ich leckte dir die Hand und Haut und Haare
und schwor dir ewig mein und dein zu sein.

Du wendetest mich um. Du branntest mir dein Zeichen
mit sanftem Feuer in das dünne Fell.
Da ließ ich von mir ab. Und schnell
begann ich vor mir selbst zurückzuweichen

und meinem Schwur. Anfangs blieb noch Erinnern
ein schöner Überrest der nach mir rief.
Da aber war ich schon in deinem Innern
vor mir verborgen. Du verbargst mich tief.

Bis ich ganz in dir aufgegangen war:
da spucktest du mich aus mit Haut und Haar.

RENATE SCHOSTACK
DIE FALLE NAMENS LIEBE

Über dem Gedicht, das getragen einsetzt, mit drei vollen Silben, liegt eine geschlossene Wolkendecke. Die Atmosphäre ist gedrückt, der Himmel bleiern. Von einem ungeheuren Vorgang ist die Rede: Ein menschliches Wesen wird von einem anderen in Besitz genommen, völlig, die Aneignung geschieht als Brandmarkung wie bei einem Stück Vieh, es ist ein Akt der Verletzung, dem sich der Gebrandmarkte indessen freudig fügt. Seine Selbstaufopferung zahlt sich freilich nicht aus.

Das Seltsame: es gibt keinen Aufschrei, keinen Laut des Schmerzes, keinen Protest. Das Gedicht ist kein Klagegesang, keine Elegie, es ist ein Sonett. Das Sonett, durch seine Strenge eine kühle Form, reflektiert einen Sachverhalt. Der Gewaltakt wird, in die Gußform gezwungen, als ein vergangener, über dem die Aktendeckel geschlossen sind, eiskalt serviert.

Noch seltsamer: das Wort Liebe fehlt. Darum aber geht es. Um die Liebe einer Frau. Das sprechende Ich, daran kann kein Zweifel sein, ist eine Frau. Die Gleichsetzung von Frau und Tier ist in der abendländischen Kultur geläufig. Der Halter ist der Mann; ihm, dem Herrn, sind die zweitrangigen Wesen Gehorsam schuldig, er darf mit ihnen tun, was er will. Das steht nicht im Gedicht, es schwingt mit.

Der Einsatz ist anders. Da ist aufgeklärte Gegenwart, Moderne, Emanzipation. Selbstbewußt, mit Autorität, hat dieses weibliche Ich gehandelt, das im Glanz der Jahre prangt, das noch in der Erniedrigung einen »schönen Überrest« besitzt. Kein Mickerwesen, das auf den Mann, einen älteren, der es wohl nötig hatte, zuging; auch keine Undine (»halb zog sie ihn ...«). Sie spricht mit großem Ernst. Ihr Geschenk: die völlige Hingabe, »mit Haut und Haar«.

Aber der Mann, freilich nur durch die Augen der Frau gesehen, kann mit der Gabe nicht umgehen. Er eignet sich den anderen Menschen an. Kein Wort davon, daß es um ihn geschehen wäre. In den beiden letzten Versen, so zugespitzt, wie es nur in dieser, der englischen, der Shakespeareschen Form des Sonetts – drei Quartette, keine Terzinen – möglich ist, die Pointe: totale Selbstaufgabe, totale Verschmähung. »Ausspucken« – das klingt burschikos und meint doch: Verachtung. Tat die Frau den ersten schönen Schritt, so der Mann den letzten schlimmen. Das Gesetz des Handelns ist auf ihn übergegangen, längst; er zieht den Schlußstrich.

Indes, das eigentliche Drama besteht nicht darin, daß der Mann unwürdig ist, sondern daß die Frau sich, Hände lekkend wie ein Hund, in ein Herrschaftsverhältnis begibt. Das Thema des Gedichts ist die allmähliche Selbstentfremdung der Frau durch die Liebe. Sie hat den Schwur, sich selbst treu zu bleiben, gebrochen. Die Hauptsünde steht genau in der Mitte der Verse: »Da ließ ich von mir ab.« Wie? Auslöschung des Ich, gänzliches Aufgehen im Geliebten – war es nicht genau das, was man sonst unter Liebe verstand?

Die moderne Frauenbewegung hat diese Art der Liebe – welche doch die alleinseligmachende ist – als Hauptursache der verhinderten Emanzipation an den Pranger gestellt. Kein Wunder, daß das Wort Liebe hier fehlt. Liebe, die nicht sein soll und doch sein will, ist eines der großen Themen der feministischen Literatur der Epoche. Niemand hat das in der Lyrik mit solcher Konsequenz, solcher Inbrunst, solcher Kunst behandelt wie Ulla Hahn. »Mit Haut und Haar« ist das dritte Gedicht in ihrem ersten Gedichtband. Dort begann sie, diese ihre lyrische Goldader zu entdecken, das neue Lied von der modernen Frau zu singen, die wohl weiß, was sie sich schuldig wäre, und dennoch von der Liebe nicht lassen kann.

ULLA HAHN
MITTEILUNGEN DER MUTTER

Sie hat Krebs sie hat Krebs sagt sie
nimm von der Suppe nimm
Mettwürstchen Rindfleisch sie liegt
schon vier Wochen man hat
sie aufgemacht zugemacht hier
ist der Essig der Senf sie war
zuletzt ganz geschwollen der Bauch
immer dick und sie trank
hier der Saft aus dem Garten es gibt
auch noch Pudding es gibt
keine Hoffnung mehr nur noch
Wochen Monate höchstens sie ist
nur zwei Jahre älter als du.

WERNER ROSS
VERGIFTETE IDYLLE

Wie man aus dem Alltag ein Gedicht macht, war immer ein Problem. Man sieht Apoll vor sich, wie er die Leier schlägt, göttlich-feierlich, auf hohem Stilniveau. Dem Silen Marsyas, der zu konkurrieren versucht, wird die Haut abgezogen. Recht geschieht dem Unwürdigen. Erst seit man Lyrik auch zur Guitarre machen kann, ist es leichter, im Plauderton zu dichten: Belangloses, Banales, das unvermutet in einen lyrischen Kontext gesetzt wird, das verfremdet wird durch die bloße Tatsache des Drucks in Absätzen und ohne Satzzeichen.
Ulla Hahn hat sich ihren Namen durch solche »kleine Prosa in Gedichtform« gemacht, durch gereimt Spitzes, Bitteres, Wildes, Scharfes, durch Pointen, die bei Heine gelernt sind und ihn hinter sich lassen, durch Nostalgien, in die es wie eine Ohrfeige knallen kann, durch kunstvoll gemischte Töne aus Alltagssatz-Fetzen. So auch in diesen »Mitteilungen der Mutter«, denen andere Mutter-Gedichte zur Seite stehen, schonungslos wie dieses.
Das lyrisch verläßliche Urgefühl, Mutterliebe, Kindesliebe, ist erloschen, nur die Situationskomik übriggeblieben: Die Tochter ist eingeladen zum Sonntagsessen und wird bedient. Mutterliebe, so weiß jeder Kundige, setzt sich in Nahrungsmittelzufuhr um, in schmeichelnde Lekkerbissen, sozusagen mit dem Schnabel dargereicht. Auch die Mitteilungen werden häppchenweise serviert. Es ist ja das ewige Klagelied der Mütter, daß die Töchter ihnen

nichts zu erzählen haben; also müssen *sie* reden. Die Frage ist heute nicht mehr: Wie sag ich's meinem Kinde?, sondern: Wie sag ich's meinen Eltern? Ein anderer Lebenszuschnitt setzt sich bei der jüngeren Generation nicht mehr in jene Art wollüstiger Mitteilung um, die von Übelmeinenden als Klatsch verpönt wird.

Klatsch, würde die Mutter entrüstet fragen, den Blick zum Himmel gerichtet, und in ihren Mitteilungen über die krebskranke Verwandte nichts anderes erblicken als menschliche Anteilnahme. So hat sie gelernt, die Dinge zu sehen: Liebe hier, Liebe dort, Menschlichkeit ringsum. Sie versorgt die Tochter und fühlt sich an frühe Zeiten erinnert, als die ein Kind, ein kleines Mädchen war. Sie versorgt sie auch mit allem Wissenswerten, und nie würde ihr der Gedanke kommen, daß Pudding und Krebs, in einem Atem genannt, Fütterung und Hoffnungslosigkeit, eine krasse Dissonanz erzeugen.

Bis dahin wäre als Genre Satire zu vermerken, Familiensatire als ätzende Durchlöcherung jenes Gefühlskomplexes, der einmal Pietät hieß. Aber das Gedicht führt darüber hinaus, oder: die Mitteilungen werden erst, indem sie darüber hinausführen, zum Gedicht. Der Satz »sie ist / nur zwei Jahre älter als du«, von der Mutter vielleicht nur als Mitleidsverstärker eingebracht, trifft die Tochter so, als ob die Mutter ihre gesamten Liebesbezeigungen nur auf diesen Dolchstoß hin zugespitzt hätte.

Nun erst wird aus der Tischszene mit Senf und Saft, aus der Betreuungs-Idylle die alte lyrische Botschaft: »Warte nur: balde ...« Nun erst wird deutlich, daß auch dieses Wort- und Wurst-Geplänkel sich der alten lyrischen Form, der Musik, nähert. Die Sätze der Mutter stellen sich als perfekter Kontrapunkt heraus; das Fehlen der Satzzeichen unterstreicht, daß da nicht logisch verfahren wird, sondern daß ein Melodiebogen weiterträgt bis zum Finale: »als du«, in dem das Goethische »du auch« zeitgemäß wieder aufklingt, nachklingt, abklingt.

ULLA HAHN
NACH JAHR UND TAG

Ein Waggon fährt vorbei
Er hat Kohle geladen

Männer links Frauen rechts
Zu den Kabinen im Freibad

Schuhe liegen auf einem Haufen
Im Sommerschlußverkauf

Haare werden geschnitten
Zu einer neuen Frisur

Menschen gehen ins Bad
Zum Baden

Ein Feuer brennt
Es wärmt

Rauch steigt auf
Eine Kerze verlischt

WALTER HINCK
ZEITENBRÜCKE

Diese Verse werden in Ulla Hahns Band »Spielende« flankiert von zwei Gedichten, die zu ihrem Verständnis nicht nötig sind, aber doch unmittelbar den Blick in jene geschichtliche Tiefe freigeben, die hier der Leser erst noch entdecken muß. Sie stehen zwischen einer Fürsprache für die Männer und Frauen, die dem KZ entronnen sind, und einer Hommage an die jüdische Dichterin Gertrud Kolmar, der keine Rückkehr beschieden war – wir wissen nur, daß sie im März 1943 deportiert wurde. Ulla Hahn hat jüngst eine Sammlung von Dichtungen dieser Verschollenen herausgegeben.
Zu den sieben Doppelversen gehört unbedingt die Überschrift hinzu; sie stellt das Gedicht nicht nur unter ein Stichwort oder ein Resümee, sie ist vielmehr die Angel, in der die Gedichtaussage hängt. Ohne sie könnte der Leser die Beobachtung von Alltagsoberfläche, die das Gedicht gerade durchbricht, auf sich beruhen lassen. Der Titel »Nach Jahr und Tag« nötigt zur Doppelsicht, schlägt eine Zeitenbrücke, so daß in der Beobachtung des Gegenwärtigen die Vergangenheit herbeizitiert wird.
In den Verspaaren sind die Zeilen nicht einfach gekoppelt, eine ausgeprägte Zweigliedrigkeit fällt auf. Eine Wahrnehmung in der ersten Zeile wird in der zweiten erläutert. Diese Erklärungen sind von geradezu aufreizender Selbstverständlichkeit, zumal in der fünften Strophe: »Menschen gehen ins Bad/Zum Baden.« So viel Normalität

macht sich verdächtig, ist sprachliches Signal. Und tatsächlich hat jede beobachtete Erscheinung, die auf so naheliegende Weise begründet wird, ihren doppelten Boden.

Liest man die ersten Verse der sieben Strophen im Zusammenhang, so rufen die Bilder eine zweite, ganz andere, eine dem historischen Gedächtnis eingebrannte Wirklichkeit herbei. Der Beobachter verliert seinen Halt in der Gegenwart eines friedlichen Wohllebens und sieht sich in eines der Konzentrationslager versetzt, wo Deportierte sortiert, entkleidet, geschoren, in Duschräumen vergast und schließlich verbrannt werden. Bei alledem begnügt sich die Sprache mit Andeutungen.

Daß gerade die einfachsten Ursache- und Zweckverhältnisse denaturiert worden sind, daß gerade wohltätige Einrichtungen, die das Leben erleichtern, der Vernichtung des Lebens dienten und gerade im Freundlichen das Böse brütete, das ist die Erkenntnis, die in denkender Beobachtung alltäglicher heutiger Abläufe mit dem Erschrecken aufzuckt.

Die Sprache dieses Gedichts verdeckt nur eine Zeitlang, daß sie sowohl an den Bildern unserer täglichen Erfahrung wie an denen der geschichtlichen Erinnerung teilhat und daß die Wortbedeutungen einander überlagern. Wir haben die Neigung zu vergessen, wie sehr unsere Sprache und unser Bewußtsein durch die Schrecknisse von einst gezeichnet sind. Das Gedicht »Nach Jahr und Tag« hebt diese Verdrängung auf, und zwar so, daß es den Leser dazu bringt, sie zu durchschauen. Man hat mit Recht die These von der Kollektivschuld der Deutschen zurückgewiesen und vorgeschlagen, statt dessen von Kollektivscham zu sprechen. Es ist etwas von unserem Kollektivtrauma, das sich in diesem Gedicht Ulla Hahns zugleich verbirgt und enthüllt.

ULLA HAHN
WINTERLIED

Als ich heute von dir ging
fiel der erste Schnee
und es machte sich mein Kopf
einen Reim auf Weh.

Denn es war die Kälte nicht
die die Tränen mir
in die Augen trieb es war
vielmehr Ungereimtes.

Ach da warst du schon zu weit
als ich nach dir rief
und dich fragte wer die Nacht
in deinen Reimen schlief.

KARL KROLOW
ABSCHIED UND ZWEIFEL

Ulla Hahn hat mit ihrem ersten Gedichtband großen Erfolg gehabt. Eigentlich zeigt jedes Gedicht in ihrem Buch »Herz über Kopf«, wie es zu ihm kam. Ein »Winterlied«, zwölf Zeilen lang, spricht für viele der übrigen Texte im Band. Es ist volksliednah, so schlicht wie denkbar, gereimt und doch nicht ganz so gereimt, wie es einmal üblich war. Es ist kantabel. Das Liedhafte als ruhige Arie gibt es in einzelnen ihrer Gedichte. Doch das Lied ist in sich variabel. Hier ist es ein Liebes- und ein Abschiedslied, das dem anderen, der verlassen wurde, nachgesagt, nachgesungen wurde.

Ist es ein Abschied mit Tränen, wie in alter Zeit? Im »Winterlied« von Ulla Hahn ist trotz aller Schlichtheit nichts unterdrückt, kein Gefühl, aber auch keine Komplikation. Leise Distanz und Skepsis artikulieren sich in den Versen. Das charakterisiert die Situation: die Bewegung der Frau, ihr Fortgehen und wie »Ungereimtes«, nicht Ausgesprochenes, nicht Geklärtes sie weinen ließen: »es war vielmehr Ungereimtes«.

So glatt geht überhaupt der wiedergefundene Reim bei Ulla Hahn nicht auf. Emotion bleibt ohnehin dezent und schützt vor allem Gefühligen. Das Liedhafte ist gedämpft. (Ein anderes Lied nennt sich »Mäßig bewegt«.) Emotionen werden unter Kontrolle gehalten. Die Scheu vor dem schieren Gefühl ist groß. Fast spielerisch ist alles vorbedacht. Im Weggehen beim ersten Schneefall »machte sich mein Kopf / einen Reim auf Weh«. Das klingt auch ein wenig kokett. Was hier leichthin in den Kopf kommt, zeugt doch auch davon, daß dem Spieler, der Spielerin »mitgespielt« wurde. Die Dichterin stellt sich vor, was nach dem »Ungereimten« zurückbleiben und wie es weitergehen könnte.

Und nochmals ist von Reimen die Rede. Der Entfernte, nach dem aus der Entfernung gerufen wird, muß sich etwas fragen lassen. Doch es ist kein Verhör, eine zarte Besorgnis vielmehr, ein leiser Zweifel. Und hier spätestens beginnt das, was ich meinte, wenn ich vom »Mitspielen« sprach. Die Frau fragt den Mann, wer »die Nacht / in deinen Reimen schlief«. Reime mögen hier für manches stehen: für Leben, Dasein, für Liebe und Zärtlichkeit, für Nähe, auch für trügerische Harmonie möglicherweise. Denn – wie gesagt – diese Reime sind nicht die hergebrachten Reime, die bei uns – von den Ausnahmen abgesehen – vor etwa zwei Jahrzehnten nach und nach verstummten, die sich aus deutschen Gedichten zurückzogen.

Der neue Reim – so schlicht er sich gibt – hat doch dieses Schweigen, dieses Fortgelassenwerden in sich aufgenommen: bei Ulla Hahn, in ihrem »Winterlied«, lebt er als kleines Bedenken, als zarte Vorsicht, die keinerlei rückhaltlose Reimerei aufkommen läßt (die als Protest auch denkbar wäre). Das Ungereimte ist anwesend. Es schleicht sich gewissermaßen ein, sowohl im Artistischen als auch im Vitalen. Ulla Hahns Liebesreime üben eine Zurückhaltung, die bis zur Strenge gehen kann, zu einer Strenge unter Tränen, die aber jedenfalls keine Weinerlichkeit ist. Der Kopf – sprich: Phantasie – soll über Wasser gehalten werden, überm Schnee, der schmelzen wird, damit das obligatorische Weh – gerade, indem es unverblümt genannt wird – nicht überwältigt. Die herbe Schönheit und die Renitenz halten sich in diesen anschmiegsamen Worten die Waage.

GERT JONKE
DER KANAL

Der Kanal
die Böschung
und das Gras auf der Böschung

Die Spiegelung der Böschung im Kanal und
die Spiegelung des Grases auf der Böschung im Kanal

Die dreifache Bewegung des Grases:
die Bewegung des Grases im Wind
die Spiegelung dieser Bewegung des Grases im Wasser und
die Bewegung der Spiegelung dieser Bewegung des Grases
in den Wellen des vorbeifahrenden Motorbootes

Hinterm Lenkrad im Boot stehst Du
Du schaust plötzlich aus wie ein berühmter Kapitän
Du nimmst Deine Mütze vom Kopf und winkst

HANS CHRISTIAN KOSLER
EINE FERNE, SO NAH SIE SEIN MAG

Sein Freund, der Schweizer Schriftsteller Urs Widmer hat ihn sich als Klavierstimmer vorgestellt. Da würde er Fräuleins der guten Gesellschaft kennenlernen und ihre Füße küssen, wenn sie die Pedale drücken. »Während ihrer Konzerte sitzt er versteckt unter dem Flügel und stimmt blitzschnell die Töne nach, wenn sie danebenhauen. Dann, wenn der Applaus verrauscht und Fräuleins und Zuhörer weg sind, setzt er sich auf den Klavierstuhl und spielt Mazurken, die die Fräuleins zu Tränen rühren würden, säßen sie nicht schon längst in einem Schaumbad und wüschen sich für einen anderen ...«

Damit ist schon das Verhältnis angedeutet, das der 1946 in Klagenfurt geborene Gert Jonke zur Realität hat: auch da erobert er nicht die Gegenstände seiner Anschauung, sondern verharrt ihnen gegenüber in einer Annäherung, die nie an ihr Ziel gelangen will. Er liebt das Trügerische, die Schwebezustände, die Illusionen, und er ist ihnen so zugetan, daß er die Grenzen zwischen Phantasie und Wirklichkeit als kaum vorhanden betrachtet. Seine Wahrnehmung den Täuschungen zu überlassen, das ist Jonkes poetisches Credo. Irgend etwas ereignet sich, aber daß im unklaren bleibt, ob es sich wirklich ereignet, dafür sorgt die Landschaft, die bei Jonke keine bloße Staffage ist, sondern die er als aktives, irritierendes Element einsetzt: die weiten Ebenen, die über ihnen gelagerte, von einem Flimmern erfüllte Luft, die sie durchziehenden Wasserstraßen, die innerhalb von Jonkes Büchern eine leitmotivische Funktion haben. (Daß der Klagenfurter Kanal für ihn seit seiner Jugend als eine Art Zufluchtsort von biografischer Bedeutung ist, mag ein Grund dafür sein.)

Ein raffinierter Gaukler – das ist Jonke in seiner Erzählungen und Romanen, und als ein solcher erweist er sich auch in diesem Gedicht, das gleichsam ein Konzentrat seiner dichterischen Verfahrensweisen darstellt. Die Raffinesse besteht darin, daß dieser Meister der leisen, unmerklichen Übergänge von der Wirklichkeit in die Irrealität, dieser Skeptiker, dem nichts sicher ist, weil ihm nichts sicher sein will, zugleich ein äußerst genauer Beobachter ist. Es scheint, als wolle er sich mit der Genauigkeit selbst ironisch darüber hinwegtäuschen, daß er ganz der Täuschung erlegen sein wird. Mit nahezu bürokratischer Exaktheit und Umständlichkeit führt er auf sie hin: der Blick nähert sich – ähnlich einer Kamera – aus der Totale dem Detail, der Bewegung des Grases im Wind, wobei der Langsamkeit dieses Ablaufs die monoton anmutende Aneinanderreihung seiner einzelnen Stationen entspricht.

Der lange Weg zum kurzen Augenblick: erst am Ende der dritten Strophe taucht das vorbeifahrende Motorboot auf, fast beiläufig erwähnt, weil es die Wellen im Wasser und damit »die Bewegung der Spiegelung dieser Bewegung des Grases« auslöst. Aber wird hier nicht noch mehr, die Phantasie des Lesers nämlich, in Bewegung gebracht? Während der Lektüre hat sich ihm eine nicht nur zeitliche, sondern auch räumliche Ferne herangebildet, eine Ferne, die anfällig für Täuschungen macht. Und er hält es nicht für unmöglich, daß es sich bei der Gestalt hinterm Lenkrad, die vielleicht eine Frau ist, um eine

Imagination handeln könnte, die sich während des Starrens auf das Wasser einstellte.
Jonkes Gedicht, das so nüchtern begann, liest sich am Ende wie die versteckte Herbeisehnung einer Geliebten. Einer Geliebten, die nahe, aber nicht erreichbar ist, die winkend vorbeifährt, also entschwindet. Wen wohl würde man sonst zu einem »berühmten Kapitän« erhöhen? Es gibt kaum eine im traditionellen Sinne poetischere Vorstellung. »Wißt ihr überhaupt, wie das ist, wenn eine ganz Nahe wie von fern winkt?« fragte Franz Hessel in einer seiner Skizzen. Walter Benjamin, der genaue Hessel-Leser, wußte es. Er definierte die Aura als die »einmalige Erscheinung einer Ferne, so nah sie sein mag«. Eine solche Verschränkung von Nähe und Ferne findet sich in Jonkes Gedicht, einer heimlichen Liebeserklärung.

FRANZ XAVER KROETZ
TRÖSTE MICH

Tröste mich –
dir hab ich mich
anvertraut.

Dir hab ich
meine Frauen geopfert
und meine Kinder
die kennen mich nicht.

Du hast meine Gesundheit
du hast meine Kraft
du hast meine Freunde.

Du hast vom Besten
von mir
alles.

Tröste mich
denn ich hasse dich.
Literatur.

WOLF WONDRATSCHEK
GELIEBTES LEID

Das Gedicht wurde am 10. November 1985 (»Tag des totalen Zusammenbruchs«) geschrieben, und es steht auf der letzten Seite von Kroetz' »Nicaragua Tagebuch«, der atemlos aufrichtigen Reportage einer Reise in die Revolution – und einer Rückkehr in die Zwangsjacke der Selbstzweifel. Er beschreibt darin den Versuch einer Flucht in die Lebensgefahr, Traumziel Tod. Ein großangelegter Selbstmordversuch, der in monologischen Selbstverstümmelungen endet; zuletzt in diesem knappen, klaren, überzeugenden Gedicht.
Man kennt das von den Dichtern. Dahinsiechende Stagnation. Selbsthaß, Haß auf die Kultur, die Kunst, die Literatur. Aber kaum etwas ist endgültiger als das Risiko, der Sonne für immer den Rücken zu kehren.
Kroetz versuchte in diesen vier Monaten Nicaragua, Politik mit den Händen zu greifen, seine Finger aber landeten auf der Tastatur seiner Reiseschreibmaschine. Er litt solidarisch und privat, er berichtet von seinem Abenteuer wie von einer Improvisation über ein neues, ganz anderes Leben.
Kroetz wird das Gedicht in einer Minute hingeschrieben haben, wenigstens hoffe ich das. In so einer Stimmung kann einem Literatur gestohlen bleiben. Und doch ist gerade sie es, deren Trost er haßerfüllt fordert. Und es ist auch kein Geheimnis, daß noch die pure Verzweiflung nicht jener Kunst entkommt, gegen die sie rebelliert. Die Kunst, eine Frau? Die Literatur, auch eine?

Die Kunst nährt sich von ihren Opfern. Sie ist grausam, lacht gern über die Seufzer der Enttäuschten, gibt keinem Gescheiterten je eine Antwort. Wovon Kroetz hier redet, weiß ich. Kann die gleiche Liste runterbeten – jeder in diesem Beruf kann das. Ich habe die Stimmen meiner toten und lebenden (leider sehr selten lebendigen) Kollegen gut im Ohr, ihre lärmenden Klagen, ihre empörten Tiraden, den Wortschwall ihrer müden Wollust. Geliebtes Leid – ich kenne die Wunde, und ich weiß, wie man sich blutig kratzt und mit welcher Wonne wir das tun – wenigstens so lange, bis wir von dieser Lustseuche des Leidens geheilt und auf trockenen Humor umgestiegen sind.
»Jesus, wir sind die nutzlosesten Leute der Welt«, schrieb Chandler. »Wir sind Alkoholiker, Selbstmörder, mit den Nerven fertig, schwul, drogensüchtig, und keiner macht's lange«, setzte Algren hinzu. »Die Literatur geht mir im höchsten Maße auf die Nerven«, teilte Flaubert mit. Gründe also genug zum Haß auf die Literatur – er gehört (wie Liebe und Tod) zu den wahrhaft ewigen Themen dieser Kunst. Besonders in Briefen, in Tagebüchern verfluchten die Schriftsteller die Mühsal ihrer Arbeit.
Aber die Literatur scherte sich nicht darum, sie blieb heil – und undankbar. Trost kann nur bedeuten: Erfolg. Den verschenkt sie hin und wieder. Ja, der Franz Xaver ist selbst einer der reichlich Beschenkten. Aber er wird wissen, daß auch der Erfolg einen in der Regel leer, betroffen, armselig zurückläßt.
Ich habe dieses Gedicht meinen Freunden vorgelesen und dabei immer wieder die gleiche Reaktion bemerkt. Alle dachten, daß sich da wieder ein Dichter leerheult aus enttäuschter Liebe. Bis dann nicht von einer Frau, einer Anna oder Klara die Rede war, sondern von ihr, der Literatur.

Ihr hat er alles gegeben, seine Kraft, seine Gesundheit, sein Leben. Und die Undankbare, launisch und stumm, denkt nicht daran, sich tröstlich zu revanchieren. Im übrigen ist das Gedicht ja in jeder Küche, noch mehr wohl in jedem deutschen Schlafzimmer ein rechter Evergreen – nur daß hier Lady L. gemeint ist, kein Mensch, sondern diese verfluchte, verhaßte Literatur – und auch dieser Haß riecht doch wohl nach Liebe.

»Und doch muß es sein, daß aufgezeichnet wird«, schreibt Kroetz. Und das hört sich wieder einigermaßen nüchtern und vernünftig an. Und es wird kommen der Tag, da sich Kroetz eine Zigarette anzündet, den Stuhl an den Tisch heranrückt und das Blatt in die Schreibmaschine spannt. Es ist das, wofür er lebt. Und, weiß Gott, es läßt sich dieses Leben aushalten. Keiner, auch Kroetz nicht, haßt wirklich den Zauber, der aus einem Abschnitt oder einem Satz oder eben aus seinem Gedicht etwas macht, was im Wesen eine neue Schöpfung ist.

Und Krotz hat ja auf seiner Seite noch die Gnade einiger Illusionen. »Bauern sind grade, stehen da und haben Herzen, in die alles zu pflanzen ist, was gut ist.« Wenn man gelernt hat, wenigstens die Dauer eines Wimpernschlags daran wirklich zu glauben, ist es gut so.

PETER MAIWALD
LETZTE STUNDE

In der letzten Stunde da
konnten wir nichts machen.

Du wolltest nicht traurig sein,
ich konnte nicht lachen.

So packten wir die Zeit
in Papier und Reden.

Danach gingen wir zu zweit
allein beschwert von jedem.

KARL KROLOW
OHNE AUFSEHEN

Ein Gedicht, acht Zeilen kurz: kann ein Abschied, die Trennung zweier Menschen, das Fortgehen überhaupt noch einfacher gesagt werden? Peter Maiwald hat den Text 1983 geschrieben. Das Datum besagt aber nichts. Das kleine Gedicht, das in seinem neuesten Lyrikband steht, hätte von ihm zu jeder Zeit und genau in diesem Ton geschrieben werden können. Aber was ist an diesem spezifischen Ton des Dichters Maiwald? Ist es überhaupt das, was man den »eigenen Ton« nennt? Wer so fragt, ist bei Maiwald auf dem falschen Weg. Jeder steht in einem Kraftfeld von Einflüssen. Das war auch bei Maiwald schon vor zwanzig Jahren so, als er ganz jung und ganz unbekannt war und doch so ähnlich schrieb: nicht von weither kommend mit seiner Sprache, die von Anfang an unter den Leuten, unter den Lesern ist.

Das Anonyme, die Namenlosigkeit, die scheinbare Herkunftslosigkeit (nicht nur Brecht hat ihm beim Schreiben über die Schulter geschaut), das Bänkelsängerische, das Balladeske, auch das Gereimte von durchaus Ungereimtem, auf das sich Peter Maiwald seit je einen Vers machte: Dies alles gehört wohl zusammen, wenn die erste Zeile, die erste Strophe eines Gedichts von ihm einsetzt. Man hatte sie gleichsam schon vorher im Ohr. Man ist nicht überrascht. Man soll es nicht sein. Aber Aufmerksamkeit wird erregt. Die Einfachheit der »Letzten Stunde« ist die Einfachheit vieler seiner Gedichte. Sie ist das Gegenteil von Einfalt. Maiwalds Schlichtheit, wenn ich so sagen soll, hat es in sich. Sie weiß Bescheid. Sie hat es gewissermaßen hinter den Ohren, hinter den Reimen: da könne man nichts machen, heißt es hier schon anfangs, lässig und resignativ.

Bei Peter Maiwald ist es nicht nur in der »Letzten Stunde« des Abschieds so, nach der das Leben und das Dichten weitergehen. Achselzucken allein ist es nicht. Einsicht kommt hinzu. Und hinzu kommt eine Unauffälligkeit, die nicht nur traurig sein mag, die aber auch nicht lachen kann. Zeitvergehen wird mit »Papier und Reden« überwunden. Der schwierige Augenblick kommt: »Danach gingen wir zu zweit/allein beschwert von jedem.« Fast formelhaft geschrumpft ist in den zwei letzten Gedichtzeilen das Einfache, das Komplizierte, für das derart ruhige Worte gefunden werden. Die Worte sind belastet genug: »allein beschwert von jedem«. Ohne Schaden – weiß man, indem man liest – geht es auch hier nicht ab. Der leichte Ton und das nebenbei Gesprochene sind bedrückend noch in diesem hier angeschlagenen Ton.

Es bleibt zurück, was vor Gedichtanfang schon war: eine sonderbare und für den, der es aufschrieb, charakteristische Namenlosigkeit. Es ist ein Kommen und ein Gehen, und man ist versucht, hinzuzufügen: wie bei manchen volksliedhaften Texten, die man gehört hatte und bei denen man von vornherein erkannte, was gemeint sein und was passieren konnte – nicht gleich »Scheiden und Meiden«, nicht gleich Sentiment oder gar Tränen. Das Gedicht bleibt trocken. Es wird nirgends Emotion laut. Es gibt keine geschluchzte Silbe, nicht einmal die sogenannte Seufzeratmung. Es wird konstatiert: »da konnten wir nichts machen.« Es ist der Refrain und der Anfang und das

Ende vom Lied. Es bleiben Worte aus unserem Alltag; kein Alltagsdeutsch, kein Jargon, dessen sich hier bedient würde.
Man hat bei Peter Maiwald von der Unverbrauchtheit der Bilder gesprochen. Es geht aber über die Bilder hinaus und bis ins Einzelwort hinein. Schlichtheit, Feststellung, gleichgültig ob Glück oder Abschied, mal bitterer, mal süßer. Die Skala dieser einfach scheinenden Schreibweise reicht weiter, als sie im einzelnen Gedichttext zeigt. Sie hat ebenso Aktualität, und man kann bei ihr genauso Abgrund und Euphorie vermuten. Und solche Schreibart reicht bis zum schwierigen Kinderreim, ein anderes Mal. Diesmal geht nur jeder »allein beschwert von jedem« davon.

URSULA KRECHEL
EPISODE AM ENDE

Kaum hat der unbequeme junge Schriftsteller
die Schlösser seines Koffers zuschnappen lassen
kaum hat er seiner Freundin, der kurzweiligen
noch einmal über das Haar gestrichen, ich
komme ja wieder, bestimmt, sagt er, aber
mit seinem Kopf ist er schon weg.
Halte dich aufrecht, Mädchen!
Sie weiß nicht, ob sie weinen soll. Schließlich
hat sie keine Übung im Umgang mit Männern wie ihm.
Kaum ist er ins Taxi gestiegen, das hier sonnengelb ist
hat diese knappe Liebe und diese Stadt
mein Gott, diese wahnsinnige Stadt am anderen Ende
der Welt, in der einer wie er ein Mädchen braucht
wie das tägliche Brot, wie Toast, was sag ich
wie Buchweizenpfannkuchen mit Sirup
zuhause wird er es selbst nicht mehr glauben
hinter sich gelassen am Nachmittag
kaum ist im Flughafengebäude sein Körper
flüchtig abgetastet von einem Uniformierten
sitzt er schon im Flugzeug, Fensterplatz, Raucher
angeschnallt zwischen jetzt und später
macht es sich bequem in seinen fliegenden Schuhen
und schreibt ein Gedicht: kaum hab ich
die Schlösser meines Koffers zuschnappen lassen.

WALTER HELMUT FRITZ
DER SCHRIFTSTELLER UND DAS MÄDCHEN

In nicht wenige zeitgenössische Gedichte dringen seit einer Reihe von Jahren in verstärktem Maß erzählende Elemente ein. Ursula Krechels Text ist ein Beispiel für diese Tendenz. Ein kleiner Vorgang bringt Bewegung in die Zeilen. Eine »Episode« wird erzählt.
In diesem Fall das Ende einer »knappen Liebe« zwischen einem jungen Schriftsteller und seiner »kurzweiligen« Freundin. Der Ton ist kühl, von betonter Sachlichkeit. Die Beteuerung des Mannes, er komme wieder, ist leer, denn mit seinem Kopf ist er schon »weg«. Von einem Gefühl ist kaum die Rede, dennoch ist es – zumindest bei der jungen Frau – als Schmerz vorhanden, erkennbar in der Bemerkung, sie wisse nicht, ob sie weinen soll, und in der Art, wie sie sich selbst zuspricht: »Halt dich aufrecht.« Die Erfahrung, die sie macht, die Flüchtigkeit der Beziehung, ist für sie neu, im Umgang mit Männern wie ihm, heißt es, habe sie noch keine »Übung«.
Wird sie sie noch bekommen? Wird sie sich darauf einstellen? Wird sie darunter leiden? Woher rührt die Distanz, woher der Verlust an Intensität? Ist Glück etwas, woran sie schon nicht mehr denkt? Woher die Ratlosigkeit?
Das Gedicht ist diskret. Es deutet bei aller Ausführlichkeit nur an, zielt auf den Schluß: kaum sitzt der Schriftsteller im Flugzeug, hat er es sich bequem gemacht, ist er angeschnallt »zwischen jetzt und später«, schreibt er ein Gedicht über seine Begegnung mit dem Mädchen, und das

Gedicht fängt an mit den (variierten) Worten, mit denen Ursula Krechel das ihre beginnt.

Erfahrung vor allem als Material, Anlaß, Vorwand für das Gedicht? Denkt man nicht einen Moment an Max Frischs Bemerkung (in »Montauk«), Leben sei langweilig, er mache Erfahrungen nur noch beim Schreiben? Der Schriftsteller, als er seiner Freundin beim Abschied noch einmal über das Haar streicht, ist in Gedanken schon draußen, im Taxi, in der Stadt, im Flughafengebäude – auch schon bei seinem Gedicht?

Ursula Krechel geht gerade so weit, daß die Fragen im Lesenden sich von selbst einstellen. Die Gleichgültigkeit (mehr von seiten des Mannes), Irritation, Sprachlosigkeit, die zwischen den beiden bestehen, ergeben sich, ganz indirekt, aus der Wiedergabe des Ablaufs der Episode. Der Schriftsteller erscheint als der, der Emotionen eher vortäuscht, der schon im Augenblick der Erfahrung keine Hemmung hat, daran zu denken, was er daraus machen wird. Keine Scheu, das Erlebte sofort umzumünzen? Zynismus? Oder selbstverständliche Voraussetzung für seine Arbeit?

Ein einfaches Gedicht, aber keins, das es sich einfach macht. Ein Gedicht, das Schwierigkeiten, die aus der Beziehungslosigkeit unter Menschen resultieren, ohne Umstände, auch mit geheimer Trauer, auch mit einem Anflug von Ironie, zeigt, das nicht dazu auffordert, ihnen auszuweichen, sondern ins Auge zu sehen. An anderer Stelle ihres Bandes (es ist Ursula Krechels erster) sagt sie, die großen Vereinfacher hätten das Schwierige einfach genannt. »Jetzt müssen wir das Schwierige schwierig nennen ...«

THOMAS ROSENLÖCHER
DES KREISCHENS BRUMMBASS

Das Fest war ziemlich müde, komm
mach mich mal lustig, sagte sie
und küßte mich, mir fehlte fast die Zunge.
Da schlichen wir, sternkalt der Januar,
hinaus und eins hielt sich am andern
im Gehen fest. Mein Gott, sind wir denn Tiere,
dachte ich noch und lehnte sie ans Haus,
darin des Kreischens Brummbaß stetig klopfte.
Doch sie sprach los. Ich konnte kaum die Menge
der Schnüren, Bänder ihres Leibchens lösen,
doch als ich da war, war es da ganz warm,
daß wir momentlang flüsternd schwiegen
und nur des Kreischens Brummbaß weiterklopfte.
Mehr weiß ich nicht. Ich glaube, daß ein Mensch
auf finstrem Steig vorüberhastete.
Die Straßenbahn mit aufgesteckten Lichtern
rasselte plötzlich mitten durch uns durch,
daß heller Tag war in der dunklen Nacht,
und endlich auch des Kreischens Brummbaß schwieg.
So standen wir noch etwas beieinander,
eh sie erneut mit wem davonschlich, dem,
mach mich mal lustig, fast die Zunge fehlte.

KARL MICKEL
DAS SÄCHSISCHE NATURELL

Der Dialekt ist in deutscher Hochliteratur immer anwesend, gerade weil eben sie keine Mundartdichtung ist. Denn Mundartdichtung vermummt ein Äußerliches lokalsprachlich; die Eigenheiten des Dialekts braucht sie als Hülle, idiomatische Wendungen und phonetisch notiertes Klangbild biedern schulterklopferisch sich an. Wohingegen Hochliteratur das örtlich Beschränkte abstreift, aus der Engnis ausbricht und die je besondere Mentalität und Tradition dem umfassenden geistigen Austausch gesellt. Schiller ist und bleibt Schwabe, Kleist Märker; beider Dichter Sprachcharaktere sind, obwohl sie innerhalb der Nationalsprache einander verstehen, prägnant geschieden. Dies schließt ein, daß der Ludwigshafener Ernst Bloch den weit nördlicheren Kleist bewundernswürdig, also adäquat, spricht; der Philosoph, ein Polterer wie der Dichter, erkennt die Satzperioden seines Kollegen Kant in der Syntax des Poeten. So verstanden, ist Thomas Rosenlöcher ein sächsischer, ein Dresdner Dichter.
Die Fabel des Gedichts ist simpel: Der Mann trifft auf der Tanzdiele mit einer echten Nymphomanin zusammen. Der Einheimische wird den Ort mühelos identifizieren: das Volkshaus Laubegast. Das beglaubigt den Vorgang, hindert aber keinen unkundigen Auswärtigen am Verstehen. Das Besondere der Verse entspringt der Art und Weise, wie der Mann reagiert: *Mein Gott, sind wir denn Tiere.* Er spricht kein abfälliges Urteil, denn er vollzieht

sofort angeregt den Akt. Auch hernach, da sie zum nächsten eilt, entrüstet er sich nicht. Beide Male ist die Reaktion ein erkennendes Kopfschütteln, eine verwunderte Gewißheit, daß es, das Naturereignis, tatsächlich ist, wie es ist. Ja is denn das de Meechlichkeet (ohne Ausrufezeichen), pflegt der Sachse zu sagen, wenn er kapiert hat, daß ein Wirkliches unweigerlich auch möglich gewesen sein muß. Art und Weise der Reaktion entdecken uns musterhaft die klassisch-sächsische Gemütsart und Denkweise; kein Be-, also Zerreden will dem Leser eine sogenannte Aussage beibiegen: poetisch rein birgt und entwickelt die blanke Mitteilung ihren melancholisch-komischen Kern. Gegenstand des Gedichts ist das sächsische Naturell; eben drum entwächst es dem mundartlichen Vortrag, den es aber, wie ein Schillertext, gut verträgt.
Worüber schüttelt der Dresdner erkennend den Kopf? Das selbstverständlich-rabiate weibliche Ansinnen (im aktuellen, präzis-vulgären Sprachbrauch: Anhauen; nicht Anmachen) signalisiert eine verkehrte Welt. So herum funktioniert der nichtprofessionelle Sexualkontakt noch lange bei weitem nicht überall. Dergestalt aber tritt Frau Welt tagtäglich jedwedem gegenüber: *mach mich mal lustig*, und dann steht er da. Wer könnte ihr sich verweigern? Es ist ausgeschlossen, man verlöre die Existenz. Das rare verdrehte Persönchen verkörpert die Welt, wie sie ist. Die Welt, wie sie ist, ist verdreht, und zwar generell. *Sind wir denn Tiere;* ohne Fragezeichen heißt das: Ja, wir sind. *Ich glaube, daß ein Mensch / auf finstrem Steig vorüberhastete:* der wird dann wohl ein Hund gewesen sein. Fixer Ritus beherrscht den Ablauf: vier Wörter; die gebissene Zunge; die Wand; Schnüre und Bänder; Orgasmustalk; das Ganze von vorne. Die Sphären kreisen; das Kreischen

ist ihre Musik, sein Brummbaß (Trieb, Eros, Hormondruck) ordnet den Tanz.

»Wie! – so wäre denn dieses Bumslokal, das Volkshaus Laubegast, ein Mikrokosmos?«

»Nu freilich. Wenn doch's Aphrotittchen drinne rumläufd.«

FRIEDERIKE ROTH
AUF UND NIRGENDS AN

Mir durch Wort und Gemurmel
in zügelloser Phantasie
einen tiefblassen Mann erschaffen
Federlin, Hölderlein, Allerleiwollust.

Und ein unbekanntes dunkles Weib
einsam, einfältig trauernd, bedrängt
will sie den Mond
vom Himmel herab reißen.

Im vertrauten Verhältnis
mit jungen, hübschen Verderbten
hinterläßt er sein Mal
an Bauch, Hüften, Schenkeln
am Leib der Schönen.

So über Nacht
verwandelt sich manches zu Dung, dürrem Laub.

Ihr aber durch Wort und Gemurmel
zerplatzt der Rachen der Natter
auch die Eich', aus dem Boden gerüttelt,
        rafft sie hinweg
und reißt den Mond vom Himmel herab
fahrig, wunderbar kalt.

HARALD HARTUNG
MONDZAUBER UND HEXENTRADITION

»Auf und nirgends an« – das scheint keine verlockende Überschrift für ein Gedicht, kein heiteres »up, up and away«, das uns entführt. Und doch ist Verführung im Spiel, Zauberei; schwermütig, schwerblütig, und sie zieht uns ein Stück weit ins Vertrauen.

Jemand beginnt, wie aus tiefem Selbstgespräch, mit einem Vorsatz – und gleich mit dem kühnsten, der sich denken läßt: Menschen zu erschaffen. Aber die Zeit der Götter und Halbgötter ist vorbei und auch die des Genies, das stellvertretend sagen kann: »Hier sitz' ich und forme Menschen nach meinem Bilde.« Eine vorsichtigere, weichere Stimme spricht wie zu sich selbst: »Mir durch Wort und Gemurmel.« Und in diesem Schwanken zwischen Artikulation und Beschwörung soll etwas zustande kommen, soll der Vorsatz Gestalt werden: ein Mensch, ein Mann.

Und da die Phantasie sich schon einmal verstiegen hat, was die Sprechende als »zügellos« leise zu rügen scheint, kann sie auch gleich aufs Ganze gehen: der »tiefblasse« Mann – *tiefblaß*, weil noch vom Schöpfungsakt gezeichnet – muß selber ein Mann der Schöpfung, der Feder, der Poesie sein, im Silbentausch dem höchsten, holdesten Namen verwandt und doch – im zärtlichen Diminutiv »Federlin, Hölderlein« – dem Gefühl erreichbar.

Denn auch die Fühlende ist schon zur Stelle, als Liebende und Geliebte, auf jeden Fall unbekannt und dunkel, dazu im voraus verlassen – denn nur so kann ihre Kapazität

ungeheuer sein; im Leiden, aber auch im Handeln, das alles Leiden kompensiert. Denn sie leidet ja nur – so läßt sich vermuten –, damit sie nach dem Höchsten greifen kann. Warum aber nicht prometheisch nach der Sonne, sondern nach dem Mond, dem Widerschein wirklichen Feuers? Vielleicht, weil längst etwas vorgefallen ist, das Einsamkeit, Trauer und Bedrängnis erzeugte: die alte Geschichte von Untreue, Schuld und Verletzung. Sie muß nicht ausführlich erzählt werden – auf das Mal, das sie hinterläßt, kommt es an. Und so lautet sibyllinisch und zugleich sehr nüchtern das Resümee: »So über Nacht / verwandelt sich manches zu Dung, dürrem Laub.«
Manches, aber nicht alles. Denn jetzt beginnt die eigentliche Aufwärtsbewegung, wird der Zauber gültig, wird die weibliche Figur zur Zauberin, die ihren Vorsatz wahr macht durch »Wort und Gemurmel«. Wie überzeugend, daß ihr die Routine noch fernliegt. »Ihr aber zerplatzt« – so könnte ein Mißgeschick beginnen; aber es ist ihr erster Triumph. Fragen wir nicht der Natter nach, woher sie kommt und wen sie verschlingen will; und bei der »Eich'« nicht, ob sie etwa ein Relikt aus Goethes Prometheus ist. Das wird offenkundig alles hinweggerafft, um freie Bahn zu haben für den entscheidenden Griff, der noch Ungeduld und Nervosität zeigt, »fahrig« ist. »Wunderbar kalt«, so darf man annehmen, ist schließlich beides: die Gebärde und das Errungene, der vom Abglanz leuchtende Mond – das poetische Objekt, die Poesie selbst. Alle Bewegung mündet in diesem »nirgends«, dem Nicht-Ort, der U-topie des Gedichts.
»Tollkirschenhochzeit« ist der Titel des ersten Gedichtbands von Friederike Roth; dort steht auch dieses Gedicht. »Schöne Braut«, heißt es im Titelpoem, »sie soll

sich auf mancherlei Künste verstehn.« Nicht daß Friederike Roth einmal Linguistik studierte, macht diese Kunst aus, sondern daß sie in die Gegenwartslyrik Zauberei, Goldmacherei, ja Hexerei brachte. Auf der »Bettelmannswies'« der geräderten und verdorbenen Sprache soll noch einmal die »Wunderblume« erwachsen. Nur ist sie nicht mehr blau wie die der Romantik, sondern eine »milchweiße Blume mit schwarzer Wurzel« – eine Blume auf dem Papier, das Schwarze der Buchstaben auf dem Weiß des Papiers, eine Blume aus Sprache.
Von Mallarmé über George zu Paul Celan führt die Reihe der Sprachmagier, die solche – wenn man so sagen darf – »linguistische« Poesie schufen. Friederike Roth ist Enkelin von Enkeln, wie sollte es anders sein. Auch Hexen haben Tradition.

FRIEDERIKE ROTH
MIMOSEN

Mimosen, schau!
Schon breche ich aus ins Ach
Bin ich wach? oder was
hab ich denn immer gelesen, gehört
von der Mimosenhaftigkeit.
Mich stört
dieses fast selbstbewußt kräftige Gelb.

Eine Frau
die scheinbar nie etwas anficht
die gelegentlich doch in Tränen ausbricht
erklärt mir ruhig lächelnd dann:
Der Mimosenbaum sei wie ein Schwamm
Nicht daß die Blätter bei Berührung zucken

Nicht daß die gelben Blütenstände
sonnenlos
sich ducken
sei das Mimosenhafte der Mimose.

Aber wenn es tagelang regnet
betet
vollgesogen von
sagen wir ruhig statt Regen
den Wassern des Himmels
schwer und schwerer geworden

der Mimosenbaum
sich der Erde entgegen
und reißt
mit mimosenhaft müdschwerer Kraft
die eigenen Wurzeln sich aus dem Saft.

LUDWIG HARIG
NEUE EMPFINDLICHKEIT

Schaue ich aus meinem Vorderfenster der Villa Massimo hinaus in den Park, dann fällt mein Blick auf zwei graue steinerne Löwen, schaue ich aus dem Hinterfenster, dann erkenne ich zwei Mimosenbäume, grün und quicklebendig. Vorne die Löwen und hinten die Mimosen, das sind, metaphorisch betrachtet, empfindsam gedeutet, so etwas wie die poetischen Außenpfeiler der Villa und ihrer Bewohner, die Schaustücke ihres Wesens.
Friederike Roth, die aus denselben Fenstern auf dieselben Dinge schaute, hatten es die Mimosen angetan, und in ihrem Gedicht gibt sie, frisch und unbefangen, eine neue Auslegung der Mimosenhaftigkeit. Erst fordert sie zum Schauen auf, bricht selbst in Erstaunen aus, dann fragt sie verwundert, fällt es ihr wie Schuppen von den Augen: nicht etwas Zartes, Feines, im überlieferten Sinne Empfindliches entdeckt sie beim Betrachten dieser Pflanze, sondern Anzeichen eines unerwarteten Selbstbewußtseins, das sie sogar stört, das kräftige Gelb der Blüten.
Von einer Frau hört sie die Erklärung, die herkömmlichen Attribute seien, wolle man das Wesen der Mimose begreifen, durch ganz neue zu ersetzen. »Der Mimosenbaum sei wie ein Schwamm«, heißt es in indirekter Rede, aber am Ende wechselt die Autorin in direkte Rede über, und da ist es nicht mehr die ungenannte Frau, die spricht. Vollgesogen von Regenwasser, sagt nun die Sprecherin Friederike

Roth, neige sich der Baum schließlich tief zur Erde nieder und entwurzele sich selbst.

Was ist daran so mimosenhaft? Und was ist das Neue dabei? Friederike Roth macht die Mimose zur Dulderin, zur selbstbewußten Schmerzensfrau, die ihr Leid erträgt, ihr Kreuz auf sich nimmt, bis die Kräfte erschöpft sind, und auch dann gibt sie nicht auf. Sie reißt »die eigenen Wurzeln sich aus dem Saft« heißt es wörtlich, sie selbst entscheidet über ihr Leben. Das Mimosenhafte ist eine »müdschwere Kraft«, sagt Friederike Roth, damit ist die Eigenschaft angezeigt, die man bislang an der Mimose nicht beobachtet hat, ein ganz besonderes Merkmal: die neue Empfindlichkeit.

Das Gedicht ist der Direktorin der Villa Massimo in Rom gewidmet. Ist sie die Frau, »die scheinbar nie etwas anficht«? Ist sie die Frau, »die gelegentlich in Tränen ausbricht«, dieses mimosenhafte Geschöpf, das sich mit »müdschwerer Kraft« selbst entwurzelt?

Friederike Roths Gelegenheitsgedicht, einer Lebenden gewidmet, keck im Tonfall, zuweilen keß gereimt, gibt womöglich Intimitäten preis, ist aber darüber hinaus eine poetische Signalisierung des neuen Frauenbilds, ein Zeichen der neuen Empfindlichkeit. Diese versteht sich von innen heraus als eine »müdschwere Kraft« und gibt sich nach außen durch ein »fast selbstbewußt kräftiges Gelb« zu erkennen.

Es ist bemerkenswert, daß gerade die Kraft in beiden Aussagen als Begriff der neuen weiblichen Empfindlichkeit auftaucht, und folgerichtig wird sie substantivisch zum Benennen des Wesens und attributiv zum Bezeichnen des Erscheinungsbildes benutzt.

Das soll jeder hören. Und vor allem jede.

FRIEDERIKE ROTH
WIR BEIDE

Draußen bei den stillen, den schönen
Lippenblütlern, ach dieses Wort
(weißt du noch die alte Mühle?)
hab ich von dir, Lippenblütler
sagen gelernt. Du hast

was weiß ich
erzählt von blassen von ins Traurigzart
getauchten Farben.

Ich hab nicht zugehört.
Bloß deine Lippen mir
die weichen angesehen
so dünnhäutig damals so zart
ach, wie denn
verschwindet warum
so eine Lippenkleinigkeit?

Geh nicht fort.
Ich find dir den Ort.

Geschichten hast du erzählt
von Wolken vom herabgefallenen Mond
vom alleinigen Wind
und von der Kraft der Wörter der Töne
der Farben.

Dann waren
wie denn verschwinden warum
eingezogen die Lippen ein Schnitt.

Hier steh ich. Hier
neben dir
erloschenem Bündel aus Narben.

Beide lachen wir
lange schon nicht mehr über die Kraft
der Farben.

HARALD HARTUNG
DIE BLÜTE DER LIPPEN

Ein Wort berührt uns. Wir denken ihm nicht weiter nach. Eines Tages aber kann der nicht mehr zu uns reden, von dem wir es hörten. Da erinnern wir uns. »Ach dieses Wort«, seufzen wir und meinen schon mehr als bloß das Wort. Doch auch das Wort bleibt uns wichtig – dieses alltägliche oder ungewöhnliche, für uns jedenfalls bedeutsame Wort. In Friederike Roths Gedicht ist es ein Fachwort aus der Botanik, aber ein besonders anschauliches, sprechendes, ein wahrhaftes Blumenwort: »Lippenblütler«. Pflanzliches und Menschliches kommen darin zusammen. Was wunder, daß der, der es sprach, für die Hörende zu dem wurde, von dem er redete: zum Lippenblütler – zu jener Blütenform, deren Kronblätter zwei Lippen zeigen.

Wie immer damals seine Erläuterung gelautet haben mag, die Zuhörende war nicht bei der Sache gewesen. »Ich hab nicht zugehört«, sagt sie heute knapp. Denn sie war bei einer ganz anderen Sache. Sie hat nicht zugehört, sie hat sich – wie der Volksmund sagen würde – »verguckt«. Verguckt in die zarten Details eines menschlichen Mundes, wie sie nur das Auge der Liebe festhalten kann. Festhalten? Der Schmerz des Verlusts läßt sich nicht betrügen. Die Beschreibung der »Lippenkleinigkeit« gerät zu einem zweiten Ach, zur fast schon stammelnden Frage nach Wie und Warum des Verlusts.

Doch schon die nächste Zeile will ihn nicht wahrhaben,

nimmt ihn zurück, macht ihn ungeschehen in der beschwörenden Bitte. In der höchsten Verlegenheit ist Magie zur Stelle, ein schneller Reim – der erste dieses Gedichts: »Geh nicht fort. / Ich find dir den Ort.« Ein un-bedachtes, ein kühnes Versprechen – wer wird schon fragen, wo und wann?

Vielleicht hilft Erinnerung, hilft der »Lippenblütler« selbst. Er war ja nicht bloß der sorgsame Erklärer, er war auch ein Geschichtenerzähler der schönen und bitteren Märchen vom »herabgefallenen Mond«. Und er erzählte ja von der »Kraft der Wörter der Töne der Farben«. Da drängt sich wieder das Gefühl des Verlusts ins Bewußtsein: Die geliebte »Lippenkleinigkeit« wird jetzt wahrhaft klein, der Mund eingezogen zu einer schmalen Linie im Schnitt des Todes. Angesichts des erloschenen Bündels aus Narben scheint die Kraft der Farben nicht einmal ein Gelächter wert – aber doch einen Reim! Und auch das Hier, das die Sprechende zweimal evoziert, reimt sich auf ein Gemeinsames, das sich – so dürfen wir vermuten – erst jetzt einstellt. Das saloppe »Wir beide« des Titels erhält hier sein Pathos. »Hier steh ich«, das klingt wie Bekenntnis, und man ist versucht fortzufahren: »ich kann nicht anders ...« Diesen Bekenntniston im Ohr, begreift man, warum die beiden schon lange nicht mehr über die Kraft der Farben lachen konnten. Wohl weil sie größer ist als gedacht.

Und auch der jähe Wunsch ging in Erfüllung und das kühne Versprechen. Der Freund ging ja nicht fort. Das Hier seines Todes ist ohne Flüchtigkeit. Der Ort ist gefunden: das Gedicht, eine Blüte der Lippen, mit »blassen«, »ins Traurigzart getauchten Farben«.

WERNER SÖLLNER
LIEBENDE

Sie wollen nichts als sein. Nicht mehr. Das Dach
ist ihnen Dach, die Last noch Lust. Noch ganz
die Silbe Wort, geteilt. Ein naher Glanz
macht sie für uns zu Fremden. Sie sind wach

und schlafen ruhig. Sie leben einen Traum,
als gäbe es fürs Leben keine Frist,
als wäre tot, was nur vergangen ist.
Sie tragen nichts; nur jenen einen Raum,

in dem der andre trägt. Allein zu zweit,
sind sie im Einen. Was hat die Endlichkeit
zu tun mit ihrer Zeit? Und welche Welt

ist so in ihrem Sein wie jener Schlaf,
der jedem sagt, was je den andern traf?
Sie liegen nah, sind ganz auf sich gestellt.

JOCHEN HIEBER
DAS BERÜHMTE GEFÜHL

Werner Söllner, 1951 im rumänischen Horia geboren und seit zehn Jahren in der Bundesrepublik lebend, ist auf dem Weg, ein bedeutender Dichter zu werden. »Kopfland. Passagen« hieß der Band, mit dem er 1988 debütierte, »Der Schlaf des Trommlers«, sein zweites Gedichtbuch, wurde im Frühjahr 1992 veröffentlicht. Was zeichnet Söllners Verse aus? Bisher vor allem eine mühelos erscheinende, in Wahrheit streng erarbeitete Balance aus Ursprünglichkeit und Überlieferung.

Nein, dieser Poet gehört nicht zu den lyrischen Brachialgenies, die mit Aplomb auftreten, einen Sommer der Emphase erleben, dann erschöpft schweigen oder sich nur noch selbst kopieren. Andererseits ist sein Verhältnis zur Tradition frei von postmoderner Beliebigkeit. Ob er Heines Ton für seine Verse erprobt, ob er lyrisch mit Brecht konferiert oder Celans magisch-genaue Dunkelheiten aufscheinen läßt: unübersehbar ist der Respekt vor den Vorbildern. Dieser Respekt aber ist nur die Kehrseite von Söllners überaus ernsthafter und energischer Radikalität bei der Suche nach dem eigenen Stil.

Unschwer ist auch der Ahnherr des Sonetts »Liebende« auszumachen: natürlich ists Rilke, wenn es glänzt. Und *Glanz* ist ein Schlüsselwort des Gedichts, jenes Leuchten, das stets zwei Menschen umgibt, die mitten im Alltagsgetriebe nichts kennen als ihre Umarmung: *Allein zu zweit, / sind sie im Einen*. An ihnen vorübergehend, sie unwillkürlich beobachtend, wird man zwangsläufig zum Voyeur. Im flüchtigen Anschauen der ebenso nahen wie fremden Innigkeit aber wird blitzartig auch eigenes Glück erinnert – und künftiges erhofft.

Sehnt es dich aber, so singe die Liebenden; / lange noch nicht unsterblich genug ist ihr berühmtes Gefühl, hatte Rilke in der ersten Duineser Elegie postuliert. Der Nachfahr Söllner nimmt den Auftrag an. Von seiner Sehnsucht ist dabei mit keinem Wort die Rede – im Dienst am Gesang ist sie anwesend genug. Ein Inbild der Liebe führen die Verse vor und halten es fest. Ruhig und fließend, fast traumwandlerisch sicher ist ihre Kunstfertigkeit. Mit Bedacht werden die Reim- und Rhythmusgebote des Sonetts erfüllt, mit Bedacht und ganz in Rilkes Sinn wird auch die einzige Abweichung vom strengen Schema inszeniert: der Zeilensprung vom zweiten Quartett zum ersten Terzett überspielt die traditionell harte Zäsur zwischen den beiden Hälften des Sonetts. Aus Entgegensetzung entsteht so Harmonie, aus den Zwängen des Genres erwächst die Freiheit zum Liebeslob.

Das Gedicht »Liebende« ist singulär in Söllners Werk. Denn dieser Poet hat bislang vor allem Zwischenzustände vermessen. Dem *Halbschlaf* also galten seine Verse oder der *halben Geliebten*. Gerade auch auf seine wenigen Liebesgedichte traf die Formel zu, die für seine gesamte Lyrik charakteristisch scheint: *Ganz ist, wo Menschen sind, nichts*. Von aller Ambivalenz befreit sind einzig die Liebenden dieses Poems: Einheit und Ganzheit, ungeteilt und ungebrochen, gewährt ihnen Söllner vierzehn Zeilen lang – sein Beitrag zur Unsterblichkeit des berühmten Gefühls. Er bewahrt sich und uns damit eine letzte, eine unverzichtbare Utopie: die Utopie des Paars. Daß er darauf besteht, führt ihn zugleich über Rilke hinaus. *Denn Bleiben ist nirgends*: gegen Rilkes elegische Klage über die Flüchtigkeit der Liebe und des Paars setzt Söllner eine überwältigende Frage: *Was hat die Endlichkeit / zu tun mit ihrer Zeit?* Nichts. Ewigkeitsaugenblicke vergehen nicht, wenn sie enden.

WERNER SÖLLNER
WAS BLEIBT

Das Haus der Welt ist schlecht gebaut,
ich sitze krumm und schief darin.
Ach Sprache, meine stumme Braut,
sag mir, wo ich zuhause bin.

Hier steht ein Bett, ein Stuhl, ein Tisch,
da ist noch Brot und dort ist Wein.
Was bleibt? Versteinertes Gemisch
aus Sätzen vom Lebendigsein.

Der Sinn der Wörter ist die Haut,
die langsam auseinanderfällt.
Ach Sprache, meine stumme Braut –
das Aug weint, was die Silbe hält.

GÜNTER KUNERT
DIE STUMME BRAUT

Gefragt, was den Dichter vor den Schriftstellern anderer Gattungen auszeichne, würde ich sagen: Sein Umgang mit der Sprache. Sein Verhältnis zu ihr ist intimer, ja, schmerzlicher, manchmal sogar rabiater (wozu die Intimität berechtigt) als das von, beispielsweise, Prosaautoren zu ihrem Medium. Auf den Dichter wie auf niemand sonst scheint die Phrase von der Goldwaage, auf die man jedes Wort legt, zuzutreffen. Also wäre das untrügliche Kennzeichen, woran man den Dichter, fast hätte ich gesagt: den *wahren* Dichter unter den Massen der scheinbaren herausfinden kann, sein erstaunlicher Instinkt für das einzig richtige Wort, für die allein mögliche Wortwahl, für das Stimmige der Metaphern, für das apodiktisch Unabänderliche des Gesagten.

Und doch. Den geborenen Dichter (und andere gibt es nicht) verläßt niemals eine gewisse Unzufriedenheit gegenüber seinen Ausdrucksmitteln, selbst wenn er sich ihrer mit Perfektion bedient. Und das Gefühl von Befriedigung nach Vollendung eines Gedichts ist der seltene Preis für die Mühe, die Sprache im gewünschten und ersehnten Sinne zum Reden gebracht zu haben. Darum die vielen Gedichte über die Sprache, über den Akt des lyrischen Sprechens selber. Der Dichter wirkt geradezu undankbar, da er mittels seines Werkzeuges just dessen Mangel und Schwäche beklagt. Werner Söllner macht da keine Ausnahme. Er, der kritischen Einsicht halber, personifiziert

die Sprache und nennt sie dann seine Braut, als sei sie etwas Besseres als eine willfährige Prostituierte, die sich jedem Nebenbuhler, sprich: Konkurrenten hingibt.
Bloß: Wie kommt es, daß diese Braut, die Söllners Klage überhaupt erst ermöglicht, als »stumm« bezeichnet wird? Und wie kann eine Stumme ihm mitteilen, wo er zu Hause sei? Weil gerade diese widersprüchliche Formulierung das Wesen der Sprache trifft, ihre Doppelexistenz: nichtssagend und doch verräterisch aufrichtig zu sein, zur Lüge wie zur Wahrheit prächtig disponiert. Bedeutsam jedoch wird sie erst im Gedicht, wie in dem Söllners, da ihm das erwähnte dialektische Moment der Sprache als Modell für seine zwölf Zeilen dient: Spannung entsteht von der »stummen Braut« über das »versteinerte Gemisch aus Sätzen vom Lebendigsein« bis zu »das Aug weint, was die Silbe hält«. Das Modell Sprache wird Daseinsbild.
Söllners besondere wortbezogene Empfindlichkeit stammt nicht zuletzt von seiner Herkunft: Für den Rumäniendeutschen, auf einer Sprachinsel im Reiche des modernen Dracula Ceausescu lebend, war wenig mehr als Sprache an Heimat vorhanden. Ohnehin ist ein Schriftsteller, in extremem Maße ein Dichter, eher in der Literatur daheim als im »Haus der Welt«, dessen Konstruktion für jedes poetische Bewußtsein sowieso dem eines Kerkers gleicht.
Die letzte Strophe vermittelt dem Leser die unauflösliche Einheit von »Sein und Schreiben«, da der Sinn der Wörter letzten Endes die Selbstversicherung des dichtenden Individuums zu besorgen hat und für die Ganzheit der Persönlichkeit geradestehen muß. Und die Schlußzeile gar in ihrer bemerkenswerten grammatikalischen Ambivalenz läßt offen, ob nun das Auge eigentlich über das weine, was die

Silbe im Sinne von Vorgabe verspricht, oder ob die Silbe das bewahrt, was das Auge weint, ergo: was der Autor an Gefühl einzubringen hat.
Doch wie immer man das »... was die Silbe hält« deuten mag: Jede Lesart zeigt an, daß die »Silbe«, als eines der Synonyme für Sprache, das letzte Wort behält, damit aber entgegen allem Lamento über Sprachverlust und Sprachverfall dennoch über die Melancholie der Verse triumphiert. Wir wollen nicht den Titel vergessen, der vorankündigt, worum es geht: Was bleibt, ist die Sprache, ist das Gedicht, ist die Mitteilungsfähigkeit des einzelnen, der, während er mit seiner stummen Braut verhandelt und hadert, zugleich mit uns, den Lesern, gedankenvoll parliert.

HANS-ULRICH TREICHEL
VON GROSSEN DINGEN

Das Blau des Himmels
ist bloß schlecht kopiert.
Ich hab gelebt, geliebt und
mich rasiert. Die Wolken ziehn
so sinnlos leicht und weiß,
die Luft ist mild und mir wird
kalt und heiß. Am liebsten
läg ich nur noch faul im Bett,
von großen Dingen träumend,
stumm und fett. Um dann von
euch zu gehn, auf daß man mich
verfluche: Ich hab gefunden,
Freunde, was ich suche.

LOTHAR SCHÖNE
DIE GEGENWOLKEN

Die Gedichte Hans-Ulrich Treichels locken und verführen auf ungewöhnliche Weise. Denn sie sind spröd und schmiegsam zugleich, sie sind ironisch und doch voller Aggression. Vor allem aber haben sie Musikalität. Mit seinem ersten Lyrikband »Liebe Not«, aus dem dieses Gedicht stammt, hat der 1952 geborene Treichel schon einen unverwechselbaren Ton gefunden.

Dieser Ton ist selbst dann eigenständig, wenn er sich auf Zitate stützt. »Von großen Dingen« – hier sind die Brecht-Anklänge unüberhörbar, möglicherweise ist das Gedicht eine Hommage an Brecht. Schon die ersten beiden Zeilen sprechen selbstironisch von Kopie. Welche Kopie ist gemeint? Ist das Blau des Himmels wirklich noch blau oder bloß eine Kopie aus früheren Zeiten, oder kopiert der Dichter das Blau eines anderen Dichters? Der Einschub des Banalen (»hab ... mich rasiert«) wird sogleich von einem sinnträchtigen Bild unterbrochen: »Die Wolken ziehn.«

In Brechts »Die Liebenden« ziehen ebenfalls die Wolken, allerdings ganz anders, nämlich mit den Kranichen »aus einem Leben in ein andres Leben«. Bei Hans-Ulrich Treichel ziehen sie nur noch »so sinnlos leicht und weiß«. Brechts Wolken tragen Hoffnung, die Treichels transportieren Skepsis, Brechts Wolken fragen nach Sehnsucht und Glück, die Treichels antworten mit großem Mißtrauen. Die Verse jenes sind so schön, doch ist's die Liebe gleichermaßen?

Offenbar ist die Liebe, das Leben lediglich ein Surrogat, eine Kopie eben, und wo ein anderer nackt »in der Sünder schamvollen Gewimmel« lag, möchte Treichels lyrisches Ich lediglich faul im Bett liegen, »stumm und fett«, und keineswegs würde er wie Brechts »Baal« ausrufen: »Seid nur nicht so faul und so verweicht / Denn Genießen ist bei Gott nicht leicht!« Von diesen »großen Dingen« träumt er lieber. Emphase ist nicht angebracht. Temperament ein überholtes Gefühl, Lebenshunger ein Fremdwort.

Was aber bleibt? Und stiftet es der Dichter, den man ob seiner Ratlosigkeit eher verflucht? Immer nach Hause gehen wir ohnehin, »den Strick gut wegzulegen«, wie es in einem anderen Gedicht Treichels heißt. So zeigt »Von großen Dingen« die Sinnlichkeit der Welt und zugleich das Zurückschrecken vor ihrer Wirklichkeit. Hans-Ulrich Treichel erweist sich als Miniaturist der Skepsis, als ein Sänger der Vergeblichkeit, freilich einer mit hinreißender Melodie.

JÖRG KOWALSKI
NECKARPARTIE MIT HÖLDERLINTURM

das zimmer im turm
leer, so sind wir
haltlos, ausgeliefert
den schatten
der fensterkreuze
auf den dielen

fragloser augenblick
voller einverständnis.
an der ufermauer
ein graffito:
wir lieben ihn
und begreifen nichts.

GERHARD SCHULZ
BESITZANSPRÜCHE

Wann Jörg Kowalski, Jahrgang 1952, zum erstenmal den Hölderlin-Turm in Tübingen gesehen hat, ist mir nicht bekannt. Sehr lange aber kann es nicht her sein, denn zum Reisekader wurde er in der vergangenen DDR nicht erhoben. In Halle, wo er zu Hause ist, gehörte er zu einem kleinen Kreis experimentierender Poeten, deren Versuche mit visueller Dichtung und mit den Tiefen oder Untiefen der Wörter fernab von aller offiziell gewünschten und geförderten Literatur lagen. Erst allmählich treten nun die Zeugnisse ihres Tuns ans Licht.

Daß Dichter zuweilen ihre Berufskollegen von einst und jetzt zum Gegenstand der eigenen Verse machen, ist seit antiken Zeiten geläufig. Solcher Bezug auf die anderen ist entweder Beschwörung von Autoritäten, Bewunderung, Spott oder aber die Reflexion auf eigene Konflikte, eigenes Leiden, Gelingen oder Mißlingen. Für letzteres bieten sich am ehesten die Mißachteten der Vergangenheit, die ihrer Zeit fremd Gebliebenen an, auf die sich die eigene Unerfülltheit und die eigenen Sorgen mit der Gegenwart übertragen lassen. Wie kaum ein anderer läßt sich der von seinen Zeitgenossen verkannte Hölderlin, der nach tiefster Erkenntnis und zartestem Ausdruck oft qualvoll Suchende, der einsam Gewordene, sich verfolgt Fühlende und schließlich Umnachtete zum Gefäß machen für all das, was in einem Poetenkopf an Schöpfernot und Zeitklage enthalten ist.

Von solcher Art nun freilich ist Kowalskis kleines Gedicht nicht. Viel eher ist es eine Reflexion auf derartige Reflexionen, die ja immer die Gefahr des Modischen, der Entstellung oder gar der gewaltsamen Anbiederung in sich tragen, wenn man etwa die Verblichenen, die sich nicht mehr wehren können, zu den Bürgen eigener Wunschbilder macht. Hölderlins Beitrag zum »nationalen Kulturerbe« bestand, wie es ein DDR-Lexikon behauptet, in der »vorwärtsweisenden ideologischen Substanz« seines Werkes; Peter Weiss ließ in seinem Hölderlin-Drama den jungen Marx einen symbolischen Besuch bei dem im Turm Dahindämmernden abstatten; und mit belegter Stimme vorwurfsvoll vom *pauvre Holterling* zu reden ist in verschiedenen geistigen Lagern fast zum Sprachzwang geworden.

Kowalski erspart sich das. Er zeichnet kein Hölderlin-Bild, eignet ihn sich nicht an, versucht nicht Interpretation und Deutung. Das leere Zimmer im Turm, Schatten und Licht darin, die *fensterkreuze / auf den dielen* sprechen anschaulich, sinnlich von einem im Grunde recht nüchternen Verhältnis zu Vergangenem, von einer Kluft, die nie überbrückt werden kann und die doch in der Begegnung mit einem Kunstwerk immer wieder zu verschwinden scheint.

Solcher Widerspruch zwischen bleibender Fremdheit des Einstigen und der immer wieder empfundenen Unmittelbarkeit aller großen Kunst kommt eindringlich und klar in Kowalskis zweiter Strophe zum Ausdruck. Gewiß gibt es diesen Augenblick des Einverständnisses mit dem Kunstwerk, fraglos im enthusiastischen, hingegebenen Empfangen. Aber das ist dann nur ein erster, wenn auch bei jedem Lesen wiederholbarer Schritt. Das Begreifen, das Verstehen hingegen fordert mehr, fordert kritische Erkenntnis von Distanz zum Erkannten wie zum Erkennenden. Niemand kann sich über seine Zeit erheben, wohl aber die Grenzen des eigenen Horizonts sehen. Ohne einen derartigen Erkenntnisprozeß blieben Enthusiasmus und Liebe flüchtig und leer.

Kowalskis Verse sind eine Huldigung an Hölderlin, aber sie sind auch ein Gedicht über den Umgang mit Dichtung. Sie mahnen zur Bescheidenheit gegenüber dem Vergangenen und zur Vorsicht hinsichtlich unserer Selbstsicherheit und Selbstgefälligkeit bei allen Besitzansprüchen.

CLEMENS EICH
ALS ICH DICH UMBRACHTE, INDIANERBRUDER

Wir mit den Fischerstiefeln im
Uferwasser,
haben mit uns gebrochen,
bevor es uns gab.
Mit den Brombeersträuchern
schlinge ich mich um dich,
mit dem Würgegriff
meiner Hingabe
halte ich zu dir,
deine Haare sind
naß und schwarz,
das Weiße in deinen
Augen liebt
deinen Bruder,
mich.

ULRICH GREINER
ABSCHIED VON DER KINDHEIT

Indianerspiele, Mannbarkeitsspiele im Ufergebüsch, so sieht es aus. Jugendlich verwegene Raufereien, bei denen Spiel und Ernst, Mordlust und das kurze Aufleuchten einer homo-erotischen Neigung ein und dasselbe sind. Das Weiße im Auge des Feindes erblickt man im Nahkampf. Der Kämpfende umschlingt seinen Gegner mit Brombeerranken und nimmt ihn in den Würgegriff. Das schmeckt nach Blut. Aber die bedrohlichen Bilder enthalten zugleich ihr Gegenteil. Der Würgegriff ist auch eine Umarmung, der Kampf ist auch eine Hingabe, und der Blick ins Weiße des Auges ist zugleich ein Blick der Liebe.

So könnte es sein. Aber wir haben bei dieser Deutung die Überschrift vergessen: »Als ich dich umbrachte, Indianerbruder«. Der Zweikampf nahm offenbar kein friedliches Ende. Starb da einer den Liebestod? Der erste Satz des Gedichts gibt einen Hinweis: Dieses »Wir« meint nicht nur die zwei Kämpfenden, sondern es spricht von einer allgemeinen Erfahrung. Sie erinnert an den Titel eines Buches von Thomas Brasch: »Vor den Vätern sterben die Söhne«. Im Gedicht heißt es: »Wir haben mit uns gebrochen, bevor es uns gab.« Ein merkwürdiger Satz. Der Riß geht durch das Wir hindurch. Und er war schon vorher da, vor der Geburt: »Wir mit den Fischerstiefeln« – das ist das Bild einer Zwischengeneration. Sie hat das feste Land schon verlassen, das freie Meer noch nicht gewonnen. Man gewinnt es nicht in Fischerstiefeln. Entweder schwimmt man hinaus ins Offene, oder man bleibt unter den Brombeersträuchern hocken.

So gesehen können wir eine andere Lesart probieren. Zwar handelt es sich um einen Zweikampf, aber es geht um nur eine Person, um eine gespaltene. Der Kämpfende kämpft mit sich selber. Die Stiefel im Wasser, verstrickt in die Brombeeren, nimmt er Abschied von der Kindheit. Den Indianerbruder bringt er um, den pubertären Teil seines Ich. Ihm blickt er ins Weiße des Auges, zum letzten Mal. Ringend mit sich selber, verläßt er festen Boden und wagt sich ein Stück weit vom Ufer weg ins Ungewisse.

Bei Nestroy sagt der Holofernes: »Ich möcht' mich einmal mit mir selbst zusammenhetzen, nur um zu sehen, wer der Stärkere is, ich oder ich.« Aber Clemens Eich ist nicht komisch. Die Erfahrung, von der er berichtet, ist schmerzlich. Erwachsen zu werden heißt, viele kleine Tode zu überleben. Das Gedicht treibt keinen Aufwand damit. Pathos liegt ihm fern. Eine immer noch jugendliche Leichtfüßigkeit treibt den Rhythmus an, der sich beschleunigt: von der ersten Zeile, die zugleich die längste ist, bis zur letzten und kürzesten Zeile. Es ist der Weg vom Wir zum Ich.

Nahezu alle Gedichte des ersten Buches von Clemens Eich nehmen Abschied: von den Eltern, von der Kindheit und ihren vertrauten, geordneten Bildern. »Leben lernen« heißt ein Gedicht. Das ist bekanntlich mühsam. Aber Eichs Gedichte erzählen nicht von der Mühe, und sie kultivieren auch nicht den ewigen Zorn der Jungen gegen die Alten. Ihr Ton ist der einer plötzlichen Verwunderung, eines überraschten Gewahrwerdens. Jemandem gehen die Augen auf, und er sieht etwas, was du nicht siehst. »Aufstehn und gehn« heißt der Gedichtband. Es ist das Motto

einer Generation, die nach den Achtundsechzigern kam und einen anderen Weg als den des Protests ging.
Clemens Eich, Jahrgang 1954, ist der Sohn von Ilse Aichinger und Günter Eich. Zwei berühmte Dichter als Eltern zu haben ist ein spezielles Handicap, und mancher Sohn hätte daraus den Schluß gezogen, Lokomotivführer zu werden. Clemens Eich wurde Schauspieler. Er brachte es bis zu jenem Punkt, an dem eine Karriere hätte beginnen können. Die äußeren Bedingungen waren günstig (1976 bis 1979 Engagement am Schauspiel Frankfurt), nicht jedoch die inneren. Clemens Eich brach ab und begann zu schreiben. Ausgerechnet Gedichte. Sie beweisen, daß er nicht nur der Sohn ist, sondern ein Dichter eigener Qualität.

BERT PAPENFUSS-GOREK
RASENDER SCHMERTS WEITERLACHEN

ich such die kreuts & die kwehr
kreutsdeutsch treff ich einen
gruess ich ihn kwehrdeutsch
auf wiedersehen faterland
ich such das meuterland

dort müssen sie landen
die kleinen gruenen jungs
in ihren warmhalteuniformen
daumenlutscher lutschen dorne
streifzuegler im grossfeuerholz

spannend erzaehlt weitermachen

FRIEDRICH CHRISTIAN DELIUS
WEITERLACHEN, WEITERMACHEN

Kein mitreißendes, kein, »schönes«, aber ein romantisches Gedicht – aus den achtziger Jahren. Zwölf Zeilen, die mich anziehen und abstoßen, also über Kräfte verfügen, die erklärt werden wollen. Manchen mag zuerst die eigenwillige Orthographie schrecken; ich sehe in solchen Variationen grammatikalischer und anderer Normen eher bescheidene Versuche, in turbulenten politischen Epochen (wie zur Zeit des Dreißigjährigen oder des Ersten Weltkriegs) der Sprache Herr zu bleiben. Papenfuß-Gorek ist einer der Autoren aus der ehemaligen DDR, die den Starrsinn der Staatsreden, den Szene-Jargon und die allzu ausgeklügelte Literatursprache attackiert und im Zerfetzen der fremden ihre eigene Stimme gefunden haben.
Das Eigene liegt in der spröden Anziehungskraft des Gedichts, in den Bewegungen zwischen den Extremen »rasender schmerts« und »weiterlachen«, in der eher spielerischen als ernsthaften Suche, zunächst ohne Ziel und Objekt. »die kreuts & die kwehr«, als modale Bestimmung zu verstehen, kann auch substantiviert gelesen werden: Suche nach dem Durcheinander. Dabei kommt es herum, das suchende Ich, und trifft andere Wanderer, die sich selbst von heiteren Grüßen leicht verstören lassen, ob »kreutsdeutsch« oder »kwehrdeutsch«. Dazwischen sucht einer den eigenen Weg, verabschiedet nebenbei mit einer liebevollen Schmähung das »faterland«, das teure, denn das Ziel ist »das meuterland«.

Der Lautsprung von Mutterland in »meuterland« ergibt einen gelungenen Kalauer, aber doch mehr, denn er öffnet neue Bedeutungen. Die Assoziationen in Richtung Meutern, Verweigerung haben neben dem politischen Sinn einen sprachlichen, literarischen. Sie erinnern daran, daß Poesie, auch die stille und demütige, unter anderem aus rebellischen Motiven gespeist wird: Das Gedicht als Widerspruch eines einzelnen, als Versuch, eine eigene Sprache zu finden gegen die andern, die Mehrheit, gegen die Übereinkünfte von rechts und links und der bequemen Mitte. Der Radikalismus der Romantik, »daß die Willkür des Dichters kein Gesetz über sich leide« (Friedrich Schlegel), könnte in Papenfuß-Goreks »meuterland« zum Grundgesetz werden. Ein Land für Selbstgefällige und Idylliker des Protests jedenfalls ist das nicht.

Das verdeutlicht die zweite Strophe. Das Ich tritt zurück – und erwartet »die kleinen gruenen jungs / in ihren warmhalteuniformen«. Der Text im Jahr der deutschen Einheit publiziert, läßt offen, ob hier die Volkspolizisten die Vorstellung bestimmt haben oder die mit westlichen Uniformen verkleideten Vopos oder schon die selbstbewußteren westlichen Kollegen oder doch nur die kleinen Männchen vom anderen Stern. Es sind keine Feinde, eher unbedarfte »kleine jungs« und »gruen«, wenn nicht sogar »daumenlutscher«: das »meuterland« wird diese Invasion aushalten.

Nun scheint sich das kantige Gedicht zwischen »dornen« und »grossfeuerholz« zu verlieren oder wie ein Videoclip zu verlöschen. Doch da, nach seiner schwachen Stelle, kommt von außen ein befremdliches Schulterklopfen: »spannend erzaehlt weitermachen«. So spricht jemand ironisch zu sich selbst oder als Fan, Kritiker oder Sponsor gönnerhaft von oben herab. Der Autor setzt den saloppen Spruch ans Ende und zeigt damit, daß er sein Dilemma als rebellischer Poet kennt. Er stößt also noch einmal zum Weiterdenken an.

Denn im »Weitermachen«, mit Ausrufungszeichen zu lesen, steckt die Aufforderung »Bleib, wie du bist, wie wir dich mögen!«, die für den Künstler, wenn er sie ernst nimmt, tödlich ist. Indem Papenfuß dieses Mißverständnis (oder diese Unverschämtheit) lachend zitiert, deutet er an, daß er nicht »so« weitermacht. Der Verzicht auf Interpunktion hilft mir nun, am Schluß, verstärkt durch den entfernten Reim auf »weiterlachen«, ein Fragezeichen zu entdecken, das hinter dem Schlüsselwort der neunziger Jahre wartet: Weitermachen?

Anhang

QUELLENHINWEISE

HERBERT ACHTERNBUSCH 1938 in München geboren, lebt in München.
Wandert das Gelb, S. 265. Aus: Antianthologie. Herausgegeben von Helmut Heißenbüttel und Franz Mon. Carl Hanser Verlag, München 1973. Abdruck mit freundlicher Genehmigung des Autors.

KURT BARTSCH 1937 in Berlin geboren, lebt dort.
Abriß, S. 219. Aus: Kurt Bartsch, Kaderakte. Rowohlt Taschenbuch Verlag GmbH, Reinbek 1979. Abdruck mit freundlicher Genehmigung des Autors.
Die Leichenwäscherin ist tot, S. 223. Aus: Luchterhand Jahrbuch der Lyrik 1985. Herausgegeben von Christoph Buchwald und Ursula Krechel. Luchterhand Verlag, Darmstadt 1985. Abdruck mit freundlicher Genehmigung des Autors.

WOLF BIERMANN 1936 in Hamburg geboren, lebt dort.
Ballade vom preußischen Ikarus, S. 191. Ermutigung, S. 197. Kleines Lied von den bleibenden Werten, S. 203. Aus: Wolf Biermann, Alle Lieder. © 1991 by Verlag Kiepenheuer & Witsch Köln.
Nachricht, S. 209. Aus: »Nachlaß 1« von Wolf Biermann. © 1977 by Verlag Kiepenheuer & Witsch Köln.

ILONA BODDEN 1940 in Hildesheim geboren, lebt in Hamburg.
Epitaph, S. 293. Aus: Ilona Bodden, Erinnerung an einen Obelisken. Delp'sche Verlagsbuchhandlung, München 1974. Copyright © Elisabeth Rausch-Zimmer. Abdruck mit freundlicher Genehmigung.

NICOLAS BORN 1937 in Duisburg geboren, gestorben 1979 in Breese bei Dannenberg.
Das Erscheinen eines jeden in der Menge, S. 229. Dies Haus, S. 233. Horror, Dienstag, S. 241. Aus: Nicolas Born, Gedichte 1967-1978. Copyright © 1978 by Rowohlt Verlag GmbH, Reinbek.
Es ist Sonntag, S. 237. Aus: Nicolas Born, Das Auge des Entdeckers. dnb 21. Copyright © 1972 by Rowohlt Taschenbuch Verlag GmbH, Reinbek.

THOMAS BRASCH 1945 in Westow/Yorkshire geboren, lebt in Berlin.
Der schöne 27. September, S. 419. Schlaflied für K., S. 427. Vorkrieg,

S. 431. Aus: Thomas Brasch, Der schöne 27. September. Gedichte. © Suhrkamp Verlag Frankfurt am Main 1980.

Lied, S. 423. Aus: Thomas Brasch, Kargo. 32. Versuch auf einem untergehenden Schiff aus der eigenen Haut zu kommen. © Suhrkamp Verlag Frankfurt am Main 1977.

Volker Braun 1939 in Dresden geboren.

Das Eigentum, S. 269. Aus: Deutsch in einem anderen Land. Die DDR (1949-1990) in Gedichten. Herausgegeben von Rüdiger Mangel, Stefan Schnabel und Peter Staatsmann. Edition Hentrich, Berlin 1990. Abdruck mit freundlicher Genehmigung des Autors.

Durchgearbeitete Landschaft, S. 273. Aus: Gegen die symmetrische Welt. © Suhrkamp Verlag Frankfurt am Main 1974.

Tagtraum, S. 279. Aus: Volker Braun, Langsamer knirschender Morgen. Gedichte. © Mitteldeutscher Verlag, Halle und Leipzig 1987.

Rolf Dieter Brinkmann 1940 in Vechta geboren, gestorben 1975 in London.

Einen jener klassischen, S. 297. Hölderlin-Herbst, S. 301. Trauer auf dem Wäschedraht ..., S. 305. Aus: Rolf Dieter Brinkmann, Westwärts 1 & 2. dnb 63. Copyright © 1975 by Rowohlt Taschenbuch Verlag GmbH, Reinbek.

Resi Chromik 1943 in Liegnitz geboren, lebt in Kiel.

Christian, S. 347. Aus: Resi Chromik, Unterwegs. Gedichte. © Verlag Dieter Broschat, Hohenwestedt 1990.

Heinz Czechowski 1935 in Dresden geboren.

Ewald Christian von Kleist, S. 83. Aus: Heinz Czechowski, Ich und die Folgen. Gedichte. Rowohlt Verlag GmbH, Reinbek 1987. Abdruck mit freundlicher Genehmigung des Autors.

Notiz für U.B., S. 87. Aus: Heinz Czechowski, Schafe und Sterne. Gedichte. © Mitteldeutscher Verlag, Halle 1974.

Friedrich Christian Delius 1943 in Rom geboren, lebt in Bielefeld.

Chinesisch essen, S. 351. Aus: Friedrich Christian Delius, Die unsichtbaren Blitze. Gedichte. © Rotbuch Verlag, Berlin 1981.

Junge Frau im Antiquitätenladen, S. 355. Aus: Friedrich Christian Delius, Ein Bankier auf der Flucht. Gedichte und Reisebilder. © Rotbuch Verlag, Berlin 1975.

Clemens Eich 1954 in Rosenheim geboren.

Als ich dich umbrachte, Indianerbruder, S. 523. Aus: Clemens Eich, Aufstehn und gehn. Gedichte. © 1980 S. Fischer Verlag GmbH, Frankfurt am Main 1982.

Jörg Fauser 1944 in Bad Schwalbach geboren, lebt in München.
Der Zwang zur Prosa, S. 391. Aus: Jörg Fauser, Trotzki, Goethe und das Glück. © Verlag Rogner & Bernhard, München 1979.

Ludwig Fels 1946 in Treuchtlingen geboren, lebt in Nürnberg.
Annäherungsversuch, S. 435. Aus: Ludwig Fels, Vom Gesang der Bäuche. Ausgewählte Gedichte 1973-1980. Hermann Luchterhand Verlag, Darmstadt und Neuwied. © Ludwig Fels, Wien, 1980.

Robert Gernhardt 1937 in Reval/Estland geboren, lebt in Frankfurt am Main.
Doppelte Begegnung am Strand von Sperlonga, S. 245. Herbstlicher Baum in der Neuhaußstrasse, S. 253. Siebenmal mein Körper, S. 257. Aus: Robert Gernhardt, Körper in Cafés. Gedichte. Copyright © 1987 by Haffmans Verlag AG Zürich.
Eine Ansichtskarte. Gruß aus dem Wildfreigehege Mölln, S. 249. Aus: Robert Gernhard, Wörtersee. Verlag Zweitausendeins, Frankfurt am Main 1981. Abdruck mit freundlicher Genehmigung des Autors.

Ulla Hahn 1946 im Sauerland geboren.
Anständiges Sonett, S. 439. Blinde Flecken, S. 443. Für einen Flieger, S. 451. Mit Haut und Haar, S. 459. Winterlied, S. 471. Aus: Ulla Hahn, Herz über Kopf. Gedichte. © 1981 Deutsche Verlags-Anstalt GmbH, Stuttgart.
Endlich, S. 447. Katzenmahlzeit, S 455. Mitteilungen der Mutter, S. 463. Nach Jahr und Tag, S. 467. Aus: Ulla Hahn, Spielende. Gedichte. © 1983 Deutsche Verlags-Anstalt GmbH, Stuttgart.

Peter Hamm 1937 in München geboren, lebt in Tutzing/Starnberger See.
Niederlegen, S. 261. Aus: Peter Hamm, Die verschwindende Welt. Gedichte. © 1985 Carl Hanser Verlag München Wien.

Rolf Haufs 1935 in Düsseldorf geboren, lebt in Berlin.
Baum und Himmel, S. 91. Aus: Rolf Haufs, Größer werdende Entfernung. Rowohlt Taschenbuch Verlag GmbH, Reinbek 1979. Abdruck mit freundlicher Genehmigung des Autors.
Das hält wer aus, S. 95. Drei Strophen, S. 99. Aus: Rolf Haufs, Juniabschied. Gedichte. Rowohlt Taschenbuch Verlag GmbH, Reinbek 1984. Abdruck mit freundlicher Genehmigung des Autors.
Jeden Tag, S. 103. Aus: Rolf Haufs, Felderland. Gedichte. © 1986 Carl Hanser Verlag München Wien.
Peppino Portiere, S. 107. Aus: Rolf Haufs, Die Geschwindigkeit eines

einzigen Tages. Gedichte. Rowohlt Verlag GmbH, Reinbek 1976. Abdruck mit freundlicher Genehmigung des Autors.

Wolfgang Hilbig 1941 in Meuselwitz bei Leipzig geboren, lebt in Edenkoben/Hessen.

die ruhe auf der flucht, S. 317. Aus: Wolfgang Hilbig, Die Territorien der Seele. Fünf Prosastücke und ein Gedicht. © Friedenauer Presse, Berlin 1986.

Bernd Jentzsch 1940 in Plauen geboren, lebt in Euskirchen.

Gedächtnis, S. 309. Sommer, S. 313. Aus: Bernd Jentzsch, Quartiermachen. Gedichte. Carl Hanser Verlag, München 1978. © 1992 by Bernd Jentzsch, Euskirchen.

Gert Jonke 1946 in Klagenfurt geboren, lebt in Wien.

Der Kanal, S. 475. Aus: Gert Jonke, Im Inland und im Ausland auch. Prosa. Gedichte. Hörspiel. Theaterstück. © Suhrkamp Verlag Frankfurt am Main 1974.

Rainer Kirsch 1934 in Döbeln/Sachsen geboren, lebt in Berlin.

Die Dialektik, S. 49. Sterbelager preußisch, S. 57. Aus: Kunst in Mark Brandenburg. Gedichte. © Hinstorff Verlag, Rostock 1989.

Sonett, S. 53. Aus: Rainer Kirsch, Ausflug machen. Gedichte. Hinstorff Verlag, Rostock, 4. Auflage 1984. Abdruck mit freundlicher Genehmigung des Autors.

Sarah Kirsch 1935 in Limlingerode/Harz geboren.

Am Walfjord, S. 113. Aus: Sarah Kirsch, Erlkönigs Tochter. Gedichte. © Deutsche Verlags-Anstalt GmbH, Stuttgart 1992.

Bei den Stiefmütterchen, S. 119. Eine Schlehe im Mund, S. 131. Aus: Sarah Kirsch, Landaufenthalt. © Verlag Langewiesche-Brandt, Ebenhausen 1969/1977.

Die Luft riecht schon nach Schnee, S. 123. Einäugig, S. 127. Im Juni, S. 139. Aus: Sarah Kirsch, Rückenwind. Gedichte. © Verlag Langewiesche-Brandt, Ebenhausen bei München 1977.

Erdreich, S. 135. Aus: Sarah Kirsch, Erdreich. Gedichte. © Deutsche Verlags-Anstalt, Stuttgart 1982.

Klosterruine Dshwari, S. 143. Nachricht aus Lesbos, S. 147. Aus: Sarah Kirsch, Zaubersprüche. © Verlag Langewiesche-Brandt, Ebenhausen bei München 1974.

Reisezehrung, S. 151. Aus: Sarah Kirsch, Landwege. Eine Auswahl 1980-1985. Mit einem Nachwort von Günter Kunert und 15 faksimilierten Autographen. © Deutsche Verlags-Anstalt GmbH, Stuttgart 1985.

Wulf Kirsten 1934 in Klipphausen/Meißen geboren.

Gottfried Silbermann, S. 61. grabschrift für meinen großvater, S. 67. wüstgefallener jüdischer friedhof in Mähren, S. 71. Aus: die erde bei Meißen. Gedichte. Suhrkamp Verlag Frankfurt am Main 1987. Abdruck mit freundlicher Genehmigung des Autors.

Karin Kiwus 1942 in Berlin geboren, lebt dort.

Im ersten Licht, S. 325. Aus: Karin Kiwus, Von beiden Seiten der Gegenwart. Gedichte. © Suhrkamp Verlag Frankfurt am Main 1976.

Jörg Kowalski 1952 in Halle geboren, lebt dort.

Neckarpartie mit Hölderlinturm, S. 519. Aus: Jörg Kowalski, Inschrift auf weißem Papier. Träume und Texte. Mit Holzschnitten von Ulrich Tarlatt. Frisinga Verlag, Freising 1991.

Ursula Krechel 1947 in Trier geboren, lebt in Frankfurt am Main.

Episode am Ende, S. 487. Aus: Ursula Krechel, Nach Mainz! Hermann Luchterhand Verlag 1977. Abdruck mit freundlicher Genehmigung der Autorin.

Franz Xaver Kroetz 1946 in München geboren, lebt in Kirchberg.

Tröste mich, S. 479. Aus: Franz Xaver Kroetz, Nicaragua-Tagebuch. Roman. Konkret Literatur Verlag, Hamburg 1985. Abdruck mit freundlicher Genehmigung des Autors.

Michael Krüger 1943 in Wittgendorf bei Zeitz geboren, lebt in München.

Die Enten, S. 359. Aus: Michael Krüger, Zoo. Gedichte. Mit acht Lithographien von Veronika Zacharias. Pfaffenweiler Presse, Pfaffenweiler 1986.

Johannes Kühn 1934 in Hasborn/Saar geboren.

Zeitung am Kaffeetisch, S. 75. Aus: Johannes Kühn, Ich, Winkelgast. Gedichte. Herausgegeben von Irmgard und Benno Rech. Carl Hanser Verlag, München 1989. Abdruck mit freundlicher Genehmigung von Irmgard und Benno Rech, Lebach.

Reiner Kunze 1933 in Oelsnitz geboren.

Bittgedanke, dir zu Füßen, S. 15. Literaturarchiv in M., S. 41. Aus: Reiner Kunze, Eines jeden einziges Leben. Gedichte. © 1986 S. Fischer Verlag GmbH, Frankfurt am Main.

Erste Liebe, S. 23. Aus: Reiner Kunze, Wohin der Schlaf sich schlafen legt. Gedichte für Kinder. © 1991 S. Fischer Verlag GmbH, Frankfurt am Main.

Hallstatt mit schwarzem Stift, S. 37. Tagebuchblatt 74, S. 45. Aus: Reiner Kunze, auf eigene hoffnung. gedichte. © 1981 S. Fischer Verlag GmbH, Frankfurt am Main.

Dieter Leisegang 1942 in Wiesbaden geboren, gestorben 1973 in Offenbach am Main.

Einsam und allein, S. 339. Aus: Dieter Leisegang, Aus privaten Gründen. Gedichte und Aphorismen. Herausgegeben von Joachim Leisegang. Heiderhoff Verlag, Eisingen 1973. Abdruck mit freundlicher Genehmigung von Herrn Joachim Leisegang, Offenbach am Main.

Richard Leising 1934 in Chemnitz geboren.

Der Sieg, S. 79. Aus: Richard Leising, Gebrochen deutsch. Gedichte. © Verlag Langewiesche-Brandt, Ebenhausen 1990.

Peter Maiwald 1946 in Grötzingen/Kreis Nördlingen geboren, lebt in Düsseldorf.

Letzte Stunde, S. 483. Aus: Peter Maiwald, Guter Dinge. Gedichte. © Deutsche Verlags-Anstalt GmbH, Stuttgart 1987.

Rainer Malkowski 1939 in Berlin geboren, lebt in Brannenburg/Bayern.

Schöne seltene Weide, S. 285. Aus: Rainer Malkowski, Was für ein Morgen. Gedichte. © Suhrkamp Verlag Frankfurt am Main 1975.

Stadtkirche am Vormittag, S. 289. Aus: Rainer Malkowski, Einladung ins Freie. Gedichte. © Suhrkamp Verlag Frankfurt am Main 1977.

Christoph Meckel 1935 in Berlin geboren, lebt dort.

An wen auch immer ich mich wende, S. 155. Aus: Christoph Meckel, Hundert Gedichte. © 1988 Carl Hanser Verlag München Wien.

Es war der Atem im Schnee, S. 161. Aus: Christoph Meckel, Souterrain. Gedichte. © 1984 Carl Hanser Verlag München Wien.

Gedicht für meinen Vater, S. 165. Aus: Christoph Meckel, Wen es angeht. Gedichte. Mit acht Graphiken des Autors. Verlag Eremiten-Presse, Düsseldorf 1974. © Copyright by Christoph Meckel.

Geerntet der Kirschbaum, der Juni zu Ende, S. 171. Aus: Christoph Meckel, Säure. Gedichte. Claassen Verlag, Düsseldorf 1979. Abdruck mit freundlicher Genehmigung des Autors.

Süße Person, S. 175. Aus: Christoph Meckel, Nebelhörner. Gedichte. Literarischer Verlag Helmut Braun, Köln 1977. Abdruck mit freundlicher Genehmigung des Autors.

Karl Mickel 1935 in Dresden geboren, lebt in Berlin.

Inferno XXXIV., S. 179. Aus: Karl Mickel, Eisenzeit. © Mitteldeutscher Verlag, Halle 1975.

Maischnee, S. 183. Aus: Karl Mickel, Odyssee in Ithaka. Gedichte 1957-1974. Verlag Philipp Reclam jun., Leipzig 1976. Abdruck mit freundlicher Genehmigung des Autors.

CHRISTINE NÖSTLINGER 1936 in Wien geboren, lebt dort.

Auszählreime, S. 213. Aus: Überall und neben dir. Herausgegeben von Hans-Joachim Gelberg. Gulliver Taschenbuch 50. © Beltz Verlag, Weinheim und Basel 1986. Programm Beltz & Gelberg, Weinheim.

BERT PAPENFUSS-GOREK 1956 in Stavenhagen/Mecklenburg geboren.

rasender schmerts weiterlachen, S. 527. Aus: Bert Papenfuß-Gorek, SoJa. Mit dreizehn Zeichnungen von Wolfram Adalbert Scheffler. © Druckhaus Galrev, Berlin.

JÜRGEN RENNERT 1943 in Berlin geboren.

Erschaffung des Golems, S. 363. Aus: Jürgen Rennert, Märkische Depeschen. Gedichte. Union-Verlag, Berlin 1976. Abdruck mit freundlicher Genehmigung des Union-Verlags München.

THOMAS ROSENLÖCHER 1947 in Dresden geboren, lebt dort.

Des Kreischens Brummbaß, S. 491. Aus: Schneebier. Gedichte. Mitteldeutscher Verlag Halle, Leipzig 1988. Abdruck mit freundlicher Genehmigung des Autors.

FRIEDERIKE ROTH 1948 in Sindelfingen geboren, lebt in Stuttgart.

Auf und nirgends an, S. 495. Aus: Friederike Roth, Tollkirschenhochzeit. Hermann Luchterhand Verlag, Darmstadt und Neuwied 1978. Abdruck mit freundlicher Genehmigung der Autorin.

Mimosen, S. 499. Wir beide, S. 503. Aus: Friederike Roth, Schattige Gärten. Gedichte. © Suhrkamp Verlag Frankfurt am Main 1987.

DORIS RUNGE 1943 in Karow/Mecklenburg geboren, lebt in Cismar.

ikarus, S. 367. venedig, S. 375. Aus: Doris Runge, Jagdlied. Gedichte. © Deutsche Verlags-Anstalt GmbH, Stuttgart 1985.

mit blick auf den kölner dom, S. 371. Aus: Doris Runge, Wintergrün. Gedichte. © Deutsche Verlags-Anstalt GmbH, Stuttgart 1991.

ROBERT SCHINDEL 1944 in Bad Hall geboren, lebt in Wien.

Kältelied, S. 397. Aus: Robert Schindel, Ohneland. Gedichte vom Holz der Paradeiserbäume. © Suhrkamp Verlag Frankfurt am Main 1986.

ALBERT VON SCHIRNDING 1935 in Regensburg geboren, lebt in Hartmating.

Bitte um Heimsuchung, S. 187. Aus: Albert von Schirnding, Bedenkzeit. © Verlag Langewiesche-Brandt, Ebenhausen 1977.

WERNER SÖLLNER 1951 in Horia/Rumänien geboren.

Liebende, S. 507. Aus: Werner Söllner, Kopfland. Passagen. Gedichte. © Suhrkamp Verlag Frankfurt am Main 1988.

Was bleibt, S. 511. Aus: Werner Söllner, Der Schlaf des Trommlers. Gedichte. © Ammann Verlag & Co. Zürich 1992.

JÜRGEN THEOBALDY 1944 in Straßburg geboren, lebt in Bern.

Abenteuer mit Dichtung, S. 403. Aus: Jürgen Theobaldy, Sperrsitz. Gedichte. Zeichnungen von Berndt Höppner. Palmenpresse, Köln 1973. © Jürgen Theobaldy. Abdruck mit freundlicher Genehmigung des Autors.

Ein Amtsschreiber erwacht, S. 407. Aus: Jürgen Theobaldy, Der Nachtbildsammler. Gedichte. © Palmenpresse Verlag, Köln 1992.

Weiche Körper, S. 411. Aus: Jürgen Theobaldy, Blaue Flecken. © Jürgen Theobaldy. Abdruck mit freundlicher Genehmigung des Autors.

HANS-ULRICH TREICHEL 1952 in Versmold/Westfalen geboren, lebt in Berlin.

Von großen Dingen, S. 515. Aus: Hans-Ulrich Treichel, Liebe Not. Gedichte. © Suhrkamp Verlag Frankfurt am Main 1986.

GUNTRAM VESPER 1941 in Frohburg/Sachsen geboren, lebt in Göttingen.

Die Gewohnheit zu zittern, S. 321. Tagebuch Anfang Februar, S. 325. Aus: Guntram Vesper, Die Inseln im Landmeer. Gedichte. Pfaffenweiler Presse, Pfaffenweiler 1982.

PETER WILL 1942 geboren.

Wetterfahnen, S. 343. Aus: Vogelbühne. Gedichte im Dialog. Herausgegeben von Dorothea von Törne. © Verlag der Nation, Berlin 1983.

GEORG WINTER 1941 in Hamburg geboren, lebt dort.

Das Faultier oder Die Geschichte zur hakenförmigen Kralle, S. 329. Aus: Georg Winter, Der Trödelbarde oder Die Schau der seltsamen Dinge. Balladen. Mit Holzschnitten von Walter vom Hove. © Verlag Rolf Kugler, Oberwil bei Zug/Schweiz 1986.

WOLF WONDRATSCHEK 1943 in Rudolstadt/Thüringen geboren, lebt in München.

Adam jr., S. 379. Aus: Wolf Wondratschek, Chuck's Zimmer. Gedichte. Lieder. Verlag Zweitausendeins, Frankfurt am Main 1974. Abdruck mit freundlicher Genehmigung des Autors.

In den Autos, S. 385. Aus: Wolf Wondratschek, Das leise Lachen am Ohr eines anderen. Gedichte/Lieder II. Verlag Zweitausendeins, Frankfurt am Main 1976. Abdruck mit freundlicher Genehmigung des Autors.

Peter Paul Zahl 1944 in Freiburg geboren.
mittel der obrigkeit, S. 415. Aus: Peter Paul Zahl, Schutzimpfung. Gedichte. © Rotbuch Verlag, Berlin 1975.

VERZEICHNIS DER INTERPRETEN

CYRUS ATABAY geboren 1929 bei Teheran, lebt in München. Er veröffentlichte unter anderem: »Puschkiniana« (1990), »Gedichte« (1991) und »Leise Revolten« (1992).

HORST BIENEK geboren 1930 in Gleiwitz, starb 1990 in München. Er veröffentlichte Gedichte (»Gleiwitzer Kindheit«, 1976), Romane (»Die Zelle«, 1968, »Die erste Polka«, 1975, »Septemberlicht«, 1977, »Zeit ohne Glocken«, 1979, und »Erde und Feuer«, 1982) sowie essayistische Arbeiten (»Bakunin, eine Invention«, 1976, und »Das allmähliche Ersticken von Schreien, Sprache im Exil und heute«, 1987).

GÜNTER BLÖCKER geboren 1913 in Hamburg, lebt in West-Berlin. Er ist Literaturkritiker und Essayist. Hauptwerke: »Die neuen Wirklichkeiten« (1957), »Heinrich von Kleist oder Das absolute Ich« (1960), »Kritisches Lesebuch« (1962) und »Literatur als Teilhabe« (1966).

ELISABETH BORCHERS geboren 1926 in Homberg am Niederrhein, ist Verlagslektorin in Frankfurt am Main. Sie veröffentlichte unter anderem: »Gedichte« (1961), »Der Tisch an dem wir sitzen« (1967), »Eine glückliche Familie und andere Prosa« (1970), »Gedichte« (1976), »Wer lebt« (1986) und »Von der Grammatik des heutigen Tages« (1992).

HANS CHRISTOPH BUCH geboren 1944 in Wetzlar, lebt in Berlin. Er veröffentlichte Romane, Erzählungen und Essays, unter anderem: »Unerhörte Begebenheiten« (1966), »Kritische Wälder« (1972), »Aus der neuen Welt« (1975), »Die Hochzeit von Port-au-Prince« (1984), »Haïti Chérie« (1990), »Rede des toten Kolumbus am Tag des Jüngsten Gerichts« (1992) und »Tropische Früchte, Afro-Amerikanische Impressionen« (1993).

HERMANN BURGER geboren 1942 in Burg/Schweiz, starb 1989 in Brunegg/Schweiz. Er veröffentlichte die Romane »Schilten« (1976), »Die künstliche Mutter« (1982), und »Brunsleben« (1989), Gedichte (»Kirchberger Idyllen«, 1980), Erzählungen (»Diabelli«, 1979, »Blankenburg«, 1986) und Essays »Ein Mann aus Wörtern« (1983).

FRIEDRICH CHRISTIAN DELIUS geboren 1943 in Rom, lebt in Berlin. Veröffentlichte zuletzt die Gedichtbände »Die unsichtbaren Blitze« (1981)

und »Japanische Rolltreppen« (1989), die Romane »Mogadischu Fensterplatz« (1987) und »Himmelfahrt eines Staatsfeindes« (1992), die Erzählung »Die Birnen von Ribbeck« (1991) sowie »Der Sonntag, an dem ich Weltmeister wurde« (1994).

Peter Demetz geboren 1922 in Prag. Er ist em. Professor für Germanistik und vergleichende Literaturwissenschaft an der Yale University in New Haven (USA). Hauptwerke: »René Rilkes Prager Jahre« (1953), »Marx, Engels und die Dichter« (1959), »Formen des Realismus – Theodor Fontane« (1964), »Die süße Anarchie« (1970) und »Worte in Freiheit: Der italienische Futurismus und die deutsche literarische Avantgarde« (1990).

Hilde Domin geboren 1912 in Köln, lebt in Heidelberg. Zu ihren Hauptwerken gehören die Gedichtsammlungen »Nur eine Rose als Stütze« (1959), »Rückkehr der Schiffe« (1962), »Hier« (1964) und »Ich will dich« (1970) und die Prosabücher »Wozu Lyrik heute« (1968), »Das zweite Paradies« (1968, 86), »Von der Natur nicht vorgesehen. Autobiographisches« (1974), »Aber die Hoffnung. Autobiographisches aus und über Deutschland« (1982).

Jörg Drews geboren 1938 in Berlin. Er war von 1969-1973 Feuilletonredakteur der »Süddeutschen Zeitung« in München. Seit 1974 Professor für Literaturkritik und Literatur des 20. Jahrhunderts an der Universität Bielefeld. Literaturhistorische und literaturkritische Arbeiten zu Herbert Achternbusch, Alexander Kluge, Otto Nebel, Arno Schmidt, Walter Serner, Johann Gottfried Seume.

Erich Fried geboren 1921 in Wien, starb 1988 in Baden-Baden. Er veröffentlichte unter anderem die Lyrikbände: »Warngedichte« (1963), »Anfechtungen« (1967), »Zeitfragen« (1968), »Gegengift« (1974), »Die bunten Getüme« (1977), »Liebesgedichte« (1979) und »Lebensschatten« (1981) und »Um Klarheit« (1985).

Walter Helmut Fritz geboren 1929 in Karlsruhe, wo er auch heute lebt, ist Lyriker und Erzähler. Er veröffentlichte unter anderem die Bände »Gesammelte Gedichte« (1979), »Wunschtraum Alptraum« (1981), »Werkzeuge der Freiheit« (1983), »Cornelias Traum und andere Aufzeichnungen« (1985), »Immer einfacher, immer schwieriger« (1987), »Zeit des Sehens« (1989) und »Die Schlüssel sind vertauscht« (1992).

Gertrud Fussenegger geboren 1912 in Pilsen, lebt in Leonding/Oberösterreich. Sie schrieb Romane, Erzählungen, Essayistisches und Dramatisches. Hauptwerke: »Die Pulvermühle« (1969), »Maria Theresia« (1980), »Sie waren Zeitgenossen« (1983), »Nur ein Regenbogen« (1987) und »Herrscherinnen« (1991).

ULRICH GREINER geboren 1945 in Offenbach/Main, lebt in Hamburg. Er ist seit 1986 Feuilletonchef der »Zeit« und veröffentlichte unter anderem die essayistischen Bücher »Der Tod des Hochsommers. Aufsätze, Kritiken, Porträts zur österreichischen Gegenwartsliteratur« (1979) und »Der Stand der Dinge« (1987).

REINHOLD GRIMM geboren 1931 in Nürnberg, ist Professor für Deutsche und Vergleichende Literaturgeschichte an der University of California (USA). Er veröffentlichte unter anderem: »Nach dem Naturalismus. Essays zur modernen Dramatik« (1978), und »Von der Armut und vom Regen. Rilkes Antwort auf die soziale Frage« (1981), »Texturen. Essays und anderes zu Hans Magnus Enzensberger« (1984), »Ein iberischer Gegenentwurf? Antonio Buero Vallejo, Brecht und das moderne Welttheater« (1991).

UNDINE GRUENTER geboren 1952, lebt in Paris. Sie veröffentlichte die Romane »Ein Bild der Unruhe« (1986) und »Vertreibung aus dem Labyrinth« (1992) sowie die Erzählbände »Nachtblind« (1989) und »Das gläserne Café« (1991).

VOLKER HAGE geboren 1949 in Hamburg, lebt dort. Er ist seit 1992 Literaturredakteur beim »Spiegel«. Er veröffentlichte literaturtheoretische Bücher, unter anderem: »Die Wiederkehr des Erzählers« (1982), »Max Frisch« (1983), »Alles erfunden« (1988) und »Schriftproben« (1990).

ULLA HAHN geboren 1946 im Sauerland, lebt als Schriftstellerin in Hamburg. Sie veröffentlichte die Gedichtbände »Herz über Kopf« (1981), »Spielende« (1983), »Freudenfeuer« (1985) und »Unerhörte Nähe« (1988) sowie den Roman »Ein Mann im Haus« (1991).

LUDWIG HARIG geboren 1927 in Sulzbach/Saarland, lebt dort. Er veröffentlichte unter anderem: »Sprechstunden« (1971), »Die saarländische Freude« (1977), »Rousseau« (1978), »Der kleine Brixius« (1980), »Trierer Spaziergänge« (1983), »Ordnung ist das ganze Leben« (1986) und »Weh dem, der aus der Reihe tanzt« (1990), »Die Hortensien der Frau von Roselius« (1992), »Der Uhrwerker von Glarus« (1993).

PETER HÄRTLING geboren 1933 in Chemnitz, lebt in Walldorf bei Frankfurt am Main. Er veröffentlichte Romane, Gedichte und Kinderbücher, unter anderem: »Niembsch oder Der Stillstand« (1964), »Janek« (1966), »Eine Frau« (1974), »Hölderlin« (1976), »Die dreifache Maria« (1982),

»Das Windrad« (1983), »Waiblingers Augen« (1987), »Der Wanderer« (1988), »Die Gedichte 1953-1987« (1989) und »Herzwand« (1990).

Harald Hartung geboren 1932 in Herne, lehrt an der Technischen Universität Berlin deutsche Sprache und Literatur. Er veröffentlichte die Darstellungen »Experimentelle Literatur und konkrete Poesie« (1975) und »Deutsche Lyrik seit 1965« sowie die Lyrikbände »Hase und Hegel« (1970), »Reichsbahngelände« (1974), »Das gewöhnliche Licht« (1976), »Augenzeit« (1978) und »Traum im deutschen Museum« (1986).

Rolf Haufs geboren 1935 in Düsseldorf, leitet die Literaturabteilung des Senders Freies Berlin. Er veröffentlichte unter anderem die Gedichtbände »Straße nach Kohlhasenbrück« (1962), »Sonntage in Moabit« (1964), »Vorstadtbeichte« (1967), »Das Dorf« (1968), den Geschichtenband und den Prosaband »Der Linkshänder oder Schicksal ist ein hartes Wort« (1970), »Die Geschwindigkeit eines einzigen Tages« (1976), »Größer werdende Entfernung« (1979) und »Juniabschied« (1984).

Herbert Heckmann geboren 1930 in Frankfurt am Main, ist Professor an der Hochschule für Gestaltung in Offenbach. Seit 1984 Präsident der Deutschen Akademie für Sprache und Dichtung in Darmstadt. Er veröffentlichte unter anderem die Romane »Benjamin und seine Väter« (1962) und »Der große Knock-out in sieben Runden« (1972), die Erzählbände »Schwarze Geschichten« (1964) und »Ein Bauer wechselt die Kleidung und verliert sein Leben« (1980) sowie das Sachbuch »Die andere Schöpfung« (1982), »Frankfurter Lesebuch. Literarische Streifzüge durch Frankfurt von der Gründung bis 1933« (1986), »Das Feuer ist ein Akrobat. Gedichte« (1986), »Weinpredigten« (1987), »Über die Wolkenguckerei« (1987).

Matthias Hermann 1958 in Bitterfeld geboren, wuchs in Ost-Berlin auf und lebt jetzt im Odenwald. Er veröffentlichte unter anderem den Gedichtband »72 Buchstaben« (1989).

Jochen Hieber geboren 1951 in Aalen/Württemberg, lebt im Vogelsberg. Er ist seit 1983 Literaturredakteur der »Frankfurter Allgemeinen Zeitung«.

Wolfgang Hildesheimer geboren 1916 in Hamburg, starb 1991 in Poschiavo/Schweiz. Er veröffentlichte unter anderem die Romane »Tynset« (1965) und »Masante« (1973), die Erzählungsbände »Lieblose Legenden« (1952) und »Vergebliche Aufzeichnungen« (1963) sowie die Monographie »Mozart« (1977).

Walter Hinck geboren 1922 in Selsingen/Niedersachsen, ist Professor für Deutsche Literatur an der Universität Köln. Er veröffentlichte unter anderem: »Die Dramaturgie des späten Brecht« (1959), »Das deutsche Lustspiel des 17. und 18. Jahrhunderts und die italienische Komödie« (1965), »Das moderne Drama in Deutschland« (1973), »Goethe – Mann des Theaters« (1982), »Theater der Hoffnung« (1988) und »Die Wunde Deutschland. Heinrich Heines Dichtung« (1990).

Walter Hinderer geboren 1934 in Ulm, ist Professor für Neuere Deutsche Literatur an der Princeton-University/USA. Er veröffentlichte unter anderem: »Elemente der Literaturkritik« (1976), »Büchner-Kommentar zum dichterischen Werk« (1977), »Der Mensch in der Geschichte. Ein Versuch über Schillers ›Wallenstein‹« (1980) und »Über deutsche Literatur und Rede« (1981) sowie »Arbeit an der Gegenwart«. Zur deutschen Literatur nach 1945 (1994).

Hadayatullah Hübsch geboren 1946 in Chemnitz, lebt in Frankfurt am Main. Er veröffentlichte die Lyriksammlungen »mach was du willst« (1969), »ausgeflippt« (1971) und »Liebe-Gedichte« (1983) und den Prosaband »Ein neuer Morgen mit Dir« (1974), »spRächen Sieh DeutschLicht« (1983), »Islam« (1983).

Jochen Jung geboren 1942 in Frankfurt am Main, lebt in Salzburg. Er ist Herausgeber der Anthologien »Märchen, Sagen und Abenteuergeschichten auf alten Bilderbogen« (1974), »Glückliches Österreich« (1978), »Deutschland, Deutschland« (1979), »Ich hab im Traum die Schweiz gesehn« (1980) und »Österreichische Porträts« (1985).

Hanne F. Juritz geboren 1942 in Straßburg, lebt in Dreieich. Sie veröffentlichte unter anderem die Erzählungen »Die Unbezähmbarkeit der Piranhas« (1982), die Gedichtbände »Die Nacht des Trommlers« (1986), »Verwehung im Park« (1988) und »Blicke eines Freundes« (1993).

Rainer Kirsch geboren 1934 in Döbeln/Sachsen, lebt in Berlin. Er veröffentlichte unter anderem: »Kopien nach Originalen« (1974), »Auszog das Fürchten zu lernen« (1978), »Ordnung im Spiegel« (1985), »Sauna oder Die fernherwirkende Trübung« (1985), »Kunst in Mark Brandenburg« (1988), »Anna Katarina oder Die Nacht am Moorbusch« (1991).

Eckart Klessmann geboren 1933 in Lemgo/Lippe, lebt in Schleswig-Holstein. Er veröffentlichte Bücher über den Prinzen Louis Ferdinand von Preußen (1972), Caroline Schlegel-Schelling (1975) und E.T.A. Hoffmann (1988) sowie »Die Mendelssohns. Bilder aus einer deutschen

Familie« (1990) und »Christiane – Goethes Geliebte und Gefährtin« (1992).

HANS CHRISTIAN KOSLER geboren 1950 in Dresden, lebt in München. Er veröffentlichte unter anderem: »Peter Altenberg. Leben und Werk in Texten und Bildern« (1981), »Gert Hofmann. Auskunft für Leser« (1987) und »Warum in die Ferne? Das Lesebuch zum Daheimbleiben« (1991).

KARL KROLOW geboren 1915 in Hannover, lebt in Darmstadt. Er veröffentlichte unter anderem die Lyrikbände »Tage und Nächte« (1956), »Nichts weiter als Leben« (1970), »Zeitvergehen« (1972), »Der Einfachheit halber« (1977), »Herbstsonett mit Hegel« (1981), »Als es soweit war« (1988), »Ich höre mich sagen« (1992) sowie die Prosabände »Im Gehen« (1980) und »In Kupfer gestochen« (1987).

GÜNTER KUNERT geboren 1929 in Berlin, lebt in Kaisborstel/Schleswig-Holstein. Hauptwerke: Die Gedichtsammlungen »Erinnerungen an einen Planeten« (1963), »Verkündigung des Wetters« (1966), »Unterwegs nach Utopia« (1977), »Abtötungsverfahren« (1980), »Stilleben« (1983), »Berlin bei Zeiten« (1987) sowie die Prosabände »Die Beerdigung findet in aller Stille statt« (1968), »Verspätete Monologe« (1981) und »Die letzten Indianer Europas« (1991).

REINER KUNZE geboren 1933 in Oelsnitz/Erzgebirge, lebt in Obernzell-Erlau/Niederbayern. Hauptwerke: Die Gedichtsammlungen »Sensible Wege« (1969), »Zimmerlautstärke« (1972), »auf eigene hoffnung« (1981), »Eines jeden einziges Leben« (1986) und »Wohin der Schlaf sich schlafen legt« (1991) sowie die Prosabände »Die wunderbaren Jahre« (1976), »Das weiße Gedicht« (1989) und »Am Sonnenhang« (1993).

EBERHARD LÄMMERT geboren 1924 in Bonn, war Professor für Deutsche Philologie an der Universität Heidelberg und von 1976 bis 1983 Präsident der Freien Universität Berlin. Hauptwerke: »Bauformen des Erzählens« (1955) und »Reimsprecherkunst im Spätmittelalter« (1969).

HERMANN LENZ geboren 1913 in Stuttgart, lebt als Schriftsteller in München. Veröffentlichte unter anderem »Gedichte« (1936), die Erzählung »Das doppelte Gesicht« (1949), die Romane »Der russische Regenbogen« (1959), »Die Augen eines Dieners« (1964), »Der Kutscher und der Wappenmaler« (1973), »Neue Zeit« (1975), »Tagebuch vom Leben und Überleben« (1978) und »Der Wanderer« (1986) sowie »Leben und Schreiben, Frankfurter Poetik-Vorlesungen« (1986).

RUDOLF WALTER LEONHARDT, der 1921 in Altenburg geboren wurde, gehört seit 1957 der Redaktion der Wochenzeitung »Die Zeit« an, deren stellvertretender Chefredakteur er von 1973 bis 1985 war. Er veröffentlichte unter anderem: »Xmal Deutschland« (1961), »Wer wirft den ersten Stein« (1969) und »Das Weib, das ich geliebet hab'. Heines Mädchen und Frauen« (1975).

HANS MAIER geboren 1931 in Freiburg, ist seit 1962 Professor für politische Wissenschaft an der Universität München, war 1970-1986 Bayerischer Staatsminister für Unterricht und Kultus. Hauptveröffentlichungen: »Revolution und Kirche« (1959/1988), »Die ältere deutsche Staats- und Verwaltungslehre« (1966/1986), »Klassiker des politischen Denkens« (1968/1986).

PETER MAIWALD geboren 1946 in Grötzingen/Kreis Esslingen, lebt in Düsseldorf. Er veröffentlichte unter anderem die Gedichtbände »Balladen von Samstag auf Sonntag« (1984) »Guter Dinge« (1987), »Der Baum, das Haus, der Himmel« (1989), »Das Gutenbergsche Völkchen« (1990) und »Springinsfeld« (1992).

HANS MAYER 1907 in Köln geboren, lehrte deutsche Literatur von 1948 bis 1963 an der Universität Leipzig und dann bis 1971 an der Technischen Universität Hannover. Er lebt jetzt in Tübingen und veröffentlichte unter anderem: »Ansichten« (1962), »Zur deutschen Literatur der Zeit« (1967), »Goethe« (1973) und »Außenseiter« (1975) und »Ein Deutscher auf Widerruf« (1982).

KARL MICKEL geboren 1935 in Dresden, lebt in Berlin. Er veröffentlichte neben essayistischen Arbeiten die Gedichtsammlungen »Vita nova mea« (1966), »Mottek sagt« (1990) und »Palimpsest« (1990) sowie die Bühnenstücke »Weiberherrschaft« (1971) und »Die Gebeine Dantons« (1987) sowie den Roman »Lachmunds Freunde« (1991).

PETER HORST NEUMANN geboren 1936 in Neiße/Oberschlesien, ist Professor für Neuere Deutsche Literatur an der Universität Erlangen. Er veröffentlichte unter anderem: »Jean Pauls ›Flegeljahre‹« (1968), »Der Preis der Mündigkeit. Über Lessings Dramen« (1977) und »Die Rettung der Poesie im Unsinn. Der Anarchist Günter Eich« (1981).

KLARA OBERMÜLLER 1940 geboren, lebt in Zürich. Sie war Redakteurin bei der Zeitschrift »du« und bei der »Neuen Zürcher Zeitung«. Heute ist sie bei der »Weltwoche«, leitete einige Jahre dort das Ressort Kultur und ist nunmehr für kulturelle und gesellschaftspolitische Fragen zuständig. Autorin von Hörspielen und Jugendbüchern.

BEATE PINKERNEIL geboren 1942 in Bochum, lebt in Köln. Von 1983-

1991 leitete sie die Redaktion »Literatur und Kunst« im Zweiten Deutschen Fernsehen sowie das Büchermagazin »Literatur im Gespräch«; seitdem Literaturredakteurin im ZDF. Sie gab Gedichtanthologien und literaturwissenschaftliche Sammelbände heraus.

HEINZ PIONTEK geboren 1925 in Kreuzberg, lebt in München, ist vorwiegend Lyriker. Unter anderem veröffentlichte er die Gedichtbände »Mit einer Kranichfeder« (1962), »Klartext« (1966), »Gesammelte Gedichte« (1975), »Wie sich Musik durchschlug« (1978), »Was mich nicht losläßt« (1981) und »Früh im September« (1982) sowie den Essayband »Männer, die Gedichte machen« (1970).

HEINZ POLITZER geboren 1910 in Wien, starb 1978 in Berkeley. Er lehrte Deutsche Literatur an der University of California in Berkeley (USA). Hauptwerke: »Franz Kafka, der Künstler« (1965), »Das Schweigen der Sirenen« (1968) und »Hatte Ödipus einen Ödipus-Komplex?« (1974).

WOLFDIETRICH RASCH geboren 1903 in Breslau, gestorben 1986. Er war Professor für Neuere Deutsche Literaturgeschichte in Münster. Er veröffentlichte unter anderem: »Die Erzählweise Jean Pauls« (1961), »Über Robert Musils Roman ›Der Mann ohne Eigenschaften‹« (1967), »Zur deutschen Literatur seit der Jahrhundertwende« (1967) und »Goethes Iphigenie auf Tauris als Drama der Autonomie« (1979), »Die literarische Décadence um 1900. Grundbegriffe und Variationen« (1985).

WERNER ROSS geboren 1912 in Krefeld-Uerdingen, lebt in München. Er veröffentlichte unter anderem: »Der ängstliche Adler«. Friedrich Nietzsches Lebensroman (1980) und »Die Feder führend« (1987), »Lou Andreas-Salomé« (1992) sowie »Baudelaire und die Moderne« (1993) sowie »Der wilde Nietzsche« (1994).

WOLFGANG ROTHE geboren 1929 in Berlin, lebt in Heidelberg. Er ist Essayist und Literaturwissenschaftler und veröffentlichte unter anderem: »James Joyce« (1957), »Der Roboter und der andere« (1958), »Schriftsteller und totalitäre Welt« (1966), »Der Expressionismus« (1977) und »Tänzer und Täter« (1979).

CHRISTA ROTZOLL geboren 1921 in Berlin, lebt dort. Sie war Feuilletonredakteurin beim »Kurier« in Berlin und hat später für Zeitungen und Sender gearbeitet. Sie veröffentlichte »Frauen und Zeiten« (1987).

PETER RÜHMKORF geboren 1929 in Dortmund, lebt in Hamburg. Er veröffentlichte unter anderem: »Irdisches Vergnügen in g« (1959), »Kunststücke« (1961), »Die Jahre, die ihr kennt« (1972), »Walther von der Vogelweide, Klopstock und ich« (1975), »Haltbar bis Ende 1999«

(1979), »agar agar zaurzaurim« (1981), »Der Hüter des Misthaufens« (1983), »Bleib erschütterbar und widersteh« (1984), »Einmalig wie wir alle« (1989) und »Dreizehn deutsche Dichter« (1989).

Rolf Schneider geboren 1932 in Chemnitz, lebt in Schöneiche bei Ost-Berlin. Er veröffentlichte unter anderem: »Brücken und Gitter« (1965), »Die Tage in W.« (1965), »Pilzomelette und andere Nekrologe« (1974), »Die Reise nach Jaroslaw« (1975) und »November« (1979).

Lothar Schöne geboren 1949 in Herrnhut, lebt in Wiesbaden. Er veröffentlichte unter anderem die Romane »Der Einzelkämpfer« (1980) und »Sahlheimer« (1984), sowie das Theaterstück »Bad Byron« (1986), »Vaterländer. Ein Dramulett« (1988).

Renate Schostack geboren 1938 in Pforzheim, ist seit 1969 Redakteurin der »Frankfurter Allgemeinen Zeitung«. Sie lebt jetzt in München. Sie veröffentlichte die Romane »Zwei Arten zu lieben« (1977) und »Niedere Gangarten« (1991), die Erzählungen »Hände weg von meinem Regenbogen« (1979) und den Prosaband »Heiratsversuche oder die Einschiffung nach Cythera« (1985).

Godehard Schramm geboren 1943 in Konstanz, lebt in Nürnberg. Er veröffentlichte unter anderem die Prosabände »Nachts durch die Biscaya« (1978), den Roman »Der Traumpilot« (1983) und den Gedichtband »Meine Lust ist größer als mein Schmerz« (1975).

Gerhard Schulz geboren 1928 in Löbau/Sachsen, ist Professor für Deutsche Sprache und Literatur an der University of Melbourne. Er veröffentlichte unter anderem: »Novalis« (1969), »Arno Holz« (1974) und »Die deutsche Literatur zwischen Französischer Revolution und Restauration« (2 Bde., 1983/1989).

Egon Schwarz geboren 1922 in Wien, lehrt Deutsche Literatur an der Washington University in St. Louis (USA). Er veröffentlichte unter anderem: »Hofmannsthal und Calderon« (1962), »Joseph von Eichendorff« (1969), »Das verschluckte Schluchzen – Poesie und Politik bei Rainer Maria Rilke« (1972), »Keine Zeit für Eichendorff: Chronik unfreiwilliger Wanderjahre« (1979) und »Dichtung, Kritik, Geschichte: Essays zur Literatur 1900-1930« (1983).

Wulf Segebrecht geboren 1935 in Neuruppin, ist Professor für Neue deutsche Literaturwissenschaft an der Universität Bamberg. Er veröffentlichte unter anderem: »Autobiographie und Dichtung« (1967), »Das Gelegenheitsgedicht« (1977), »Goethes ›Über allen Gipfeln ist Ruh‹ und seine Folgen« (1978) und »Der Bamberger Dichterkreis 1936-1943« (1985).

JÜRGEN THEOBALDY geboren 1944 in Straßburg, lebt als freier Schriftsteller in Bern. Er veröffentlichte unter anderem die Gedichtbände »Blaue Flecken« (1974), »Zweiter Klasse« (1976) »Die Sommertour« (1983) und »Der Nachtbildsammler« (1992) sowie den Roman »Sonntags Kino« (1978) und die Erzählungen »Das Festival im Hof« (1985). Zuletzt erschien die Gedichtbroschur »In den Aufwind« (1990).

ERICH TRUNZ geboren 1905 in Königsberg. Professor für deutsche Literaturgeschichte an der Universität Kiel 1957-1970. Er gab Goethes Werke heraus (»Hamburger Ausgabe«) und veröffentlichte die Monographie »Ein Tag aus Goethes Leben« (1990).

GERT UEDING geboren 1942 in Bunzlau, ist Direktor des Seminars für Allgemeine Rhetorik an der Universität Tübingen. Er veröffentlichte unter anderem »Schillers Rhetorik« (1971), »Glanzvolles Elend«. Versuch über Kitsch und Kolportage« (1973), »Wilhelm Busch« (1977), »Klassik und Romantik« (1987), »Friedrich Schiller« (1990) und »Jean Paul« (1993).

MARTIN WALSER geboren 1927 in Wasserburg/Bodensee, lebt in Überlingen. Er veröffentlichte unter anderem die Romane »Ehen in Philippsburg« (1957), »Halbzeit« (1960), »Das Einhorn« (1969), »Seelenarbeit« (1979) und »Brandung« (1985) sowie die Erzählungen »Lügengeschichten« (1964) und »Ein fliehendes Pferd« (1978) und »Die Verteidigung der Kindheit« (1991).

HARALD WEINRICH geboren 1927 in Wismar, ist Professor für Deutsch als Fremdsprache an der Universität München. Er veröffentlichte unter anderem: »Tempus – Besprochene und erzählte Welt« (1964), »Linguistik der Lüge« (1966), »Sprache in Texten« (1976) und »Wege der Sprachkultur« (1985).

BENNO VON WIESE geboren 1903 in Frankfurt am Main, starb 1987 in München. Er lehrte Deutsche Literatur an der Universität Bonn. Er veröffentlichte unter anderem: »Der Mensch in der Dichtung« (1958), »Friedrich Schiller« (1959), »Zwischen Utopie und Wirklichkeit« (1963) und »Literatur für Leser« (1971) sowie die Autobiographie »Ich erzähle mein Leben« (1982).

SIBYLLE WIRSING geboren 1936 in München, lebt in Berlin. Sie war langjährige Feuilletonredakteurin des »Tagesspiegel« und war von 1974 bis 1991 Berliner Kulturkorrespondentin der »Frankfurter Allgemeinen Zeitung«. Sie ist jetzt ständige publizistische Mitarbeiterin des »Tagesspiegel«.

Uwe Wittstock geboren 1955 in Leipzig, aufgewachsen in Köln, war von 1980 bis 1989 Literaturredakteur der »Frankfurter Allgemeinen Zeitung«, ist jetzt Lektor für neue deutschsprachige Literatur im Fischer Verlag. Er veröffentlichte die Untersuchung »Über die Fähigkeit zu trauern. Das Bild der Wandlung im Prosawerk von Christa Wolf und Franz Fühmann« (1987) und »Franz Fühmann« (1988).

Gabriele Wohmann geboren 1932 in Darmstadt, lebt dort. Sie veröffentlichte neun Gedichtbände, zuletzt »Das könnte ich sein« (1989). Ihre neuesten Prosabücher sind die Erzählungsbände »Er saß in dem Bus, der seine Frau überfuhr« (1991). »Das Salz, bitte!« (1992), »Alles an seinem Ort« (1992) und der Roman »Bitte nicht sterben« (1993).

Wolf Wondratschek geboren 1943 in Rudolstadt, lebt in München. Er veröffentlichte unter anderem den Prosaband »Früher begann der Tag mit einer Schußwunde« (1969) sowie die Lyrikbände »Chucks Zimmer« (1974), »Das leise Lachen am Ohr eines anderen« (1976), »Männer und Frauen« (1978), »Letzte Gedichte« (1980) und »Die Einsamkeit der Männer« (1983), »Carmen. Oder bin ich das Arschloch der achtziger Jahre?« (1986).

Michael Zeller geboren 1944 in Breslau, lebt in Nürnberg. Er veröffentlichte unter anderem: »Gedichte haben Zeit« (1982), »Lieben Sie Dallas?« (1984) und »Folens Erbe« (1986).

Dieter E. Zimmer geboren 1934 in Berlin, ist seit 1959 Redakteur an der Wochenzeitung »Die Zeit«. Er veröffentlichte unter anderem den Gedichtband »Ich möchte lieber nicht, sagte Bartleby« (1979) und mehrere Sachbücher über Themen aus Psychologie, Anthropologie, Biologie, zuletzt »Redens Arten« und »So kommt der Mensch zur Sprache« (1986).

VERZEICHNIS DER GEDICHTÜBERSCHRIFTEN UND -ANFÄNGE

VERZEICHNIS DER IN DEN BÄNDEN 1-10 INTERPRETIERTEN GEDICHTE

Abraham a Sancta Clara, Bd. 1
Grabschrift der Alten (Hans Maier)
Herbert Achternbusch, Bd. 10
Wandert das Gelb (Jochen Jung)
Ilse Aichinger, Bd. 8
Briefwechsel (Gertrud Fussenegger)
Gebirgsrand (Heinz Politzer)
Schneeleute (Walter H. Fritz)
Widmung (Hilde Spiel)
Winter, gemalt (Eckart Kleßmann)
Hermann Allmers, Bd. 4
Feldeinsamkeit (Gabriele Wohmann)
Heidenacht (Hermann Kunisch)
Günther Anders, Bd. 7
Sprachelegie (Günter Kunert)
Ernst Moritz Arndt, Bd. 3
Klage um den kleinen Jakob (Elisabeth Borchers)
Achim von Arnim, Bd. 3
Mir ist zu licht zum Schlafen (Gerhard Schulz)
Mit jedem Druck der Feder (Christa Melchinger)
Hans Arp, Bd. 6
Bei grünem Leibe (Ludwig Harig)
Blatt um Feder um Blatt (Karl Krolow)
In einem Hause (Michael Hamburger)
H. C. Artmann, Bd. 8
den hintern sollte ich dir (Elisabeth Borchers)
ein reißbrett aus winter (Karl Krolow)
Cyrus Atabay, Bd. 9
Schutzfarben (Marie Luise Kaschnitz)

GESAMTVERZEICHNIS ALLER INTERPRETEN IN DEN BÄNDEN 1-10

RICHARD ALEWYN geboren 1902 in Frankfurt am Main, starb 1979. Er war Professor für Deutsche Literatur an den Universitäten Köln, Berlin und Bonn. Unter anderem veröffentlichte er »Über Hugo von Hofmannsthal« (1959) und »Probleme und Gestalten« (1974).

THOMAS ANZ geboren 1948 in Göttingen, ist Professor für Neuere Deutsche Literatur und Literaturvermittlung an der Universität Bamberg. Er veröffentlichte unter anderem: »Literatur der Existenz« (1977), »Phantasien über den Wahnsinn« (1980), »Die Dichter und der Krieg« (1982) und »Expressionismus. Manifeste und Dokumentation« (1982).

CYRUS ATABAY geboren 1929 bei Teheran, lebt in München. Er veröffentlichte unter anderem: »Puschkiniana« (1990), »Gedichte« (1991) und »Leise Revolten« (1992).

RUDOLF AUGSTEIN geboren 1923 in Hannover, ist seit 1947 Herausgeber des Nachrichtenmagazins DER SPIEGEL. Er veröffentlichte unter anderem »Preußens Friedrich und die Deutschen« (1968) und »Jesus Menschensohn« (1972).

ARMIN AYREN geboren 1934 in Friedrichshafen, lebt in Oberweschnegg. Er veröffentlichte unter anderem: »Der Brandstifter und andere Abweichungen« (1968), »Der Helweg« (1972), »Asam oder der Mythos vom Überleben« (1974), »Elias Canetti« (1977), »Der Mann am Kamin« (1980), »Buhl oder Der Konjunktiv« (1982) und »Der flambierte Säugling« (1985).

INGRID BACHÉR geboren 1930 in Rostock, lebt in Düsseldorf. Sie veröffentlichte Romane, Erzählungen und Jugendbücher, unter anderem: »Schöner Vogel Quetzal« (1959), »Karibische Fahrt« (1961), »Das Paar« (1980) und »Woldsen oder es wird keine Ruhe geben« (1982).

SAMUEL BÄCHLI geboren 1918 in St. Petersburg, starb 1993 in Zürich. Er war Leiter der Literaturredaktion von Radio Zürich, von 1949 bis 1956 Lektor an der Universität Uppsala und später einer der »Herausgeber« des dritten NDR-Programms.

RUDOLF JÜRGEN BARTSCH geboren 1921 in Köslin/Pommern, lebt als freier Schriftsteller und Schauspieler in Köln. Er veröffentlichte Funk- und Film-Essays, erzählende Prosa in Anthologien und den Roman »Krähenfang« (1964).

Reinhard Baumgart geboren 1929 in Breslau, lebt als freier Schriftsteller in München, lehrt seit 1990 an der TU Berlin. Er veröffentlichte die essayistischen Bücher »Literatur für Zeitgenossen« (1966), »Aussichten des Romans« (1968), »Glücksgeist und Jammerseele« (1986) und »Selbstvergessenheit. Drei Wege zum Werk: Thomas Mann, Franz Kafka, Bertolt Brecht« (1989).

Jürgen Becker geboren 1932 in Köln, lebt in Köln, wo er als Redakteur beim Rundfunk tätig ist. Er schrieb die Prosa-Bücher: »Felder« (1964), »Räder« (1968), »Umgebungen« (1970), »Erzählen bis Ostende« (1981) und »Die Türe zum Meer« (1983) sowie die Gedichtbände: »Das Ende der Landschaftsmalerei« (1974), »Erzähl mir nichts vom Krieg« (1977), »In der verbleibenden Zeit« (1979) und »Fenster und Stimmen« (1982), »Die Abwesenden« (1982) und »Die Tür zum Meer« (1983).

Nikolas Benckiser geboren 1903 in Sinzheim, starb 1987. Er war Redakteur und Mitherausgeber der »Frankfurter Allgemeinen Zeitung« und schrieb die Bücher: »Tage wie Schwestern« (1958), »Der Tanz mit dem Cello« (1966) und »Gute Welt, du gehst so stille« (1971).

Hans Bender geboren 1919 in Mühlhausen/Kraichgau, lebt in Köln. Er war von 1954 bis 1980 Mitherausgeber der Zeitschrift »Akzente« und veröffentlichte unter anderem die Erzählungsbände »Wölfe und Tauben« (1957), »Mit dem Postschiff« (1962) und »Bruderherz« (1987), den Roman »Wunschkost« (1959), den Sammelband »Worte Bilder Menschen« (1959) sowie die Aufzeichnungen »Einer von ihnen« (1979).

Horst Bienek geboren 1930 in Gleiwitz, starb 1990 in München. Er veröffentlichte Gedichte (»Gleiwitzer Kindheit«, 1976), Romane (»Die Zelle«, 1968, »Die erste Polka«, 1975, »Septemberlicht«, 1977, »Zeit ohne Glocken«, 1979, und »Erde und Feuer«, 1982) sowie essayistische Arbeiten (»Bakunin, eine Invention«, 1976, und »Das allmähliche Ersticken von Schreien, Sprache im Exil und heute«, 1987).

Wolf Biermann geboren 1936 in Hamburg, lebte bis 1976 in Ost-Berlin und wohnt jetzt in Hamburg. Er veröffentlichte unter anderem die Gedichtbände: »Die Drahtharfe« (1965), »Für meine Genossen« (1973), »Preußischer Ikarus« (1978), »Affenfels und Barrikade« (1986) und »Klartexte im Getümmel« (1990).

Günter Blöcker geboren 1913 in Hamburg, lebt in West-Berlin. Er ist

Literaturkritiker und Essayist. Hauptwerke: »Die neuen Wirklichkeiten« (1957), »Heinrich von Kleist oder Das absolute Ich« (1960), »Kritisches Lesebuch« (1962) und »Literatur als Teilhabe« (1966).

FRANÇOIS BONDY geboren 1915 in Berlin, lebt in Zürich. Er veröffentlichte unter anderem: »Aus nächster Ferne« (1969), »Der Rest ist Schreiben« (1972), »Jonesco« (1975), »Alle Katzen sind sterblich« (1976) und »Der Nachkrieg muß kein Vorkrieg sein. Europäische Orientierungen« (1985).

ELISABETH BORCHERS geboren 1926 in Homberg am Niederrhein, ist Verlagslektorin in Frankfurt am Main. Sie veröffentlichte unter anderem: »Gedichte« (1961), »Der Tisch an dem wir sitzen« (1967), »Eine glückliche Familie und andere Prosa« (1970), »Gedichte« (1976), »Wer lebt« (1986) und »Von der Grammatik des heutigen Tages« (1992).

DIETER BORCHMEYER geboren 1941 in Essen, ist Professor für neuere deutsche Literatur- und Theaterwissenschaft an der Universität Heidelberg. Er veröffentlichte unter anderem: »Tragödie und Öffentlichkeit. Schillers Dramaturgie« (1973), »Höfische Gesellschaft und französische Revolution bei Goethe« (1977), »Die Weimarer Klassik« (1980), »Dienst und Herrschaft« (1980), »Das Theater Richard Wagners« (1982), »Macht und Melancholie. Schillers Wallenstein« (1988) und »Die Götter tanzen Cancan. Richard Wagners Liebesrevolten« (1992).

WOLFGANG BRENNEISEN geboren 1941 in Tilsit, lebt in Biberach. Er veröffentlichte einige Gedichtbände, Bücher mit Prosasatiren und den Essayband »Oberschwaben – Deutschlands tiefer Süden«.

HANSPETER BRODE geboren 1940 in Ludwigshafen, lebt als Gymnasiallehrer an einer deutschen Auslandsschule in Brasilien. Er veröffentlichte unter anderem: »Benn-Chronik« (1978), »Günter Grass. Autorenbuch« (1979) und »Deutsche Lyrik – eine Anthologie« (1990).

GÜNTER DE BRUYN geboren 1926 in Berlin, wo er auch heute lebt. Erzählungen, Romane, Essays, unter anderem: »Buridans Esel« (1968), »Das Leben des Jean Paul Friedrich Richter« (1975), »Märkische Forschungen« (1978), »Neue Herrlichkeit« (1984) und »Zwischenbilanz« (1992).

HANS CHRISTOPH BUCH geboren 1944 in Wetzlar, lebt in Berlin. Er veröffentlichte Romane, Erzählungen und Essays, unter anderem: »Unerhörte Begebenheiten« (1966), »Kritische Wälder« (1972), »Aus der neuen Welt« (1975), »Die Hochzeit von Port-au-Prince« (1984), »Haïti Chérie« (1990), »Rede des toten Kolumbus am Tag des Jüngsten Gerichts« (1992) und »Tropische Früchte, Afro-Amerikanische Impressionen« (1993).

JOACHIM BUMKE geboren 1929 in Berlin, ist Professor für deutsche Philologie in Köln. Er veröffentlichte unter anderem: »Mäzene im Mittelalter« (1979), »Höfische Kultur« (1986) und »Geschichte der deutschen Literatur im hohen Mittelalter« (1990).

HERMANN BURGER geboren 1942 in Burg/Schweiz, starb 1989 in Brunegg/Schweiz. Er veröffentlichte die Romane »Schilten« (1976), »Die künstliche Mutter« (1982), und »Brunsleben« (1989), Gedichte (»Kirchberger Idyllen«, 1980), Erzählungen (»Diabelli«, 1979, »Blankenburg«, 1986) und Essays »Ein Mann aus Wörtern« (1983).

WALTER BUSSE geboren 1923 in Berlin, lebt in Wohltorf. Er veröffentlichte »Ist die Revolution unvermeidbar?« (1968) und »24 Spiegel-Gespräche« (1970).

KARL OTTO CONRADY geboren 1926 in Hamm/Westfalen, ist Professor für Neuere deutsche Literaturwissenschaft an der Universität Köln. Er veröffentlichte unter anderem: »Lateinische Dichtungstradition und deutsche Lyrik des 17. Jahrhunderts« (1962), »Einführung in die Neuere deutsche Literaturwissenschaft« (1966), »Literatur und Germanistik als Germanistik als Herausforderung« (1974) und »Goethe. Leben und Herausforderung« (1974) und »Goethe. Leben und Werk« (1982/1985).

HANS DAIBER geboren 1927 in Breslau, lebt in Rösrath. Er veröffentlichte unter anderem: »Argumente für Lazarus« (1966), »Vor Deutschland wird gewarnt« (1967), »Doppelspiel« (1969), »Gerhart Hauptmann« (1971) und »Deutsches Theater seit 1945« (1976).

KARL DEDECIUS geboren 1921 in Lodz, lebt in Frankfurt/Main und leitet das Deutsche Polen-Institut in Darmstadt. Ediert, kommentiert und übersetzt slawische Dichtung. Er veröffentlichte die Essays »Deutsche und Polen« (1973), »Polnische Profile« (1975), »Zur Literatur und Kultur Polens« (1981), »Vom Übersetzen« (1986), »Lebenslauf aus Büchern und Blättern« (1990) und »Poetik der Polen. Frankfurter Vorlesungen« (1993).

FRIEDRICH CHRISTIAN DELIUS geboren 1943 in Rom, lebt in Berlin. Veröffentlichte zuletzt die Gedichtbände »Die unsichtbaren Blitze« (1981) und »Japanische Rolltreppen« (1989), die Romane »Mogadischu Fensterplatz« (1987) und »Himmelfahrt eines Staatsfeindes« (1992), die Erzählung »Die Birnen von Ribbeck« (1991) sowie »Der Sonntag, an dem ich Weltmeister wurde« (1994).

PETER DEMETZ geboren 1922 in Prag. Er ist em. Professor für Germanistik und vergleichende Literaturwissenschaft an der Yale University in New Haven (USA). Hauptwerke: »René Rilkes Prager Jahre« (1953), »Marx, Engels und die Dichter« (1959), »Formen des Realismus – Theodor Fontane« (1964), »Die süße Anarchie« (1970) und »Worte in Freiheit: Der italienische Futurismus und die deutsche literarische Avantgarde« (1990).

Eva Demski geboren 1944 in Regensburg, lebt in Frankfurt. Sie veröffentlichte die Romane »Goldkind« (1979), »Karneval« (1981), »Scheintod« (1984) und »Hotel Hölle, guten Tag...« (1987), »Unterwegs« (1988), »Käferchen und Apfel« (1989) und »Afra« (1992).

Friedrich Dieckmann geboren 1937 in Landsberg, lebt in Berlin. Er veröffentlichte unter anderem: »Streifzüge« (1977), »Theaterbilder« (1979), »Orpheus, eingeweiht« (1983), »Wagner/Verdi. Geschichte einer Unbeziehung« (1989), »Hilfsmittel wider die alternde Zeit« (1990), »Glockenläuten und offene Fragen« (1991).

Hilde Domin geboren 1912 in Köln, lebt in Heidelberg. Zu ihren Hauptwerken gehören die Gedichtsammlungen »Nur eine Rose als Stütze« (1959), »Rückkehr der Schiffe« (1962), »Hier« (1964) und »Ich will dich« (1970) und die Prosabücher »Wozu Lyrik heute« (1968), »Das zweite Paradies« (1968, 86), »Von der Natur nicht vorgesehen. Autobiographisches« (1974), »Aber die Hoffnung. Autobiographisches aus und über Deutschland« (1982).

Jörg Drews geboren 1938 in Berlin. Er war von 1969-1973 Feuilletonredakteur der »Süddeutschen Zeitung« in München. Seit 1974 Professor für Literaturkritik und Literatur des 20. Jahrhunderts an der Universität Bielefeld. Literaturhistorische und literaturkritische Arbeiten zu Herbert Achternbusch, Alexander Kluge, Otto Nebel, Arno Schmidt, Walter Serner, Johann Gottfried Seume.

Werner Dürrson geboren 1932 in Schwenningen, lebt in Riedlingen/Oberschwaben. Er veröffentlichte unter anderem die Gedichtbände »Schattengeschlecht« (1965), »Glasstücke« (1970), »Höhlensprache« (1974), »Das Kattenhorner Schweigen« (1984), und »Feierabend« (1985) sowie den Prosaband »Der Luftkünstler« (1983).

Clemens Eich geboren 1954 in Rosenheim am Inn, lebt in Wien. Veröffentlichungen: »Aufstehn und gehn«, Gedichte (1980) und »Zwanzig nach drei, Erzählungen« (1987).

Elisabeth Endres geboren 1934 in München, wo sie auch heute lebt. Sie ist Essayistin und Kritikerin und veröffentlichte unter anderem: »Jean

Paul, die Struktur seiner Einbildungskraft« (1971), »Autorenlexikon der deutschen Gegenwartsliteratur 1945-1975« (1975) und »Die Literatur der Adenauerzeit« (1980).

PETER ENGEL geboren 1940 in Eutin, lebt als Kulturredakteur in Hamburg. Er veröffentlichte unter anderem die Gedichtbände »Einige von uns« (1980) und »Statt eines Briefes« (1986) und gab (Zusammen mit Volker Michels) die »Gesammelten Werke« (1982) von Ernst Weiß heraus.

HANS MAGNUS ENZENSBERGER geboren 1929 in Kaufbeuren/Allgäu, lebt in Berlin. Hauptwerke: die Lyriksammlungen »Verteidigung der Wölfe« (1957), »Landessprache« (1960), »Blindenschrift« (1964) und »Mausoleum« (1975) sowie die Essaybände »Einzelheiten« (1962) und »Politik und Verbrechen« (1964).

JOACHIM C. FEST geboren 1926 in Berlin, lebt in Kronberg bei Frankfurt am Main. Er war von 1973 bis 1994 Mitherausgeber der »Frankfurter Allgemeinen Zeitung«. Zu seinen Veröffentlichungen gehören die Bücher »Das Gesicht des Dritten Reiches« (1963), »Hitler« (1973), »Aufgehobene Vergangenheit« (1981) und »Die unwissenden Magier. Über Thomas und Heinrich Mann« (1985), »Im Gegenlicht. Eine italienische Reise« (1988) sowie »Der zerstörte Traum. Über das Ende des utopischen Zeitalters« (1991).

IRING FETSCHER geboren 1922 in Marbach am Neckar, ist emeritierter Professor für Politikwissenschaft und Sozialphilosophie an der Universität Frankfurt am Main. Er veröffentlichte unter anderem: »Wer hat Dornröschen wachgeküßt, das Märchenverwirrbuch« (1972), »Utopien, Illusionen, Hoffnungen« (1991), »Überlebensbedingungen der Menschheit – ist der Fortschritt noch zu retten?« (1991).

ERICH FRIED geboren 1921 in Wien, starb 1988 in Baden-Baden. Er veröffentlichte unter anderem die Lyrikbände: »Warngedichte« (1963), »Anfechtungen« (1967), »Zeitfragen« (1968), »Gegengift« (1974), »Die bunten Getüme« (1977), »Liebesgedichte« (1979) und »Lebensschatten« (1981) und »Um Klarheit« (1985).

BARBARA FRISCHMUTH geboren 1941 in Altaussee (Steiermark), lebt als freie Schriftstellerin in Wien und Altaussee. Sie veröffentlichte unter anderem die »Sternwieser Trilogie« (1986), die Romane »Über die Verhältnisse« (1988), »Einander Kind« (1990), »Machtnix oder Der Lauf, den die Welt nahm« (1993), die Erzählung »Hexenherz« (1994) sowie Theaterstücke, Hörspiele und Kinderbücher.

WALTER HELMUT FRITZ geboren 1929 in Karlsruhe, wo er auch heute lebt, ist Lyriker und Erzähler. Er veröffentlichte unter anderem die Bände »Gesammelte Gedichte« (1979), »Wunschtraum Alptraum« (1981), »Werkzeuge der Freiheit« (1983), »Cornelias Traum und andere Aufzeichnungen« (1985), »Immer einfacher, immer schwieriger« (1987), »Zeit des Sehens« (1989) und »Die Schlüssel sind vertauscht« (1992).

HANS J. FRÖHLICH geboren 1932 in Hannover, starb 1986 in München. Er schrieb Romane (»Tandelkeller«, 1967, »Engels Kopf«, 1971, »Anhand meines Bruders«, 1974, »Im Garten der Gefühle«, 1975, und »Mit Feuer und Flamme«, 1982), Erzählungen (»Einschüchterungsversuche«, 1979) und die Biographie »Schubert« (1978).

ULRICH FÜLLEBORN geboren 1920 in der Provinz Posen, em. Professor für Neuere deutsche Literaturgeschichte in Erlangen. Er veröffentlichte unter anderem: »Das Strukturproblem der späten Lyrik Rilkes« (1973), »Das dramatische Geschehen im Werk Franz Grillparzers« (1966).

WERNER FULD geboren 1947 in Heidelberg, lebt in Wörthsee/Steinebach. Er veröffentlichte unter anderem die Biographien Walter Benjamins (»Zwischen den Stühlen«, 1979) und Wilhelm Raabes (1993).

GERTRUD FUSSENEGGER geboren 1912 in Pilsen, lebt in Leonding/Oberösterreich. Sie schrieb Romane, Erzählungen, Essayistisches und Dramatisches. Hauptwerke: »Die Pulvermühle« (1969), »Maria Theresia« (1980), »Sie waren Zeitgenossen« (1983), »Nur ein Regenbogen« (1987) und »Herrscherinnen« (1991).

HANS-GEORG GADAMER geboren 1900 in Marburg. Er war ordentlicher Professor der Philosophie in Leipzig, Frankfurt am Main und von 1949-1968 in Heidelberg. Zu seinen Hauptwerken gehören: »Platons dialektische Ethik« (1931), »Wahrheit und Methode« (1960), »Hegels Dialektik« (1971), »Philosophische Lehrjahre« (1977) und »Poetika« (1977).

ROBERT GERNHARDT geboren 1937 in Reval/Estland. Nach dem Studium der Malerei und Germanistik lebt er als Zeichner und Autor in Frankfurt am Main. Er veröffentlichte unter anderem »Ich Ich Ich« (1982), »Kippfigur« (1986), »Körper in Cafés« (1987), »Was gibt's denn da zu lachen?« (1988), »Gedanken zum Gedicht« (1990) und »Lug und Trug« (1991).

HERMANN GLASER geboren 1928 in Nürnberg, seit 1964 Schul- und Kulturdezernent der Stadt Nürnberg. Er veröffentlichte unter anderem: »Spießer-Ideologie« (1964), »Eros in der Politik« (1967), »Sigmund

Freuds Zwanzigstes Jahrhundert« (1976), »Maschinenwelt und Alltagsleben« (1981), »Kultur der Wilhelminischen Zeit« (1984) und »Kulturgeschichte der Bundesrepublik Deutschland« (1985).

ALBRECHT GOES geboren 1908 im Hohenloher Land, lebt seit 1953 als freier Schriftsteller in Stuttgart-Rohr, war zwanzig Jahre lang Pfarrer in württembergischen Gemeinden. Er veröffentlichte unter anderem die Erzählungen »Unruhige Nacht« (1950), »Das Brandopfer« (1954) und »Das Löffelchen« (1965) sowie »Gedichte 1930-1950« (1950) und die essayistischen Bücher »Die guten Gefährten« (1942), »Goethes Mutter« (1980) und »Erwägungen« (1983).

WILHELM GÖSSMANN geboren 1926 in Langenstraße, Kreis Lippstadt, lebt in Düsseldorf, ist Professor für Didaktik der deutschen Sprache und Literatur an der Heinrich-Heine-Universität Düsseldorf. Er veröffentlichte unter anderem: »Theorie und Praxis des Schreibens. Wege zu einer neuen Schreibkultur« (1987), »Annette von Droste-Hülshoff. Ich und Spiegelbild« (1985), »Kulturchristentum. Die Verquickung von Religion und Literatur in der deutschen Geistesgeschichte« (1990).

EUGEN GOMRINGER geboren 1925 in Bolivien, lebt in Rehau-Wurlitz/Oberfranken und lehrt an der Kunstakademie Düsseldorf. Er veröffentlichte unter anderem: »Konstellationen« (1953), »33 Konstellationen« (1960), »Die Konstellationen 1953-62« (1962), »Worte sind Schatten« (1969), »81 identitäten« (1981), und »zur sache der konkreten« (1985).

MARTIN GREGOR-DELLIN geboren 1926 in Naumburg, gestorben 1988 in München. Er veröffentlichte unter anderem die Romane »Der Kandelaber« (1962) und »Föhn« (1974) sowie die Erzählungsbände »Aufbruch ins Ungewisse« (1968) und »Das Riesenrad« (1976). In seinen essayistischen und biographischen Büchern befaßte er sich vor allem mit Richard Wagner und Heinrich Schütz.

ULRICH GREINER geboren 1945 in Offenbach/Main, lebt in Hamburg. Er ist seit 1986 Feuilletonchef der »Zeit« und veröffentlichte unter anderem die essayistischen Bücher »Der Tod des Hochsommers. Aufsätze, Kritiken, Porträts zur österreichischen Gegenwartsliteratur« (1979) und »Der Stand der Dinge« (1987).

REINHOLD GRIMM geboren 1931 in Nürnberg, ist Professor für Deutsche und Vergleichende Literaturgeschichte an der University of California (USA). Er veröffentlichte unter anderem: »Nach dem Naturalismus. Essays zur modernen Dramatik« (1978), und »Von der Armut und vom Regen. Rilkes Antwort auf die soziale Frage« (1981), »Texturen.

Essays und anderes zu Hans Magnus Enzensberger« (1984), »Ein iberischer Gegenentwurf? Antonio Buero Vallejo, Brecht und das moderne Welttheater« (1991).

HANNS GRÖSSEL geboren 1932 in Leipzig, lebt in Köln. Er veröffentlichte unter anderem: »Raymond Roussel. Eine Dokumentation« (1977), »Jean-Paul Sartre: Paris unter der Besatzung« (1980) und »Auf der richtigen Seite stehen. Über Louis-Ferdinand Céline« (1981).

RAINER GRUENTER geboren 1918 in Düsseldorf, lebt in Kapellen/Erft. Er war Präsident der Deutschen Gesellschaft für die Erforschung des 18. Jahrhunderts in Wolfenbüttel und Leiter der ›Arbeitsstelle 18. Jahrhundert‹ an der Bergischen Universität/Gesamthochschule Wuppertal. Er veröffentlichte Studien über das »Narrenschiff« von Sebastian Brant, über die Satiren Thomas Murners sowie Stephan Georges und Oscar Wildes.

UNDINE GRUENTER geboren 1952, lebt in Paris. Sie veröffentlichte die Romane »Ein Bild der Unruhe« (1986) und »Vertreibung aus dem Labyrinth« (1992) sowie die Erzählbände »Nachtblind« (1989) und »Das gläserne Café« (1991).

PETER HÄRTLING geboren 1933 in Chemnitz, lebt in Walldorf bei Frankfurt am Main. Er veröffentlichte Romane, Gedichte und Kinderbücher, unter anderem: »Niembsch oder Der Stillstand« (1964), »Janek« (1966), »Eine Frau« (1974), »Hölderlin« (1976), »Die dreifache Maria« (1982), »Das Windrad« (1983), »Waiblingers Augen« (1987), »Der Wanderer« (1988), »Die Gedichte 1953-1987« (1989) und »Herzwand« (1990).

VOLKER HAGE geboren 1949 in Hamburg, lebt dort. Er ist seit 1992 Literaturredakteur beim »Spiegel«. Er veröffentlichte literaturtheoretische Bücher, unter anderem: »Die Wiederkehr des Erzählers« (1982), »Max Frisch« (1983), »Alles erfunden« (1988) und »Schriftproben« (1990).

ULLA HAHN geboren 1946 im Sauerland, lebt als Schriftstellerin in Hamburg. Sie veröffentlichte die Gedichtbände »Herz über Kopf« (1981), »Spielende« (1983), »Freudenfeuer« (1985) und »Unerhörte Nähe« (1988) sowie den Roman »Ein Mann im Haus« (1991).

MICHAEL HAMBURGER geboren 1924 in Berlin, lebt seit 1933 in England. Er schreibt in deutscher und englischer Sprache; unter anderem veröffentlichte er: »Zwischen den Sprachen« (1966), »Vernunft und Rebellion« (1969) und »Die Dialektik der modernen Lyrik« (1972).

PETER HAMM geboren 1937 in München, lebt in Tutzing/Starnberger See. Er veröffentlichte unter anderem die Gedichtbände »Der Balken«

(1981) und »Die verschwindende Welt« (1985) und ist Autor von Fernsehfilmen über Hanns Eisler, Hans Werner Henze, Alfred Brendel, Heinrich Böll, Ingeborg Bachmann, Robert Walser und Fernando Pessoa.

Ludwig Harig geboren 1927 in Sulzbach/Saarland, lebt dort. Er veröffentlichte unter anderem: »Sprechstunden« (1971), »Die saarländische Freude« (1977), »Rousseau« (1978), »Der kleine Brixius« (1980), »Trierer Spaziergänge« (1983), »Ordnung ist das ganze Leben« (1986) und »Weh dem, der aus der Reihe tanzt« (1990), »Die Hortensien der Frau von Roselius« (1992), »Der Uhrwerker von Glarus« (1993).

Geno Hartlaub geboren 1916 in Mannheim, lebt in Hamburg. Sie veröffentlichte unter anderem: »Die Entführung« (1942), »Nicht jeder ist Odysseus« (1968), »Lokaltermin« (1970) und »Das Gör« (1980).

Harald Hartung geboren 1932 in Herne, lehrt an der Technischen Universität Berlin deutsche Sprache und Literatur. Er veröffentlichte die Darstellungen »Experimentelle Literatur und konkrete Poesie« (1975) und »Deutsche Lyrik seit 1965« sowie die Lyrikbände »Hase und Hegel« (1970), »Reichsbahngelände« (1974), »Das gewöhnliche Licht« (1976), »Augenzeit« (1978) und »Traum im deutschen Museum« (1986).

Rudolf Hartung geboren 1914 in München, starb 1985 in Berlin. Er war Chefredakteur der »Neuen Rundschau« und veröffentlichte den Gedichtband »Vor grünen Kulissen« (1959) und den Aufsatzband »Kritische Dialoge« (1973).

Rolf Haufs geboren 1935 in Düsseldorf, leitet die Literaturabteilung des Senders Freies Berlin. Er veröffentlichte unter anderem die Gedichtbände »Straße nach Kohlhasenbrück« (1962), »Sonntage in Moabit« (1964), »Vorstadtbeichte« (1967), »Das Dorf« (1968), den Geschichtenband und den Prosaband »Der Linkshänder oder Schicksal ist ein hartes Wort« (1970), »Die Geschwindigkeit eines einzigen Tages« (1976), »Größer werdende Entfernung« (1979) und »Juniabschied« (1984).

Herbert Heckmann geboren 1930 in Frankfurt am Main, ist Professor an der Hochschule für Gestaltung in Offenbach. Seit 1984 Präsident der Deutschen Akademie für Sprache und Dichtung in Darmstadt. Er veröffentlichte unter anderem die Romane »Benjamin und seine Väter« (1962) und »Der große Knock-out in sieben Runden« (1972), die Erzählbände »Schwarze Geschichten« (1964) und »Ein Bauer wechselt die

Kleidung und verliert sein Leben« (1980) sowie das Sachbuch »Die andere Schöpfung« (1982), »Frankfurter Lesebuch. Literarische Streifzüge durch Frankfurt von der Gründung bis 1933« (1986), »Das Feuer ist ein Akrobat. Gedichte« (1986), »Weinpredigten« (1987), »Über die Wolkenguckerei« (1987).

Eckhard Heftrich geboren 1928 in Stockach/Bodensee, ist Professor für Neuere Deutsche Literatur und Vergleichende Literaturwissenschaft an der Universität Münster. Er veröffentlichte unter anderem: »Nietzsches Philosophie« (1962), »Stefan George« (1968), »Novalis« (1969), »Zauberbergmusik. Über Thomas Mann – Bd. 1« (1975), »Lessings Aufklärung« (1977), »Vom Verfall zur Apokalypse. Über Thomas Mann – Bd. 2« (1982), »Musil« (1986) sowie »Geträumte Taten. Über Thomas Mann, Bd. III« (1993).

Ingrid Heinrich-Jost geboren 1950 in Bad Vilbel, lebt in Frankfurt am Main. Sie veröffentlichte unter anderem: »Literarische Publizistik Adolf Glaßbrenners« (1980), »Hoffmann von Fallersleben« (1982) und »Kladderadatsch. Die Geschichte eines Berliner Witzblattes« (1982).

Hartmut von Hentig geboren 1925 in Posen, ist emeritierter Professor für Pädagogik an der Universität Bielefeld; Hauptwerke: »Platonisches Lehren« (1965), »Systemzwang und Selbstbestimmung« (1968), »Aufgeräumte Erfahrungen – Texte zur eigenen Person« (1983) und »... der werfe den ersten Stein« (1992).

Georg Hensel geboren 1923 in Darmstadt, wo er auch heute lebt. Er ist Theaterkritiker und Redakteur der »Frankfurter Allgemeinen Zeitung«. Unter anderem veröffentlichte er den Schauspielführer »Spielplan« (1966/81/92) sowie die Bücher »Das Theater der siebziger Jahre« (1980) und »Theaterskandale und andere Anlässe zum Vergnügen« (1983), »Spielt's noch einmal. Das Theater der achtziger Jahre« (1990) sowie »Glück gehabt« (1994).

Jost Hermand geboren 1930 in Kassel, ist seit 1958 Professor für Deutsche Literatur an der Universität Wisconsin (USA). Er publizierte unter anderem: »Synthetisches Interpretieren« (1968), »Von Mainz nach Weimar« (1969), »Unbequeme Literatur« (1971), »Streitobjekt Heine« (1975), »Sieben Arten an Deutschland zu leiden« (1979) und »Orte. Irgendwo. Formen utopischen Denkens« (1981).

Matthias Hermann 1958 in Bitterfeld geboren, wuchs in Ost-Berlin auf und lebt jetzt im Odenwald. Er veröffentlichte unter anderem den Gedichtband »72 Buchstaben« (1989).

Jochen Hieber geboren 1951 in Aalen/Württemberg, lebt im Vogelsberg. Er ist seit 1983 Literaturredakteur der »Frankfurter Allgemeinen Zeitung«.

Wolfgang Hildesheimer geboren 1916 in Hamburg, starb 1991 in Poschiavo/Schweiz. Er veröffentlichte unter anderem die Romane »Tynset« (1965) und »Masante« (1973), die Erzählungsbände »Lieblose Legenden« (1952) und »Vergebliche Aufzeichnungen« (1963) sowie die Monographie »Mozart« (1977).

Walter Hinck geboren 1922 in Selsingen/Niedersachsen, ist Professor für Deutsche Literatur an der Universität Köln. Er veröffentlichte unter anderem: »Die Dramaturgie des späten Brecht« (1959), »Das deutsche Lustspiel des 17. und 18. Jahrhunderts und die italienische Komödie« (1965), »Das moderne Drama in Deutschland« (1973), »Goethe – Mann des Theaters« (1982), »Theater der Hoffnung« (1988) und »Die Wunde Deutschland. Heinrich Heines Dichtung« (1990).

Walter Hinderer geboren 1934 in Ulm, ist Professor für Neuere Deutsche Literatur an der Princeton-University/USA. Er veröffentlichte unter anderem: »Elemente der Literaturkritik« (1976), »Büchner-Kommentar zum dichterischen Werk« (1977), »Der Mensch in der Geschichte. Ein Versuch über Schillers ›Wallenstein‹« (1980) und »Über deutsche Literatur und Rede« (1981) sowie »Arbeit an der Gegenwart«. Zur deutschen Literatur nach 1945 (1994).

Rolf Hochhuth 1931 in Eschwege geboren. Von 1955 bis 1963 war er Verlagslektor, seit 1963 lebt er als freier Schriftsteller bei Basel. Er veröffentlichte unter anderem die Dramen »Der Stellvertreter« (1963), »Soldaten« (1967), »Ärztinnen« (1980) und »Judith« (1984) sowie den Roman »Eine Liebe in Deutschland« (1978) und »Wessis in Weimar« (1992)

Gertrud Höhler geboren 1941 in Wuppertal, lehrte Germanistik und Allgemeine Literaturwissenschaft an der Universität Paderborn. Sie veröffentlichte unter anderem: »Niemandes Sohn. Zur Poetologie Rainer Maria Rilkes« (1978), »Die Anspruchsgesellschaft« (1979) und »Das Glück. Analyse einer Sehnsucht« (1981).

Dorothea Hölscher-Lohmeyer geboren 1913 in Berlin, lebt in München. Sie ist Germanistin und veröffentlichte literaturhistorische Arbeiten, unter anderem: »Faust und die Welt« (1975) und »Das moderne Ich« (1980).

Hans Egon Holthusen geboren 1913 in Rendsburg, lebt in München.

Er veröffentlichte unter anderem: »Der unbehauste Mensch« (1951), »Das Schöne und das Wahre« (1958), »Kritisches Verstehen« (1961), »Plädoyer für den Einzelnen« (1967), »Sartre in Stammheim« (1982) und »Opus 19. Reden und Widerreden aus 25 Jahren« (1983).

GOTTFRIED HONNEFELDER geboren 1946 in Köln, ist Leiter des Insel Verlags in Frankfurt am Main; er veröffentlichte Darstellungen zur deutschen Literatur des 18. und 19. Jahrhunderts.

HADAYATULLAH HÜBSCH geboren 1946 in Chemnitz, lebt in Frankfurt am Main. Er veröffentlichte die Lyriksammlungen »mach was du willst« (1969), »ausgeflippt« (1971) und »Liebe-Gedichte« (1983) und den Prosaband »Ein neuer Morgen mit Dir« (1974), »spRächen Sieh DeutschLicht« (1983), »Islam« (1983).

JÜRGEN JACOBS geboren 1936 in Aachen, ist Professor für Neuere deutsche Literatur an der Bergischen Universität in Wuppertal. Er veröffentlichte unter anderem Bücher zu Wieland (1969) und zum Bildungsroman (1972), ferner »Prosa der Aufklärung« (1976), »Der deutsche Schelmenroman« (1983), »Lessing« (1986) und »Don Quijote in der Aufklärung« (1992).

ERNST JANDL geboren 1925 in Wien, lebt dort. Er veröffentlichte unter anderem die Lyrikbände »Laut und Luise« (1966), »der künstliche baum« (1970), »dingfest« (1973), »die bearbeitung der mütze« (1978), »der gelbe hund« (1980), »selbstporträt des schachspielers als trinkende uhr« (1983), »Idyllen« (1989) und »Stanzen« (1992), das Theaterstück »Aus der Fremde« (1980) sowie die Poetikvorlesungen »Das Öffnen und Schließen des Mundes« (1985).

HANS ROBERT JAUSS geboren 1921 in Göppingen/Württemberg, em. Professor für Literaturwissenschaften an der Universität Konstanz, veröffentlichte unter anderem die Bücher »Literaturgeschichte als Provokation der Literaturwissenschaft« (1967), »Kleine Apologie der ästhetischen Erfahrung« (1972) und »Ästhetische Erfahrungen und literarische Hermeneutik« (1977).

ELFRIEDE JELINEK geboren 1946 in Mürzzuschlag (Steiermark), studierte Theaterwissenschaften, Kunstgeschichte und Musik. Sie lebt als Schriftstellerin in Wien und München. Sie schrieb Theaterstücke »Krankheit oder Moderne Frauen« (1987), »Totenauberg«, Hörspiele und die Prosastücke »Die Klavierspielerin« (1983) und »Lust« (1989).

WALTER JENS geboren 1923 in Hamburg, ist emeritierter Professor für Rhetorik an der Universität Tübingen. Er veröffentlichte Romane, Essays, Fernsehspiele und Theaterstücke, unter anderem: »Nein – Die Welt der Angeklagten« (1950), »Von deutscher Rede« (1966), »Republikanische Reden« (1976), »Eine deutsche Universität. 500 Jahre Tübinger Gelehrtenrepublik« (1977), »Ort der Handlung ist Deutschland« (1981), »Der Untergang. Nach den Troerinnen des Euripides« (1982), »Kanzel und Katheder« (1983) und »Die Friedensfrau« (nach Aristophanes) (1986).

KLAUS JEZIORKOWSKI geboren 1935 in Chemnitz, lebt in Dreieich bei Frankfurt. Er ist Professor für Germanistik an der Universität Frankfurt und veröffentlichte unter anderem: »Rhythmus und Figur« (1968), »Literarität und Historismus« (1979) und »Gottfried Keller: Kleider machen Leute. Literatur-Kommentar« (1984).

CHARLOTTE JOLLES geboren 1909 in Berlin, lebt in London. Sie lehrte als Professor für Deutsche Sprache und Literatur am Birbeck College der Universität London. Sie veröffentlichte unter anderem: »Theodor Fontane« (3. Auflage, 1983) und »Fontane und die Politik« (Berlin/Weimar, 1983), »Die Briefe von Theodor Fontane. Verzeichnis und Register«, herausgegeben zusammen mit W. Müller-Seidel (1988).

DOMINIK JOST geboren 1922 in Luzern, lebt in St. Gallen. Er veröffentlichte unter anderem: »Ludwig Derleth. Gestalt und Leistung« (1905), »Die Wirklichkeit des Dichters« (1977), »Deutsche Klassik. Goethes ›Römische Elegien‹« (1978) und »Literarischer Jugendstil« (1980).

JOCHEN JUNG geboren 1942 in Frankfurt am Main, lebt in Salzburg. Er ist Herausgeber der Anthologien »Märchen, Sagen und Abenteuergeschichten auf alten Bilderbogen« (1974), »Glückliches Österreich« (1978), »Deutschland, Deutschland« (1979), »Ich hab im Traum die Schweiz gesehn« (1980) und »Österreichische Porträts« (1985).

HANNE F. JURITZ geboren 1942 in Straßburg, lebt in Dreieich. Sie veröffentlichte unter anderem die Erzählungen »Die Unbezähmbarkeit der Piranhas« (1982), die Gedichtbände »Die Nacht des Trommlers« (1986), »Verwehung im Park« (1988) und »Blicke eines Freundes« (1993).

GERHARD KAISER geboren 1927 in Tannroda/Thüringen, ist Professor für Neuere Deutsche Philologie und Literaturwissenschaft an der Universität Freiburg. Er veröffentlichte unter anderem: »Wandrer und Idylle« (1977), »Von Arkadien nach Elysium« (1978), »Gottfried Keller. Das gedichtete Leben« (2. Auflage 1987), »Augenblicke deutscher Lyrik« (3. Auflage 1990), »Geschichte der deutschen Lyrik von Goethe bis zur Gegenwart« (1988-1991).

Gert Kaiser geboren 1941 in Hardheim im Odenwald. Seit 1977 Inhaber des Lehrstuhls für Ältere Germanistik an der Heinrich-Heine-Universität Düsseldorf. Seit 1983 Rektor der Universität und seit 1988 Leiter des Wissenschaftszentrums Nordrhein-Westfalen. Er veröffentlichte unter anderem: Bücher über Minnesang, über Artusromane und über Totentänze.

Joachim Kaiser geboren 1928 in Milken/Ostpreußen, ist Redakteur bei der »Süddeutschen Zeitung« und seit 1977 ordentlicher Professor an der Staatlichen Hochschule für Musik und Darstellende Kunst in Stuttgart. Hauptwerke: »Große Pianisten unserer Zeit« (1965), »Beethovens 32 Klaviersonaten und ihre Interpreten« (1975), »Wie ich sie sah... und wie sie waren. Zwölf kleine Porträts« (1985), »Erlebte Literatur« (1988), »Leben mit Wagner« (1990) und »Vieles ist auf Erden zu thun« (1991).

Hellmuth Karasek geboren 1934 in Brünn, lebt in Hamburg. Er leitet das Ressort Kultur beim »Spiegel«. Er veröffentlichte unter anderem die literarkritischen Bücher »Carl Sternheim« (1966), »Max Frisch« (1967), »Brecht – der jüngste Fall eines Klassikers« (1970), die Komödien »Die Wachtel« (1985) und »Hitchcock« (1987).

Ulrich Karthaus geboren 1935 in Düsseldorf, ist Professor für Neuere Deutsche Literatur an der Universität Gießen. Er veröffentlichte die Bücher: »Der Andere Zustand. Zeitstrukturen im Werke Robert Musils« (1965), »Sturm und Drang und Empfindsamkeit« (1988) und »Novelle« (1991).

Marie Luise Kaschnitz wurde 1901 in Karlsruhe geboren und ist 1974 in Rom gestorben. Zu ihren Hauptwerken gehören die Lyrikbände »Dein Schweigen – meine Stimme« (1962), »Ein Wort weiter« (1965) und »Kein Zauberspruch« (1972) sowie die Erzählungsbände »Lange Schatten« (1960) und »Ferngespräche« (1966).

Werner Keller geboren 1930 in Calmbach, ist Professor für Neuere Deutsche Literatur an der Universität Köln. Er veröffentlichte unter anderem: »Das Pathos in Schillers Jugendlyrik« (1964) und »Goethes dichterische Bildlichkeit« (1972).

Friedhelm Kemp geboren 1914 in Köln, lebt als Schriftsteller und Übersetzer in München. Er veröffentlichte unter anderem »Dichtung und Sprache« (1965) und »Kunst und Vergnügen des Übersetzens« (1965).

Hermann Kesten geboren 1900 in Nürnberg, lebt in Basel. Er veröffentlichte unter anderem die Romane »Josef sucht die Freiheit« (1928),

»Ferdinand und Isabella« (1936), »Die Kinder von Gernika« (1939) sowie die Essaybände »Meine Freunde die Poeten« (1959), »Lauter Literaten« (1963) und »Revolutionäre mit Geduld« (1973).

Helmuth Kiesel geboren 1947, ist seit 1990 Professor für Neuere deutsche Literaturgeschichte in Heidelberg. Er veröffentlichte zahlreiche Bücher und Aufsätze zur Literatur des 15. bis 18. und 20. Jahrhunderts.

Petra Kipphoff 1937 in Hamburg geboren, ist Redakteurin im Feuilleton der Wochenzeitung »Die Zeit«.

Rainer Kirsch geboren 1934 in Döbeln/Sachsen, lebt in Berlin. Er veröffentlichte unter anderem: »Kopien nach Originalen« (1974), »Auszog das Fürchten zu lernen« (1978), »Ordnung im Spiegel« (1985), »Sauna oder Die fernherwirkende Trübung« (1985), »Kunst in Mark Brandenburg« (1988), »Anna Katarina oder Die Nacht am Moorbusch« (1991).

Sarah Kirsch geboren 1935 in Limlingrode/Südharz, lebt in Thielenhemme (Schleswig-Holstein). Sie veröffentlichte unter anderem die Gedichtbände »Landaufenthalt« (1967), »Zaubersprüche« (1977), »Drachensteigen« (1980), »Erdreich« (1982), »Katzenleben« (1984) sowie »Erlkönigs Tochter« (1992).

Eckart Klessmann geboren 1933 in Lemgo/Lippe, lebt in Schleswig-Holstein. Er veröffentlichte Bücher über den Prinzen Louis Ferdinand von Preußen (1972), Caroline Schlegel-Schelling (1975) und E.T.A. Hoffmann (1988) sowie »Die Mendelssohns. Bilder aus einer deutschen Familie« (1990) und »Christiane – Goethes Geliebte und Gefährtin« (1992).

Kurt Klinger geboren 1928 in Linz, lebt in Wien. Er ist Herausgeber der Monatszeitschrift »Literatur und Kritik«, unter anderem veröffentlichte er die Gedichtbände »Auf dem Limes« (1980) und »Zeitsprung« (1987), die Erzählungen »Die vierte Wand« (1966) und »Erinnerung an Gärten« (1989) sowie den Essayband »Theater und Tabus« (1984).

Ruth Klüger geboren 1931 in Wien, ist Literaturwissenschaftlerin an der University of California, Irvine (USA). Sie veröffentlichte u.a. »Weiter leben. Eine Jugend« (1992) und »Katastrophen. Über deutsche Literatur« (1994).

Jan Knopf geboren 1944 in Arnstadt, ist Professor für Literaturwissenschaft an der Universität Karlsruhe. Er veröffentlichte unter anderem: »Friedrich Dürrenmatt« (1976), das zweibändige »Brecht-Handbuch« (1980) und ist Mitherausgeber der »Großen kommentierten Berliner und Frankfurter Ausgabe« der Werke Brechts (1988ff.).

WOLFGANG KOEPPEN geboren 1906 in Greifswald, lebt in München. Er veröffentlichte die Romane »Eine unglückliche Liebe« (1934), »Tauben im Gras« (1951), »Das Treibhaus« (1953) und »Der Tod in Rom« (1954), die Erzählung »Jugend« (1976), den Aufsatzband »Die elenden Skribenten« (1981) sowie Reisebücher, unter anderem »Nach Rußland und anderswohin« (1958).

UWE KOLBE geboren 1957 in Berlin/DDR; seit 1979 freiberuflich als Autor und Nachdichter tätig. Er veröffentlichte die Gedichtsammlungen »Hineingeboren« (1980), »Abschiede« (1981), »Bornholm II« (1986).

HELMUT KOOPMANN geboren 1933 in Bochum, ist seit 1974 Professor für Neuere Deutsche Literaturwissenschaft an der Universität Augsburg. Er veröffentlichte unter anderem: »Das junge Deutschland« (1970), »Das Drama der Aufklärung« (1978), »Der klassisch-moderne Roman in Deutschland. Thomas Mann – Döblin – Broch« (1983), »Schiller« (1988), und das »Thomas-Mann-Handbuch« (1990).

ERWIN KOPPEN geboren 1929 in Berlin, starb 1990 in Bonn. Er war Professor für Vergleichende Literaturwissenschaft an der Universität Bonn. Er veröffentlichte unter anderem: »Laclos' ›Liaisons dangereuses‹ in der Kritik« (1961) und »Dekadenter Wagnerismus« (1973).

FRIEDRICH WILHELM KORFF geboren 1939 in Hohenlimburg, ist Professor am Philosophischen Seminar der Technischen Universität Hannover. Er veröffentlichte unter anderem: »Diastole und Systole – Zum Thema Jean Paul und Adalbert Stifter« (1969), »Der Katarakt von San Miguel« (1974), »Drachentanz« (1981) und »Auswege« (1983).

KARL KORN geboren 1908 in Wiesbaden, starb 1991 in Bad Homburg. Er war bis 1973 Mitherausgeber der »Frankfurter Allgemeinen Zeitung«. Er veröffentlichte unter anderem: »Sprache in der verwalteten Welt« (1958), »Lange Lehrzeit« (1975), »Über Land und Meer« (1977) und »Zola in seiner Zeit« (1980).

HANS CHRISTIAN KOSLER geboren 1950 in Dresden, lebt in München. Er veröffentlichte unter anderem: »Peter Altenberg. Leben und Werk in Texten und Bildern« (1981), »Gert Hofmann. Auskunft für Leser« (1987) und »Warum in die Ferne? Das Lesebuch zum Daheimbleiben« (1991).

RUDOLF KRÄMER-BADONI geboren 1913 in Rüdesheim, lebt in Wiesbaden. Er veröffentlichte Romane und Essays, unter anderem: »In der großen Drift« (1949), »Der arme Reinhold« (1951), »Vorsicht, gute Menschen von links« (1962), »Die niedliche Revolution« (1974), »Gleichung mit einer Unbekannten« (1977), »Galileo Galilei« (1983) und »Zwischen allen Stühlen« (1985).

Ursula Krechel geboren 1947 in Trier, lebt in Frankfurt am Main. Sie veröffentlichte die Gedichtbände »Nach Mainz« (1977) und »Verwundbar wie in den besten Zeiten« (1979) sowie das Drama »Erika« (1973).

Georg Kreisler geboren 1922 in Wien, lebt in Hof bei Salzburg. Er veröffentlichte unter anderem: »Zwei alte Tanten tanzen Tango« (1961), »Nichtarische Arien« (1967), »Taubenvergiften für Fortgeschrittene« (1983), »Ist Wien überflüssig?« (1987) und »Ein Prophet ohne Zukunft« (1990).

Hans Joachim Kreutzer geboren 1935 in Essen, ist Professor für Literaturwissenschaft an der Universität Regensburg. Er veröffentlichte unter anderem »Die dichterische Entwicklung Heinrichs von Kleist« (1968), »Überlieferung und Edition« (1976), »Der Mythos vom Volksbuch« (1977), außerdem musikwissenschaftliche Arbeiten.

Ekkehart Krippendorff geboren 1934 in Eisenach, lehrt Politikwissenschaft an der Freien Universität Berlin. Er veröffentlichte neben einschlägigen Arbeiten in seiner Disziplin Studien u. a. zu Goethes Politik: »Wie die Großen mit den Menschen spielen« (1988) und zur »Politik in Shakespeares Dramen« (1992).

Karl Krolow geboren 1915 in Hannover, lebt in Darmstadt. Er veröffentlichte unter anderem die Lyrikbände »Tage und Nächte« (1956), »Nichts weiter als Leben« (1970), »Zeitvergehen« (1972), »Der Einfachheit halber« (1977), »Herbstsonett mit Hegel« (1981), »Als es soweit war« (1988), »Ich höre mich sagen« (1992) sowie die Prosabände »Im Gehen« (1980) und »In Kupfer gestochen« (1987).

Brigitte Kronauer geboren 1940 in Essen, lebt als freie Schriftstellerin in Hamburg. Sie veröffentlichte unter anderem: »Frau Mühlenbeck im Gehäus« (1980), »Rita Münster« (1983), »Berittener Bogenschütze« (1986), »Schnurrer« (1992) und »Literatur und schöns Blümelein« (1993).

Horst Krüger geboren 1919 in Magdeburg, lebt in Frankfurt am Main. Er schrieb die Prosabücher »Das zerbrochene Haus« (1966), »Deutsche Augenblicke« (1969), »Fremde Vaterländer« (1971), »Zeitgelächter« (1973), »Ostwest-Passagen« (1975), »Poetische Erdkunde« (1978), »Spötterdämmerung« (1981), »Tiefer deutscher Traum« (1983), »Zeit ohne Wiederkehr« (1985) und »Die Frühlingsreise« (1988).

Michael Krüger geboren 1943 in Wittgendorf, lebt in München, wo er als Verlagslektor tätig ist und als Herausgeber der Zeitschrift »Akzente«. Er veröffentlichte Lyrik und Essays, unter anderem: »Diderots Katze« (1978), »Nekrologe« (1979), »Aus der Ebene« (1982) und »Die Dronte« (1985).

JOSEPH ANTON KRUSE geboren 1944 in Dingden bei Bocholt, ist seit 1975 Direktor des Heinrich-Heine-Instituts in Düsseldorf und Honorarprofessor an der dortigen Universität. Er veröffentlichte unter anderem: »Heines Hamburger Zeit« (1972), »Heinrich Heine. Leben und Werk in Daten und Bildern« (1983) sowie »Denk ich an Heine« (1986).

WILHELM KÜHLMANN geboren 1946 in Gelsenkirchen, ist seit 1987 Professor für Neuere Deutsche Literaturgeschichte an der Universität Heidelberg. Er veröffentlichte unter anderem »Gelehrtenrepublik und Fürstenstaat« (1982).

DIETER KÜHN geboren 1935 in Köln, lebt in Düren. Er veröffentlichte Romane, Erzählungen und Biographien, unter anderem: »N« (1970), »Ausflüge im Fesselballon« (1971), »Die Präsidentin« (1973), »Ich Wolkenstein« (1977), »Der Himalaya im Wintergarten« (1984) und »Die Kammer des schwarzen Lichts« (1984).

GÜNTER KUNERT geboren 1929 in Berlin, lebt in Kaisborstel/Schleswig-Holstein. Hauptwerke: Die Gedichtsammlungen »Erinnerungen an einen Planeten« (1963), »Verkündigung des Wetters« (1966), »Unterwegs nach Utopia« (1977), »Abtötungsverfahren« (1980), »Stilleben« (1983), »Berlin bei Zeiten« (1987) sowie die Prosabände »Die Beerdigung findet in aller Stille statt« (1968), »Verspätete Monologe« (1981) und »Die letzten Indianer Europas« (1991).

HERMANN KUNISCH geboren 1901 in Osnabrück, lebt in München. Er war ab 1946 Professor für Deutsche Philologie in Berlin und von 1955 bis 1968 in München. Unter anderem veröffentlichte er »Kleine Schriften« (1968), »Rainer Maria Rilke« (1975) und »Von der Reichsunmittelbarkeit der Poesie« (1979).

REINER KUNZE geboren 1933 in Oelsnitz/Erzgebirge, lebt in Obernzell-Erlau/Niederbayern. Hauptwerke: Die Gedichtsammlungen »Sensible Wege« (1969), »Zimmerlautstärke« (1972), »auf eigene hoffnung« (1981), »Eines jeden einziges Leben« (1986) und »Wohin der Schlaf sich schlafen legt« (1991) sowie die Prosabände »Die wunderbaren Jahre« (1976), »Das weiße Gedicht« (1989) und »Am Sonnenhang« (1993).

HERMANN KURZKE geboren 1943 in Berlin, lehrt Neuere Deutsche Literaturgeschichte an der Universität Mainz. Er veröffentlichte unter anderem: »Romantik und Konservatismus. Das politische Werk Friedrich von Hardenbergs (Novalis) im Horizont seiner Wirkungsgeschichte« (1983), »Thomas Mann. Epoche – Werk – Wirkung« (1985) und »Hymnen und Lieder der Deutschen« (1990).

EBERHARD LÄMMERT geboren 1924 in Bonn, war Professor für Deutsche Philologie an der Universität Heidelberg und von 1976 bis 1983 Präsident der Freien Universität Berlin. Hauptwerke: »Bauformen des Erzählens« (1955) und »Reimsprecherkunst im Spätmittelalter« (1969).

HELMUT LAMPRECHT geboren 1925 in Ivenrode bei Magdeburg, ist Leiter der Kulturabteilung bei Radio Bremen. Er veröffentlichte Gedichte, Aphorismen und Essays, unter anderem: »Erfolg und Gesellschaft« (1964), »Die Hörner beim Stier gepackt« (1975) und »Früher hat Lächerlichkeit getötet« (1979).

REINHARD LAUER 1935 in Bad Frankenhausen geboren, ist seit 1969 Professor für slawische Philologie an der Universität Göttingen. Er veröffentlichte Studien zur russischen, serbischen, kroatischen und bulgarischen Literatur, darunter die Bücher »Heine in Serbien« (1961), »Gedichtform zwischen Schema und Verfall« (1975), »Il'ja Erenburg und die russische Tauwetter-Literatur« (1975) und »Miroslav Krleza und der deutsche Expressionismus« (1984).

ULRICH LAUTERBACH geboren 1911 in Berlin, starb 1988 in Frankfurt am Main. Er leitete von 1951 bis 1976 die Hörspielabteilung des Hessischen Rundfunks. Er veröffentlichte unter anderem: »Hermann Bang. Studien zum dänischen Impressionismus« (1937) und gab »Das erzählerische Werk« von Gerhart Hauptmann (1981-1983) heraus.

HERBERT LEHNERT geboren 1925 in Lübeck, ist Professor für Literaturwissenschaft an der University of California, Irvine (USA). Er veröffentlichte unter anderem: »Thomas Mann: Fiktion, Mythos, Religion« (1965), »Struktur und Sprachmagie« (1966), »Thomas-Mann-Forschung. Ein Bericht« (1969) und »Geschichte der deutschen Literatur. Vom Jugendstil zum Expressionismus« (1978).

HERMANN LENZ geboren 1913 in Stuttgart, lebt als Schriftsteller in München. Veröffentlichte unter anderem »Gedichte« (1936), die Erzählung »Das doppelte Gesicht« (1949), die Romane »Der russische Regenbogen« (1959), »Die Augen eines Dieners« (1964), »Der Kutscher und der Wappenmaler« (1973), »Neue Zeit« (1975), »Tagebuch vom Leben und Überleben« (1978) und »Der Wanderer« (1986) sowie »Leben und Schreiben, Frankfurter Poetik-Vorlesungen« (1986).

SIEGFRIED LENZ geboren 1926 in Lyck/Ostpreußen, lebt seit 1945 in Hamburg. Er veröffentlichte unter anderem die Romane »Brot und Spiele« (1959), »Deutschstunde« (1968), »Das Vorbild« (1973), »Heimatmuseum« (1978), »Exerzierplatz« (1985) und »Die Klangprobe« (1990) sowie die Erzählungsbände »So zärtlich war Suleyken« (1955), »Jäger des Spotts« (1958), »Das Feuerschiff« (1960), »Einstein überquert die Elbe bei Hamburg« (1975).

RUDOLF WALTER LEONHARDT, der 1921 in Altenburg geboren wurde, gehört seit 1957 der Redaktion der Wochenzeitung »Die Zeit« an, deren stellvertretender Chefredakteur er von 1973 bis 1985 war. Er veröffentlichte unter anderem: »Xmal Deutschland« (1961), »Wer wirft den ersten Stein« (1969) und »Das Weib, das ich geliebet hab'. Heines Mädchen und Frauen« (1975).

WOLFGANG LEPPMANN geboren 1922 in Berlin, ist seit 1960 Professor für Deutsche Literatur an der University of Oregon (USA). Hauptwerke: »Goethe und die Deutschen« (1962), »Pompeji, eine Stadt in Literatur und Leben« (1966), »J.J. Winckelmann« (1971), »Rilke – Leben und Werk« (1981), »Gerhart Hauptmann« (1986) und »Die Roaring Twenties« (1992).

MARTIN LÜDKE geboren 1943 in Apolda/Thüringen, lebt in Baden-Baden und Frankfurt am Main. Er ist Leiter der Literaturredaktion im Südwestfunk Baden-Baden. Er veröffentlichte unter anderem: »Anmerkungen zu einer ›Logik des Zerfalls‹. Adorno/Beckett« (1981) sowie »Für den Spiegel geschrieben. Eine kleine Literaturgeschichte« (1991).

PAUL MICHAEL LÜTZELER geboren 1943 in Doveren/Rheinland, ist Professor für Neuere Deutsche Literatur an der Washington University in St. Louis/USA. Er veröffentlichte unter anderem: »Hermann Broch. Eine Biographie« (1985), »Zeitgeschichte in Geschichten der Zeit« (1986), »Geschichte in der Literatur« (1987).

HANS MAIER geboren 1931 in Freiburg, ist seit 1962 Professor für politische Wissenschaft an der Universität München, war 1970-1986 Bayerischer Staatsminister für Unterricht und Kultus. Hauptveröffentlichungen: »Revolution und Kirche« (1959/1988), »Die ältere deutsche Staats- und Verwaltungslehre« (1966/1986), »Klassiker des politischen Denkens« (1968/1986).

PETER MAIWALD geboren 1946 in Grötzingen/Kreis Esslingen, lebt in Düsseldorf. Er veröffentlichte unter anderem die Gedichtbände »Balladen von Samstag auf Sonntag« (1984), »Guter Dinge« (1987), »Der Baum, das Haus, der Himmel« (1989), »Das Gutenbergsche Völkchen« (1990) und »Springinsfeld« (1992).

Rainer Malkowski geboren 1939 in Berlin, lebt in Brannenburg. Er veröffentlichte unter anderem: »Was für ein Morgen« (1975), »Einladung ins Freie« (1977), »Vom Rätsel ein Stück« (1980), »Zu Gast« (1983) und »Was auch immer geschieht« (1986).

Golo Mann geboren 1909 in München, starb 1994 in Kilchberg bei Zürich. Er schrieb unter anderem: »Friedrich von Gentz – Geschichte eines europäischen Staatsmannes« (1946), »Deutsche Geschichte des 19. und 20. Jahrhunderts« (1958), »Geschichte und Geschichten« (1962), »Wallenstein« (1971) und »Erinnerungen und Gedanken. Eine Jugend in Deutschland« (1986), »Wir alle sind, was wir gelesen« (1989).

Kurt Marti geboren 1921 in Bern/Schweiz, lebt dort. Er veröffentlichte Lyrik- und Prosabände, unter anderem: »Leichenreden« (1969), »Abendland« (1980), »Bürgerliche Geschichten« (1981), »Dorfgeschichten« (1983) und »Ruhe und Ordnung. Aufzeichnungen, Abschweifungen 1980-1983« (1984).

Peter von Matt geboren 1937 in Luzern, ist Professor für Neuere Deutsche Literatur an der Universität Zürich. Er veröffentlichte Bücher über Grillparzer (1965) und E. T. A. Hoffmann (1971) sowie die Untersuchungen »Literaturwissenschaft und Psychoanalyse« (1972), »... fertig ist das Angesicht« (1984) und »Liebesverrat« (1989).

Hans Mayer 1907 in Köln geboren, lehrte deutsche Literatur von 1948 bis 1963 an der Universität Leipzig und dann bis 1971 an der Technischen Universität Hannover. Er lebt jetzt in Tübingen und veröffentlichte unter anderem: »Ansichten« (1962), »Zur deutschen Literatur der Zeit« (1967), »Goethe« (1973) und »Außenseiter« (1975) und »Ein Deutscher auf Widerruf« (1982).

Tilo Medek geboren 1940 in Jena, lebt als freier Komponist in Remagen. Zu seinen Arbeiten gehören Aufsätze über Fragen der Musik sowie Vertonungen von Paul Celans »Todesfuge« (1966), Sarah Kirschs »Die betrunkene Sonne« (1968) und die Oper »Katharina Blum« (1984/1986).

Christa Melchinger geboren 1943 in Frankfurt am Main, lebt in Freiburg. Sie veröffentlichte unter anderem: »Illusion und Wirklichkeit im dramatischen Werk Arthur Schnitzlers« (1968) und die Monographie »Albert Camus« (1969). Literaturkritik für Presse und Funk.

SIEGFRIED MELCHINGER geboren 1906 in Stuttgart, wo er 1988 starb. Er war Professor für Musik und Darstellende Kunst. Er veröffentlichte unter anderem: »Modernes Welttheater« (1958), »Schauspieler« (1968), »Geschichte des politischen Theaters« (1971) und »Die Welt als Tragödie I/II« (1979/80).

KLAUS-DIETER METZ geboren 1942 in Bad Homburg, lebt dort, ist Lehrer an der Kaiserin Friedrich-Schule Bad Homburg und nimmt museumspädagogische Tätigkeiten im Schloßmuseum wahr. Er veröffentlichte unter anderem »Korrespondenzen. Der Brief in Gottfried Kellers Dichtung« (1984) und »Gottfried Keller. Die drei gerechten Kammacher. Interpretation« (1990).

KARL MICKEL geboren 1935 in Dresden, lebt in Berlin. Er veröffentlichte neben essayistischen Arbeiten die Gedichtsammlungen »Vita nova mea« (1966), »Mottek sagt« (1990) und »Palimpsest« (1990) sowie die Bühnenstücke »Weiberherrschaft« (1971) und »Die Gebeine Dantons« (1987) sowie den Roman »Lachmunds Freunde« (1991).

KATHARINA MOMMSEN geboren 1925 in Berlin, lehrt deutsche Literatur an der Stanford University in Kalifornien. Sie veröffentlichte unter anderem: »Goethe und 1001 Nacht« (1960), »Natur- und Fabelreich in Faust II« (1968), »Gesellschaftskritik bei Fontane und Thomas Mann« (1973), »Kleists Kampf mit Goethe« (1974) und »Hofmannsthal und Fontane« (1978), »Who is Goethe?«, »Goethes Märchen« (1984), »Goethe und die arabische Welt« (1988).

WALTER MÜLLER-SEIDEL geboren 1918 in Schöna, war Professor für Neuere Deutsche Literatur in München. Er veröffentlichte unter anderem: »Versehen und Erkennen. Eine Studie über Heinrich von Kleist« (1961), »Probleme der literarischen Wertung« (1965), »Theodor Fontane« (1975) und »Die Geschichtlichkeit der deutschen Klassik. Literatur und Denkformen um 1800« (1983).

ADOLF MUSCHG geboren 1934 in Zollikon bei Zürich, ist Professor für Germanistik an der Eidgenössischen Hochschule in Zürich. Er veröffentlichte die Romane »Im Sommer des Hasen« (1965), »Mitgespielt« (1969), »Albissers Grund« (1974) und »Das Licht und der Schlüssel« (1984) sowie die Erzählungsbände »Fremdkörper« (1968), »Liebesgeschichten« (1972) und »Leib und Leben« (1982).

VOLKER NEUHAUS geboren 1943 in Breslau, ist Professor für Neuere Deutsche und Vergleichende Literaturwissenschaft in Köln. Er veröffentlichte unter anderem: »Typen multiperspektivischen Erzählens«

(1971), »Der zeitgeschichtliche Sensationsroman in Deutschland« (1979), eine Monographie zu Günter Grass (1979) und gab 1987 die zehnbändige Grass-Werkausgabe heraus.

Peter Horst Neumann geboren 1936 in Neiße/Oberschlesien, ist Professor für Neuere Deutsche Literatur an der Universität Erlangen. Er veröffentlichte unter anderem: »Jean Pauls ›Flegeljahre‹« (1968), »Der Preis der Mündigkeit. Über Lessings Dramen« (1977) und »Die Rettung der Poesie im Unsinn. Der Anarchist Günter Eich« (1981).

Elisabeth Noelle-Neumann geboren 1916 in Berlin, ist Leiterin des von ihr gegründeten Instituts für Demoskopie Allensbach. Von 1965 bis 1983 war sie Direktorin des Instituts für Publizistik der Universität Mainz, seit 1978 ist sie Gastprofessorin der University of Chicago. Sie veröffentlichte unter anderem »Einführung in die Methoden der Demoskopie« (1963), »Die Schweigespirale« (1980/1991) und ist Mitherausgeberin der »Allensbacher Jahrbücher für Demoskopie«.

Helmuth Nürnberger geboren 1930 in Brüx/Böhmen, lehrt deutsche Literatur an der Pädagogischen Hochschule Flensburg und an der Universität Hamburg. Er ist Herausgeber der »Werke, Schriften und Briefe Theodor Fontanes« (1970) und veröffentlichte unter anderem die Monographien »Der frühe Fontane« (1967) und »Joseph Roth« (1981).

Klara Obermüller 1940 geboren, lebt in Zürich. Sie war Redakteurin bei der Zeitschrift »du« und bei der »Neuen Zürcher Zeitung«. Heute ist sie bei der »Weltwoche«, leitete einige Jahre dort das Ressort Kultur und ist nunmehr für kulturelle und gesellschaftspolitische Fragen zuständig. Autorin von Hörspielen und Jugendbüchern.

Christoph Perels geboren 1938, ist seit 1983 Direktor des Freien Deutschen Hochstifts in Frankfurt am Main. Er veröffentlichte unter anderem: »Studien zur Aufnahme und Kritik der Rokokolyrik zwischen 1740 und 1760« (1974), »Lyrik verlegen in dunkler Zeit. Heinrich Ellermanns Blätter für die Dichtung 1934-1944« (1984) und »Sturm und Drang« (1988).

Beate Pinkerneil geboren 1942 in Bochum, lebt in Köln. Von 1983 bis 1991 leitete sie die Redaktion »Literatur und Kunst« im Zweiten Deutschen Fernsehen sowie das Büchermagazin »Literatur im Gespräch«; seitdem Literaturredakteurin im ZDF. Sie gab Gedichtanthologien und literaturwissenschaftliche Sammelbände heraus.

Heinz Piontek geboren 1925 in Kreuzburg, lebt in München, ist vorwiegend Lyriker. Unter anderem veröffentlichte er die Gedichtbände

»Mit einer Kranichfeder« (1962), »Klartext« (1966), »Gesammelte Gedichte« (1975), »Wie sich Musik durchschlug« (1978), »Was mich nicht losläßt« (1981) und »Früh im September« (1982) sowie den Essayband »Männer, die Gedichte machen« (1970).

Uwe Pörksen geboren 1935 in Breklum, lebt in Freiburg. Er ist Professor an der Universität Freiburg für Germanistik, Sprache und Ältere Literatur. Er veröffentlichte »Der Erzähler im mittelhochdeutschen Epos« (1971) und »Deutsche Naturwissenschaftssprachen. Historische und kritische Studien« (1985).

Heinz Politzer geboren 1910 in Wien, starb 1978 in Berkeley. Er lehrte Deutsche Literatur an der University of California in Berkeley (USA). Hauptwerke: »Franz Kafka, der Künstler« (1965), »Das Schweigen der Sirenen« (1968) und »Hatte Ödipus einen Ödipus-Komplex?« (1974).

Wolfgang Preisendanz geboren 1920 in Pforzheim, ist emeritierter Professor der Literaturwissenschaft an der Universität Konstanz. Er veröffentlichte unter anderem: »Die Spruchform in der Lyrik des alten Goethe und ihre Vorgeschichte seit Opitz« (1952), »Humor als dichterische Einbildungskraft« (1963/1985), »Über den Witz« (1970), »Heinrich Heine« (1973/1983), »Wege des Realismus« (1977).

Fritz J. Raddatz geboren 1931 in Berlin, lebt in Hamburg. Er war von 1977 bis 1985 Feuilletonchef der »Zeit« und gab die Werke Kurt Tucholskys heraus und veröffentlichte die Bücher »Traditionen und Tendenzen« (1971), »Verwerfungen« (1972), »Georg Lukács« (1972) und »Karl Marx – Eine politische Biographie« (1975).

Wolfdietrich Rasch geboren 1903 in Breslau, gestorben 1986. Er war Professor für Neuere Deutsche Literaturgeschichte in Münster. Er veröffentlichte unter anderem: »Die Erzählweise Jean Pauls« (1961), »Über Robert Musils Roman ›Der Mann ohne Eigenschaften‹« (1967), »Zur deutschen Literatur seit der Jahrhundertwende« (1967) und »Goethes Iphigenie auf Tauris als Drama der Autonomie« (1979), »Die literarische Décadence um 1900. Grundbegriffe und Variationen« (1985).

Marcel Reich-Ranicki geboren 1920 in Włocławek an der Weichsel, leitete von 1973 bis 1988 die Literatur-Redaktion der »Frankfurter Allgemeinen Zeitung«. Er veröffentlichte unter anderem: »Deutsche Literatur in West und Ost« (1963), »Lauter Verrisse« (1970), »Über Ruhestörer« (1973), »Nachprüfung« (1977), »Lauter Lobreden« (1985), »Thomas Mann und die Seinen« (1987), »Thomas Bernhard« (1990), »Max Frisch« (1991), »Ohne Rabatt. Über Literatur aus der DDR«

(1991), »Der doppelte Boden« (1992) sowie »Die Anwälte der Literatur« (1994).

Thomas Rietzschel geboren 1951 in Dresden, ist Korrespondent der Frankfurter Allgemeinen Zeitung, ansässig in Darmstadt und Berlin. Neben verschiedenen Anthologien zur expressionistischen Literatur veröffentlichte er unter anderem eine Theodor Däubler-Biographie.

Karl Riha geboren 1935 in Krummau an der Moldau, ist Professor für Germanistik und Allgemeine Literaturwissenschaft an der Universität-Gesamthochschule Siegen. Er veröffentlichte Arbeiten über »Moritat, Song, Bänkelsang« (1965), »Die Beschreibung der großen Stadt« (1970) und über die »Commedia dell'arte« (1980), »Deutsche Großstadtlyrik« (1983), »Nicht alle Fische sind Vögel« (1981), »In diesem/diesem Moment« (1984).

Werner Ross geboren 1912 in Krefeld-Uerdingen, lebt in München. Er veröffentlichte unter anderem: »Der ängstliche Adler. Friedrich Nietzsches Lebensroman« (1980) und »Die Feder führend« (1987), »Lou Andreas-Salomé« (1992) sowie »Baudelaire und die Moderne« (1993) sowie »Der wilde Nietzsche« (1994).

Wolfgang Rothe geboren 1929 in Berlin, lebt in Heidelberg. Er ist Essayist und Literaturwissenschaftler und veröffentlichte unter anderem: »James Joyce« (1957), »Der Roboter und der andere« (1958), »Schriftsteller und totalitäre Welt« (1966), »Der Expressionismus« (1977) und »Tänzer und Täter« (1979).

Ralf Rothmann geboren 1953, lebt in Berlin. Er veröffentlichte Gedichte und Erzählungen und den Roman »Stier«.

Christa Rotzoll geboren 1921 in Berlin, lebt dort. Sie war Feuilletonredakteurin beim »Kurier« in Berlin und hat später für Zeitungen und Sender gearbeitet. Sie veröffentlichte »Frauen und Zeiten« (1987).

Horst Rüdiger 1908 in Geringswald geboren, starb 1984 in Patschins. Er war Professor für Komparatistik an der Universität Bonn und veröffentlichte unter anderem: »Italien ganz privat« (1933) und »Winckelmann und Italien« (1956).

Peter Rühmkorf geboren 1929 in Dortmund, lebt in Hamburg. Er veröffentlichte unter anderem: »Irdisches Vergnügen in g« (1959), »Kunststücke« (1961), »Die Jahre, die ihr kennt« (1972), »Walther von der Vogelweide, Klopstock und ich« (1975), »Haltbar bis Ende 1999« (1979), »agar agar zaurzaurim« (1981), »Der Hüter des Misthaufens« (1983), »Bleib erschütterbar und widersteh« (1984), »Einmalig wie wir alle« (1989) und »Dreizehn deutsche Dichter« (1989).

DORIS RUNGE geboren 1943 in Mecklenburg, lebt als freie Schriftstellerin in Cismar/Ostholstein. Sie veröffentlichte unter anderem die Gedichtbände: »jagdlied« (1985), »kommt zeit« (1988) und »wintergrün« (1991).

ALBERT VON SCHIRNDING geboren 1935 in Regensburg, lebt in München. Er veröffentlichte unter anderem die Gedichtbände »Bedenkzeit« (1977) und »Mit anderen Augen« (1986), die Erzählung »Herkommen« (1987) sowie die Untersuchungen »Am Anfang war das Staunen« (1978), »Durchs Labyrinth der Zeit« (1979) und »Linien des Lesens« (1982) und »Maske und Mythos« (1991).

KARL LUDWIG SCHNEIDER geboren 1919 in Hamburg, wo er 1981 starb. Er war Professor für Deutsche Literatur an der Universität Hamburg, gab die Werke Ernst Stadlers und Georg Heyms heraus und veröffentlichte unter anderem den Essayband »Zerbrochene Formen« (1967).

ROLF SCHNEIDER geboren 1932 in Chemnitz, lebt in Schöneiche bei Ost-Berlin. Er veröffentlichte unter anderem: »Brücken und Gitter« (1965), »Die Tage in W.« (1965), »Pilzomelette und andere Nekrologe« (1974), »Die Reise nach Jaroslaw« (1975) und »November« (1979).

GERSHOM SCHOCKEN geboren 1912 in Zwickau in Sachsen, lebt seit 1933 in Israel. Seit 1937 tätig an der Tel-Aviver hebräischen Tageszeitung Ha'Aretz, seit 1939 Chefredakteur dieser Zeitung. Er veröffentlichte Essays und Gedichte.

LOTHAR SCHÖNE geboren 1949 in Herrnhut, lebt in Wiesbaden. Er veröffentlichte unter anderem die Romane »Der Einzelkämpfer« (1980) und »Sahlheimer« (1984) sowie das Theaterstück »Bad Byron« (1986), »Vaterländer. Ein Dramulett« (1988).

KLAUS SCHOLDER geboren 1930 in Erlangen, starb 1985 in Tübingen. Er war Professor für Kirchenordnung und kirchliche Zeitgeschichte an der Universität Tübingen und veröffentlichte unter anderem: »Ursprünge und Probleme der Bibelkritik im 17. Jahrhundert« (1966), »Grenzen der Zukunft. Aporien von Planung und Prognose« (1973), »Die Kirchen und das Dritte Reich« (1977) und »Die Mittwochs-Gesellschaft« (1982).

RENATE SCHOSTACK geboren 1938 in Pforzheim, ist seit 1969 Redakteurin der »Frankfurter Allgemeinen Zeitung«. Sie lebt jetzt in München. Sie veröffentlichte die Romane »Zwei Arten zu lieben« (1977) und »Niedere Gangarten« (1991), die Erzählungen »Hände weg von meinem Regenbogen« (1979) und den Prosaband »Heiratsversuche oder die Einschiffung nach Cythera« (1985).

Godehard Schramm geboren 1943 in Konstanz, lebt in Nürnberg. Er veröffentlichte unter anderem die Prosabände »Nachts durch die Biscaya« (1978), den Roman »Der Traumpilot« (1983) und den Gedichtband »Meine Lust ist größer als mein Schmerz« (1975).

Mathias Schreiber geboren 1943 in Berlin, war von 1982 bis 1991 Feuilletonredakteur der »Frankfurter Allgemeinen Zeitung« und leitet jetzt das Kulturressort des »Spiegel«. Er veröffentlichte unter anderem die Gedichtbände »Maulschellenbaum« (1974) und »Gänseblume auf der Nord-Süd-Fahrt« (1984) sowie den Band »Kunst zwischen Askese und Exhibitionismus« (1974).

Hans Joachim Schrimpf geboren 1927 in Mülheim an der Ruhr, ist em. Professor für Neugermanistik an der Ruhr-Universität Bochum. Er veröffentlichte unter anderem: »Das Weltbild des späten Goethe« (1956), »Lessing und Brecht. Von der Aufklärung auf dem Theater« (1965), »Der Schriftsteller als öffentliche Person« (1977), »Komödie und Lustspiel« (1978) und »Karl Philipp Moritz« (1980).

Gerhard Schulz geboren 1928 in Löbau/Sachsen, ist Professor für Deutsche Sprache und Literatur an der University of Melbourne. Er veröffentlichte unter anderem: »Novalis« (1969), »Arno Holz« (1974) und »Die deutsche Literatur zwischen Französischer Revolution und Restauration« (2 Bde., 1983/1989).

Egon Schwarz geboren 1922 in Wien, lehrt Deutsche Literatur an der Washington University in St. Louis (USA). Er veröffentlichte unter anderem: »Hofmannsthal und Calderon« (1962), »Joseph von Eichendorff« (1969), »Das verschluckte Schluchzen – Poesie und Politik bei Rainer Maria Rilke« (1972), »Keine Zeit für Eichendorff: Chronik unfreiwilliger Wanderjahre« (1979) und »Dichtung, Kritik, Geschichte: Essays zur Literatur 1900-1930« (1983).

Dieter Schwarzenau geboren 1937 in Dortmund, ist Leiter des ZDF-Kulturmagazins »Aspekte«. Er veröffentlichte unter anderem frühe Arbeiter-Autobiographien in »Beiträge zur Kulturgeschichte der Arbeiterbewegung« (1979).

Wulf Segebrecht geboren 1935 in Neuruppin, ist Professor für Neue deutsche Literaturwissenschaft an der Universität Bamberg. Er veröffentlichte unter anderem: »Autobiographie und Dichtung« (1967), »Das Gelegenheitsgedicht« (1977), »Goethes ›Über allen Gipfeln ist Ruh‹ und seine Folgen« (1978) und »Der Bamberger Dichterkreis 1936-1943« (1985).

WERNER SÖLLNER geboren 1951 in Neupanat (Rumänien), lebt in Bad Soden. Er veröffentlichte unter anderem die Gedichtbände: »Mitteilungen eines Privatmannes« (1978), »Eine Entwöhnung« (1980), »Kopfland. Passagen« (1988) und »Der Schlaf des Trommlers« (1992).

HILDE SPIEL geboren 1911 in Wien, wo sie 1990 starb. Sie war von 1963 bis 1984 Wiener Kulturkorrespondentin der »Frankfurter Allgemeinen Zeitung«. Hauptwerke: »Fanny von Arnstein oder die Emanzipation« (1962), »Glanz und Untergang. Wien 1866 bis 1938« (1987), »Die hellen und die finsteren Zeiten« (1989), »Welche Welt ist meine Welt« (1990) und »Die Dämonie der Gemütlichkeit« (1991).

EMIL STAIGER geboren 1908 in Kreuzlingen/Schweiz, starb 1987 in Horgen bei Zürich. Er war Professor für Deutsche Literatur an der Universität Zürich. Hauptwerke: »Meisterwerke deutscher Sprache« (1943), »Grundbegriffe der Poetik« (1946), »Goethe« (1952/1959), »Die Kunst der Interpretation« (1955) und »Schiller« (1967).

JÜRGEN STENZEL geboren 1937 in Leipzig, ist Professor für Deutsche Literatur an der Technischen Universität Braunschweig. Er veröffentlichte unter anderem: »Zeichensetzung. Stiluntersuchungen an deutscher Prosadichtung« (1966), »Epochen der deutschen Lyrik 1700-1770« (1969) und Lessings Werke 1743-50 (1989).

DOLF STERNBERGER geboren 1907 in Wiesbaden, starb 1989. Er war bis 1972 Professor der Politischen Wissenschaften an der Universität Heidelberg. Zu seinen Hauptwerken gehören die Bücher: »Panorama oder Ansichten vom 19. Jahrhundert« (1938), »Kriterien« (1965), »Heinrich Heine und die Abschaffung der Sünde« (1972), »Drei Wurzeln der Politik« (1978) und »Schriften« (1977-1982).

BARBARA STIERLE geboren 1938 in Hamburg, lebt in Bochum. Sie veröffentlichte die Untersuchung »Der Weg des Liebenden. Eine Studie zur mittelalterlichen Allegorie in Frankreich« (1979).

GERHARD STORZ geboren 1898 in Rottenacker/Oberschwaben, starb 1983 in Stuttgart. Er war von 1958 bis 1964 Kultusminister von Baden-Württemberg und dann Honorarprofessor für Deutsche Philologie an der Universität Tübingen. Er veröffentlichte unter anderem: »Figuren und Prospekte« (1963), »Eduard Mörike« (1967), »Über den deutschen Vers« (1970) und »Heinrich Heines lyrische Dichtung« (1971).

H. H. STUCKENSCHMIDT geboren 1901 in Straßburg, lebt in Berlin. Er war Professor an der Technischen Universität Berlin und ist seit 1957 Musikkritiker der »Frankfurter Allgemeinen Zeitung«. Unter anderem veröffentlichte er die Monographien »Maurice Ravel« (1966), »Ferruccio Busoni« (1967) und »Schönberg – Leben, Umwelt, Welt« (1974) sowie die Bücher »Die Musik eines halben Jahrhunderts. Essays und Kritik 1925-1975« (1976), »Zum Hören geboren« (1979) und »Schöpfer klassischer Musik« (1983).

Marian Szyrocki geboren 1928 in Lublinec/Polen, starb 1992. Er war Professor für Deutsche Literatur an der Universität Breslau. Hauptwerke: »Martin Opitz« (1956), »Der junge Gryphius« (1959) und »Andreas Gryphius« (1964).

Jürgen Theobaldy geboren 1944 in Straßburg, lebt als freier Schriftsteller in Bern. Er veröffentlichte unter anderem die Gedichtbände »Blaue Flecken« (1974), »Zweiter Klasse« (1976) »Die Sommertour« (1983) und »Der Nachtbildsammler« (1992) sowie den Roman »Sonntags Kino« (1978) und die Erzählungen »Das Festival im Hof« (1985). Zuletzt erschien die Gedichtbroschur »In den Aufwind« (1990).

Friedrich Torberg geboren 1908 in Wien, starb dort 1979. Hauptwerke: die Romane »Der Schüler Gerber« (1930), »Hier bin ich, mein Vater« (1948), »Die zweite Begegnung« (1950) und »Süßkind von Trimberg« (1972) sowie der Erzählungsband »Golems Wiederkehr« (1968).

Hans-Ulrich Treichel geboren 1952 in Versmold/Westf., lebt in Berlin. Er veröffentlichte unter anderem die Monographie »Fragment ohne Ende. Eine Studie zum Werk Wolfgang Koeppens« (1984) sowie die Gedichtbände »Ein Restposten Zukunft« (1979), »Tarantella« (1982), »Liebe Not« (1986) und »Seit Tagen kein Wunder« (1990) sowie den Prosaband »Von Leib und Seele. Berichte.« (1992).

Frank Trommler geboren 1939 in Zwickau, ist seit 1970 Professor für Neuere Deutsche Literatur an der University of Pennsylvania. Hauptwerke: »Roman und Wirklichkeit« (1966), »Sozialistische Literatur in Deutschland« (1976), »Die Kultur der Weimarer Republik« (1978) und »Amerika und die Deutschen« (1986).

Erich Trunz geboren 1905 in Königsberg. Professor für deutsche Literaturgeschichte an der Universität Kiel 1957-1970. Er gab Goethes Werke heraus (»Hamburger Ausgabe«) und veröffentlichte die Monographie »Ein Tag aus Goethes Leben« (1990).

Gert Ueding geboren 1942 in Bunzlau, ist Direktor des Seminars für Allgemeine Rhetorik an der Universität Tübingen. Er veröffentlichte unter anderem »Schillers Rhetorik« (1971), »Glanzvolles Elend. Versuch über Kitsch und Kolportage« (1973), »Wilhelm Busch« (1977),

»Klassik und Romantik« (1987), »Friedrich Schiller« (1990) und »Jean Paul« (1993).

SIEGFRIED UNSELD geboren 1924 in Ulm, ist Verleger (Suhrkamp und Insel) in Frankfurt am Main. Er ist Herausgeber zahlreicher Editionen und schrieb unter anderem die Bücher: »Begegnungen mit Hermann Hesse« (1975), »Peter Suhrkamp. Zur Biographie eines Verlegers« (1975), »Der Marienbader Korb« (1976), »Das Tagebuch Goethes und Rilkes ›Sieben Gedichte‹« (1978), »Der Autor und sein Verleger« (1978), »Hermann Hesse – Werk und Wirkungsgeschichte« (1973/1985) und »Goethe und seine Verleger« (1991).

JÖRG VON UTHMANN geboren 1936 in Düsseldorf, verließ 1985 den diplomatischen Dienst, dem er mehr als zwanzig Jahre angehört hatte, und wurde Korrespondent der »Frankfurter Allgemeinen Zeitung« in New York. Die letzten seiner Bücher heißen: »Die Diplomatie« (1985), »Die Sehnsucht nach dem Paradies« (1986) und »Volk ohne Eigenschaften – Amerika und seine Widersprüche« (1988).

HANS RUDOLF VAGET geboren 1938 in Marienbad, ist Professor für Neuere deutsche Literatur am Smith College, Northampton, USA. Zahlreiche Veröffentlichungen zur Literatur der Goethezeit und der Moderne, u. a. »Dilettantismus und Meisterschaft« (1971).

GUNTRAM VESPER geboren 1941 in Frohburg, lebt in Göttingen. Er veröffentlichte unter anderem: »Fahrplan« (1964), »Kriegerdenkmal ganz hinten« (1970), »Nördlich der Liebe und südlich des Hasses« (1979) und »Die Illusion des Unglücks« (1980).

ROLF VOLLMANN geboren 1934 in Treptow an der Rega, lebt als freier Schriftsteller in Tübingen. Er veröffentlichte Bücher über Jean Paul (1975), über Nietzsche und Italien (1977), über Darwins Weltreise (1980) und über Shakespeare (1988).

MARTIN WALSER geboren 1927 in Wasserburg/Bodensee, lebt in Überlingen. Er veröffentlichte unter anderem die Romane »Ehen in Philippsburg« (1957), »Halbzeit« (1960), »Das Einhorn« (1969), »Seelenarbeit« (1979) und »Brandung« (1985) sowie die Erzählungen »Lügengeschichten« (1964) und »Ein fliehendes Pferd« (1978) und »Die Verteidigung der Kindheit« (1991).

KLAUS-PETER WALTER geboren 1955 in Michelstadt/Odw., lebt in Bitburg in der Eifel. Slawist und seit 1983 freier Fachautor und Literaturkritiker unter anderem für die »Frankfurter Allgemeine Zeitung«.

PETER WAPNEWSKI geboren 1922 in Kiel, ist emeritierter Professor der

Germanistik an der Technischen Universität Berlin und Gründungsrektor des Wissenschaftskollegs zu Berlin. Er veröffentlichte vor allem mediävistische Arbeiten und überdies »Richard Wagner. Die Szene und ihr Meister« (1978), »Der traurige Gott. Richard Wagner in seinen Helden« (1978) sowie »Zumutungen, Essays zu Literatur des 20. Jahrhunderts« (1979).

Werner Weber geboren 1919 in Huttwil, war von 1951 bis 1973 Chef des Feuilletons der »Neuen Zürcher Zeitung« und ist jetzt Professor für Literaturkritik an der Universität Zürich. Er veröffentlichte die Essaybände »Figuren und Fahrten« (1956), »Zeit ohne Zeit« (1959), »Tagebuch eines Lesers« (1965) und »Forderungen« (1970). Er ist Herausgeber von Fontane, »Schriften und Glossen zur europäischen Literatur« (1965/1967) sowie »Belege. Gedichte aus der deutschsprachigen Schweiz seit 1900« (1978).

Matthias Wegner geboren 1937 in Hamburg, lebt dort, ist Verleger im Bertelsmann Club. Er veröffentlichte unter anderem »Exil und Literatur. Deutsche Schriftsteller im Exil« (1967).

Harald Weinrich geboren 1927 in Wismar, ist Professor für Deutsch als Fremdsprache an der Universität München. Er veröffentlichte unter anderem: »Tempus – Besprochene und erzählte Welt« (1964), »Linguistik der Lüge« (1966), »Sprache in Texten« (1976) und Wege der Sprachkultur« (1985).

Ulrich Weinzierl geboren 1954 in Wien, ist seit 1987 Feuilleton-Redakteur der »Frankfurter Allgemeinen Zeitung« für Österreich. Schrieb zwei Biographien, über Alfred Polgar und Carl Seelig, und war Mitherausgeber der sechsbändigen Polgar-Werkausgabe »Kleine Schriften« (1982-1986; gemeinsam mit Marcel Reich-Ranicki).

Dieter Wellershoff geboren 1925 in Neuß am Rhein, lebt in Köln. Er schrieb Romane, Erzählungen, Essays, Hörspiele und Drehbücher für Fernsehfilme. Zuletzt erschienen die Novelle »Die Sirene« (1980), der Roman »Der Sieger nimmt alles« (1983), ein autobiographisches Buch mit dem Titel »Die Arbeit des Lebens« (1985), der Erzählungsband »Die Körper und die Träume« (1986) und der Essayband »Wahrnehmung und Phantasie« (1987). Er ist Herausgeber der »Gesammelten Werke« Gottfried Benns (1958 ff.), über den er auch promovierte.

Benno von Wiese geboren 1903 in Frankfurt am Main, starb 1987 in München. Er lehrte Deutsche Literatur an der Universität Bonn. Er veröffentlichte unter anderem: »Der Mensch in der Dichtung« (1958),

»Friedrich Schiller« (1959), »Zwischen Utopie und Wirklichkeit« (1963) und »Literatur für Leser« (1971) sowie die Autobiographie »Ich erzähle mein Leben« (1982).

MANFRED WINDFUHR geboren 1930 in Remscheid/Lippe, ist Professor für Deutsche Literatur an der Universität Düsseldorf. Er veröffentlichte unter anderem: »Immermanns erzählerisches Werk« (1957), »Die barocke Bildlichkeit und ihre Kritiker« (1966) und »Heinrich Heine« (1968).

SIBYLLE WIRSING geboren 1936 in München, lebt in Berlin. Sie war langjährige Feuilletonredakteurin des »Tagesspiegels« und war von 1974 bis 1991 Berliner Kulturkorrespondentin der »Frankfurter Allgemeinen Zeitung«. Sie ist jetzt ständige publizistische Mitarbeiterin des »Tagesspiegels«.

UWE WITTSTOCK geboren 1955 in Leipzig, aufgewachsen in Köln, war von 1980 bis 1989 Literaturredakteur der »Frankfurter Allgemeinen Zeitung«, ist jetzt Lektor für neue deutschsprachige Literatur im Fischer Verlag. Er veröffentlichte die Untersuchung »Über die Fähigkeit zu trauern. Das Bild der Wandlung im Prosawerk von Christa Wolf und Franz Fühmann« (1987) und »Franz Fühmann« (1988).

GABRIELE WOHMANN geboren 1932 in Darmstadt, lebt dort. Sie veröffentlichte neun Gedichtbände, zuletzt »Das könnte ich sein« (1989). Ihre neuesten Prosabücher sind die Erzählungsbände »Er saß in dem Bus, der seine Frau überfuhr« (1991). »Das Salz, bitte!« (1992), »Alles an seinem Ort« (1992) und der Roman »Bitte nicht sterben« (1993).

WOLF WONDRATSCHEK geboren 1943 in Rudolstadt, lebt in München. Er veröffentlichte unter anderem den Prosaband »Früher begann der Tag mit einer Schußwunde« (1969) sowie die Lyrikbände »Chucks Zimmer« (1974), »Das leise Lachen am Ohr eines anderen« (1976), »Männer und Frauen« (1978), »Letzte Gedichte« (1980) und »Die Einsamkeit der Männer« (1983), »Carmen. Oder bin ich das Arschloch der achtziger Jahre?« (1986).

RALPH-RAINER WUTHENOW geboren 1928 in Rendsburg/Holstein, ist Professor für Deutsche Philologie an der Universität Frankfurt am Main. Er veröffentlichte unter anderem: »Der Erzähler Jean Paul« (1965), »Das fremde Kunstwerk« (1969), »Vernunft und Republik. Studien zu Georg Forsters Schriften« (1970), »Das erinnerte Ich« (1974), »Im Buch der Bücher oder Der Held als Leser« (1980) und »Das Bild und der Spiegel. Zur europäischen Literatur des 18. Jahrhunderts« (1984).

HANS WYSLING geboren 1926 in Zürich, Professor an der Universität Zürich, leitet seit 1961 das Thomas Mann-Archiv der Eidgenössischen Technischen Hochschule in Zürich. Unter seinen Publikationen: »Thomas Mann heute« (1976), »Narzißmuß und illusionäre Existenzform. Zu den Bekenntnissen des Hochstaplers Felix Krull« (1982) und »Gottfried Keller« (1990).

EVA ZELLER geboren 1923 in Eberswalde, lebt in Heidelberg. Sie veröffentlichte unter anderem die Romane »Lampenfieber« (1974), »Solange ich denken kann« (1981), die Erzählungen »Der Turmbau« (1973), »Tod der Singschwäne« (1983) und »Das Sprungtuch« (1991) sowie die Gedichtbände »Fliehkraft« (1975) und »Auf dem Wasser gehen« (1982), »Stellprobe« (1989) und »Ein Stein aus Davids Hirtentasche« (1992).

MICHAEL ZELLER geboren 1944 in Breslau, lebt in Nürnberg. Er veröffentlichte unter anderem: »Gedichte haben Zeit« (1982), »Lieben Sie Dallas?« (1984) und »Folens Erbe« (1986).

DIETER E. ZIMMER geboren 1934 in Berlin, ist seit 1959 Redakteur an der Wochenzeitung »Die Zeit«. Er veröffentlichte unter anderem den Gedichtband »Ich möchte lieber nicht, sagte Bartleby« (1979) und mehrere Sachbücher über Themen aus Psychologie, Anthropologie, Biologie, zuletzt »Redens Arten« und »So kommt der Mensch zur Sprache« (1986).

GESAMTVERZEICHNIS ALLER GEDICHTÜBERSCHRIFTEN UND -ANFÄNGE IN DEN BÄNDEN 1-10